U0147682

顓頊大傳

李亞東　著

昌明文化

目　錄

自　序

我們中國是世界四大文明古國之一，我們偉大的中華民族是世界上最古老的民族之一。因而像古印度、古巴比倫、古埃及另外三個文明古國一樣，我國古代也有著豐富的神話。

神話是什麼？馬克思說它是「在人民幻想中經過不自覺的藝術方式所加工過的自然和社會形態」。拉法格說它「既不是騙子的謊言，也不是無謂的想像的產物，而是人類思想的樸素的和自發的形式之一。只有當我們猜中了這些神話對於原始人和它們在許多世紀以來，喪失掉了的那種意義的時候，我們才能理解人類的童年」。這就是說，神話是基於社會生活的藝術誇張與渲染，並夾雜著空想與幻想，但也或多或少地反映著歷史的影像，然而它不太可能轉化為歷史。

但令人遺憾的是，我國古代豐富的神話到了後來大部分散失了，只保留下來一些零星的片斷，東一處西一處地分散在古人的著作裡。不僅毫無系統條理，而且充滿矛盾之處，因而不能與相當完整地保存下來的古希臘和印度神話相比美。對此，我國近代大學者沈雁冰早在其〈中國神話研究〉一文中，就深有感觸地說過：「中國神話不但一向沒有集成專書，並且散於古書的，亦複非常零碎，所以我們若想整理出一部中國神話來，是極難的。」正是由於這難作梗，直到今日我國古代神話仍然沒有一部系統的史詩性的作品問世。

對於我國古代神話沒有系統的史詩性作品問世，我認為主要是由兩個原因造成的。一是由於歷史學家從古代神話中探求史前傳說時代的歷史，從其矛盾不一中推出結論說，傳說時代我們中華民族存在著數個部族集團，我國古代本來就零碎不一的神話個個歸屬於不同的部族集團。從而使得我國古代本來就零碎不一的神話更加零碎不一，形成不了系統。二是或許因為我國古代神話大部分散失造成了斷代，加之流傳中在不同的地域之上和不同時代的人群中造成了錯舛；也或許是我國傳說時代的歷史恰被歷史學家們的結論言中，在那時的華夏大地上確實存在著數個部族集團，各個部族集團傳說著不同的自己的神話，造成了我國古代神話的無法系統，無以條理，合則矛盾百出，分則肢離破碎。因此，造詣精深的學者深諳此點，不去系統；學力不足的凡夫雖苦破碎，卻不敢系統。由此，使得我國古代神話一直沒有系統的史詩性作品問世。

作者不量學識淺薄，斗膽試圖將中國古代神話進行系統，寫出一部試探性的系統的史詩性中國古代神話系列小說的預謀，最初萌生於在北京大學做學生之時。那時，作者在學習中對中國古代神話產生了濃厚的興趣，便想搜求一些系統的神話作品閱讀。但正如沈雁冰先生所說，無奈遍求無有系統之書，有的僅是隻言片語的傳說記載，而且個個不一，懸殊甚巨；自相矛盾，支離破碎；互不聯貫，不成體系。於是，作者便斗膽不量學力，「初生牛犢不怕虎」地萌生了寫作一部系統的古代神話作品，以補我國缺乏史前這一史詩性作品的天真稚幼的奇想。但由於寫作此書工程浩大，學識不足，力不勝任，末了只有望而卻步。

一晃擱置數載，1984 年至 1985 年作者在寫作《少林寺演義》一書時，寫作系統神話作品的奇想又像心藏玉兔，在懷中不時咚咚撞動起來。與此同時，進一步萌生了這樣的想法：把《少》稿寫成現實主義的，把《神》稿寫成浪漫主義的；雙雙結構相因，篇幅相似，手法迴異，並蒂出書。後來仔細閱讀上海文化出版社 1955 年版《中國上古史演義》，與浙江文藝出版社 1985 年版《上古神話演義》，看到前書注重用辯證唯物主義講神話，後書篇幅浩大內容豐富；但覺得前書沒有了神話色彩，後書不適合今人閱讀口味。為此，決計取前人之長，開闢新的路徑，寫出一部系統的適合今人閱讀口味的浪漫主義的古代神話作品來。但具體行動起來，究竟如何系統神話，怎樣落筆，寫成什麼樣子等一系列難題，便一齊擋在了作者面前。加之日常工作繁忙，出版界不景氣和黃潮的氾濫衝擊，給作者在對上述難題躊躇不決之外又加上了信心動搖，因而再次把寫作此書擱置下來。

克服寫作困難需要來自作者內心或者外部的巨大壓力，今天正是這樣的巨大壓力使作者重新構劃出了書的整體構架：變原來設想的一體結構為系列結構，但分為系列合則仍為一體。即系列中的每一部都可單獨成為有機的整體，又可合起來成為一個有機統一的大整體。並通過長期地認真探索和艱苦地寫作努力，終於先後陸續寫出了這個系列的八卷書稿。今天這個系列的八卷中的首卷《盤古開天地》，已經呈現在了讀者面前；隨後，這個系列的後七卷書稿也將陸續與讀者見面。《盤》書的問世，可以說是初步實現了作者藏之於心十餘載的殷殷夙願；但至於它的成敗得失，作者卻自已不敢妄議，只有請最具權威的作者的「上帝」廣大的讀者，去評說裁決了。

一個人有高興的時候，也有愁苦的時候。當其高興之時對於一件困難的事情可以奮起去做好；當其愁苦之時，對於一件困難的事情不僅會同樣而且可能會更加奮起去做好。這「高興」就是「起昇」，這「愁苦」就是「跌落」；其起昇與跌落的差距即落差越大，就越有可能建樹起大功大德。即所謂只有身經波濤跌宕、大起大落、大難不死之人，方可建樹起卓著千古的大功大德。如果一個人一生中沒有大高興或大愁苦，一直處於風平浪靜不起不落的中間狀態，那麼他就必然只能成為平平庸庸的俗流之輩，絕對建樹不起大功大德。

正因為這樣，我們可以概括地說，一部人類社會發展的歷史，便是歷朝歷代身經大起大落之人的歷史。功是他們的功，德是他們的德。對此，我國漢代大學者司馬遷，早就在其著名的〈報任安書〉中做出了深刻精闢的論述。他寫道；「古者富貴而名磨滅，不可勝記，唯倜儻非常之人稱焉。蓋文王拘，而演《周易》；仲尼厄，而作《春秋》；屈原放逐，乃賦《離騷》；左丘失明，厥有《國語》；孫子臏腳，兵法修列；不韋遷蜀，世傳《呂覽》；韓非囚秦，《說難》《孤憤》；《詩》三百篇，大底賢聖發憤之所為作也」。至於司馬遷自己，則在他四十七歲之年因替名將李陵戰敗被俘投降匈奴辯解，獲罪下獄受到宮刑的嚴處。司馬遷受此酷刑後心情敗落，心中充滿了無盡的悲苦和怨恨，一日日在世忍辱苟活，「是以腸一日而九回，居則忽忽若有所亡，出則不知其所往。每念斯恥，汗未嘗不發背沾衣也」。為此他發憤著述，終經十餘載辛苦耕耘，寫成了被魯迅先生譽之為「史家之絕唱，無韻之《離騷》」的千古名著《史記》。作者的這部中國古代神話系列小說，對於全社會來說當然不是什麼「大功大德」，亦無所謂功、德可言；更不敢與古代先賢並列，以掠其美；也決無與先賢並列之意，只僅僅是為了說明問題。但它對於作者自己來說，卻無疑是樹在自己人生之途上的一通「功德之碑」。至於是「起」是「落」給作者樹立自己的這通小小「功德之碑」帶來的動力，只有作者自己知曉。

做文人不易，出作品更難。記得我對人說過：「出一本書比生養一個孩子還難。若與生養孩子同時起步開始醞釀寫作一本書，往往孩子養到可讀小學的年齡了，你寫的那本書還沒有問世。」那作品的醞釀構思階段，恰如生養孩子的「十月懷胎」期；那作者書寫作品階段，恰如母親生產時的劇疼和失血；那出版成書期，則恰如數載哺養幼兒期。但是末了，「孩子則是自己的好」，只要自已認可就行；作家的作品則要公之於世，得到全社會公眾的認可方成。因此，寫作品出作品都是殊為不易、艱辛難為的事情。

然而面對此難，作者又大都往往偏偏為殊為不易、艱辛難為而為之！這當然不可排除少數作者「十年不鳴，一鳴驚人；十年不飛，一飛沖天」的名利之舉，但大多數作者則仍如司馬遷在〈報任安書〉中所說：「此人皆意有所鬱結，不得通其道，故述往事，思來者。乃如左丘無目，孫子斷足，終不可用，退而論書策以舒其憤，思垂空文以自見。」他們皆都深知「失去的珍貴」：一時失之交臂，終生必難再求！故而感懷著文，迎難書之。譬如，我國清代大作家曹雪芹就正是為此迎難而寫的。

眾所周知，曹公出生於貴族世家，他的前半生曾在南京和北京歡度過一段「錦衣紈絝」、「飲甘饜肥」的宮庭貴族生活，但到晚年則一下子跌落到了「蓬牖茅椽，繩床瓦灶」、「舉家食粥」的困苦境地。正是在晚年這段跌至社會底層的艱難困苦歲月中，曹公滿懷對自己一生遭際的悲憤，不顧創作過程中的千般艱辛萬盅勞苦，有感而發，隱「味」書中，「滴淚為墨、研血成字」，於「悼紅軒中，披閱十載，增刪五次」，終於寫成了「字字看來都是血，十年辛苦不尋常」的不朽巨著《紅樓夢》。

曹公寫作《紅樓夢》「滴淚為墨，研血成字」，「字字看來都是血」，作者雖不敢把自己的這部拙作與《紅樓夢》相比，同時也絕無相比之意，而且也根本就無可比性，但作者寫作此書的苦處和艱辛卻都不亞於曹公。這除了有某些因素與曹公之苦相似之外，還因為作者水準低下，因此寫作中比曹公更苦更難。苦也罷，難也罷，作者都要把這部作品寫下去，以讓眾人品評，以給祖國文壇添磚，以拋磚引玉，以望傑構於來朝，以慰作者胸中那顆「滴血成字」的殷殷苦心。

1990 年 5 月 1 日下午於周口

人物簡介

少昊　黃帝之孫，顓頊的伯父。被黃帝敕封為東方大帝，先治曲阜東方鳥國，後治東方大海中的五座神山。肇始以法治世。再後又被改封為西方大帝。

蓐收　少昊之子。生得人面虎爪，遍身白毛，手持長柄板斧，被黃帝封為金神，佐少昊大治西方地界。

窮奇　少昊之子，蓐收的同胞弟弟。生得虎面牛身，身生猬毛，背長雙翅。

顓頊　黃帝重孫，少昊胞弟韓流之子。生得身高體壯，勇猛威武，面目黝黑，長臉如削，鬚髮如戟，奓向四方，劍眉虎目，灼灼閃光，長鼻方口，威懾八方。性格堅毅、機敏、迅疾、沉重、剛愎、狠猛。先為少昊東方鳥國輔政，倡行禮法治世。後為北方大帝，再為凡界大帝。

女祿　顓頊之妻。生得相貌嬌好，聰明伶俐。

丁竽　祝融之女，共工之妹。顓頊摯愛的情人，生相嬌美。

重　顓頊之孫。生相如顓頊，性魯莽。與黎為一胎孪生兄弟，為兄長。

黎　顓頊之孫。生相如顓頊，性細密。與重為一胎孪生兄弟，為小弟。

祝融　炎帝之後，原為天界火神。神勇善戰，心性細密，城府很深。

玄冥　顓頊的族叔，曾任北方大帝。勇武過人，性情魯莽。

共工　原為天界水神，下凡後為祝融之子，性情兇猛焦躁。

吳回　祝融胞弟。頭腦簡單魯莽，生性尚勇鬥狠。

相柳　共工屬將，長得人面蛇身，渾身鐵青，長有九個腦袋。兇狠邪惡。

浮游　共工軍師，生得人面熊身，渾身血紅。狡詐到走路一步三回頭，說話時總先是「嘿嘿」陰笑，陰狠險詐。

山崽　共工屬下部將。

俊嚳　少昊之孫。後繼顓頊成為一統凡界大帝。

一、皇娥遇奇

黃帝飛昇天界之時，囑託眾臣把帝位傳給曾孫顓頊，顓頊確實是位很有辦事才幹的人物。說起顓頊的辦事才幹，要從他的伯父、黃帝的孫子少昊講起。

少昊既號窮桑氏，又號金天氏。他身為黃帝的孫子，當然有著不同尋常的身世。黃帝娶嫘祖為正妃，嫘祖為黃帝生下二子。其一曰玄囂，又名青陽，青陽居江水。其二曰昌意，昌意住若水。

這居住在若水的昌意，就是少昊的生身父親。少昊的生身母親，則是一位叫做皇娥的西陵氏女。西陵氏女皇娥與少昊的生身父親昌意的結合，以及少昊降生的經歷，都有一番神異的傳奇。

那是在西陵氏女皇娥年方二八之時，出落得遠望豔若荷花，潔似蓮藕。近看花容上鑲一雙彎月似的濃黑長眉，嵌一雙碧潭似的溢情流意大眼，聳一隻齊整整的俊俏粉鼻，生一張令人見之眼饞的櫻紅秀口。不僅如此，她還生性聰慧伶俐，心靈手巧。

這時，皇娥雖然年齡剛及二八，但其卻早已成了西陵氏族人中的養蠶織錦好手。因而不僅其秀色早已傾倒族人，其巧手又令眾族人傾慕不已。因而眾族人視她為族中之花，譽她為百靈百巧之女。

就在這皇娥姑娘二八妙齡之年，她坐在織機上揮動秀手飛梭織

錦。時值陽春三月，春風送懶春困襲人，她不知不覺頭腦困倦起來。隨著，便秀手遲滯織梭停飛，身子靠在織機上朦朦朧朧睡著了過去。皇娥剛一睡去，頭腦中便縹縹緲緲地做起夢來。

皇娥人長得俊美，夢做得便也像人長的一樣美妙無比。睡夢之中，她覺得自己一陣意飄身蕩，便已跨過了繞嵐堆黛的峻美千山，越過了飄帶般銀亮的妖嬈萬水，來到了一望無際的坦蕩大海岸邊。站在海岸邊細浪般輕柔軟綿的沙灘之上，她便極目向深邃湛藍的大海遠處望去。

她望啊望呀，只見大海坦蕩邃遠，任憑她如何睜大深潭般的雙眼，也望不到那無垠的邊際。望不到大海邊際的皇娥仍是遙望不止，仿佛非要望到大海的邊際不可。

為此她望啊望呀，望到了遠處湛藍的海水與碧藍的高天連接在了一起，在朦朧的遙遠之處變成了一條細線。看到那細線，皇娥便再也看不到更遠之處了。於是她奇異那細線更遠之處還有何物，便依舊極目欲圖看穿那細線，看到更遠之處。

正在這時，大眼圓睜的皇娥突然看到，從那遠處細線的後面，一位相貌非凡的嬌嬌童子，姍姍現身慢慢向她面前飛來。隨著那嬌嬌童子朝她面前越飛越近，那童子的嬌美相貌便愈加清晰地展現在了她的眼前。

皇娥看到，那童子生得身材頎長，相貌楚楚。他長得長臉俊美，齒白唇紅，濃眉鳳目，鼻樑如削。實在是一位相貌非凡，令人傾慕的俊俏童子。正值二八妙齡的嬌嬌皇娥看到這裏，禁不住對之心傾意溢，怔在了那裏。

「我是黃帝的兒子，軒轅氏的精靈。我和姑娘有骨肉之緣，」就在這時，那童子已是飄然來到，站在她面前開口道，「今日難得在此巧遇，姑娘可以隨我來。」

皇娥早已傾心溢意於這童子，因而其心魄便早被這相貌非凡、楚楚動人的童子懾奪了過去，所以愣在了那裏。這時聽了童子此言，她便機械地朝他走了過去。轉瞬走到一起，那童子便引皇娥向前走去。隨後皇娥在童子的引領下，心搖意蕩地不知走了幾時，突見來到了一座金光奪目的高大宮殿門前。

這宮殿金壁輝煌，仿佛是金砌金鑄一般。走進宮中，只見其中陳設更是華麗異常，有許多皇娥見亦未見聞亦未聞的華物珍玩。驚詫的皇娥正為這些華物珍玩著迷，突然又見一席極其豐盛的珍肴美饌，端端正正地擺在了他們面前。

那童子則攜起皇娥之手，禮讓著因手遭童子之觸，渾身如同遭到電擊般正在戰慄的皇娥，雙雙落坐在了宴席之前。皇娥在童子的禮讓下剛剛在席前坐定，便又見面前殿中，突然現出眾多絕色女子，各個手執樂器，手中彈奏口中隨之歌唱起了令人聞之心蕩神怡的仙曲妙樂。

「這個女子名叫江妃，她唱的是沖錦旋歸之曲。」在這妙樂聲中，童子對皇娥指點著彈奏的女子道，「那個吹簫的女子名叫盤靈，是宮中一口井的井神，全名應叫盤靈井女神……」

然而，儘管童子對皇娥細作指點，皇娥這時聽了仍覺莫名其妙，不知其裡。心中只覺那樂聲悠揚婉轉，歌聲靡曼輕柔，蕩魄銷魂。坐不一時，由於想與童子單獨相處，已經心動起來。童子見之理解其意，便即起身攜起皇娥之手，走出殿門，徑向海邊與皇娥耍玩而去。

童子引領皇娥一陣來到海邊，隨後雙雙相攜在海邊走了一陣，來到了一株高約八九百尺的巨大桑樹跟前。皇娥舉目看到，那樹葉是紅色的，樹上的果實桑葚是紫色的，累累不絕地掛在紅色的樹葉之間。

「這株桑樹，一萬年才結一回果，吃了之後，可以長生不老。」

童子這時對皇娥如此說著，便飛身爬上樹去道，「今天我倆恰好遇到其上有果之期，實可謂天假之緣。我去採它一些回來，咱們嘗吃驗試真假。」

「喲，」皇娥見之擔心道，「你要小心！」

「沒有事的。」童子口中說著，已是身手敏捷地攀上樹去。接著剛過須臾，童子便已採下許多桑葚回來，分一半遞到皇娥面前道，「請你吃了，祝你長壽！」

「真是好吃！」皇娥笑著接過桑葚一嘗，剛一挨唇便覺得甜美異常，為此不禁又是心中一動道。吃完桑葚，皇娥舉目見到這桑樹下海岸邊停泊著一隻木筏。筏上奇異地用桂樹的枝兒做著一個標記，又用熏茅結了一個旌旗。還有一個用玉雕成的鳩鳥，放在那標記上面。

皇娥看到這裏不解它們有什麼用處，便開口詢問童子。童子聽了，立即回答道：「這個名叫相風，是考察風向的物件。因為鳩鳥能夠知道四時的氣候，所以刻著它的形象。」據說，後世人們在船桅上或屋頂上設置的「相風鳥」，就都是這玉鳩的遺制。

童子回答完了，便即又攜起皇娥之手來到筏上，二人並肩在筏上坐了下來。但見那筏也實在奇異，人不坐在其上它還泊在岸邊不動，他二人剛在筏上坐定，它便不用人撐搖自已離岸，逕自向海中飄遊而去。

這時，海面上風平浪靜，筏兒載著她與她心愛的童子徐蕩輕漾，皇娥置身此境心中充滿了說不盡的愉悅。愉悅之時，她突然看見筏上放有一張用梓木做成的瑟，便上前隨手取了過來，放在膝上彈奏起來。彈奏一陣心中更覺高興難抑，便又開口伴著瑟音，放聲歌唱起來道——

天清地曠浩茫茫，萬象回薄化無方。

浛天蕩蕩望滄滄，乘桴輕漾著日旁。

當其何所至窮桑，心知何樂說未央。

「我們今朝作桑中之遊，這個歌就可算作桑中之樂了。姑娘有唱不可無和，待我也來唱和一歌！」皇娥剛剛歌罷，童子便也抑不住心中的激情，開口對皇娥講說起來道。言畢，便開口歌唱起來道——

四維八埏渺難極，驅光逐影窮水域。

璿宮夜靜當軒織，桐峰文梓千尋直。

伐梓作器成琴瑟，清歌流暢樂難極。

皇娥與童子就這樣一唱一和，快樂至極。兩個人隨之禁不住越靠越緊，越緊越密。不知不覺之中，皇娥已在無盡的甜蜜中睡著了。就在她剛剛睡去之時，突然又見一顆大星如長虹一般倏然從天上奔下，徑直撞入了她的懷中。

「我是白帝的兒子，」皇娥心中一動，驚得一聲大叫。童子趕忙摟抱住了她，她則隨著那聲大叫，立刻生出了一個男嬰。那男嬰奇異無限，竟然落地能言道，「太白星的精靈。」

皇娥見之心中正在奇異，海面上陡地颳來一陣大風，海水隨之揚起巨浪，「嘩」的一個浪頭，便把皇娥所乘之筏打翻在了水中。皇娥驀地大驚，隨著陡然醒了過來，方纔知道自己竟然在此織機之上，白日做了這樣一個奇夢。但她對這奇夢記得清清楚楚，一點兒也沒有忘記。為了記住此夢，她想到那棵巨桑長在大海邊沿，即大地的盡頭，也叫絕處，為此她稱「絕」為「窮」，便把那地方叫作窮桑。

妙齡的皇娥春日裡做下這一絲毫不忘的奇夢，那美妙的夢境便時時刻刻如畫面一般，一幅幅從她面前掠過。擾得她再也坐不住織機，織不成雲錦。為此她決計前去西方，找尋她夢中的窮桑之地，驗看其夢境的真偽。當然，已是春心蕩漾不息的她前去窮桑之地，主要還是前去尋找那令她春心大動的楚楚童子。

女兒家的春心若要為情而動，便也就堅定得固若磐石，勇如鷹隼，快似疾風。因而她立即告別父母，離開族人，獨自一個一路向西翻山跨水，依照記憶中的美妙夢境，徑直奔向海邊尋找窮桑地方而來。

皇娥隨後一個人走啊走呀，路多艱險她不怕，途多惡獸她無畏。月餘時間的艱苦跋涉過去，她果然來到了西方一望無際的大海岸邊。像其夢中一樣，站在那輕柔軟綿的沙灘之上，極目眺望起了深邃無垠的湛藍大海。

她望啊望呀，那大海又果如其夢中一樣，深邃遙遠得望不到邊際。但她依舊極目向遠處望著，因為她盼望自己如此凝望下去，在她夢中出現的那位嬌嬌童子就會真的像在其夢中一樣，突然出現在那邃遠的邊際。

然而，儘管皇娥期盼那童子驟現在大海邊際心切，但她夢中所見那楚楚動人的嬌嬌童子卻一直沒有出現在她的眼前。皇娥失望了，她覺得自己想得無疑太天真了。因為夢境畢竟是夢境，無論它多麼姣好也都只能是夢境，而絕對不可能成為美好的現實。所以她那奇異夢境中的姣好童子，是絕對不會如同夢境，真的出現在自己面前！

失望之中，皇娥無奈地收回了眺望的眼神。但她卻並不絕望，她仍然期望那姣好的童子會來，只是現在還沒有來到。為此她又循著夢境，沿著海岸向前尋去。她想尋到其夢中見到的那棵巨大桑樹，若其真的存在，也就證明了自己夢的真實。

皇娥隨後沿著夢境指引的方向向前走去，只見她走啊走呀，這次事實卻真的沒有使她再次失望。就在她走出約半個時辰之時，遠遠地便看到在前方半空之中，果然高高地聳立著一株巨大的紅葉桑樹。樹上的稠密紅葉之間，開花般地綴滿了稠碩的紫色桑葚。

眼見此景，皇娥心中的失望情緒陡然一掃淨盡。因為她看到的那棵桑樹，正是其美妙夢境中見到的那棵巨桑。由此證實了自己夢境的真實無疑，使其心中陡又泛起了希望之光。

她想，剛才或許是那童子未如夢中，恰在此時正好現身在大海邊際。這時說不定就正待在這棵巨大的桑樹之下等待著自己的來到。於是她忘掉了女兒家的羞澀，充滿希望地向那棵巨桑下面奔去。

皇娥就這樣懷著盼見夢中童子的亟切心情，一口氣跑到了前方的巨桑樹下。結果她果然進一步看到，這巨桑與其夢中所見般般無異。於是她便立刻從樹上收下目光，向四處尋找起了那夢中的童子。

皇娥心想，既然巨桑如夢中所見，那麼那夢中童子便也定為真實。然而儘管她隨後在樹下巡視再三，卻都不見童子的蹤跡。眼見至此，皇娥充滿心懷的希望，便又禁不住陡然泄去淨盡，失望地把目光盯在了樹下的地面。

皇娥的目光剛剛盯到樹下地面，卻見到在那巨桑根部的地上，依樹靠放著一把樟木做成的瑟。皇娥見瑟心中一陣驚喜，因為其夢中也恰好有這樣一把瑟。於是她對這瑟細作辨認，又見其果然與其夢中所見童子的那把瑟相同無異。為此皇娥心中陡喜之餘，禁不住心奇地立刻上前拎起了那瑟。

皇娥手拎夢中所見童子的瑟，心想既然童子的瑟在此，那童子也就定然不會去遠。於是她便把瑟捧在懷中，坐在樹根之上彈奏起了樂曲。她想用美妙的樂曲喚回定然離去不遠，自己尋視不到的那夢中童子。

手彈瑟弦，皇娥耳聽瑟弦之音，便又想起了自己夢中與童子的唱和之樂。因為她想用那唱和之樂，既告知童子自己已經來到，又喚回自己找尋不見的童子。於是她禁不住張開秀口，重唱起了自己夢中與童子對唱之歌。但她沒有去唱自己夢中所唱之曲，而是唱起了童子所唱之歌，道——

四維八埏渺難極，驅光逐影窮水域。
璿宮夜靜當軒織，桐峰文梓千尋直。
伐梓作器成琴瑟，清歌流暢樂難極。

事情實在奇妙至極，就在皇娥背靠巨桑面朝大海，期盼至亟地唱罷此歌之時，便從海面上真的傳來了童子的唱和之聲，道——

天清地曠浩茫茫，萬象回薄化無方。
浛天蕩蕩望滄滄，乘桴輕漾著日旁。
當其何所至窮桑，心知何樂說未央。

皇娥初聞此聲心中陡然一喜，隨著卻又立刻掃除了去。她以為是自己亟盼童子之心過切，耳朵生幻錯聽出了童子的歌聲，那歌聲定為虛幻決非真實。但聽到那歌聲非為虛幻果為真實之時，便禁不住急忙扭頭向海面上歌聲傳來之處望了過去。這一望皇娥真個是頓然大喜過望，隨即急忙起身向海邊跑了過去。

因為她看到，那歌聲果為皇娥夢中所見童子所唱，那童子正獨自一人乘坐在一隻筏兒之上，姍姍向岸邊她所在的這棵巨桑樹下行來。

皇娥歷經跋涉之苦，期盼尋見的夢中人兒，這時果真如同夢境出現在了她的面前，她怎能不欣喜過望，她立刻向那人兒捨命奔跑過去！

時間等到皇娥剛剛奔到岸邊，童子已經離筏登上了海岸，楚楚動人地站在了疾急奔跑過來的皇娥面前。皇娥舉目看到，那童子果然生得身材頎長，相貌楚楚。長相俊美，齒白唇紅。濃眉鳳目，鼻樑如削。真的與其夢中所見童子生相一般無二，相貌非凡，著人傾慕。

「我是黃帝的兒子，軒轅氏的精靈。」皇娥眼見至此，心中更是欣喜得頓然忘掉了女兒家的羞澀，正要開口對童子言說，童子已如夢中所見一樣，開口對她言說起來道，「看來你我定然天生有骨肉之緣，故而能夠今日在此相會。」

童子所言全為真實，他不是別個，正是黃帝的次子昌意。這正值少男妙齡之期的小昌意，兩個月前也像皇娥一樣做了一夢。夢見有一妙齡嬌嬌女子，在此西方大海邊的巨桑樹下，與自己傾情對歌唱和。通過唱和，他二人結成了夫妻。

小昌意夢醒之後，也是耐受不住心中期盼見到夢中女子的激烈煎熬，便告別父親黃帝跋山涉水，依夢到這西海邊，尋找夢中所見女子而來。但他尋到巨桑之下時像剛才皇娥一樣，見到巨桑真在證實自己美夢為真，心中頓然高興萬分。但只是不見夢中所見女子之面，心中大為焦急。

焦急中他想到，或許是那女子尚未來到，也或許是作為女兒家即便先已來到，但為了顯示自己的尊貴，也故意隱藏起來等一會兒露面。想到這裏，他便先把琴瑟放在桑樹之下，乘筏到海上尋玩而去，以等待那女子的到來。

果然他剛到海上尋出不遠，便聽到那巨桑樹下傳來了瑟弦彈撥之聲，並和著女聲歌唱自己夢中與那女子唱和之曲。陡聞此聲，昌意真個是欣喜過望。只見他急忙扭頭循聲向那巨桑下看去，果然正是他期盼的那夢中女子，正在樹下彈瑟唱歌。

昌意這時當然不會停息，只見他驚喜之中急忙一邊劃筏立刻返向巨桑，一邊口中與之唱和起了夢中所唱之歌。果然他二人一唱即和，就在昌意劃筏剛到岸邊之時，那歌聲已把昌意夢中所見女子，如夢中一樣引到了一處。因而，昌意乍然見到趕來的陌生皇娥，開口就說出了與夢中相同的話語。

「童子既是黃帝的兒子，」皇娥聞聽昌意見到自己，又即如夢中童子一樣，說出了夢中自己聞聽之言，心中更是大為奇異！奇異之餘她忙開口詢問道，「軒轅氏的精靈，但不知童子大名若何？」

「童子名叫昌意，」童子聞問即答道，「姑娘呢？」

「昌意，好，好自由自在的名字！昌意，不就是暢意嗎？暢意不就是任憑自已的心意馳騁嗎？對，我叫皇娥。」皇娥一邊說著一邊回答著，隨著則又心機一轉詢問道，「但不知皇娥小妹剛到這裏，昌意哥哥怎麼就恰好也來到了這裏？難道是哥哥竟然住在這巨桑樹下不成嗎？」

「不，哥哥不僅不住在這巨桑樹下，」昌意聽了認真道，「而且居住之地距離這裏十分遙遠。」

「那麼，」皇娥聽了心中大為驚訝，忙又開口詢問道，「哥哥今日怎麼恰好到了這裏？」

「是夢境引導哥哥今日來到這裏，我是追尋夢境而來的。」昌意這時一笑道，「想不到哥哥那夢境，今日竟然全部變成了眼前的真實！」

「噢！哥哥也是為追尋夢境而來？」皇娥聽到這裏，更加心奇無限叫了起來道，「哥哥說你的夢境全都變成了眼前的真實，那麼哥哥可以對小妹說說，哥哥做了個什麼樣的夢嗎？」

「好的。」昌意聞聽欣喜，口中應著便把自己先前所做之夢，向皇娥原原本本講說了一遍。皇娥不聞昌意此講還罷，聽了此講頓然高興得連聲大叫起來道：「這真是太奇妙了，哥哥原來與我做了一個同樣的夢！怪道哥哥說你我之間有骨肉之緣。」

於是她不待昌意詢問，便向昌意講說起了自己的夢境。但她只講說了前面的一半，而把後面結婚生子的那一半，由於羞於啟齒沒有說出口來。昌意聽到皇娥講說與自己做了相同之夢，二人又都是為了追尋夢境來到了這裏，真個是越聽越奇越加歡喜。

他奇，他奇異他二人竟然因夢，如此奇異地走到了一起。他喜，他欣喜自己與俊俏的皇娥，今生今世得有骨肉之緣，實在是自己的豔福不淺。因為他看到了皇娥的嬌美，面前這嬌美的皇娥，又正是他夢中期盼的人兒。為此他心中既奇又喜。

「哥哥夢中聽說，」為此昌意聽完皇娥講說夢境，便即依夢境對其道，「這巨桑一萬年才結一次果實。」

「是的。」皇娥聽到昌意之言全如夢境，心覺好玩至極，便也即按夢境接言道，「吃了之後可以長生不老。」

「今日你我恰恰遇到有果的時候，」昌意隨之又如夢境道，「真可謂天假之緣，我去採它幾個來嘗嘗吧。」

「好，」皇娥隨之也如夢境道，「只是有勞哥哥了。」

「應該的。」昌意說著，便敏捷地飛身爬上樹去，轉瞬便採下了許多桑葚來，遞給皇娥一半道，「請小妹嘗吃，祝小妹長壽！」

皇娥也不推辭，接過昌意遞過來的桑葚，便吃了起來。他倆一陣吃食，雖然沒有再向下言說，卻雙雙已是情意難禁，便拜倒在大桑樹下，以桑為媒結成了夫妻。隨後，他夫婦在巨桑樹下居住下來。白日乘筏浮海遊玩，日暮方歸。晚上彈瑟對歌，真可謂盡情盡意，愉悅難言。

皇娥與昌意如此盡情盡意地玩耍，轉眼過去數日。這日晚間她夫婦游海歸來剛剛歇息下來，皇娥眼睛一閉剛要睡去，卻突見一顆大星如長虹一般，從天上倏地降到樹下，徑赴自己懷中不見了蹤影。皇娥這時心中一動，急忙睜開雙眼看時，卻不見那顆大星的蹤影，而只見自己的肚皮奇異萬般地鼓脹起來。

皇娥依據先前夢境，心知自己已是遇星而孕，所以並不驚詫，而是忙將此事告知剛剛睡去的昌意。昌意聞聽事情發展又如夢境，當然心中更喜，便與皇娥日日玩得更加盡情盡意起來。

轉眼數月過去，這日皇娥果真又如先前夢中所歷一樣，生下了一個男嬰。這男嬰金身金面，渾身膚色如同黃金一般輝煌耀眼，整個人兒就如同黃金鑄就。皇娥與昌意見之正在奇怪，卻聽剛剛落地的金色孩兒開口道：「爹、娘，孩兒非為別個，乃是天界白帝的兒子，太白星的精靈。」

昌意與皇娥聞聽更奇雙方夢境全成真實，便為孩兒起名叫作少昊，並取其生於巨桑樹下之意，號為窮桑氏。又取其金身金面之形，並按太昊伏羲八卦西方主金之意，號曰金天氏。

昌意與皇娥喜得生性聰明、身子壯碩的少昊窮桑氏貴子，待在巨桑之下更是樂而忘返，轉眼便已二十餘載歲月過去。在這期間，他夫婦在生下少昊之後，又生下一子名叫韓流。韓流便是下文中要講的顓頊之父，少昊便是顓頊的嫡親伯父。

這期間他夫婦還時常聞聽昌意之父黃帝，連年來曾先與炎帝伯父大戰於涿鹿之野，現在正與炎帝後裔蚩尤大戰不息。昌意歡樂之時心中也時常掛念帝父，這日便與皇娥商議返歸東方看望帝父黃帝。皇娥當然也想拜見公公，他夫婦隨之便引領少昊、韓流二子離開窮桑，一路向東尋覓黃帝而來。

昌意引領妻子皇娥及二子尋見黃帝之時，黃帝正在涿鹿因戰而不勝蚩尤心中焦愁。但他看到孫子少昊生而異相，又聞昌意、皇娥言說少昊不僅生而能言，而且講說了那番話語，便知道異相的少昊非為凡人，必為天神脫胎下凡無疑！

這時黃帝既愁戰不勝蚩尤，又擔心東瀛地方先前不穩這時再生變亂，為自己戰不勝蚩尤雪上加霜。遂心機轉動，敕封少昊為東方大帝，要他前去東方代他治理東瀛地方，穩住東方以助自己戰勝蚩尤軍兵。

少昊聞聽爺爺敕封心中大喜，當即叩謝爺爺敕封之恩，隨後告別父母昌意與皇娥，引領一班隨從眾臣，啟程一路向東方受封轄地稱帝而來。少昊原本就是玉皇大帝遣下凡界扶助黃帝治理凡界的天神，因而心中蓄有大治凡界的夙願，早想一展宏圖報答玉皇大帝對自己的信任。

這時受到爺爺黃帝的敕封有了大展宏圖之機，心中著實大喜過望，因而上路之後心中更是思想不息，琢磨起了施展宏圖的具體方略。少昊就這樣一邊琢磨一邊前行，眨眼已經數十日過去。這日來到今日山東曲阜地方，看看天色已暮，便命眾人在曲阜打點歇息下來。

在天界，少昊原本就是司掌法律和刑罰的天神。大概由於職業養成的習慣，他到凡界以後欲以法律和刑罰治世的意識不改，認為以法治世雖然會依法殺死幾個凡人，但卻可以據此保得凡界安寧，進而保護更多的凡人。玉皇大帝大概正是因為看到凡界無法，方纔特意派遣注重依法治世的他下凡，幫助黃帝依法治世而來。

因此，一路之上少昊前思後想，已經勾勒出了自己的一幅依法治世圖景。這時這圖景正在其腦海中縈回繚繞，只是具體輪廓尚未清晰。轉眼少昊與眾人飯罷歇息下來，路途奔波使得少昊一躺下，便呼呼睡了過去。

人都有日有所思夜有所夢的習慣，少昊腦子思謀其治世方略尚欠清晰，睡著之後腦子便依舊轉動不止。夢境中他依法治世的方略，越加清晰起來。他決計打破爺爺黃帝朝中的官職配備格局，為了依法治世實行自己的配置。

即朝中配置一名總管，代替自己具體落實朝中各項法令。總管下面設置一個掌管法律和刑罰的官職，以在總管之下百官之上，以法治理凡界。其下設置四個掌管一年四季天時的官職。

另外，設置一個掌管教育的官職，設置一個掌管軍隊的官職，設置一個掌管營造的官職，設置一個掌管修繕事宜的官職，設置五個管理木工、金工、陶工、皮工、染工的官職。如此以來，朝中百官職責分明，各司其職，各負其責，以法治世，定可實現天下大治的目的。

少昊的以法治世夢做到這裏，雖然朝中職官分明起來，治世輪廓具體清晰起來，但他左思右想卻又思謀不出，以何種名目稱謂其各個職官為好。一時思謀不出職官之名，他便在夢中苦苦思謀起來。

他思啊想呀，困倦中怎樣也思謀不出個眉目來。思謀不出他便繼續思謀，不知不覺中天已大明光亮，紅日爬上了高高的天空。少昊身為一方大帝，行進途中過去每日都是起早在前，今日難得酣睡不醒歇息一日。隨從眾人眼見此景，也都不忍心喊他醒來。

特別是他們想到，自己只是隨從奔波已是疲累不已，少昊除了與他們一樣奔波不止之外，還要思謀建國治世方略。因而他們雖見已經到了每日啟程東行之時，卻都靜靜地等待著。既不去喊醒，又怕驚醒了少昊大帝。

然而就在少昊仍在酣睡不醒，旭日昇上東天半空之時，奇跡卻驀然出現在了這曲阜少昊身旁的一片芳草地上。少昊身旁的這片草地草深沒膝，翠葉掛露，日照生輝。草叢中點綴著百色花朵，賽麗競鮮，爭豔鬥美。

就在這芳草地上，突見從東方旭日的金色背景之上，翩翩飛來了五隻他們眾人誰也沒有見到過的金色大鳥，穩穩地落在了這片草地之上，遍身生輝地朝著少昊頷首鳴叫起來。那鳴叫之聲，真個是如珠玉落入玉盤，似寶釵相互撞擊。清音嫋嫋，叮叮咚咚，妙若天宮傳下的神樂仙曲。

「瞧這何來異鳥？」少昊眾隨從當然無人見過如此異鳥，頓然全都奇異得忘記了正在酣睡的少昊，禁不住失口叫出聲來道。

「鳳鳥！高貴的鳳鳥！」眾隨從的奇異叫聲驚醒了正在酣睡的少昊，身為下凡天神的少昊當然見過此鳥。他睜開睡眼見到草地上站立的五隻奇鳥，頓時高興得大叫起來道。隨著，則又醒悟過來道，「鳳鳥適至，我少昊當定都於此矣！」

言畢其又心中一明，想到鳳鳥此來，除了告知自己應當定都於此處，而且可以以鳥紀官，即以鳥名命名朝中職官的官名。這豈不正是鳳鳥此來的又一層用意！心明至此，少昊便當即傳令隨從眾人停止前行，在此定都建國。並依據爺爺黃帝的敕封，做起了東方大帝。

隨後，他按照自己思謀好的朝中職官名額，對各職官進行了任用敕封。他知道鳳鳥乃為神鳥，便敕封自己朝中的總管為鳳凰。敕封分掌一年四季天時的職官為燕子、伯勞、晏雀和錦雞。敕封掌管教育的職官為鵓鴣，因為鵓鴣每逢天陰要下雨的時候，便把其妻子趕到巢外，到了雨過天晴之時，則又把它呼喚回來。鵓鴣既能管住妻子，也就一定能夠對父母恪盡孝道，因而以其名司掌教育的職官最為恰當。

敕封掌管建造的職官名為布穀，因為布穀鳥在桑樹上養了七個兒子，每天喂它們食物。早晨從上面喂到下面，晚上又從下面喂到上面，心地平均。因而以其名命名掌管建造的職官，給眾人蓋房子、開溝渠，可以避免因為分配不公而生爭執。

另外，少昊又因鷙鳥相貌威武，性情猛悍，而以其名命名掌管軍隊的職官。因鷹鳥威嚴猛勇，鐵面無私，以其名命名掌管法律和刑罰的職官。斑鳩一天到晚嘰喳不停，性情活潑，便又以其名命名掌管修繕的職官。

然後又以五種野雞命名掌管木工、金工、陶工、皮工和染工五種作工的職官。以九種扈鳥命名掌管農業耕種和收穫的職官，如此等等，不一而足。

就這樣，少昊窮桑氏因為鳳鳥在曲阜的出現，啟示他在曲阜以鳥紀官，建立起了我國遠古時代甚為奇異的東方鳥國，他自己則做起了司掌這東方奇異鳥國的東方大帝。

黃帝眾人不能理解少昊以鳥紀官之意，加之想像不出少昊所建鳥國究竟是何模樣，有人便猜測說少昊建立的鳥國是個非人的國度，而純粹是一個鳥的國家，少昊則是一位百鳥之王。

他在朝堂開會之時，百鳥翔集，色彩繽紛，毛羽亂飛，只聽百鳥齊鳴，不聞人言之聲。其實這太具有神話幻想色彩了，實際上少昊建立的東方鳥國則仍是一個人的國度。只不過它是以鳥名命名官職罷了，人們完全沒有猜測幻想的必要。

二、顓項輔政

少昊在曲阜建立起人們猜測議論不休的鳥國之後，作為東方大帝的少昊便依據自己勾勒的治世方略，大展宏圖，治理起了東方凡界。他命令朝中職官層層負責，各司其職各盡其能，很快便在自己的轄界由上而下建立起了一個完整的管理系統，把轄界治理得秩序井然。

一時間，只見身為總管的職官鳳鳥果然不負少昊之望，履行起了朝中宰相的職責。既負責總理朝中事務，又把下情及時上稟給少昊大帝。並把少昊大帝的一系列指令，傳達給下屬各個職官。各職官各司其職各負其責，個個只有鞠躬盡瘁之分，誰也不敢稍有懈怠。

司掌一年四季天時的燕子、伯勞、晏雀和錦雞四職官，準確計時，為人們的生產和生活提供著天時服務。掌管教育的職官鵓鴣，循循善誘人們老幼有序，養成對父母恪守孝道的習慣。

掌管軍隊的職官鷙鳥，嚴格訓練軍隊，為平息凡界可能生出的亂象，進行著不懈的準備。掌管營造的職官布穀，則帶領人們辛勤勞作，蓋房子、開溝渠。以排解人們的住宿之難，添加水利之福。

掌管修繕的職官斑鳩，則一天到晚忙碌不息，為人們的修繕盡職盡責。掌管木、金、陶、皮、染五種工作的職官五種野雞，各個勤奮，努力勞作。掌管農業耕作和收穫的職官九種扈鳥，更是不分風中雨裡、白天黑夜，全都在田野上奔跑不息。以耕種出更多的穀物菜蔬，滿足人們食物的需要。

上述諸職官的盡職盡責，遂給東方大帝少昊的鳥國轄界帶來了安定與幸福。眾人在他們的帶領下各個勤奮勞作，很快就實現了吃穿有衣食，住宿有房屋，人人受教育，春夏秋冬四季變遷有準備的理想。

人們因而齊贊東方大帝少昊之恩，皆頌少昊大帝給他們帶來了厚福。然而少昊大帝並不滿足上述治世成績，他要把他的轄界治理得更加秩序井然，安定幸福。他要實現他的法制治世之道，以大展其治世宏圖。

為此，他在處理好朝中大事之餘，便把一應雜事全都交給鳳鳥掌管，自己則拿出主要精力，與鷹鳥職官一起具體制定各項法律和刑罰，以用於大治凡界。他與鷹鳥職官計呀議啊，因為他們要制定的一刑一法，都直接關連著眾多人的命運，所以他們格外認真細緻，不敢疏忽大意。

末了他們雖然細緻地制定出了刑法，但卻還是不敢大意，仍要深思再三，細慮再四，然後才敢在小範圍內先作試行，試行成功才敢在轄界頒行。少昊與鷹鳥就這樣經過數載努力，終於制定出了若干條適用於當時凡界的法律和刑罰，頒行到了所轄地界。

少昊所制法律和刑罰的實施，果然使其轄界在原有大治的基礎之上，進一步實現了大治和安定幸福。東方大帝少昊，就這樣成了我中華民族以法治世的肇始之人。

東方大帝少昊在曲阜建立鳥國大治轄界的事兒，早已傳進了中央大帝黃帝耳中。開始，黃帝聽聞其孫少昊在曲阜建都，以鳥紀官建立起了一個鳥的國度，甚為生氣。特別是他聽到有人傳言，少昊到了東方曲阜建立了一個非人純鳥的國度，少昊則變成了一位百鳥之王。朝堂開會之時，百鳥翔集，色彩繽紛，毛羽亂飛，只聽百鳥齊鳴，不聞人言之聲，更是大為動怒，甚為後悔自已錯看了這位孫子，致使他在曲阜胡鬧至此。

但在氣惱之中，卻又不斷聽到人們傳來東方大治的消息，使得黃帝心中甚為詫異。為了弄清根底，黃帝在大戰蚩尤新勝之時，便下令召見這位身在曲阜的孫子少昊，以便把事情徹底弄個明白，解除心中的詫異。

身在曲阜的少昊聞聽爺爺黃帝傳召，遂立即動身來到了黃帝待處涿鹿，向黃帝爺爺詳細稟報了自己所做的一切。黃帝聽聞後方纔明白其鳥國的模樣，解去了心中的詫異，連贊少昊孫子果然不負其望，治世有方，勝過自己一籌，心中更喜自己果然沒有錯看這位聰慧的孫兒。

欣喜之餘，他想到自己戰勝蚩尤軍兵的艱難，上次大敗蚩尤軍兵之後，想不到蚩尤兄弟又跑到北方大荒的成都載天大山之上，勸誘來了誇父族人合力來戰自己，正使得自己無法應對。

如此下去，若是下次自己再戰勝蚩尤軍兵制勝誇父族人，蚩尤兄弟若再逃到東方大海歸墟中的岱輿、員嶠、方壺、瀛洲、蓬萊五座神山之上，說動居住其上的眾神諸仙前來幫助蚩尤兄弟與自己為敵，自己就將更難戰勝蚩尤兄弟了。

想到這裏，黃帝當即主意拿定，敕命自己的這位治世奇才少昊孫子，即返曲阜遷都東方大海歸墟之中五座神山之上，以在那裏繼續其鳥國統治，治理好五座神山之上的眾神諸仙，以防蚩尤兄弟戰敗逃往那裏策動叛亂。

少昊聞聽爺爺此令，雖知從曲阜前往東方大海歸墟之中的五座神山，水路萬里，行程多艱。但他深感爺爺賦此使命於他，是對他的最大信任，因而便當即鏗鏘言志道：「孫兒深謝爺爺賞封，孫兒定然不負爺爺之命，堅決治理好東方神山！」

少昊辭別爺爺黃帝一路返歸曲阜，引領眾臣遷都東渡大海，向坐落在大海深處歸墟之上的五座神山而來。少昊大帝如此遷都去了，因而至今人們留有「少昊之墟，曲阜也，在魯城內」，「今曲阜故城有少昊陵」，「少昊氏都於曲阜」之說。此說一點不假，其原因即在於此。

少昊一行東渡大海行程多艱，但他們迎難而進，不畏艱險。在海上經過數月風吹浪打，這日終於平安來到東方大海之中，五座神山之一的瀛洲神山之上。少昊眾人登上瀛洲神山，果見瀛洲神山名不虛傳。

它像人們說的一樣高和周圍都是三萬里，與其他四座神山也都相距七萬里。其山頂上平坦的地方，也有九千里之闊。山上有黃金鑄造的宮殿，白玉砌成的欄杆。到處都生長著能夠結出珍珠和美玉的玉樹，它們結出的珍珠和美玉食之皆可長生不老。

山上還到處都生長有奇異的神芝仙草，食之也可長生不老。山上還有一座高達千丈的玉石之山，山中噴出的泉水味甘如酒，名為玉醴泉，飲之數升輒醉，也可長生不老。山上的飛禽走獸，都是素白的顏色。山上居住著眾多的神仙，神仙們也都穿著素白的衣服。同時每個神仙背上，都生有小小的翅膀。因而他們可以像鳥兒一樣，自由地飛翔來往於五座神山之間。

少昊眾人眼見此境與曲阜凡地大相迥異，個個皆為到此神山高興不已。少昊則心中更喜，決計在此神山之上再展治世宏圖，大治包括這五座神山在內的偌大轄界，證實自己的以法治世之道為治世通途。

欣喜至此，少昊便將其帝都選定在瀛洲神山之上，自己作為東方大帝住進了山上黃金鑄造的宮殿之中，像在曲阜一樣迅疾建立起了完整的管理機構。隨後他依舊像在曲阜一樣行事治世，很快便又在這東方大海歸墟之中的五座神山之上，收到了安寧幸福的大治成效。

東方大帝少昊的到來，為神山帶來了安寧幸福的大治之景，山上眾神諸仙便對少昊盛讚不已，尊崇不盡。然而儘管如此，少昊在治世之途的探索中仍不停步。他繼續深究治亂的精微，創制新的法律刑罰，以求把地上的神界和凡界，都治理得永遠安寧幸福，充滿無盡的美好，不生些微邪惡！為此他辛勤不息地苦苦探索著，轉眼已在瀛州神山之上度過了數十載時光。

「啟稟大帝伯伯，侄兒要玩來了。」這日，少昊大帝正在宮中精心研製法律，一個十余歲的黑孩子驀然出現在了門口，向其深施一禮，開口道，「乞伯伯容留侄兒在此戲耍！」

少昊既不認識這個孩子，也不知道這個孩子的來歷。加之又正在凝神研製法律，頭腦一時轉不過彎來，口中無法回話，只是凝神看著這個突現在自己面前的膚色黝黑孩子。

少昊看到，這孩子年紀雖小，卻生得身高體壯，勇猛威武。動作快疾，仿佛時刻都要向前衝刺。他面目黝黑，長臉如削，顯露出堅毅和剛強。鬚髮如戟，奓向四方。劍眉虎目，灼灼閃光。長鼻方口，威懾八方。看到這裏，少昊頓覺這個孩子渾身流德溢威，非同常人，而且給人一種堅毅、機敏、迅疾、沉重、剛愎、狠猛等多重感覺。

少昊於是甚覺奇異，不解在此瀛洲神山之上，突從何處跑來一個這樣長著小大人般模樣，說著小大人般話語，自稱是其侄兒的非同凡夫俗子的少年孩子。為此他頓然怔在了那裏。

「伯父，難道您不信任侄兒，」那少年眼見少昊心生疑竇，忙接上來道，「不容留侄兒嗎？」

「少年究從何來？」少昊這才被這少年的話語，從愣怔中驚醒過來，詢問道，「為何自稱是我侄兒？」

「侄兒乃韓流之子，黃帝曾孫，」少年於是朗言道，「這難道還不是伯父的嫡親侄子嗎！」

少昊聽到這裏，雖然心中大喜自己有這樣一個非同凡俗的好侄兒，但卻心想瀛洲距離黃帝居地萬里之遙，遠隔重洋大海，這少年獨身一個怎麼突然到了這裏？再說他也從未見到過這位侄兒，他是否真是韓流之子、黃帝曾孫、自己的侄兒呢？因而他仍覺奇異不解道：「既然是我的侄兒，你為何不在你太爺爺身邊戲耍，少小年紀遠涉重洋到了這裏？」

其實，少昊大帝完全不必詫異。因為這少年正是其弟韓流之子，黃帝的曾孫，他的嫡親侄兒顓頊。原來，少昊受到黃帝敕封離開涿鹿之後，其父母昌意與皇娥和其弟弟韓流，先是一直待在黃帝身邊隨著黃帝的遷徙而遷徙。後來昌意領著皇娥與韓流遷居橋山，給韓流婚娶淖子氏之女，名為昌僕，又名為女樞者為妻。

這日女樞正在幽宮中閑坐，突然看到一道瑤光，如長虹一般從月亮穿過，女樞頓然有感而孕，隨後生下了顓頊。顓頊是女樞身感瑤光而生，便也是天神下凡。所以他生而靈異，不似凡夫俗子。

由於顓頊生而不似凡夫俗子，所以他年紀剛到十二歲，便已長成了剛才少昊見到的那般模樣。顓頊也是久懷到下界大治凡界的夙願，末了久求方受玉皇大帝之命，投胎成為凡人，一展大治凡界宏圖而來的上神。

這時，他在黃帝轄界之上生活已過十二載，覺得對黃帝轄界之治的情形已是了若指掌。為此便決計到別處走走，看看黃帝轄界之外的治理情形，以進行比較探索，找出自己的治世方略來。

連年來，他聞聽伯父少昊先在曲阜，後在東海瀛洲神山之上建立起了奇異的鳥國。一來覺得伯父所建鳥國不可思議定然好玩，二來又聽說伯父的鳥國轄地，被伯父治理得更加安寧幸福。便打著前來伯父鳥國玩耍的旗號，向父母及爺爺千纏萬磨，方被應允到這東方瀛洲神山，伯父的轄地之上耍玩而來。

但在臨別之時，顓項年剛十二歲，雖然長得高大威武像個大人一般，其爺爺與父母仍是放心不下。因為路途實在遙遠，又加之有萬里迢迢的水路，所以他們特意給他派了三百名隨從，護送他到東海瀛洲神山，少昊的鳥國耍玩而來。

但不料路途多艱，在陸路上三百名隨從全挺了過來。而行到海路中途之時，驀地一陣颶風掀起一陣狂浪，硬是把顓項與他的三百隨從所乘木筏，像拋起一片樹葉一樣高高地拋上半空，隨後側翻深深地埋進了水底。

顓項從水底鑽出水面之時，恰巧被一位老艄公救上小船，一路把他送到了瀛洲伯父面前，老艄公則隨之消失了蹤影。其三百名隨從，顓項當時卻未見有一個能夠鑽出水面。

顓項剛才聞聽少昊伯父的詢問，即把上述經過講說一遍，聽得少昊大帝對少年顓項更加奇異萬般。奇異之中少昊看到其言全都符合情理無懈可擊，方纔信而不疑，心中大喜，道：「我的顓項侄兒，莫怪伯父剛才見疑於你。實則是伯父從來未曾謀過侄兒之面，加之從橋山到此瀛洲路遙萬里，你一個小小孩兒單獨至此，伯父豈能不疑！」

「伯父見疑詢問侄兒全都應該，因為事情正如伯父所言。這只能怪侄兒太貿然了，」顓項對少昊此言，回答得更是朗利道，「豈有侄兒怪罪伯父之理。伯父，你就答應侄兒，讓侄兒在此留居戲耍也就是了！」

「伯父這裏，沒有容留不容留侄兒在此戲耍之說。伯父這裏就是侄兒的家，」少昊這時連忙道，「侄兒想留居到何時就留居到何時，一切就聽憑侄兒自己之願吧！」

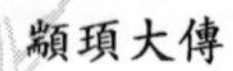

少昊這時早已喜愛上了這位初次見面的小侄兒顓頊，因此說罷此言，便立刻起身把顓頊引進一座偏殿之中，安排顓頊住下。隨後，便向顓頊促膝詢問起了顓頊的太爺、爺爺與奶奶、父親與母親的一切。因為他離開橋山已歷數載，十分掛念家中的一切。

顓頊對少昊的詢問一一作答，伯侄倆一連談了一個白天又加一個通宵。少昊這時仍然還有不少話語要問，但看到侄兒還是年少，加之長途跋涉身子困乏，方纔離去讓侄兒歇息，餘言只有等待日後再作詢問。

小顓頊在少昊離去之後，轉眼睡過一夜。少年人體力恢復迅速，已把數月來奔波的疲勞全部拋卻了去。少年人玩心旺盛，因而翌日天亮他便起身向四處遊玩而去。他先看山上黃金鑄造的宮殿、白玉砌成的欄杆，看山頂九千里開闊的平地，看平地上到處生長的玉樹。

看視之中，他既擷食樹上結出的食之可以長生不老的珍珠和美玉，也採食山上的神芝仙草。他觀看山上高達千丈的玉石之山，赴玉醴泉戲泳，飲玉醴泉之水，並與山上的飛禽走獸嬉戲，也和山上的神仙傾心交談。

顓頊就這樣很快玩遍了瀛州神山，便又到岱輿、員嶠、方壺、蓬萊四座神山遊玩。他到岱輿，觀看山上時隱時現的雲氣，看到雲氣現時，或若宮室臺觀，或似城堞人物，或如車馬冠蓋，全都歷歷可覓，生成海市蜃樓之幻景。

到員嶠，他遊耍山頂那方廣闊千里的方湖，觀看湖東那塊廣巨五百里的巨大雲石；觀看山上高盈丈餘的大鵲，看到它們全都口銜不周之粟；觀看山上的七寸長蠶，看到它們各個身生麟角，作繭盈尺。

到方壺，他看山上群居的神龍，看金玉琉璃之宮，在潺潺長流的玉石泉水中暢遊，與山上「耕田種芝草如種稻狀」的仙家們暢談。到蓬萊，他觀神山，遊圓海，興味倍增。

少年顓項就這樣游遍東方大海中的五座神山，已是盈月時光過去。在這盈月時光之中，少昊大帝通過與顓項接觸，進一步看到了顓項侄兒的少年老成，頭腦聰慧機敏，是一塊可雕的好木，將來稍事雕琢便可成為治世的棟樑之材。為此心中甚喜他黃帝家族之中又出現了這樣的有為後人。

為此他決計有朝一日開始對其進行精心雕琢，以把其栽培成黃帝家族中的有用治世後人。這時他所以不立即行動，是因為顓項年紀尚小，還是一個一心只顧玩耍的少年孩童。為此他決計暫且先給侄兒一段美好自由的少年時光，讓他在少年時代盡情地耍玩個夠。

因而在這盈月的時光裡，他有時間只是向顓項詢問一下黃帝朝中的事兒，而沒有與其進行過任何別的教誨性交談。然而這日顓項遊罷岱輿其他四座神山回到瀛洲，卻開口對少昊說出了令其大為驚詫的話語道：「伯父大帝，孩兒來到你這東瀛鳥國已歷月余時光，方纔盡知你這鳥國原來並非人們傳說的鳥的王國，你也並非百鳥之王。」

「噢，小子還有見地？」少昊聞聽不由得心中驚奇道，「你有什麼看法？」

「伯父的鳥國，乃是以鳥紀官的人的國度。同時你與我黃帝太爺的治世方略，也大為不同。」顓項隨之平靜答言道，「你使用了以法治世之道，把你的鳥國治理得比我黃帝太爺的轄地好過了十分！」

「侄兒，原來你天天不是在我東瀛鳥國貪心遊山玩水，而是在此盈月時光之中，考察清楚了我東瀛鳥國的一切。」少昊此前以為顓項只是一個十二歲的孩子，來到他的東瀛鳥國一天到晚只顧貪心玩耍，壓根兒沒想到他會說出這般模樣的大人話語。因而聽到這裏，真個是頓然大為驚詫不已道，「而且把我的治世之道，與你太爺黃帝的治世之道兩相比較，得出了自已的結論！」

「伯父怎麼如此小覷侄兒，侄兒不遠萬里歷盡艱辛來到這裏，豈能僅為貪心耍玩！」顓頊看到少昊對自己之言驚詫至此，便「咯咯」一笑，越說越認真道，「太爺與伯父都在忙於大治凡界，侄兒豈可袖手旁觀。侄兒正是為向伯父學習治世之道前來的呀！」

「好，侄兒說得好，也前來得好！那麼侄兒先對伯父說說，」少昊聞聽顓頊說到這裏，方纔除去了心中的驚詫，大喜自己先前沒有錯看這位可成棟樑的侄兒。隨之心思一轉，決計侄兒這時既然說到了這裏，自己則就此對他驗試一番，以便對他進行雕琢。為此他開口即對顓頊道，「侄兒盈月以來，都在我鳥國學到了什麼？」

「孩兒在伯父的鳥國，最重要的是學到了這樣一個道理，」顓頊面對自己的嫡親伯父，聞聽此問立刻直言不諱道，「即治世之道不循古，要因時移而事易，如此方可實現凡界大治。」

「噢，侄兒快說，」少昊聞聽顓頊此言，頓又大為吃驚顓頊小小年紀，心思竟然如此老成深刻，「你在我東瀛鳥國，何以學得如此道理？」

「侄兒看到，伯父治國以法為重，結果收到了勝過太爺黃帝治世之效。那麼我太爺黃帝，則以道德治世，結果收到了勝過我大太爺炎帝治世之效。」顓頊隨之講說道，「而大太爺炎帝，則又不循人祖伏羲爺之道，行仁德之治，結果收到了勝過人祖伏羲爺治世之效。你們全都互不相循，治世之法各自相異，不就明擺著這樣一條道理嘛！」

「侄兒既然學得了這些道理，」少昊聽到這裏，心中更喜詢問道，「那麼你從這道理中，又悟出了什麼道理沒有呢？」

「若以侄兒之見，伯父的以法治世之道，」顓頊這時認真回答道，「也並非盡善盡美。」

「噢，那麼侄兒快說，」少昊這時聽得不禁一愣，再次開口詢問道，「伯父的以法治世之道，有哪些不夠盡善盡美之處？」

「伯父的以法治世之道，先把法律和刑罰告訴人們，使人們有法可依，不去觸犯刑律，」顓項接著回答道，「並且知道自己犯了哪條法律該受何種處罰，可見可行好操作，比我太爺黃帝的道德之道好去遵從。」

「嗯，說的甚為有理。」少昊聽到這裏贊同道，「還有呢？」

「我太爺黃帝的道德，是一個大得無法具體的抽象概念。因而使得人們無可具體遵從，由此便會造成在對違犯道德者施以武威時，沒有輕重之分。」顓項繼續其言道，「而伯父您的以法治世之道，雖有我太爺黃帝道德治世之道所不具備的長處，卻也有不如我太爺黃帝道德治世之道所沒有的短處。」

「噢！」少昊聽得不禁又是一愣道，「此言怎講？」

「伯父您想，您的以法治世之道，拋棄了我太爺黃帝道德之道中的仁德，而僅把其『武』字變成了『法』字，要用刑罰代替武力處罰犯人治理凡界。」顓項向下講說其想道，「這樣您就給人們一種不講仁德只有嚴酷的感覺，而嚴酷無情則又正是一個帝王，所不應給予人們的印象……」

「侄兒言說有理！」少昊聽到這裏心中大為贊同，不禁開口稱讚道，「那麼，侄兒可有避除嚴酷印象之法？」

「有。侄兒以為，」顓項聽了，雙眉一展，虎目一閃接著道，「不以法律，而以禮法治世為好。」

「對，侄兒想法實在是好！」少昊聽到這裏，心中更是贊同道。因為他前時也曾想到過使用禮法治世的事兒，但他隨之便想到若用禮法代替自己的法律二字，將會引起自己治世之道的許多重大改變。為此他怕麻煩，未予採納束之高閣了起來。

這時聞聽顓頊此言，贊同之餘便又陡地陷入了沉思。因為他從顓頊之言中，聽出了禮法治世乃是凡界發展的必然。因為這樣一個年幼的娃兒尚且提出了禮法治世，自己又怎能再將這一治世方略束之高閣下去呢？為此他重又深思起了「禮法」二字，隨著口中不禁喃喃道:「禮法，禮法究含何意呢？」

「所謂禮法，並不排除伯父以法治世的『法』字。」機敏的顓頊從少昊的沉吟中聽出了其心中的思慮，為此便不待少昊再問，向他侃侃講說自己之想道，「而僅在『法』字的前面，冠以堂皇高雅的『禮』字，以把伯父的嚴刑酷法，變成堂皇高雅的禮法。」

「噢，」少昊聽了，心中又被顓頊的如此成熟之想，說得一奇道，「侄兒還有成熟之想？」

「對。使之成為人們約定俗成的東西，」顓頊繼續其言道，「進而使人們在美好的感覺之中，去自覺自願地遵行，以除去人們覺得嚴酷無情，被迫無奈遵行的感覺。那樣法律實行起來，就受人歡迎了。」

「對，就是這樣！」少昊聽了更是贊同，隨之接言道，「侄兒想得實在周全。」

「不，伯父。因為禮法之治，並非侄兒顓頊的發明之物，」顓頊這時則向下侃侃講說不息道，「而是在我們人祖伏羲爺的時代，伏羲爺爺就把它用在了治世之中。」

「什麼，伏羲爺爺就把禮法用在了治世之中？」顓頊的如此短暫話語，頓如重錘一樣敲在了少昊大帝的心上，因為他過去並沒有想到過這裏，因而這時他心中如同被敲陡然一明詢問道。

「是的，只不過他那時用雖然用了，」顓頊這時講說道，「卻沒有明確提出『禮法之治』的名詞罷了！」

「那麼侄兒快說說，」少昊這時心中不明，隨著急問道，「伏羲爺都是用了哪些禮法治世之法？」

「要說伏羲爺所用禮法治世之法，說來實在明白。譬如，他用自己制定的皮聘婚娶禮法，代替了亂婚搶婚之法。」顓頊則不慌不忙具體道，「用一夫一妻禮法，代替了亂婚之法；用兄妹不可通婚禮法，建立了凡人最初區別於禽獸的原始文明。這些，就都是禮法治世之法啊！」

「侄兒說得對，」少昊聞聽至此心中盡明，遂對顓頊之言大為贊同道，「伏羲爺的這些辦法好。」

「後來的炎帝太爺，又用中午興市貿易禮法，」顓頊不待少昊說完，繼續向下講說道，「興起了集市交換之俗，這些都是禮法治世的典範啊！」

「那麼如果我們使用禮法治世之道，」少昊聽到這裏更是高興不已，為此他想聽聽顓頊心中之想，隨著便考問起了顓頊道，「該再建立哪些禮法制度呢？」

「我們若要使用禮法治世之道，就要制定出一些新的禮法制度來，使人們自覺遵守之。」顓頊聽了略加沉思道，「然後漸漸約定俗成，成為人們共同遵行的行動規範和準則。如此到了人們自覺遵行禮法之時，天下大治的時代不就到來了嘛！」

少昊的思想當然比顓頊老成得多，他剛才聽完顓頊所說伏羲爺和炎帝實行禮法之治的先例，就已經想到顓頊末了會說這些話語。因而他不願再聽顓頊之言，而要顓頊講說他要制定哪些禮法治世制度。為此他不容顓頊繼續未了的講說，即忙開口催促道：「這些伯父心中都明白，侄兒快說我們應該制定哪些禮法制度？」

「這個，侄兒還沒有想好。反正侄兒心想以禮法治世，無論從名

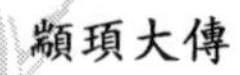

聲到形式都比刑法治世好。」顓頊對於少昊此問，卻頓然蹙起了眉頭道，「只要我們制定出合理的禮法，教化人們達到非禮勿視，非禮勿聽，非禮勿動的程度，凡界是一定會實現進一步大治的。」

顓頊的禮法治世思想，當然是當時時代的一種進步。他第一次明確提出禮法治世之法，並把此法使用到了大治凡界之中，有力地推動了我中華民族由原始文明向封建文明的過渡。因而其對我中華民族的貢獻是巨大的，功績是不可磨滅的。

「我看，我們可以制定出一些這樣的禮法制度。比如，長幼有序，男女有別，」這時，少昊看到顓頊皺起眉頭說不出所以然來，接下來則依自己先前之想率先提示道，「輩分涇渭分明不可含糊，近親不可婚娶。在朝中，君臣有序，上下有別。君叫臣死臣不得不死……」

「對！侄兒心裡也正是想制定出一些這樣的禮法制度，」少昊剛剛說到這裏正要繼續向下言說，已喜得聞聽的顓頊高興地連聲叫起好來道，「成為人們約定俗成的公共道德準則，使人們共遵之，進一步實現凡界大治！」

「侄兒想得好，你比伯父高明，你少小年紀便對治世之道有深刻見地，」少昊這時心中已是決定，將自己過去未予採納東之高閣的禮法治世之道，重新撿起使用於現實治世之中，以達到顓頊所說的治世目標。為此他聽了顓頊此言，立刻讚不絕口道，「不愧伯父把你看成我黃帝家族中的後輩棟樑！好小子，有出息！」

「侄兒年幼無知，冒犯之處，還乞伯父指教！」顓頊對於少昊讚譽之言，連連謙虛道，「任憑伯父管教，侄兒都無怨言。」

「侄兒言說錯了，伯父贊還贊不過來，豈有管教之說！」少昊這時聽了，不禁高興得更是「哈哈」笑了起來，道，「侄兒，如果你願意留在伯父這東瀛鳥國，伯父就封你為我鳥國輔政，與伯父一起制定禮法制度，進一步大治東瀛鳥國若何？」

「多謝伯父看重之恩，只是侄兒年幼無知，」顓頊聞聽少昊此言，慌得連忙翻身跪倒在地，道，「說到難以做到，輔政之任斷不敢當！」

少昊早有心思栽培這株幼苗，這時又見其對治世之道見地深刻，因而斷不容許顓頊推諉道：「伯父既然栽培侄兒，侄兒豈有不容栽培之理！」

顓頊聽到少昊說出了此言，方纔不敢再行推諉道：「侄兒謝過伯父栽培！侄兒從今往後在鳥國向伯父學習治世之道，斷然不敢稍許懈怠，乞伯父嚴教侄兒！」

少昊聽了顓頊此言，方纔高興得「哈哈」暢懷大笑起來。

三、兒女萌情

顓頊十二歲當上東瀛少昊鳥國朝中輔政之後，年雖幼小但卻果然不負少昊之望。只見他經常凝神靜思，為制定少昊鳥國之中神人共遵的禮法制度傾心盡力。如此轉眼數載過去，他與少昊伯父一道，制定出了許多禮法制度。比如少昊說的長幼有序，少尊老者，老愛幼者；子女要贍養老人，孝敬老人，不養不孝便為違法；近親不可結婚，亂輩不可結婚，結婚神人共討之，如此等等生活禮法制度制定之後，全部頒行到了鳥國神、人之中。

同時，為了把神、人的節日慶典和婚喪之事規範下來，他伯侄又制定出了一系列節日禮法制度。比如春節為一年歲首，舉行隆重的慶祝；正月十五為元宵節，神、人可以盡情歡慶；二月二為人祖爺伏羲的慶典日，各地可以舉行隆重的慶祝廟會；七月七為七夕節，神、人可以共慶七夕；九月九為重陽節，神、人可以舉行各種慶祝活動。

另外，他們還把婚事規定為紅事，可以喜慶歡鬧；把喪事規定為白事，為了悼念死者應該哀哭；長者死後進祖墳地，少者暴死不得入祖墳地；夫婦死後要合葬，如此等等，把神與人們的節日慶典和婚喪嫁娶之事全部規範下來。

在政治生活領域，他們也第一次制定出了一系列規範等級制度的禮法，把森嚴的等級制度套在了本來平等的神、人們頭上。比如，他們制定了君臣有序，上下有別，各自不可逾越，君叫臣死臣不得不死的等級禮法制度。與此同時又制定出了一系列臣見君時必須行下跪叩首大禮的禮法制度。臣子必須忠君的禮法制度。如此等等政治禮法制度的頒行，森嚴的等級制度便在少昊的東瀛鳥國之中第一次建立起來。

當然，在制定禮法制度的過程中，剛愎的顓頊還提議制定過一些不宜頒行的禮法制度。比如他曾提議制定一條重男輕女的禮法制度，即女人若在路上碰見男人，一定要趕快讓路。不然，就要把違犯者拉到十字路口，叫巫師們敲鐘擊磬，作起法事祛除她身上的晦氣。由於少昊不同意顓頊的這條重男輕女禮法制度，這條禮法制度方纔被否定，未在鳥國頒行開來。

就這樣，少昊大帝按照侄兒顓頊之說，在自己以法治世的基礎上，又與侄兒一道實行起了禮法之治。如此諸多禮法制度的制定頒行，果然使得他的東瀛鳥國秩序大變，面貌大改，進一步呈現出了大治盛景。

一時間，只見在東瀛鳥國之內，神、人對少昊與顓頊共同制定頒佈的諸種禮法制度，漸漸由不自覺執行發展到自覺遵守的階段。隨後又慢慢達到了約定俗成的地步，不僅實現了顓頊預言的大治凡界目標，而且果然祛除了神、人對少昊大帝的嚴酷無情之感。

少昊因而對顓頊倍加器重，甚喜自己沒有錯看顓頊，更喜他黃帝家族後輩之中又出現了治世奇才。為此他決定對顓頊再作重用，以在實踐中培養他的治世之才，待到日後推薦給黃帝爺爺，以讓顓頊接其班，成為一統凡界的大帝。

然而，少昊雖然對顓頊如此苦心培養並如此重用，但顓頊畢竟是一個年幼的少年娃兒，他在當上輔政與伯父苦心制定禮法制度之餘，也斷不了孩童的貪玩好耍之心。只是他的貪玩好耍之心也有個性，他酷愛彈瑟。因而或在疲累，或在心生耍玩意念之後，總是抱起一把隨身攜帶的瑟，坐在金殿旁邊的玉石欄杆之上，專心凝志地進行彈奏，以貽情懷。

少昊大帝眼見侄兒的戲耍習慣也與俗兒有異，便心中更喜顓頊。為此他親自從山上採來製作樂器瑟的最好木料梓木，為他精製成了一把梓木樂器瑟供其耍玩。而實則是想讓他學好音樂，陶冶情操。

顓頊對伯父給他專心製作的梓木樂器瑟，當然愛不釋手，一有空閒或疲累之時就彈奏不止。

轉眼數載過去，顓頊作為少昊朝中的輔政，不僅與伯父一道制定出了諸多治世禮法制度，而且由於其頭腦聰穎加之伯父的精心調教，其彈瑟技藝也獲得了長足的進步。

少昊眼見顓頊彈瑟的基本技法已經練就，這日把顓頊叫到跟前道：「侄兒，據伯父體驗，音樂並非只是耍玩之物。它既可以怡情，也可以礪志，更可以陶冶一個人的情操。故此，伯父歷來重視音樂對神、人的教化作用。今日侄兒既然酷愛音樂成癖，彈奏技法也已臻成熟，伯父就教給侄兒一支曲子，望侄兒用心體驗曲中的意味。」

「侄兒深謝伯父教誨！」顓頊聽到少昊此言，連謝伯父指教之恩。隨著便要伯父快些教他樂曲，道，「侄兒就請伯父快作教授。」

「伯父今日教給侄兒的樂曲，尚無名目。我先教給侄兒學會彈奏，其他全靠侄兒自己學習體悟。」少昊對顓頊口中如此說著，即撫動手中之瑟，彈奏起了教授顓頊之曲。一陣彈奏完畢，便細心教授顓頊彈奏。

顓頊頭腦聰慧機敏，從小又酷愛音樂，加之到此東瀛島國之後的長期演練，已經熟練掌握瑟的演奏技巧。因而少昊剛教數遍，他便已將一支彈奏時間長達半個時辰的樂曲曲調銘記於心，手中已可嫻熟彈奏起來。

少昊聽到顓頊半日未過，已將一支如此之長的樂曲彈奏得如此之好，甚得自己心中本意。彈到狂時如大海揚波，彈到幽時似清泉涓流，抑揚頓挫恰到好處。少昊心中更加喜不自勝，便讓顓頊自己前去演練體味，俟到此曲學就再來學習新曲。

顓頊樂感極強，他剛才聞聽少昊彈奏此曲，已被其中深邃的意味所迷。這時剛會彈奏，更加著迷不舍。聞聽伯父讓他自己前去演練之言，他便連謝伯父教誨之恩，隨著離去自己演練起來。

少昊教給顓頊演練的這支樂曲，並非無名之曲，而是少昊集成自己的人生經歷所創作的有名樂曲。這時，他所以把此曲教給顓頊，而不對其講說曲名與曲中含意，正是為了考驗顓頊的感悟能力。少昊正是懷著這樣栽培顓頊的拳拳苦心，讓顓頊演練體會此曲深意。

顓頊練曲去後，轉眼數日過去，少昊一直沒有見到顓頊。顓頊一去數日不與自己見面，這是為什麼呢？少昊有些不知顓頊的深淺。他猜測或許是顓頊對此曲未能體悟透徹，唯恐自己提問他回答不上來，所以，一連數日不敢前來面見自己。

但是旋即，他又否定了自己的猜測。因為根據先前的經驗，他知道聰慧機敏的顓頊是不會處此境地的！可他又為什麼一連數日不見自己呢？難道是他彈奏此曲入迷著魔了不成？少昊為此放心不下，尋找顓頊詢看究竟而去。

金身金面的少昊走出金殿，找呀尋啊，找遍顓頊的住處及其附近，都沒能找見其蹤影。少昊為此更加奇異，便離開顓頊住處附近，向遠處尋找而去。他找啊尋呀，終於在其金宮之外，聽到從長滿金樹開滿金花、栽滿玉樹結滿玉果的後花園裡，傳來了陣陣悅耳的瑟弦彈

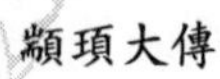

奏之聲。

聽此瑟弦彈奏之聲，少昊焦急奇異的心頓然平靜下來。從這技藝高超的瑟弦彈奏聲中，他已經判定這是顓項在彈奏。因為他已聽出，鳥國之中的眾神、人中，誰也沒有如此精湛的彈奏技藝。

少昊於是循著這悠揚的瑟弦之聲向後花園走去，並且邊走邊靜心凝聽這技藝精湛的瑟弦彈奏之音。他聽到，那瑟弦彈奏的正是自己教給顓項的樂曲，剛才一遍彈奏完了，這時恰好又從頭彈奏起來。少昊於是慢慢循聲前行，以便聽完從頭開始彈起的自己教給顓項的這支樂曲。

他聽到，那琴瑟之聲時而如高山流水一樣清幽，時而似藍天白雲一樣舒捲，時而像高山飛瀑一樣萬馬奔騰，時而同大江穿峽一樣激越不息，時而又若大海揚波一樣雄渾萬般……

論曲調，全部彈奏得準確無誤；論技法，彈奏嫻熟超過了自己；論韻味，把其傾注於曲中的真情實感，全都表達得有過之而無不及。

少昊如此凝心靜聽了大約半個時辰，方纔聽到自己所教之曲彈奏完畢，那瑟隨著樂曲的結束戛然而止。少昊這才來到剛才琴瑟響處，果見正是顓項在此彈奏瑟弦，便言道：「侄兒，你只顧專心在此彈瑟練曲，竟然一連幾日不見伯父，讓伯父好生掛心啊！」

「什麼，侄兒已經一連數日未見伯父了？」顓項剛才只顧凝心彈瑟，這時彈奏完了正在凝心體悟曲中韻味，心神全都沉浸在了樂曲之中，達到了無物忘我之境。因而驟聞少昊此言，頓如耳聞驚雷，驚得一顫，舉目見是伯父少昊來到，方纔想起伯父剛才所言，急忙起身驚異道，「不，這不可能。侄兒覺得一日還未過呢！」

少昊聽了顓項此言，方纔從顓項如此驚詫的舉動和話語中，明白過來顓項所以數日沒有見他的原因。於是他隨即道：「侄兒，你學瑟練曲到了廢寢忘食的程度，已經不覺晝夜的流逝了！」

「竟是如此！侄兒實在不知，」顓頊這才清醒過來，口中囁嚅道，「乞伯父見諒！」

「不，侄兒學樂如此勤苦，伯父只有高興。」少昊神情認真，隨著他話鋒一轉道，「剛才伯父已經聽到，此曲你已學會，可以學習新曲了。」

「不。侄兒覺得伯父前日所言極是，音樂並非耍玩之物，它既可以怡情，也可以礪志，更可以陶冶一個人的情操！」出乎少昊預料，顓頊這時卻開口否定少昊之言，道，「為此侄兒越彈此曲，越覺得伯父所言深刻。因而就請伯父再讓侄兒在此繼續學練此曲吧。」

「噢，」少昊對顓頊否定自己之言仍有不解，詢問道，「為什麼？」

「因為據侄兒體驗，曲調侄兒雖已學會，」顓頊聞問即答道，「但彈奏此曲的技巧，侄兒尚且沒有學好！」

「那好。侄兒既有此志，就繼續習練好了。」少昊這時知道了顓頊之意，心中著實大喜。因為他教授顓頊此曲，正是為了驗試顓頊的心智思維。這時，顓頊說出了他欲要顓頊說出的話語，做出了他欲要顓頊做到的事情，為此他喜難自禁道，「飯，伯父派人給侄兒送來。」

少昊如此言畢，便起身回宮而去，留下顓頊一個，繼續在後宮花園中苦練起來。顓頊此後繼續練啊練呀，轉眼又是數日過去。但他仍覺得恍若一日還未過去，對少昊伯父派人送來的飯食，也全都忘記了吃食。

「侄兒，你又已練習數日過去，」這日顓頊仍在繼續苦練，突聞少昊伯父又來到了其面前道，「伯父聽到你的彈奏技巧已經很好，侄兒可以再學新曲了。」

「謝過伯父關照，」正在專心凝練的顓頊，這才又被少昊的話語突然喊醒，急忙站起身來，但卻仍是開口否定道，「但是侄兒覺得，還是沒有領會此曲的志趣神韻，仍需再練！」

少昊聽聞當然高興，因為這仍是他要顓頊去做的，便答應顓頊繼續彈練之求，自己返回金殿而去。少昊離去之後，顓頊便又繼續專心凝志苦練起來。只見他繼續彈啊撥呀，再次進入了廢寢忘食的境地。

轉眼又經過數日苦練，他把少昊所教那支樂曲，真個是彈到了不是在瑟上撥出，而恍若從心底流出的境地。但是他還是依舊彈呀撥啊，繼續彈奏不止。其實他這時並不是在彈撥，他是在仔細體味樂曲的志趣神韻，以求對此曲學到最高境界。

顓頊所以對此曲學得如此用心盡力，除了他學習中有著執著的尋根究底精神之外，就是他從一開始聽到伯父少昊彈奏此曲，就從中聽出此曲意境深邃高渺，內蘊一種絕高神韻！

同時，這樂曲又為其伯父少昊親自教授，其若無特別神韻伯父又豈會如此教給自己？為此他對此曲苦練苦思，以求達到學習的最高境界。儘管這時他已把樂曲彈奏到了如從心底流出的境地，卻仍是彈撥不止，體味神韻不休。

顓頊就這樣繼續彈撥體味，在學習樂曲最高境界的領域中苦苦地，也是幸福無限地自由遨遊著。於是那樂曲的志趣神韻，便隨著他手中的不止彈撥，隨著他心中的細緻體悟，先是由朦朧進入概括，繼而又由概括進入抽象，最終則明確清晰地展現在了他的心田。

他體味出來了，這樂曲的志趣神韻不是別的，正是幽深莫測，邃遠難見。體味至此，他高興了，他瘋狂了。他覺得這時他所在金宮後花園容不下他了，容不下他伯父少昊教授給他的樂曲了，為此他走出了金宮後花園。

顓頊走出金宮後花園不是為了別的，而是為了尋找一方與樂曲韻境一致的境地，專心凝志地繼續彈奏此曲，以進一步體味此曲的無盡神韻。他來到了高大的玉石山半腰的一方深潭前，深潭水亮如鏡，玉石為岸。清亮不見水底，幽深波紋不翻。而且再往遠處看去，則是渺遠無際的海面。

眼見此潭，顓頊不由自主地停下了前尋的腳步。他感到了這小潭周邊的環境，恰與那樂曲中的意境相契合。只有在這樣的意境中彈奏，才能彈奏出那樂曲的真正神韻來。於是他對小潭巡視一番，來到一塊兀起的玉石跟前坐下，隨著面對潭水靜心彈奏起了手中的琴瑟。

顓頊就這樣坐在潭邊又是盡情地彈啊撥呀，琴瑟上彈撥出的樂曲，實則是從他心底如同行雲流水般汩汩地流淌而出。為此他的眼睛凝視著清幽深邃的清淨小潭之水，心兒早已馳進了深潭之中欲要探出邃遠。顓頊就這樣繼續彈啊撥呀，一忽兒他又從小潭上收回了眼神，仰頭舉目凝望向了邃遠的藍天。

他看到，秋日的藍天瓦藍瓦藍，天高雲淡。藍天高得窮其眼目不見端頂，白雲如同駿馬馳聘在無垠的高天。一忽兒他又從藍天之上收回眼神，遠望向了前方藍天般的海面。海面上風平浪靜，碧藍的海水酷似藍天一樣深邃不見邊際……

目睹此境，顓頊心中徹底明白了。他明白了伯父此曲的真正神韻，明白了伯父教授自己此曲的真正用意，同時也明白了此曲的來源。心明至此他心中豁然開朗，手撥瑟弦更激，望向海面更遠！

「伯父，此曲的志趣神韻，侄兒全都體味到了。」就在這時，少昊又來尋他，站在了他的面前。這次顓頊沒有待到少昊開口，立刻停下手中的彈撥，站起身來道，「但是侄兒不知對否，因而不敢自斷，敬乞伯父指教！」

「那好，」少昊表情嚴肅道，「那麼侄兒就對伯父講來吧。」

「伯父，此曲的志趣神韻侄兒體味，」顓頊隨之認真道，「完全可以用八個字概括……」

「哪八個字？」少昊不等顓頊說完，即問道。

「高深莫測，」顓頊立即一字一頓道，「邃遠難見！」

「哦——」嚴肅的少昊剛剛聽到這裏，即被顓頊的驚人理解力驚得叫出聲來。因為這八個字，正是自己這首樂曲的主題思想。但他這時聽了沒有向顓頊立即表露，而是隨之又問道，「還有呢？」

「侄兒因此認為，」顓頊立即回答道，「此曲完全可以《九淵》名之。」

少昊這時聽了顓頊此言，真個是驚詫得一時再也說不出話來了。因為此曲正是他集平生經歷所作，曲中融會著世上之事深無止境，人的學習永遠不可止步之意。因而他特取深遠之意，給此曲命名為《九淵》。

而少昊知道，顓頊對此曲之意從未聞知，他怎能從曲中恰好體味出與自己感受相同的韻味呢？同時他對此曲之名也從未聞知，因為自己創制此曲之後，也從未對別人說過曲名。他又怎麼能從曲中恰好體味出與自己所命相同的曲名呢？為此他對顓頊大為驚詫，詢問道：「為什麼？」

「九，乃數中至尊，容無限至多之意。淵，乃淵深，仍含容無限至多之意。」顓頊隨之依據自己之想道，「為此，用《九淵》名之，則恰合此曲神韻。」

顓頊的此番解釋話語，當然又恰好說在了少昊給此曲命名時的心思之上，因而這時他更被顓頊的聰慧驚詫得說不出了話來。顓頊這時則繼續向下講說道：「伯父，侄兒心知伯父教授侄兒此曲，正是為了點化侄兒領會曲中世上之事深無止境，人的學習永遠不可止步之意。

做什麼都要再接再厲，永往直前！」

「侄兒說的對！」少昊這時高興得禁不住大叫起來道，「侄兒說的全對，侄兒說得太好了！」

「侄兒定不負伯父苦心，永以《九淵》激勵自己！所以，侄兒定將《九淵》永彈不息。」說到這裏，顓頊才轉換口氣道，「侄兒此見不知是否合乎伯父之意，敬乞伯父指教！」

「侄兒可以再學新曲了。」顓頊的這番話語，當然把少昊教授顓頊的般般心思全部端了出來，已說得少昊無話再作言說，只有心中奇贊侄兒的聰慧不已，口中連聲道，「不，伯父已無新曲可以教授侄兒。侄兒可以自己創制新曲了！」

「不，伯父教授侄兒的這支《九淵》之曲，侄兒將永遠沒有學會的時候！」顓頊從少昊的這番話語中，聽出了伯父對自己的滿意和由衷的讚譽。因而他謙謹地粲然一笑，意味深長地衷心回答道。隨著，他又繼續認真地彈撥起來。

少昊則懷著心滿意足的心情，在顓頊的嫻熟《九淵》樂曲聲中，走下玉石之山，返歸金宮而去。此後，顓頊果真與少昊伯父一道製作禮法制度更加精勤，並向伯父詢這問那，探求治世之道的精微倍加用心，同時也彈奏《九淵》永不止息。

顓頊就這樣在參與治世與探求治世之道的同時，繼續彈撥琴瑟陶冶情操不止，一天天，一月月。轉眼又是一個年頭過去，真個是把《九淵》之曲彈撥得更加嫻熟如流，達到了新曲從中躍躍欲出的境地。

就在這時的一天，顓頊為了考察其與伯父所定禮法制度頒行情況，攜帶琴瑟四處巡視，來到南方大海岸邊。顓頊性喜大海，見到大海他便坐在海邊的玉石之上金樹之下，極目遠眺深邃遼闊的廣袤大海，立即撫動瑟弦彈奏起了《九淵》樂曲。一時間，但聞瑟曲意境邃

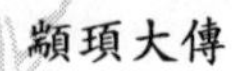

遠，只見大海海面遼闊，曲隨境流，境隨曲展。瑟曲把大海的邃遠表現得淋漓盡致，大海把瑟曲的深幽表達得栩栩如生。

突然，一陣東南風習習吹來，帶著三月的陽和之氣，挾著海水的沁人溫濕。拂在顓頊身上，使顓頊精神陡長，拂上顓頊心頭，使顓頊心靈頓然躍動起來。由此，使得正在撫動瑟弦彈奏《九淵》樂曲的顓頊，耳朵中聽出了這習習的東南風給他吹送過來的悅耳樂音。

靈感就這樣爆發了，顓頊隨著撫動瑟弦學習風聲，彈奏出了如同帶著三月陽和之氣，挾著海水沁人溫濕的春風樂音。他彈啊撥呀，他把那一個個學自春風的樂音編成樂曲，為其起名為《薰風》。就這樣，顓頊在伯父《九淵》樂曲的基礎上，首次製作出了自己的第一支樂曲。

製作出了《薰風》樂曲，顓頊隨後便日日彈奏不止。他要通過彈奏把自己編創的這第一支樂曲編創得結構更加嚴謹，旋律更加如同春風般美妙，樂音更加如同春風般醉人。並使它們全都蘊有大海的神韻，同時飽含海水的精蘊。

而且他還要通過彈奏，仔細體味琢磨春風與其他季風的區別，使得自己的這支春風之曲，更加洋溢春的氣息，彌灑春的陽和，傳播春的明媚。為此他彈啊奏呀，沉醉在了對《薰風》樂曲的體味雕琢之中。

由於顓頊探索入微，加之其又具有超常的聽音能力和辨音天賦，所以他手彈《薰風》之曲，心想其他季風之音，以把它們細緻辨別區分開來。從而提純春風與其他季風的不同，精純《薰風》之曲。於是漸漸地，其他季風之音的樂音，便在其辨別區分之中，也皆由淡漠而清晰地躍上了他的腦際。並進而化作音符，在其腦海中一個個奔湧跳躍起來。

於是，顓頊的創作靈感再度爆發，在彈撥《薰風》樂曲之餘，很快又創制出了區別於春風的其他七方風音。加上其先前創制的那支

《薰風》樂曲，共為八方風音。顓頊為此把其《薰風》樂曲作為第一樂章，命名其八方風音樂曲為《八風》。所謂《八風》，即東北曰炎風，東方曰滔風，東南曰薰風，南方曰巨風，西南曰淒風，西方曰飂風，西北曰厲風，北方曰寒風。

顓頊創制出《八風》樂曲之後，便更加著迷入魔般地彈奏起來。他要通過彈奏，進一步準確把握其《八風》樂曲中的八方風音，精微區別它們的不同。以把大自然的八方風音通過手中的琴瑟表達到爐火純青的程度。

為此他循著編好的旋律彈啊撥呀，那音色各異、曲調迴別的八方風音，在他手中的梓木瑟弦之上響個不止。真個是時而若白雲舒捲，時而若彌灑陽和，時而若淒風苦雨，時而若厲風寒顏，時而若波洶濤湧，時而若山崩地陷，時而若萬馬奔騰，時而若喜慶歡顏。就如同把大自然的八方風音，全都凝聚在了他手中的梓木瑟弦之上。

顓頊就這樣彈啊奏呀，在彈奏中把《八風》樂曲不斷完善昇華，不斷意蘊深含，不斷新意迭添。由此，使得其樂曲漸漸達到了爐火純青的境地，把大自然的八方風音，全都訴諸在了瑟弦之上。

顓頊為此心中滿足了，手中的瑟弦也酣暢了，樂曲則全都盡意了，於是他便又重新回到了他的正常生活裡邊。即與其伯父少昊一起，一方面繼續制定治世的禮法制度，學習探究治世之道。另一方面則為了怡其情致、陶其情操，繼續撫彈瑟弦練習音樂。

這日，顓頊在與伯父一道制定禮法制度之餘，又攜起瑟來，出宮來到玉石山半腰的那方小潭，坐在潭邊的玉石之上金樹之下，撫撥瑟弦彈奏起了他的《八風》樂曲。這時斜陽西照，金風送爽。玉石生輝，金樹掛果。風斂氣清，小潭如鏡。

顓頊所制酣暢淋漓的《八風》樂曲，在其手中的梓木瑟弦之上

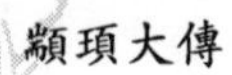

緩緩流過，結構謹嚴，節奏準確，清音震響，給清幽的玉山小潭平添了幾分清幽氣氛。顓項為此越彈興味越濃，手中的瑟弦隨著旋律的變化，生髮出動人的嚶鏗異響不止。

這美好的瑟樂異響，拂過小潭水面，拂過玉山金樹，向遙遠的四方悠揚地傳響開去。突然，一對七彩的粉蝶，從正在撫撥瑟弦的顓項面前的金草玉花之中，被顓項的瑟樂之聲驚起，翩翩翻舞，你纏著我，我繞著你，悠悠地向高處飛去。意境是那般舒捲，舞姿是那般曼妙，感情是那般親密。

正在撫撥瑟弦的顓項眼見此景，平靜的心不由得怦然動了，彈撥瑟弦的手指驀地亂了。彈奏的樂曲隨著失去了準確的節奏，沒有了酣暢舒捲的旋律，也沒有了意蘊深含的意韻。

顓項眼見彩蝶雙舞當然心動曲亂，他十二歲來到東海瀛洲伯父的鳥國，這時數載過去，已經長成了一個年近二十的大小夥子。人非草木，孰能無情，更何況二十歲的顓項是一個生龍活虎的大小夥子呢！

為此他看見雙舞的彩蝶，壓抑在心底的春情便怦然像欲噴的火山一樣，不可抑制地衝撞噴發了出來。既擾亂了他平靜的心緒，也打亂了他正在撫撥的瑟弦，使他陡然進入了一個渾身熱血激蕩，心跳劇烈難抑，滿臉火燒火燎，急切期盼異性伴侶的異樣焦渴境界。

就在這時，平靜的小潭一角，又有一對雪白的天鵝，「呀呀」地叫著，在水中交頸取樂，狂歡不已，盡興不已，滿足不已。白天鵝的「呀呀」歡叫之聲，恰恰又喚得心緒已亂的顓項舉目看去，其一看則更使得他心緒大亂起來。

因為這對白天鵝的狂歡交頸取樂舉動，更進一步撩亂了顓項的春心，使他期盼異性伴侶的焦渴心情頓至極點。心緒的大亂使得他心思全部轉移，一時間完全忘記了手中正在彈撥的瑟弦。使他手中的瑟弦，隨著其心緒轉移而發出亂響，時而表達出煩躁難安，時而表達出焦渴難耐，時而又表達出期盼難禁之情。

就在顓頊如此心中焦渴地想著，手中盲目地撥弄著瑟弦的情境之中，時間已經悄悄過去了半個時辰。但他仍然沒有清醒過來，依舊沉浸在蕩起的春心之中，陶醉在對異性伴侶的焦渴想望之中。手中癡呆般地彈撥著瑟弦，眼睛癡迷地呆望著平如明鏡的潭水，似乎潭水之中真的就有他期盼的人兒似的！

春心的首次蕩起，不論對於女兒家還是對於男兒家來說，都是異樣美好的！它使人首次跨入一個異樣的美好世界，激得全身熱血激蕩，心情難以平靜。它使人進入一個夢幻般的從未體驗過的甜美世界，甜美萬般，終生難以忘記。

顓頊這時就進入了一個這樣的境界，他覺得自己好像既在凡界又不在凡界，而在一個異樣的從未體驗過的甜美世界裡夢幻般地遨遊。夢想尋找到自己焦思的人兒，像彩蝶一樣盡情地耍，似天鵝一般盡興地樂。但只是夢境漫漫，雖然充滿令人沉醉的甜美姣好，卻只是尋找不見心中焦渴亟待的美妙人兒。

因而他雖知這是夢境，卻也不願從夢境中醒來，不願離開這令人沉醉的甜美姣好，不願丟掉這連萬分之一尋到心中焦待人兒也沒有的渴望。長時間地在這美妙的夢境中沉迷著，顓頊癡醉般地呆怔在了那裏。

突然，奇跡果真出現在了顓頊沉醉的異樣夢境之中！他陡然看到對面岸邊的潭水之中，驀地映現出了一位天仙般的妙齡姑娘，手抱著瑟正欲撫弄。焦渴至極的顓頊驀睹此景，心頭陡地一陣衝撞難抑，使他禁不住猛地就要撲身潭水，前去擁抱那位驟現在潭水之中的妙齡姑娘。

然而，理智又立刻止住了他的這一舉動，使他不敢前去擁抱這位初次謀面的妙齡姑娘，方纔使他避免了撲身潭水之中。理智占了上風的顓頊止住了莽舉，便急又定睛細看向了驟現在潭水中的妙齡姑娘，以飽眼福以慰焦渴的心跡。

但是，湊巧一陣微風倏然掠過潭面，在平靜的潭面上蕩起一層漣漪。漣漪則立刻把映現在平鏡般潭水中的妙齡姑娘的仙姿，蕩得消失淨盡了去。由此使得焦渴的顓頊，再欲看視一眼妙齡姑娘的仙姿也不得起來。

看一眼而不得潭水中映現的妙齡姑娘的美妙仙姿，焦渴的顓頊頓然心中恨悔交集起來！他恨這不解人意的微風，絕對不該在這時颳來，颳去他欲見的妙齡姑娘之貌。他恨自己不該苦作《八風》樂曲，把這該死的不解人意的惡風，化作樂曲又奏在了瑟弦之上！

為此他發誓從今往後，絕對不再重奏《八風》樂曲。同時，恨不得立刻就把手中的瑟摔向山石。他也恨自己剛才不該心生魯莽之想，結果錯過了端看潭中仙女的妙姿姣容之機。為此他又恨不得自己立刻撲身潭水之中，以與那消失在這面前潭水中的姑娘共同赴死！

但是惱恨至此，他又想到剛才潭水中那妙女的驟然映現，也可能是自己心中焦渴至極，頭腦生幻看到的幻象。為此他又深悔自己沒有及時心明至此，抓住那珍貴的時機不放，看視那妙齡女子個一清二楚，將其印在心底以慰心跡！

然而，悔恨也是無用。因為世界上沒有後悔之藥，過去的事情就是過去的事情，它不容許人們有準備地再去重做一次。消失水中的姑娘就是消失了去的姑娘，也定然難以再次現身水面了。

心中想到這裏，顓頊雖然皆已明白，但他焦渴的心中卻依舊不願就此善罷甘休，而非欲再去尋見潭中映現的姑娘不可。這時，使潭水蕩起漣漪的微風仍然在吹，他巴望著剛才映現姑娘的潭面上微風快些停息，漣漪快點消失，使姑娘再次映現。

看不清楚的朦朧之美，大概是人世間的最高美境。潭中姑娘曇花一現的朦朧姣美，成了顓頊這時心中美的最高境界。那美使他到了不能再見到此女，似乎天下便再無女兒的境地。為此他的一雙虎虎大眼，便一直盯視著剛才姑娘映現而又消失的潭面，焦渴至極地期待著微風消失，潭面平靜，姑娘再現。

然而微風遲遲不息，潭面久久不靜，姑娘便也久久沒有在潭水中映現。但是就在顓頊的雙眼只顧死死盯向潭水之時，卻突聞一陣瑟弦彈奏起的他的《八風》樂曲，悠揚地敲響了他的耳鼓。

顓頊聽到，那瑟弦之聲悠揚酣暢，樂曲節奏嚴謹，不似常人彈奏之音。聽聞至此顓頊心中一陣奇異，不知是何人竟會如此熟練地彈奏自己創制的《八風》樂曲？並奇異除了伯父和自己，在這鳥國之中，又有誰個竟有如此深湛的彈奏瑟弦技藝？

但是奇異至此，顓頊並沒有擡頭移目，唯恐自己再次錯過觀看潭中仙女姿容之機。為此他又心煩起了此人不該在此不合時宜之時，恰在這小水潭邊作此彈奏，擾亂自己的心緒。

然而，那琴瑟卻仍在對岸奏響不止，只是它剛剛奏過《薰風》樂章，便亂了起來。不是再去彈奏其他《八風》樂章，而是送來了撩人心房的雜亂樂音。顓頊於是再次奇異了，他奇異那瑟弦為何驟然發出亂響至此？同時他又見微風一時難止，潭水難平，便急趁此機會移目循著瑟弦之聲，看向了瑟弦亂響之處。

結果大出顓頊意料的是，他驀然看到剛才在潭水中僅見一眼，此後一直久尋不見的那映現在潭水中的朦朧妙女，這時竟然真實地坐在他的對面潭岸之上，面對自己撫撥瑟弦彈奏著傳來的亂音！

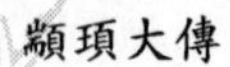

剛才還是映現在潭水之中朦朧之美的妙齡姑娘，這時竟然轉換成為真實之美，活生生地坐在春心激蕩的青年顓頊對面，驟然之間反倒銷去了顓頊剛才心生的一切勇氣。驚怕得他頓然愣在那裏，一時間真個是動亦不敢動，看亦不敢看。

四、少女震驚

顓頊愣在那裏許久，雖然對驟現的妙齡姑娘不敢動作，那真實的妙齡姑娘在其眼前也依舊朦朦朧朧，但他心中卻已是得到了極大的滿足，獲得了極高的享受。

顓頊少男的初萌春情，就這樣在朦朧中就可以得到極大的滿足，不需要真槍實彈地切膚感受。不是嗎，有哪一位初戀的少男，見過自己的女友三兩次之後，能夠確切地說出自己女友的長相？沒有，誰也不會有的，不信你可以細細回想一下。在回想之中，你就會深刻體會到朦朧之美是美中至美，你在朦朧中得到的滿足，是使你終身難忘的最大滿足。

但是，顓頊雖然在朦朧中得到了極大滿足，獲得了極高的享受，可他心中卻也並不為此而徹底滿足。他還沒有真切地看清那妙齡姑娘的真實相貌，更沒有切膚感受，他怎會徹底滿足呢！為此沉醉在朦朧之美給他造成的極大滿足之中許久，他突然心中一亮，又十分悔恨起了自己沒有勇氣，不敢身動一動，也不敢去看那妙齡姑娘一眼。

為此，他悔恨自己成了一個沒有出息的情場孱頭。當自己期盼的妙齡姑娘期盼不到之時，自己心如火燒，勇如野牛。但當這時自己期盼的妙齡姑娘真實地坐在自己面前之時，自己卻怎麼又突然變得怯若見貓的老鼠，魂飛魄銷，渾身發軟，動亦不敢動了呢？

悔恨至此，他又擔心坐在自己對面的真實女子再像剛才映現水中的女子一樣，被吹來的一陣微風吹散消失，使自己再也看視不到，自己又悔恨得欲要撲水。心情的激動使他這時還沒有明白過來，剛才那水中映現的朦朧女子，就正是這時真實地坐在自己面前的女子映現在水中的身影。而又害怕起了這女子像那女子一樣，同樣是自己的幻覺生成，轉瞬就將消失了去，使自己再也難以得見。

然而悔恨驚怕至此，顓項還是一時鼓不起先前的勇氣，動亦不敢，看亦不敢，只有充滿了心中的焦慮。唯恐那妙齡女子再是幻覺，轉瞬即逝！但好在那女子不是幻覺而是真實，她不僅一直沒有消失，而且一直在用時而節奏井然，時而節奏煩亂，時而波湧濤天，時而天清氣靜的樂曲之聲，召喚著他，奏響在他的耳邊，響徹在小潭水面。

於是耳聽這真實的不論旋律如何，但卻樂音悠揚的瑟弦之聲，隨著時間的向後推移，顓項的心中終於漸漸平靜下來，驚怕慢慢消失，勇氣分分毫毫地回復到了身上。驚怕的消去，勇氣的恢復，使得心情平靜的顓項頓又猴急難耐，隨之他便鼓足勇氣，定睛凝眸向小潭對面的妙齡女子看了過去。

顓項這一看視，真個是又使他渾身骨酥心顫，更加情急難耐起來！因為他看到，那女子實在美得凡界無雙，神界難見，豔若百花，雅若天仙，落落大方，氣質華貴。恰恰正是自己心中焦渴期盼，夢想中的異性侶伴！

於是，那姣美女子便成了顓項那雙貪婪大眼的聚焦點。隨著他看啊看呀，千看不煩，萬看不厭。把一雙貪婪的大眼，久久地凝視在那女子身體的各個部位，唯恐漏掉了一點。同時也不敢眨一下眼睛，唯恐眼眨一下就見不到那女子了。

顓頊就這樣將那女子看了個清楚，他看到那女子高挑身材溢婀娜，華貴風範出高雅。纖纖素手十指美，彈瑟撥弦巧難畫。黑髮如瀑飄逸香，臉形如卵開桃花。柳眉彎彎駐新月，雙眼如潭會說活。鼻子生得巧又美，櫻唇饞人垂涎下。嘴邊兩個小酒窩，深深淺淺笑靨掛。

真個是，那臉面不顰不笑奪人魄，一顰一笑懾人魂。一時間，把少男顓頊看得忘記了世界上還有天地萬物，心中眼裡只有了這女子一個，癡呆呆地再次愣在了那裏。

突然，他心中陡然一悸，驀地覺得這女子並非眼前的真實！因為他覺得，這女子不是仙女似仙女，身是凡人非凡人，實在不可能是眼前的真實！若是眼前的真實，凡間豈有如此美妙的女子？就這樣他眼中看著，心裡想著，時間又轉眼過去了許久。

虧得玉石山腰小潭岸畔寂若空山幽谷，久久沒有神、人往來，方纔沒有打斷顓頊入迷的癡愛，膽怯的纏綿。更虧得那女子也似顓頊少男一般，首次春心蕩漾激動萬千，對著心愛的少男顓頊，也是只敢去真心相愛，而不敢去動去言，才給了顓頊這麼許久的癡迷呆看時間。

然而，空山幽谷之中也有不靜，就在顓頊這樣看啊想呀，癡迷許久之時，在小潭中戲水的那對交頸天鵝，不知怎的突然「呀」的一聲驚叫，「撲哧」搧開翅膀，攪得潭水「嘩啦」一聲響亮，隨著帶起「颯」的一陣聲響，徑直引頸高歌著雙雙向山巔飛翔而去。

這對不知時宜的白天鵝，在寂靜中突然弄起的這陣響聲，既驟然把只顧癡望迷想的少男顓頊從癡迷中驚醒過來，同時也把小潭對岸同樣癡迷的少女驚醒了過來。於是驚醒過來的少女即率先敏捷地收起了瑟弦之上的亂音，撫瑟改彈起了顓頊的《八風》樂曲。

驚醒過來的顓頊的耳鼓，則立刻被這瑟弦之音敲響，使他聞曲不再懷疑對面所坐少女的真實，只是奇詫起了這少女為何會彈自己所作

《八風》之曲；其彈技冠蓋鳥國，自己先前為何沒有絲毫聽聞；同時她又為何恰在自己首漾春心之時，驀然出現在自己面前，並且久坐不起，任憑自己凝視。

奇詫至此，聰慧機敏的顓頊不用別個解釋，便自己霍然解頤開來。他明白了這沒有什麼可奇詫的，少女之所以會彈奏自己所作《八風》之曲，說明少女偷聽偷習了自己之曲，為的是借曲向自己傳情。

自己之所以沒有聽聞此女彈技若此，是因為此女不見知音不獻技，面對知音技始展。再者還有著自己身處異境出異音的自身感受，即情人聽音有不同。但總體來說，那女子今日彈技卓絕若此，還是面對知音大獻技的結果。

至於她為何在自己春心首漾之時闖到自己面前，且又久坐不起任憑自己凝視？這從其熟練彈奏自己《八風》樂曲的情形看，這少女並非今日首次闖到自己面前，而是先前自己無心未察覺，今日有心始看見，造成了這樣的巧合！

這正說明，此女反復追自己，今日看見自己動春心，故意久坐不起任憑自己看視，正是此女苦心追求自己的見證。顓頊這時心明至此，真個是頓然高興到了極點！

此前，他既擔心少女是自己的幻覺所生不是真實，又擔心那少女不為自己飄然離去，空遺下自己單慕的一個心苦難抑！而這時，他的這些擔心都完全顯得多餘。因為這女子既為真實又慕求著自己，為此他心中高興到了極點。

然而顓頊心中高興至此，春心首漾的他卻面對對岸互慕的姣好少女，一時感到無法應對起來。怎麼去向自己心愛的少女表達愛慕之情呢？立即前去，他不敢。同時他也覺得那樣太缺少涵養，並擔心驚嚇了那少女。

不去又怎麼辦呢？他想到了用嘴去與之言說，但說什麼呢？說無關疼癢的話太費時間，直說話又怎麼開口呢？顓頊如此動也不敢動，說又說不成，一時間真個是重又陷入了無奈和焦急之中，只好寄希望於對岸的姑娘會有所舉動。

可那姑娘只撫瑟弦凝心彈奏自己的《八風》樂曲，卻毫無做出其他舉動之意。眼見至此，顓頊實在是無奈得更加焦急起來。怎麼辦呢？表面靜待在那裏的顓頊，這時心中實在是再次風起雲湧萬馬奔騰起來。

這時，對岸那悠揚的瑟弦之聲，在顓頊焦急無奈之時，時疾時緩地越過明鏡般的潭面，像一顆顆大小不一的珍珠，節奏井然地「叮叮咚咚」落入碧綠的潭水一般，悠揚地敲擊著顓頊的耳鼓。音樂可以怡情，心焦無奈的顓頊耳聞此音，不一會兒便心焦消散，無奈盡失，進入了心平氣靜之境。

心情的平靜，使顓頊迅速陶醉在了悠揚的瑟樂聲中。心情的陶醉則使他突然明白了音樂的作用。即音樂是心靈的另一種語言，人可以通過音樂交流自己的感情！心明至此，悔恨與高興之情在顓頊心中一同重生了出來。

他悔恨自己是個笨蛋，怎麼剛才忘記了瑟弦，丟棄了音樂！他高興自己歷經煎熬，終於找到了與那女子溝通感情的最佳手段。為此他要用心靈的另一種語言——瑟曲音樂，去向那可愛的女子表達自己的傾慕之情！

心明至此，顓頊也已經懂得了那女子之所以一直凝心彈奏瑟弦不止，正是在以瑟弦向自己傳情！悔恨與高興交織的顓頊，這時便不再怠慢，只見他立即抱起其瑟，撫弦彈奏起了樂曲。他聞聽那少女正在彈其《八風》樂曲中的《薰風》之曲，他便也隨著彈奏起了那散佈著春日陽和的《薰風》之曲。

頓然間，只聽美妙的小潭畔兩瑟同響，兩岸同曲，樂音縹緲，彌灑在玉山小潭上空。顓頊耳聽兩岸同響的瑟弦，兩眼頓然亮了起來。而且他也看到對岸正在凝心彈瑟的少女，聞聽兩岸同曲的瑟弦，也秀眼陡然亮了，並且溢射著灼灼之光，向自己看了過來。隨著樂音在小潭上方，與自己的眼光交融到了一起。於是他與少女的兩雙脈脈含情的大眼，就這樣伴著《八風》樂曲的傳響，對視在了一起。

這是音樂的碰撞，這是眼神的碰撞。不，這又都不是！因為這是心靈的碰撞，這是心靈的膠合！這碰撞使兩顆互不相識的陌生的心靈，頓然一起閃射出了亮光。這亮光如同星光石火般一閃，便把顓頊與少女的兩顆互為陌生的心，立刻膠合在了一起。由此使得兩人的眼睛頓放光亮，閃射出灼灼情光對視在了一起。

俗言情到真時始知羞，少女的眼光這時剛剛與顓頊這麼一個對視，便羞得雙頰陡地一陣緋紅，隨著驀地轉眸低下了美麗的頭。只是手中彈撥的瑟弦之音，與顓頊契合得更加和諧了。

聰明的顓頊看到那大方瀟灑的女子，突然現出了與其大方瀟灑相異的羞澀情態，頓時雙眼更加明亮，心中更加明白起來。他由此深深感受到了少男與少女之間，情到真時始知羞的真諦。心中斷定那女子之心，已與自己之心緊緊地相印在了一起。

為此他把手中的瑟弦彈撥得更歡，他由此看到了自己用手中的瑟弦，說出的心靈的另一種語言，已經為他做到了用其他方法都無法做到的事情，達到了自己無以達到的目的！

顓頊在更歡的瑟弦彈奏之中，心中慶倖起了自己幼愛瑟弦，伯父少昊不僅給自己製作了梓木之瑟，而且傾心教授給了自己《九淵》之曲，啟發自己進一步創制出了《八風》之曲。最終引來了如此妙女，並用之與她初步溝通了心靈。同時可以預料，美好時刻的到來就在眼前了。

顓頊心中就這樣高興著，手中歡快地彈奏著，眼睛一眨不眨地凝視著坐在對岸少女的蛛絲之變。他看啊看呀，看到少女不僅手中的瑟弦和著自己越彈越歡，而且那被飄逸秀髮半遮的俊俏面容，也羞澀得越來越紅越低了下去，並且再也不敢擡起，與自己對視一眼了。

少女的羞澀給顓頊帶來了動作的勇氣，只見他陡地停下與少女和奏的《炎風》樂段，先讓少女獨自彈奏下去。待到少女彈奏一陣，他則隨著奏起了《滔風》樂段。

少女彷彿頓然領悟了顓頊的心意，在顓頊彈奏的《滔風》樂段奏響之後，她則隨著立即停下了《炎風》樂段的彈奏。靜待顓頊把《滔風》樂段彈奏一陣之後，又猛地接上彈奏起了《薰風》樂段。

顓頊與少女就這樣心有靈犀地互對起了瑟弦，越對靈犀越通，越對心思越近，越對心越激蕩。直對得心緒大亂，雙雙手中隨著心兒撥亂了瑟上之弦。隨著瑟弦奏出的亂音，少女終於掃盡了羞澀，仰起了她俊俏的臉面。

顓頊則再也坐身不住，起身邊彈瑟弦邊繞著小潭，向少女在處走去。瑟弦的亂音繼續在小潭水面上鳴響，兩顆春心激跳更歡，顓頊走得距離少女越來越近。末了隨著時間的延俟，瑟弦終於戛然而止，兩人挨了個對面。

隨著是極其短暫的靜止，這是感情爆發前的靜默，這是行動前力量的醞釀。因而它彷彿窒息了兩顆心兒的跳動，停止了身邊萬物的運轉。突然，這種凝固的靜止果然陡地生髮開來，使得這一對剛才還互為陌生的少男少女，一個張懷迎住了少女，一個勇敢地猛撲進了少男的懷抱。就這樣他們擁抱在了一起，沒有一句話語，甚至屏住了呼吸，沉醉進了人生的甜蜜之境。

瀛洲神山上的這座玉石之山，本來就氣清境幽。坐落在這半山腰間的小小水潭，當然就更加清幽無限。特別是在顓頊與不知名姓的妙女何來，擁抱在一起之時，空氣仿佛凝固，萬物如同俱寂，時空是那般靜寂空幽。

靜寂空幽的妙境，恰好給顓頊與少女提供了沉醉甜蜜之機。一時間，但聞在這妙境之中，只有顓頊與少女急促的「怦怦」心跳聲和短促喘息聲，被放大得仿佛雷鳴一般，震響在玉山之上小潭水面。

同時也不知道是時空有情，還是它們雙雙都受到了顓頊與少女的感情催化，仿佛那潭水也變成了蜜，空氣也溢出了甜。顓頊與少女就在這樣的妙境中吮甜食蜜，沉醉其中，不知過去了多長時間，只知道好甜，好甜……

突然，那對剛才飛去的雪白天鵝，又「呀呀」一陣鳴叫雙雙飛回了小潭，隨著身落水響攪得潭水一陣波瀾。這驟起的響聲，把只顧吮食人生甜蜜的顓頊和少女驚怵得心中一悸，隨著顓頊陡地鬆開了雙臂，少女倏地逃出了顓頊的懷抱，然後齊舉目驚怕地循聲望向了潭面。

潭面上映入他們眼簾的場景，恰是剛剛落進潭水的那對雪白天鵝，也正雙雙揚起長長的脖頸，舉起驚異的頭，各自用火紅的雙眼奇詫地看著他們，並且歡快地「哇哇」高叫著。既像心中充滿了驚詫，又像是在對他們講說，也像是雙雙對訴。

目睹這一場景，顓頊與少女都不再驚怕，會心地笑了。因為這場景真個是境隨意動，意催境隨啊！他們眼見此景聯想到自己，都認為白天鵝是在笑看他們剛才的作為，並在笑說他們剛才的舉動。

心想白天鵝笑看笑說他們，他們怎能不會心地笑呢！喜笑之中，他雙雙又都高興地看向了對方。但那少女剛看顓頊一眼，便禁不住喜得重又陡地投入了他的懷抱。顓頊也喜得禁不住重把心愛的少女猛地攬入了懷中。

這是因為，經過剛才長時間無聲的心靈碰撞，顓頊與少女的心兒早已緊緊地膠合在了一起。這時少女躺倒在顓頊的懷抱之中，顓頊懷抱心愛的妙齡少女，雙雙又一起看向潭水之中，那笑看笑說著他們的白天鵝時，心中不僅沒有了開始時的羞澀和驚慌，同時也覺得好像一切都應該是這樣。所以一切全都轉入了正常，轉入了自然。像那對白天鵝一樣，開始在甜蜜之中互相悄悄談說起了情言。

少女這時沒有了羞澀便沒有了驚慌，只見她恢復了先前的落落大方之貌，輕鬆自然地閃動著一雙會說話般的俊美大眼，多情地望著懷抱著他的顓頊的面龐。變換著嘴邊兩個溢甜酒窩的深淺，啟動兩片撩人的嘴唇，甜蜜蜜地對顓頊說道：「你真好！」

顓頊正在專注地凝視著對面少女多情的姣顏，吮吸著那姣顏溢出的千種甜蜜萬般恩愛，突聞妙女如此甜蜜之言，再也抑制不住心中的真情，開口回答道：「你真美！」

有情人就這樣不需多言，一個人僅僅口出三個字，便傳遞去了千種恩愛萬般蜜甜。隨著，他二人又如漆似膠般地纏綿在了一起，久久地沉醉在了甜蜜之中。

如此又不知道過去多少時候，沉醉的顓頊才又聽到少女的甜蜜詢問之言道：「你對我一見鍾情？」

「不僅是一見鍾情，」顓頊立刻接言道，「而且相見恨晚！」

「哦，我卻沒有這麼多情，」少女聞聽隨之道，「愛得這般浪漫！」

「怎麼？」顓頊從少女的這句話語中聽出了其心蘊之情，即其對自己，並不像自己對她那樣一見鍾情，而是見到多次方纔生出了情愛。所以，她才說自己愛得並不「這般浪漫」。為此他忙眼睛一眨，盯視著少女詢問道，「你與我不是初次相見？」

「瞧你那勇武強悍的模樣，」少女這時粲然一笑，道「當初誰敢！」

「那麼姑娘是何時認識我的？」顓頊由此進一步聽出了少女已經認識自己多時，於是他好奇地追問道，「怎麼又愛上了我的？」

「認識你是在你彈奏深邃的《九淵》樂曲之時，愛上您是在您創制《八風》樂曲之間。」少女聞聽此問，陡陷回味之中道，「是您的瑟弦留住了我的腳步，是您的樂曲撥動了我愛的心弦！」

「原來我們還是琴瑟為媒，樂曲傳情，」顓頊聽到這裏，禁不住高興得一陣「哈哈哈」笑了起來道，「方纔有了今天！」

「還真是多虧了這瑟弦，這樂曲，」少女眼見顓頊歡快地暢笑起來，也高興得「咯咯咯」一陣笑了起來，道，「如若不然，誰能夠認識你，迷上你！空山幽潭言情愛……」

時間就這樣在他們的甜蜜歡快談笑聲中，不覺間早已送走了白晝迎來了夜晚。寶藍的純色天幕上，一輪圓圓的銀月從東方天幕的邊沿，悄悄爬上了半天。把它如洗的萬道銀輝，悄無聲息地灑遍了玉山，灑滿了小潭。

在如洗的月光輝映下，玉山生輝，金樹燦爛。一隻隻潛藏在玉草金花叢中的百色異名蟲子，拉起了各自悠揚的琴弦。顓頊與少女所在的空山小潭之境，就這樣變幻出了新的景致，響起了夜曲的纏綿。

「月色皎潔，夜色曼妙，」敏感的少女率先被這景致打動，為這夜曲感染，禁不住開口道，「你我何不踏月夜遊，以賞月夜瀛洲神山。」

「姑娘說得好，想昔日我獨身夜遊，夜色雖然同此曼妙，但卻心覺孤獨，夜襲人寒。」顓頊當然贊同少女此議，立刻開口回應道，「今日你我伴游，定然孤獨盡去，寒意盡消，只有美妙，加伴蜜甜。」

顓頊就這樣說著，即起身攜起少女之手，與之相伴夜遊起了玉山小潭。這時，玉山皎潔，小潭如鏡。顓頊與少女相伴前行，在融融的月光中踏著潭岸，沿著小徑。百蟲鳴奏的夜曲仿佛在為他倆伴奏，給他們添加了無盡的遊興。一路上銀花相牽，金樹相迎，更給他們增添了無盡的遊趣。

他們就這樣游啊遊呀，長夜靜寂，玉山空幽，越遊他們越覺得興味越濃。仿佛就如同高天之下神山之上沒有了別個，只有這一個他，僅有那一個你。天地浩大任遊玩，人生甜蜜無邊際。

他們遊到了玉山之巔，雙雙遊興倍濃。少女說：「遊罷玉山興不盡，暢流瀛洲漫神山。」

「姑娘說得好，如此隨我行。」顓頊立即應和道。說著，便見他攜起少女下玉山，徑向南方越平川，穿金林，涉泉河，一路來到了瀛洲神山最南邊的大海岸邊。與少女身相依偎在海邊，面對月夜欣賞起了無邊的大海。

月光銀白，夜海平靜。顓頊與少女站在海岸邊看到，銀白的月光照射在深褐色的海面之上，更顯得大海蒼茫無際，渾宏浩邃，給人一種獨特的奇異景致。少女率先被大海的如此氣勢感染，不禁感慨滿懷道：「大海的浩邃，趕不上你那樂曲深邃。您的樂曲深邃，也又趕不上這大海的邃遠！」

「姑娘說的真好，」顓頊聽聞贊言道，「話語淺顯凝練，道理深刻萬分！」

「呀，您感覺到了沒有？」就在這時，不知怎的少女突然轉換話題，打斷顓頊正說的話語道，「咱們腳下的瀛洲神山在動！」

「哪裏呀！別說咱們腳下的瀛洲神山沒有在動，就是真的在動你也感覺不到！若說你感覺到了神山在動，」顓頊頓被少女這番話語說得笑了起來道，「那也完全是你意催心動，心驅地動的意念的產物。

因而那不可能，我就沒有感覺到。」

「難道您就不知道這神山的故事？」少女這時不知是真的感覺到了神山在動還是怎樣，偏偏纏住這個話題不放，不同意顓頊之言道，「不知道它漂浮在東方大海之中，沒有根基嗎？」

「這個我怎能不知道。當年這岱輿、員嶠、方壺、瀛洲和蓬萊五座神山，由於漂浮在水面上沒有根基，是漂泊不定沒有定處的。」顓頊不解少女言此之意，立即搶言道，「居住在神山上的神仙們苦於神山沒有定處，有一次趁著玉皇大帝下凡時機苦求於他，他派大神禺強設法定住了神山。」

「是的。禺強遣來十五隻神龜，在下面分別頂住了神山，方使得神山漂移不得固定下來。」原來，少女這時此言只是一時的心血來潮，為了顯示自己的博聞，滿足自己女兒家心中的虛榮。因而不等顓頊把話說完，便接過話頭說著，隨又話鋒一轉仍是講說神山在動道，「但是正因為神山沒有生根，所以我覺得腳下的神山仍然在動。」

「神山不會再動，」顓頊這時仍是不解少女之意，繼續實言講說道，「因為禺強大神本事大得很哩！」

「這個我知道，禺強大神不僅名叫禺強，也叫禺京，還叫玄冥。」少女這時不甘勢弱，又作搶言道，「他既是風神，還兼海神哩！」

「對，當玄冥以風神的姿態出現時，他生著人的臉，鳥的身子，耳朵上懸掛兩條青蛇，腳下蹬踏兩條青蛇，威猛無比。」顓頊畢竟缺乏情場經驗，不知道女兒家虛榮心的強烈，自己需要給予滿足。為此他逆起了少女之心，也在少女面前顯示起了自己的多知，忙又打斷少女之言道，「如果他搧起身上的大翅膀，就會颳起猛烈的颶風，而且風中還有著大量的疫癘和病毒。凡人若是被那風吹著，就會生瘡害病，乃至死亡。」

「是的，當玄冥以海神的姿態出現時，」顓頊與少女心思相逆之言，當然激得少女更不願在情人面前示弱。為此她聽到顓頊講到這裏，忙又搶下話頭道，「則長著魚的身子，不過有手有腳。乘駕兩條青龍，相貌就和善多了。」

顓頊聽到這裏，本想再去打斷少女之言向下講說，但聰明的他突然想到自己不可再去打斷姑娘之言，那樣就會激怒初次相見的姑娘的虛榮之心。若是那樣惹惱了姑娘，姑娘起身離去就要壞掉大事了。為此聰明的他不敢再去打斷姑娘之言，而立即斂起性子裝出洗耳恭聽的樣子，任憑少女向下侃侃講說，以滿意足姑娘的虛榮之心。

顓頊如此聰明的作為，果然極大地滿足了少女的虛榮之心。只見她見到顓頊不再言說，便真的抓住此機侃侃講說不止道：「玄冥本來就是北方大海裡的一條魚，魚名叫作鯤，鯤就是鯨魚。鯨魚之大，足有好幾千里。他若擺身一變，又可以變作風神的鳥身。那鳥身的名字叫作鵬，實則就是一隻兇猛的大鳳。」

「姑娘說的很對。那大鳳的背就有幾千里寬廣，他若發起怒來朝天空一飛，兩隻黑沉沉的翅膀，就像垂在天邊的烏雲。」聰明的顓頊這時看到，若是全讓姑娘講說也是不對，便又插言肯定姑娘之言道，「每年冬天他由魚身變成鳥身，即由海神變為風神，從北海遷到南海。」

「是的。那呼嘯的寒冷北風，就是這時由他搧起來的。當他從北海起飛的時候，」少女的虛榮心這時得到了極大的滿足，因而談性更濃，搶過話頭道，「翅膀一擊就掀起海浪三千里，然後乘著風暴直上雲霄九萬里。到南海度過半年，他又返回北海裡。」

「是呀，那玄冥大神的本領真可謂大呀！但他本領再大，卻也沒有自己去頭頂這些神山，」聰明的顓頊這時說著說著，為了投姑娘所好，充分滿足姑娘的虛榮之心，竟然把自己繞進了姑娘的話題道，「所以天知道他派遣的神龜不會偷懶，使得神山搖動起來！因而我倆覺得腳下的神山仍然在動。」

「咯咯咯……」少女聽到這裏，聽出了顓頊說出了自己欲說的話語，聰明的他竟然被繞進了自己的圈子，因而心中覺得好逗，禁不住一陣歡快地暢笑起來。然而就在她暢笑之時，在情場上已經變得聰明起來的顓頊，這時為逗樂自己心愛的少女，進一步折服少女贏得其心，隨著心機一轉講說道：「姑娘對玄冥大神僅僅講說至此，就還有所不知，姑娘知道嗎？」

「噢！」正笑的少女聞聽顓頊此言，不禁一愣奇詫道，「還有我不知？」

「是的，」顓瑞這時一笑肯定道，「你還有所不知。」

「我還有什麼不知？」少女這時不解道，「你快說來。」

「姑娘剛才未說，在距今數十年前之時，玉皇大帝為了讓原是天神的玄冥真正管好這五座神山，遣他投胎脫生在了凡間。」顓頊這才接言道，「玄冥大神於是選准黃帝之子禺虢為父，投胎脫生在了其門下，成了禺虢之子，黃帝之孫。」

「玄冥大神脫生凡人本領不減先前，因而黃帝喜之，敕封其為北海海神。現在正在代替黃帝，司掌著北方之極一萬二千里的土地。」少女聽到顓頊講說至此，不服氣地婉然一笑揶揄道，「我道是什麼我尚不知，原來是這些，誰不知道。剛才本姑娘不過是未說罷了。」

「這些姑娘皆知，」少男顓頊這時見到，自己如此一陣逗得心上人歡快不已，心中便就更加察知了攝奪女兒心魄之法。為此他便也不善罷甘休，在少女話音剛落之時，即又開口繼續道，「還有姑娘不知不曉的哩！」

「噢，還有不知不曉？」少女的虛榮心這時已得到了極大滿足，但她聽了仍是不願意服氣道，「你快說都是什麼。」

「那你知道，那本領高強的玄冥，」顓頊聞聽先是對少女神秘地一笑，接著故意拖延三分時間，以神秘的口吻自報家門道，「是我的叔叔，我叫顓頊嗎？」

「什麼？你就是顓頊？玄冥是你叔叔？」對此，聰慧的少女實在沒有料到。因為她早就聽說了顓頊是少昊的侄子，年紀小小的即被少昊用為輔政，與其一起制定禮法制度管理偌大鳥國。因而嬌美的少女陡聞此言，驀地如同受到雷擊一般，驚得花容失色渾身戰慄，立刻半信半疑詢問道，「這是真的嗎？是親叔叔，還是旁叔叔？」

「是的，我就是顓頊。玄冥是我叔叔，是叔叔就是親叔叔。」顓頊當然看到了少女聞聽其言情態的異常，也聽出了其話語的異樣，但他卻錯誤地認為，這是其被自己的話語折服所致，因而對之並未在意，仍是為了攝奪少女之心，不以為然地加重口吻肯定道，「怎麼能是旁叔叔！」

「啊！這是真的嗎？這會是真的嗎？」少女聽了顓頊此答，更是驚得禁不住連連叫出聲來道。這是因為，剛才她還對玄冥可能是顓頊的旁叔叔寄有希望，震驚之餘急忙詢問於他。而這時，顓頊的肯定回答打破了她心中僅存的一線希望，她怎能不大驚失聲！

「這全是真的。玄冥是黃帝的親孫子，」然而，顓頊這時卻仍然不解少女的驚詫，依舊認為其驚詫失態是被自己的話語折服，心中激動所致。為此為了攝奪少女之心，他加重口吻肯定地回答少女的驚詫之言道，「我是黃帝的親曾孫，玄冥是我的親叔叔！」

「不，我不要這是真的！我不要這是真的！我要這全是假的！」顓頊言說至此話音剛落，少女便頓然嬌容抽搐，發瘋般地渾身劇烈戰慄起來大叫道，「我不要你是顓頊，玄冥是你親叔叔。我要你不是顓

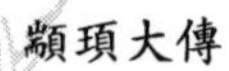

項，玄冥是你旁叔叔！」

「姑娘，你這是怎麼了？」正在心中歡喜自己一語折服了少女的顓頊，這時方纔看出了少女情態的真正異常，急忙改換語氣詢問道，「啊，你這是怎麼了？」

「我不要你是顓頊，玄冥是你的親叔叔，」少女則對顓頊之言聞若未聞，依舊大叫不止道，「我不要你是顓頊，玄冥是你親叔叔！」

「可我就是顓頊，他真的是我親叔叔，」顓頊頓然無可奈何解釋道，「我怎能說我不是顓頊，他不是我的親叔叔呢？」

「天啊！」少女聽到這裏，戰慄的身子徹底被崩潰的精神摧垮了！只見她猛地擡起嬌美的頭來，對著夜空大叫一聲，隨著雙腿一軟，「噗」地便癱倒在了地上，昏死了過去。

顓頊這才看到了事情的嚴重，他雖然不解少女聞聽玄冥是自已的親叔叔之言為何生異，但他既然看到了事情嚴重至此，便不敢怠慢，急忙伏身一邊大聲喊叫，一邊搖晃癱倒在地的少女。但是儘管他喊搖再三，卻久久沒有能夠把少女喊醒過來。

五、少昊西歸

少女這時精神驟潰昏癱在地非為別個，而是因為她是炎帝的後裔，祝融之女，共工之妹，名叫丁竽。丁竽出生在炎帝剛喪之日，生長在蚩尤大戰黃帝，為炎帝報仇之期。

因而在丁竽生長的環境中，便自然地在其心靈之中，注入了一種與黃帝家族勢不兩立的仇恨心理。並且隨著年齡的增長，其在年幼時便已日漸形成的對黃帝家族的仇恨心理，則更隨著大人的講說和對身邊世事的理解，進一步加固加深，形成了誓滅黃帝族人，為其炎帝家族報仇雪恨之心。

丁竽自幼生相嬌美，頭腦聰慧，因而被家人特別是其父祝融視若掌上明珠，受到百般寵愛。如今長到十九歲，更是出落得貌若天仙，風姿高雅，思想成熟。並由於身體雖為凡體但靈魂則為神靈，身具超凡的武功。

然而丁竽雖然長得成熟，但女兒家畢竟是女兒家。她作為女兒家，同樣具有一般女兒家天真、浪漫、好奇、貪玩等一應活潑可愛的天性。為此前些日她一直心奇少昊在東瀛建立的神奇鳥國，便辭別隱居江南的生父祝融和哥哥共工，獨自漂洋過海，到這坐落在東方大海之中的五座神山之上，窺看少昊鳥國的真相而來。

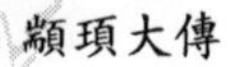

大概是由於丁竽與顓頊天生有緣，致使瑟技絕高的丁竽剛到瀛洲神山，便在海岸之上被顓頊彈技超絕的悠揚《九淵》瑟樂之聲所折服。為此她立刻循聲向前尋找彈撥瑟弦之人，以求向其學習超絕的彈瑟絕技。

丁竽向前一陣尋找，即在海邊近處尋到了正在潛心彈奏的顓頊。丁竽尋見顓頊僅看一眼，便頓被顓頊壯武強悍的相貌所折服。真個是不覺之間，其心中已生出了把整個身心獻給顓頊之意。

丁竽心生此意激動不已，因為如此驟生的情愛對於她來說，是有生以來的第一次。所以它極盡了人間甜蜜，激動得心中波湧濤翻，恨不得立刻撲到心儀的顓頊面前，把自己的身心全部奉獻給摯愛的顓頊。

但是，心中真情隨之生發出來的羞澀和女兒家的矜持，阻止了她的難抑之舉。隨著，成熟的理智又使她波洶濤湧的心境平靜下來，成熟地心想起了一切。她想到，自己雖然一見傾心愛上了這位少男，這少男也著實令人喜愛，但自己初來乍到，一個嬌嬌女兒家，怎可不知深淺地行此莽舉！

如果自己前去向這少男獻上愛心，這少男不愛自己不收此心，那將是多麼尷尬的場景啊！再說，這少男固然相貌和彈瑟絕技均可折服於人，又怎知其為人心地如何。如果他相貌雖好卻心地醜惡呢？誠然，那悠揚的瑟聲雖可表達其內心世界的美好，但又怎敢保證瑟聲表達的並非真實呢！

心想至此，成熟的丁竽便決計多長一個心眼，先竭力抑制住自己心中澎湃不已的激情，對少男先靜觀偷窺一段時日，看個究竟再作定奪不遲。為此她依據這一想法行起事來，此後天天躲在金樹銀花之中僻靜之處，偷窺少男顓頊的行為，靜聽其彈奏的瑟曲樂章。

成熟的丁竽就這樣聽呀窺啊，顓頊先前彈奏《九淵》樂曲的深邃意境將其陶醉，其後彈奏《八風》樂曲的優美酣暢使其癡迷。顓頊的英武相貌，高尚情操，更令其欽羨不已。

為此她再也抑制不住心中的激情衝動，決計把自己的愛心在這玉山小潭之旁，奉獻給自己傾慕的少男顓頊。為此她走出了自己隱身其後的金樹銀花，坐在顓頊對面小潭岸邊，撫動琴瑟與顓頊對彈起了樂曲。

一個女人如果把心給了一個男人，那麼對於她心愛的男人來說，她就已經沒有了自己。丁竽這時坐在顓頊對面的小潭岸邊，心中裝的盡是對岸的顓頊。因而後來顓頊通過對瑟溝通心跡之後，勇敢地走了過來，丁竽便忘我地投入了其懷抱，把自己完全與顓頊融合在了一起。

此後他倆盡享愛情甜蜜，更使雙方達到了只有甜蜜沒有自己的境地。但是丁竽最後萬萬心想不到，在她與顓頊那番交談的末了，顓頊一語講說了實情，使她聽後頓如頂遭雷擊一般，猝然精神崩潰昏癱在地。

丁竽聞知此情如遭雷擊精神崩潰，這一方面是因為她對顓頊愛得太深太真，深真到了無我的境地。而且其首漾的春情是這等的甜蜜，甜蜜到了只有甜蜜沒有自己的境地。

但是另一方面，她深愛的與自己正在一起甜蜜不盡的顓頊，卻又是玄冥的親侄子，黃帝的曾孫子，是她炎帝家族不共戴天的死敵！而且她炎帝家族之人，都心藏深仇，時刻準備剿滅黃帝家族之人，雪炎帝家族仇恨。

這巨大的矛盾，陡然嚴酷地展現在了對顓頊摯愛難抑的丁竽面前，在丁竽心理上造成了遙距千里的巨大反差。丁竽怎能不聞聽其言頓然如雷擊頂，心碎頭懵昏癱在地呢？

丁竽昏癱在地之後，不知丁竽真情的顓頊既萬分驚奇不解，又不禁心疼萬分！是呀，他也太愛丁竽了，但他又不知道丁竽這是怎麼了。心疼萬分之中，顓頊只有急忙連聲搖喊昏癱在地的丁竽，以把她喚醒過來。但搖喊許久丁竽仍是不醒，顓頊便更加心疼萬分地亟急搖喊不止。

只見他大聲地喊啊叫呀，亟急地搖啊晃呀，但那花容失色的丁竽雖被顓頊猛搖大喊，卻仍是面色蠟白地昏癱在地上。這時，焦急的顓頊久久喊搖不醒丁竽更加大驚失色，隨後便心中更加焦急地搖喊起來。

顓頊就這樣喊啊搖呀，不知道又搖喊過去多長時間，方纔見到丁竽臉上的蠟白之色漸現淡紅，隨後慢慢睜開了失神的美麗大眼。但是丁竽睜開大眼剛剛看到顓頊，卻倏然生出精力，猛地躍起身來向後退去一步，怒火陡騰地對顓頊咬牙切齒道：「你是黃帝的曾孫，我與你不共戴天！」

「這是為何？」顓頊不知個中真情，不解丁竽為何這樣，忙莫明其妙地開口驚問道，「姑娘為什麼驟然這樣？」

「為何？為什麼？這裏我對你講說清楚！你是黃帝的曾孫，我則是炎帝的後裔祝融之女、共工之妹丁竽。」丁竽玉牙緊咬，秀目火突道，「你的曾祖父害死了我們先祖炎帝，奪去了我們先祖炎帝的一統凡界帝位，你我豈能共戴天日！」

「啊，你就是丁竽！」剛才莫明其妙不知內情的顓頊正在驚詫不已，突聞丁竽此言方纔知道事情的真相驚詫道。因為他也像丁竽一樣，早就聽說了作為炎帝的後裔，祝融之女共工之妹丁竽的漂亮聰慧。為此，心中早就有了一睹丁竽芳容之心。

而這時得見丁竽又處此境，這真相對於春心首漾，摯愛著丁竽的顓頊來說，也同樣是來得太驟然太沉重了。因而它也同樣如同重雷一般，猛地擊打在了顓頊的頭頂，使他頭腦一懵就要昏倒過去。

「啊，這會是真的嗎？」可是他畢竟是個男兒，比感情脆弱的丁竽堅強多了，承受重大打擊的能力也比丁竽強多了。所以他轉瞬又挺了過來，不願相信地懷疑道，「不，這不會是真的！」

「這是真的，」玉牙緊咬未松的丁竽聞聽顓頊此言，立刻用擲地有聲的語言肯定道，「它一點兒也不會假！」

「若真如此，我不是顓頊，不是黃帝的曾孫，」顓頊這時方纔完全清醒過來，聽了丁竽此言急忙大叫道，「也不是玄冥的侄兒，不就行了嗎？」

「這不是是不是的事兒，而是實實在在的真實！」丁竽聽了顓頊此言，「呵呵」一笑譏訕道，「因而事情絕對輕巧不得，絕對不行！」

「可是我愛你呀！為了愛你，」顓頊這才大急起來道，「我可以不做顓頊，不做黃帝的曾孫，玄冥的侄子了，還不行嗎！」

「不行！你若真的愛我，我問你顓頊，你為了愛我，可以在我手刃你黃帝太爺時，助我一臂之力嗎？」嬌美的丁竽姑娘臉色這時變得冷酷十分，口中語氣嚴峻道，「為了愛我，你顓頊可以在你黃帝太爺取勝我父祝融時，助我父女反敗為勝嗎？」

「啊，啊，」焦急的顓頊聞聽丁竽此言，頓然無言以對起來道，「這個，這個……」

「因而愛情是假，親情是真。」丁竽這時則隨之繼續道，「所以仇恨是真，你我不共天日！」

「不，親情是假，仇恨是假，愛情是真。」顓頊聽到這裏，無奈中方纔急得大叫起來道，「我與你不是不共戴天，而是情同一人！」

「不，那不可能！情同一人，你去給我殺死你的祖爺，為我炎帝祖先報仇呀！」丁竽這時則寸步不讓道，「你不能吧，你不情同一人了吧？」

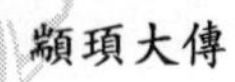

「我就是與你情同一人！」顓頊也不退讓道，「但是你不能叫我去殺人呀！」

「你不去殺吧！因而愛情是假，仇恨是真。我這就殺了你，為我炎帝先祖報仇雪恨！」丁竽這時說著，真的倏然伸出雙手，從腰間拔出一雙短劍，「颯」地逼到了顓頊胸前。

「好，殺了好！能死在我心愛的人兒手上，正了卻我的一片摯愛！」顓頊眼見此景，不僅沒有驚怕之意，相反卻一陣「哈哈哈」大笑起來道。隨著，他挺起胸膛迎向丁竽刺來的雙劍，用手拍著心窩道，「來吧，往這兒刺！」

「天啊，這一切怎麼全都顛倒了！」丁竽眼見此景，禁不住頓然停住了前刺的雙劍，仰頭對天，高叫起來道，「愛情是真的，仇恨卻變成假的了！這叫我怎麼辦啊？」

「丁竽，要殺你就快刺，甭再猶豫了！」顓頊眼見此景，急忙趁機大聲勸說道，「要不，就讓你我真誠相愛吧！」

「不，我都不！」丁竽聞聽顓頊此言，忙又止住剛才的叫聲，開口否定道。旋即，她又百感交集地失聲大叫起來道，「天啊，我該怎麼辦呀？我丁竽進退都無路可走啊！」

「不，丁竽姑娘。進退你都有路可走，你就自己做出抉擇吧！」顓頊這時則仍不記恨道，「我想，還是讓我們真誠相愛吧！你我都真誠地愛著對方啊！」

「不，我不愛你，」丁竽聽到這裏，又決絕地開口道，「我與你不共戴天！」

「那好，」顓頊聞到丁竽此言，忙又開口道，「那你就快把雙劍刺進我的心窩吧！」

「那好，你太爺種下的苦果先由你來品嘗，你就莫怪我丁竽無情了！」丁竽聞聽說著，便真的又把雙劍捅向了顓頊的心口。

顓頊則真的依舊動亦不動，等待著受死於丁竽劍下。然而，就在丁竽的劍尖就要刺進顓頊的皮肉之時，真摯的愛情頓時又戰勝了丁竽的仇恨之心。她猛地又把雙劍收了回去，失態地高叫一聲道：「不，我不能殺你，可你也休想得到我的愛情，我讓你死去這份心腸！」

「丁竽，你不能那樣！」機敏的顓頊聽了丁竽此言，情知事生陡變，唯恐心愛的丁竽生出三長兩短，甚或是投身大海，因而他不敢怠慢，急忙開口大叫著，隨著就伸手上前去攔丁竽。

「顓頊，丁竽與你永別了！」可是丁竽這時則「颯」地把手中雙劍往地上一甩，只見其兩把短劍插在地上，「倏」地便雙雙長高了起來，擋住了顓頊伸出的雙手。就在這時，顓頊隨著聽到丁竽一聲高叫，接著便聽到海水中傳來了「撲通」一聲響亮。

顓頊這時心中更加急火到了極點。他知道那響聲說不定正如自己所怕，是丁竽跳海而去。而且從剛才丁竽與他「永別」的話語中，猜知丁竽這是跳海而死。為此，急得他立刻就要撲進大海去救丁竽。

「丁竽，你千萬不能死啊！你若死去，也就是殺了我呀！」但無奈丁竽設下的劍牆，硬是死死地攔在了他的面前，使他欲進一步而不得，急得他禁不住失聲大叫起來道。但是任憑顓頊喊叫再三，海水中卻再也沒有了丁竽的聲息。

顓頊的心頓然死了，他知道丁竽如此跳海而去必死無疑！心死之時他只有拳捶擋路的劍牆，失聲痛哭起了死去的心愛的丁竽。顓頊就這樣哭啊哭呀，也不知道痛哭過了幾多時日，只知道哭乾了眼淚，仍不得丁竽的絲毫聲息。

哭不出眼淚了，顓頊就睜開眼睛看視起了眼前的劍牆。沒有了丁竽的聲息，或許丁竽就真的赴身大海死去了，而她留下的遺物就只有

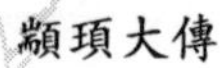

這劍牆了。為此他看啊瞧呀，撫啊摸呀。他當然越看越瞧越想丁竽，越撫越摸越疼丁竽。

突然，他摸到劍牆之上有些不規則的刻痕，奇異中他急舉目看去。只見那刻痕在兩把短劍手柄之處，一把上刻的是「騰空」，另一把上刻的是「晝影」。聰明的顓頊頓然明白，這是丁竽的兩把神奇短劍之名。他便更加愛不釋手地撫摸起了劍牆之上四字的刻寫印痕。

顓頊就這樣撫啊摸呀，劍牆在其撫摸中竟然奇跡般地慢慢發生了變化。那劍牆不僅在其撫摸之中漸漸變低，而且很快縮小成了兩把短劍，雙雙插在了地上。在它們旁邊，擺放著各自的鑲金嵌玉劍鞘。眼見至此，聰明的顓頊知道這是丁竽把兩把貼身愛劍，臨別時遺給了心愛的自己，作為念物永作紀念。

明白至此顓頊也不怠慢，只見他立即出手拔起短劍，把它們各自插入鞘中，隨後便把二劍緊緊地捧在心口之上，再次失聲地向著大海喊叫起了丁竽。與此同時，舉目向著月光照耀的大海，尋找起了丁竽。

顓頊這時之所以沒有撲身大海去找丁竽，是因為他想丁竽投水時間距此已長，用眼睛尋視不見丁竽的蹤影，即使撲身大海也無法尋見。為此他只有在岸上向著大海喊叫，同時舉目在海面上巡視。

然而顓頊在大海邊喊了多時也尋了多時，卻都不見丁竽的絲毫蹤跡。大海深邃，時間已長，顓頊為此心想，撲身大海的丁竽一定是沉入了深邃的海底。心想至此，顓頊尋見丁竽之心頓然破滅了去，心中悲苦、思念、孤獨頓然到了極點！

是呀，第一次春心蕩漾，第一位刻入心扉的嬌美姑娘，第一次心愛於人，第一次嘗到愛和被愛的甜蜜，這一切對顓頊來說，都來得太深刻太甜美了！可這甜美的一切剛剛開頭，卻又驟然間消失了去，怎能不使他頓然悲苦、思念、孤獨到極點！

悲苦、思念、孤獨之中，顓頊更加懷念嬌美的丁竽姑娘，更加感覺到愛和被愛的甜蜜，更加感覺到失去的珍貴！思念感受至此，顓頊認定對於死去的可愛丁竽姑娘，自己也只有以死才能做出報答。

因為她是為愛自己而死的，如果自己不是黃帝的曾孫，丁竽就不會去死，而會永遠與自己甜蜜地待在一起。可是現在她既愛自己，又因自己的太爺黃帝種下的苦果，不容她與自己甜蜜地待在一起。為此她心中一邊是愛一邊是恨，雙方矛盾至極，而且誰也戰勝不了誰，末了只有為愛而死，了結此情！

丁竽為愛自己死去了，自己怎能為愛丁竽不死呢！自己不能不死，自己不能再活下去。為此他決計用自己之死，來報答丁竽之愛！於是他橫下心來，就要立刻追隨丁竽之後，身撲大海去死。

然而就在他欲要撲向大海欲撲未撲之時，頭腦中卻又驟然冒出了一絲美好的希望。即丁竽是在先用劍牆擋住自己之後，方纔撲身大海的。那麼她是否是為了心中的不泯深仇，忍痛割斷其對自己之愛，故意演出的如此一幕呢？再者，她是否故意演出如此一幕，以驗試自己是愛情至上，還是親情至上呢？

如果真是這樣，丁竽就有仍然活在人世的希望。而自己若是死去，就又辜負了丁竽的一片希望啊！想到這裏，他雖覺希望十分渺小，但他還是不願泯滅這一線希望。轉換心思決計暫先不死，等待一段時日再說。到那時如若丁竽真的死了，自己再去以死報答也不為遲。

心想至此，顓頊方纔改變即死的決心活了下來，亟盼起了未死的丁竽出現在他的面前。可是丁竽卻一直沒有出現在他的面前，為此他便又懷疑起了丁竽或者是為了了結矛盾，真的以死了之了。懷疑至此，他又想到如若自己能用一死換回丁竽之生，他定然立刻去死，決不猶疑！

當然，他也更加惱恨起了自己不該是黃帝的曾孫，嫉恨起了黃帝種下如此苦果來讓自己吞食。嫉恨至極，他決計不再去做黃帝的曾孫、玄冥的侄子！因為正是因此，他才失去了他摯愛的丁竽！

人世間的事情就是這樣，同一樣東西，得到了就會變得無味。期而不得，才會變得珍貴無比！顓頊這時失去了丁竽，既失去了自己之愛，也失去了丁竽之愛，為此便倍覺這失去的一切珍貴無比！

感覺至此，他才進一步加深了對伯父少昊所教《九淵》樂曲的理解，即人生也是一部淵深無底的《九淵》樂章，誰也難解其中的深邃。大自然所以又啟發自己創制出《八風》之曲，是告誡自己在人生中，也時刻充滿著冷暖之風的巨大變化！

理解至此，他看到了人生的多艱，人世的難卜。他氣恨人生的艱難與難卜的世事，為什麼全都降臨到了自己的頭上，使自己剛剛開頭就失去了摯愛的丁竽！氣恨至此，他又氣恨起了《九淵》與《八風》這些先兆性的樂曲，惱恨起了少昊伯父教給他的《九淵》樂曲，惱恨起了少昊伯父為他製作的梓木之瑟。恨到極處，他便猛地舉起身攜之瑟，「颯」地拋進了面前的大海之中。

顓頊拋下的梓木之瑟，在海水中僅僅濺起幾簇微小的浪花，便「噗」地沉入了水底。然而就在這時，奇跡卻又發生了！只聽隨著顓頊拋下的梓木之瑟沉下海水之中，大海中即突然傳出了瑟弦的鳴奏之聲。顓頊奇異了，奇異這瑟弦之聲，不知是自己拋下的梓瑟發出的自鳴，還是丁竽的彈奏之聲。

奇異之中，他不相信自己拋下的梓瑟會如此自鳴，而定是丁竽把此梓瑟收下作成了信物，故意在海水中彈奏起來，作為對自己的回應。顓頊於是高興了，癲迷了，隨著便對著水中傳來的瑟弦之聲，發瘋般地狂叫起來道：「丁竽——」然而，任憑他狂叫不止，海水中卻只傳來瑟弦樂聲，而聽不到丁竽的絲毫回應。

隨後，顓頊喊啞了嗓門仍然不聽丁竽回應，但那瑟弦樂聲不止他就喊叫不息。瑟弦樂聲就這樣一直鳴響不止，他就這樣一直喊叫不息。顓頊就這樣喊啊喊呀，轉眼又已兩日過去。第三日半晌到來了，他還在海邊癡迷地喊叫不止。

「哎，顓頊小弟，你怎麼待在這兒呀？」就在這時，少昊的長子顓頊的堂兄蓐收，來到了顓頊面前，開口大叫道，「我父子兄弟到處尋不到你，走，快隨我回去。」

蓐收生得人面虎爪，遍身白毛，手持長柄板斧，威風凜凜地站在顓頊面前。但是癡呆的顓頊卻對蓐收兄長的到來見若未見，對其話語聞若未聞。在蓐收講說之時，依舊旁若無人地對著海中的瑟弦樂聲，喊叫道：「丁竽——丁竽——」

「小弟，你這是怎麼了？」蓐收講說至此眼見顓頊聞若未聞，依舊癡迷地口喊「丁竽」不止。他既不知顓頊此舉的內情，又不清楚顓頊喊的丁竽是誰。因而對癡迷不醒的顓頊轉換話題道，「怎麼不回答兄長的話呀？」

「小弟，咱太爺黃帝遣人送來消息，說咱們爺爺昌意病逝，急待我父親和我們一起回去弔唁。」然而顓頊依舊聞若來聞，繼續癡迷地喊叫丁竽。蓐收本來就是個急性子，加之事情又急，眼見此狀頓然急不可奈道，「我父親急著引領我等西歸，只等你一個回去他就啟程了！」

「請大哥回去替小弟稟報伯父，侄兒不回去了，就待在這兒了。」顓頊聽到這裏，方纔開口堅定地回答道，「讓伯父不要再等侄兒，立刻前去吧！」

「小弟今日這是怎麼了？怎麼變得這麼反常？」蓐收聽聞顓頊此答，更是大為不解道。然而顓頊言罷，重又陷入了癡迷的喊叫，對蓐收此問依舊聞若未聞。

「哥哥，你既然找到了顓項小弟，」蓐收正在焦急無奈，虎面牛身，身生猥毛，背長雙翅的蓐收的弟弟窮奇，又從半空中收翅倏然飄落到了蓐收與顓項面前，開口對蓐收急言道，「父親急得那麼厲害，你為何不領小弟速速回宮？」

「人家不走，」正在無奈的蓐收聽了窮奇此言，忙一努嘴使個眼色對窮奇道，「我有什麼辦法。」

「為什麼不走？快回去，我父親急得厲害呀！」對顓項情況一無所知的窮奇聞聽蓐收此言，又是急叫起來道，「顓項小弟，快走呀！」

「你這是怎麼了，顓項小弟！」然而癡迷的顓項對窮奇的到來，依舊如同見若未見聞若未聞，不動聲色地依舊癡喊丁竽。窮奇也禁不住急火起來，邊動手拉起顓項邊叫道，「快回去呀，大家都在等著你。」

「不走不走，我就是不走。」顓項被拉這才停住喊叫丁竽，急忙扭身甩開窮奇的拉扯，開口大叫道，「我對大哥講說過了，讓他回去代我稟報伯父。哥哥為什麼又來纏我？」

「唉，我說顓項小弟，你今天這是著了什麼魔了？咱們全家人都走，」窮奇這時更加奇異道，「怎能留你一個在此東瀛神山？如果那樣，我父親回去怎麼去向眾親人交代？」

「什麼我都不管，反正我就是不走。求二位好哥哥快去吧，別再打擾我了！」顓項這時不耐煩了道。說著，就又癡迷地去喊丁竽。

「胡說，小弟哪有此言的道理！」窮奇這時也不耐煩了說著，便拉拽顓項更凶起來道，「既然這樣，小弟今日不走也得走了！」

「小弟就是不走，」顓項心中這時想的依然只有丁竽，因而堅心不走，便與窮奇反拽起來喊叫道，「憑二位哥哥怎樣！」

「你們在幹什麼？」就在顓項與窮奇正在爭拽不止之時，一聲洪鐘般的沉穩聲音突然響起，震得正在拉拽的顓頊與窮奇頓然渾身一栗。因為這言說者不是別個，正是金身金面的東方大帝少昊。為此顓頊與窮奇便一起止住拉拽，急忙對著聲音響處肅立而站，異口同聲道：「父親（伯父），他不走（我不走）！」

少昊剛才聽聞黃帝遣來之人言說，父親昌意病逝，不禁悲痛之至。特別是他想到自己來到東海神山已經一晃十數載過去，不曾見過父親一面。而今不幸竟然是永訣，悲痛之餘更加急不可耐，欲要立即返回家中祭告生父的亡靈。

然而他欲行之時卻久尋不見顓頊，便急遣諸子並且自己親自出動，在瀛洲神山四處尋找起來。少昊尋找一圈後尋到這裏，眼見此景，聞聽窮奇與顓頊之言，對其中原因甚是不解，心奇道：「為什麼不走？」

顓頊這時看見伯父親自尋來，又見其態度沉痛嚴肅，心知自己不走已經不行。但無奈又不願就此離開這片失去丁竽之地，讓水中瑟弦在此空響。於是他心中頓然生出了巨大的悲痛，使得他在伯父少昊面前再也壓抑不住，禁不住口中「伯父」一聲高叫，隨之猛地撲身進了少昊懷中，失聲痛哭起來。

「侄兒這是怎麼了？」顓頊的這一舉動，實在弄得毫無所知的少昊大為莫明其妙，又見懷中的顓頊悲哭難禁，便暫讓顓頊痛哭而轉問蓐收與窮奇道，「你兄弟怎麼欺負他了？快快說來。」

「父親，孩兒沒有欺負小弟，」蓐收與窮奇眼見父親面容嚴厲話語沉重，急忙齊聲回答道，「也不敢欺負小弟！」

「嗯？」少昊聽了蓐收兩個此言，金臉一繃、大眼一瞪道，「還說假話！」

「孩兒不敢，」蓐收與窮奇知道父親的嚴厲，聞見父親有異忙不

敢怠慢道，「孩兒實在沒有！」

「伯父，不是兩位哥哥欺負了侄兒，」正在痛哭的顓頊眼見兩個哥哥被伯父斥問至此，心中雖痛卻也不敢只顧再自個兒悲哭下去，忙狠狠地抑了抑心中的悲痛，開口對少昊說道，「是侄兒自己心中苦痛。」

「噢？侄兒自己心中苦痛！那是為何？難道是伯父我虧待了侄兒不成？」正在莫明其妙的少昊聞聽顓頊此言，更加墜入五里霧中道，「侄兒快說，伯父有哪些地方虧待了侄兒？」

「不，伯父。不是伯父，是我自己……」顓頊被少昊說得頓然無言以對，急忙開口解釋道。但他說到這裏，身為少男的顓頊面對伯父，頓然羞澀得不敢再說下去了。

「你自己？你自己怎麼了？」少昊正在莫明其妙，聞聽平時言辭朗利的顓頊這時言語囁嚅起來，更加莫明其妙、大為不解道，「快對伯父講說。」

「我，」顓頊被伯父問得無奈，只好硬起頭皮道，「我剛才遇上一個姑娘……」

「原來是這麼回事兒！這是好事，侄兒哭什麼呀？」少昊聽到這裏，心中方纔解頤開來。看到羞澀的顓頊說到這裏又打住了下面的話語，便嚴肅頓失，莞爾一笑道，「如果侄兒真愛上了她，我們就把她娶過來，給我做侄媳婦！」

「對，」在旁的蓐收兩個聽了，這時也全都心中歡喜起來，湊起熱鬧道，「娶過來給我們做弟妹。」

「不……」顓頊心正沉重，突見伯父與兩個哥哥都如此輕鬆地與自己開起了玩笑，便忙開口攔阻道。

「怎麼又不？是你不愛她？」少昊聞聽急言道，「你既然不愛她，我們就不娶她嘛。你為什麼哭呀？」

「父親說的對。」蓐收與窮奇也即幫言道，「啊，不哭了。我們快走吧。」

「伯父，」顓頊這時急得「啪」的一掌拍在了頭上，道，「侄兒不是這個意思！」

「那是什麼意思？」少昊聞聽詢問道，「侄兒快說！」

顓頊這時無奈，只有把他愛著丁竽，丁竽也愛著他，但因丁竽是祝融之女，共工之妹，與他黃帝家族有不共戴天之仇，成就不了好事的原因，向少昊講說了一遍。

「事情既然是這樣，就怪不得我們黃帝家族之人，也怪不得你顓頊了。」少昊聞聽略一沉思，立即開口啟發顓頊道，「這是他們炎帝家族之人還有丁竽姑娘，自願於我們黃帝家族為敵啊！」

「不，」顓頊聞聽伯父此言，即不贊同道，「伯父……」

「你不什麼，你聽我說完，」少昊止住顓頊之語，向下繼續講說道，「你們孩兒們全都記著，我爺爺黃帝與炎帝為一母同胞，他弟兄倆是沒有任何仇恨的。只是因為炎帝要行仁德治世之道，我爺爺黃帝要行道德治世之道，兩兄弟道雖不同，目標卻是一個，即把凡界治好。」

「那他們為什麼打了起來？」顓頊這時不解道。

「他們是因為道不同而爭，後來炎帝在爭戰中遭敗受傷，在嘗吃百蟲時遇毒而亡。但他們炎帝的後人，卻說炎帝之死為我爺爺黃帝所害，」少昊繼續講說道，「並且說我爺爺搶去了炎帝的一統凡界大帝之位。為此數次興兵以雪此仇，並且欲要世代與我黃帝家族為敵！」

「那麼，」顓頊這時不禁慨歎道，「這結可就難解了呀！」

「這全是他們炎帝家族之人，自作自為的事兒。我黃帝家族之人，與他們是沒有絲毫仇恨可言的。」少昊隨之又言道，「但是既然丁竽姑娘今日不重愛情，而重仇恨離你而去，這是她自摘苦果，侄兒

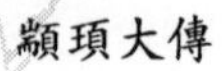

你又哭什麼呢？」

「伯父，這一切侄兒全部知道。但是丁竽姑娘卻不重仇恨而重愛情，」顓頊這時則講說實情道，「為愛侄兒投身大海死在了海中。您聽，大海中那不息的瑟樂之聲，就正是她在彈奏呢！」

「噢！」少昊聽到這裏無話可說了，奇異地叫了一聲。隨著則與蓐收兩個一道，側耳傾聽起了海水中傳出的瑟樂之聲。那悠揚的琴瑟樂聲是真的，他父子三個都聽得清清楚楚。

不僅如此，而且傳聞到了若干年以後，每當夜靜月明，碧海無波之時，那悠揚悅耳的瑟樂之聲還會傳響出來，在海面上回蕩。不少乘船經過此處的人們，都聽到過如此瑟樂之聲。

「侄兒，我看丁竽投身大海，也只是把愛情與仇恨各看一半，沒有把愛情看重於仇恨。」少昊聽到海水中真的琴瑟作響，心奇之餘也真的不好再說什麼。然而不好講說他也必須講說，因為他不能讓顓頊侄兒眼睜睜地癡迷於此。為此他心思一轉，開口道，「不然，她是定然不會前去赴死，而會活在人世與你作伴的。」

「不，伯父。她正是輕於仇恨重於愛情，才為愛情而赴死。今天既然她已為愛我而死，」顓頊對伯父此言即不同意道，「我若不是心寄一線待她不死歸來的希望，也就早隨她為愛殉難了。所以伯父若是理解侄兒，就請伯父讓侄兒在此留下，伯父西歸去了吧。」

「不，這絕對不行！你一個孩子家獨留在此，伯父回去怎向你父親、你太爺交代？」少昊聞聽至此，即不同意道，「再說，你現在又是與仇家之女相愛，天知道丁竽姑娘是真是假！如若遇有不測，我心中怎能平靜。所以侄兒必須隨我歸去。」

「伯父如若逼迫侄兒至此，侄兒這就為愛殉難，」顓頊聞聽伯父之言堅決，便也心中焦急堅定起來，隨著就真的要撲身大海道，「報答丁竽對侄兒之愛了！」

「快，把他給我擒住！」少昊見之大驚，急忙叫道。蓐收與窮奇立刻上前，擒住了欲要跳海的顓頊。顓頊被擒仍是不服，少昊隨命蓐收兄弟把他捆綁起來。以將其押回中央地界黃帝居處，沿途之上再對他細講道理，解其心結。

就這樣，少昊父子押著被擒的顓頊返回金宮，隨後便引領眾人離開東瀛，漂越大海西歸黃帝住處而來。

六、顓頊遇險

然而，少昊隨後一路之上與眾親人雖然對癡迷的顓頊左說右勸，前開後導細作解釋，卻都未能把其心結徹底解開。因為丁竽姑娘太美了，其愛太甜蜜了，而且這是顓頊第一次萌發春情，也是第一次被一個姑娘所愛呀！所以這對顓頊來說太美好了，使之達到了癡迷難解的程度。

不過，顓頊儘管在眾親人的開導勸說中，依舊無法解開對丁竽摯愛至癡的心結，但由於地方變了，場境變了，周圍的人也都變了。癡迷的他在如此氛圍之中，心思畢竟與在丁竽撲海之地的場境中變化不少。

同時他也看到，即使自己再癡迷下去，離開那個地方便也喊尋不到丁竽了。而且不隨同少昊伯父和眾親人西歸又是不行，自己暫時也返回不到丁竽撲海的地方。無奈之中，他也只有漸漸地隨同眾親人一起，進入了正常的生活。少昊就這樣引領著他們眾人，不久便回到了昌意爺爺的故地涿鹿。

回到涿鹿，少昊伯父見到顓頊之父韓流詢明長短，便與之一起引領顓頊眾子孫，一連在昌意爺爺靈前守候三日，而後才引領他們眾親人前去拜見黃帝。

黃帝這時剛剛大勝蚩尤之軍，聽聞孫子少昊大帝從東方鳥國歸來朝拜自己，心中大喜，急忙叫上前來詢長問短。少昊聞問即把東方地界大治情形盡數稟報黃帝，黃帝聞聽心中更喜，連聲讚譽少昊孫兒大治東方地界有方，功績巨大。

少昊聽到爺爺黃帝的讚譽之詞，心中當然高興不已。但也不敢把大治東方地界的功績據為己有，連聲言說「全賴爺爺教誨，全托爺爺洪福」。說得黃帝更加欣喜難禁，暢笑不止。

「爺爺，由於我父新喪，母親皇娥心中悲苦。她與孫兒講說，十分想讓孫兒陪同，前去窮桑一遊。」這時，少昊遵從母親皇娥之命，對黃帝爺爺開口講說道，「孫兒不敢違拗母命，故乞爺爺定奪。」

「若此也好。現在東方經過孫兒治理，已經平安。」黃帝聞聽少昊此言，稍做沉思即表贊同道，「而那西方，則正需要人前去治理。」

「爺爺之意是……」少昊聞聽猜知爺爺之意，開口講說道。

「你母親既然讓你陪她前去窮桑一游，爺爺乾脆就改封孫兒為西方大帝，前去窮桑大治西方地界。並封重孫蓐收為金神，佐你大治西方地界。」黃帝則不容少昊說完，打斷其言道，「這樣你既做西方大帝，又了卻你母親的心願，豈不一舉兩得，恰恰正好！」

「孫兒謝過爺爺！」少昊聞聽黃帝此言，急忙叩謝爺爺改封之恩，並代母親和孩兒蓐收叩謝爺爺洪恩浩蕩。謝畢，重又開口道，「臨行，孫兒還有一件要事向爺爺稟報。」

黃帝應充道：「孫兒講來。」

「爺爺，孫兒此前在東方地界大治有功，除了孫兒的努力之外，還賴你這位顓頊重孫輔佐之力。」少昊於是把顓頊叫到面前對黃帝道。隨著，他把顓頊在其鳥國助其禮法治世的經過，詳詳細細地向黃帝講說了一遍。

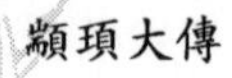

「噢，此子這麼年輕，」黃帝聞聽奇異道，「竟有這般能耐？」

「顓項雖然年輕，但頭腦聰慧機敏，身懷治世奇能，實為凡界棟樑。」少昊這時接言道，「因而孫兒特把此子推薦給爺爺，乞爺爺考察重用。以不埋沒此子之能，實為凡界後日之幸！」

「如此正好！我北極大地廣闊一萬二千里，如今歸為玄冥孫兒管轄。」黃帝這時年已老邁，心中正在暗尋繼承自己之人。剛才聽了少昊講說，心中已對顓項治世之能讚歎不已，決計予以重用。這時又聽少昊如此薦言，立刻開口對少昊講說道，「玄冥雖然勇武過人，要勇有勇，要力有力。但只是行事魯莽，缺少精細，不是治理凡界的好料。」

「爺爺的意思是……」少昊這時聽出了黃帝重用顓項之意，試探道。

「如今我就敕封顓項曾孫為北方大帝，讓玄冥輔佐於他，」然而不待少昊說完，黃帝已是開口與少昊商議道，「以作重用培養，少昊孫兒覺得意下如何？」

「爺爺既然已封顓項為北方大帝，」少昊聞聽黃帝此言，連贊爺爺聖明，並即代顓項連謝黃帝盛恩。謝畢，他又開口對黃帝道，「但由於此子已經長成，孫兒還有一事須向爺爺稟明。」

黃帝聞聽道：「孫兒講來。」

「此子今日雖然身子回到了涿鹿，但心仍在東瀛丁竽身上，因而一直呈現癡迷之態。」少昊即把臨別東瀛之時，顓項與祝融之女丁竽的愛情經歷，對黃帝講說一遍道，「爺爺敕封此子北方稱帝，其心思仍在東方該如何是好？乞爺爺定奪。」

「好，好。曾孫既已長成，男女恩愛之事乃是人之常情。」黃帝聞聽少昊此言，早已喜在心頭並且拿定了主意。待到少昊說完，便一陣「哈哈」大笑起來道，「但只是丁竽女子自絕於我這聰明的曾孫，將來定然是會自己後悔的。」

「那麼爺爺的意思是……」少昊開口詢問道。

黃帝這時又是沒讓少昊說完，接著與之商議道：「為了除去曾孫心病，使他收心東瀛安心北去，我這裏將你奶奶嫫母新收侍女，聰明的勝奔氏女女祿婚配於他，隨他北去大治北國。孫兒以為如何？」

少昊聞聽又贊爺爺思慮周全，並即讓顓頊侄兒與弟弟韓流夫婦前來叩謝爺爺盛恩。黃帝說做就做，隨即讓人傳來女祿，當場便讓她與顓頊結成了伉儷。女祿生得當然相貌嬌好，身段可人，聰明伶俐，而且正值二八妙齡之期，乍看如一朵欲放的鮮花，細看如出水芙蓉嬌豔無比。

韓流與女樞夫婦眼見爺爺賜給了他們這樣一位嬌好的兒媳，雙雙喜不自勝，齊謝少昊哥哥舉薦之功，並謝黃帝爺爺給顓項婚配女祿盛恩。

然而，女祿雖然生相嬌美，但對於心中深深銘刻著丁竽的顓項來說，嬌也無所謂，美也無所謂，與之雖已結成伉儷，卻也像沒有結成伉儷一樣無所謂。他心中只是想著心愛的丁竽，別的任憑是誰也擠不進他的心田，佔據一方愛的位置。

但只是女祿為太爺黃帝所配，他一時不敢言不。同時又見父母與眾家人全都歡喜不盡，自己也不能掃了眾家人之興。便也只有表面上叩謝黃帝太爺，與家人一起苦中作樂。實則強抑心中思念丁竽的悲苦，臉上掛滿笑色口中充滿笑語。

顓項眾家人就這樣在歡樂的氣氛中講說完了諸項事宜，少昊與韓流兄弟遂引領家人告別爺爺黃帝，各自奔回了家中。少昊剛剛回到家中，母親皇娥由於期待重游窮桑心切，這時聞聽黃帝為了使其如願，改封其子少昊為西方大帝，便即催少昊上路赴任窮桑。

少昊不敢違拗母命，即令家人護定母親，在其弟韓流家人的歡送下，離開涿鹿一路徑赴西方窮桑地方而去。少昊引領家人途經數月，這日來到窮桑地方，少昊老母皇娥別處不去，而是率先來到窮桑樹下，舉目細細端詳起了那棵巨大的桑樹。

窮桑是皇娥的過往所在，美好所在，是她一生中記憶最深的地方。為此她對這棵長在西海邊上的窮桑看啊看呀，怎麼看都看視不夠。她看到，那桑樹還是八九百尺高大，還是紅的葉，只是沒有了紫的果。除此之外，它還是和先前一祥茂盛茁壯，沒有絲毫的不同。

「這真是歲月易老，山難老啊！巨桑依舊，可人已經變得老態龍鍾，」看到這裏，皇娥心中禁不住湧上了一股悲涼的感慨，自言自語道，「那昌意竟然還先一步離去了！真個是花落人亡兩不知，滾滾歲月催人老呀！」

言罷，她又禁不住感慨起了人若能像這窮桑、同那青山一樣，永遠不老該有多好啊！可是她知道那是不可能的。不是嗎，就連當年言說這巨桑一萬年才結一回果，吃了可以後天而老，與自己一起大吃了一陣這桑果的昌意，已經死了，自己也已經變老了！

皇娥如此感慨一番之後，故地重遊，先前她與童子昌意在此窮桑樹下首次相見的甜蜜，隨後便自然而然地溢上了心頭。品嘗著甜蜜，昔日難忘的場景便又一幕幕地展現在了她眼前。她想起了那筏，想起了那「四維八埏渺難極」「天清地曠浩茫茫」的歌。就這樣品嘗著甜蜜，回想著往事，之後她閉上了雙眼。

是滿足呢？還是痛苦呢？是滿足，也是痛苦！因為回憶是美好的，也是痛苦的！她想到那甜蜜心中滿足，但想到昌意已去，只留下了自己一個獨自回味那甜，當然心中是苦不堪言的。不是嗎，你看她的眼角雖然綻開著滿意的微笑，但從她的下眼瞼上卻滾落下了蒼渾的淚珠。

經過一陣劇烈的高興和悲苦之後，皇娥要兒子少昊給她在窮桑樹下造屋居住。少昊還是不敢違拗母命，便在窮桑樹下為母親造起了居室，皇娥便住在窮桑樹下一直到其終老。

少昊遵從母命為其在窮桑樹下造成居室之後，不敢遠離老母，便隨之在樹下建起了窮桑帝都，伴陪老母在窮桑樹下大治起了西方地界。西方地界廣闊一萬二千里，少昊把大治東方鳥國之道用於大治西方，在兒子金神蓐收的輔佐下，很快便治理得又與東方一樣美好起來。

轄界的大治使少昊與蓐收父子日子閒靜，後來他們無事，少昊便住在長留山上，蓐收住在長留山附近的泑山之上，每日察看沉沒向西天的太陽照射到東邊的光輝是否正常。若不正常，就對落日進行一番拂拭使其正常，為凡界凡人造福。

金輪西沉，霞光映天，落日的圖景是莊嚴美好的。少昊父子每日就生活在這樣的美景之中，察看著奔走一日返回來的太陽，檢查它們的光熱。人們尊敬為自己擦拭太陽，讓太陽為凡界送來充足光熱的少昊父子。因而又稱少昊為員神，蓐收為紅光。

少昊大帝就這樣在窮桑轄界一待數十載，在這裏留下了他的眾多後人。他的兒子除了蓐收和窮奇之外，有名的還有橋極。橋極生俊嚳，俊嚳後來繼承顓頊做了一統凡界的大帝。俊嚳後來又生了摯和堯，摯和堯都繼承俊嚳之位，做了一統凡界的大帝。

另外，少昊的兒子還有叫般、叫倍伐的。倍伐曾到南方季釐國的緡淵去居住，做了緡淵的主神。北方海外有個一目國，該國國人生得一隻眼睛，長在臉的中央，據說也是少昊的後代。此外，後來堯時幫堯治理國政的皋陶，禹時治理洪水的伯益，汾水的水神臺駘，據說也都是少昊的後代。

在少昊的眾多子孫當中，也有不肖者。其中最著名者便是窮奇。窮奇由於身上生有翅膀能在空中飛行，所以常從天空飛撲下來抓食凡人。他吃人又吃得奇怪，譬如他看見兩人打架，不去吃食無理的一方，而專去吃食正直有理的一方。

他聽說某人忠厚老實，就前去尋見此人把其鼻子吃掉。他聽說某人作惡多端，不僅不去吃他，反而捕殺了野獸作為犒賞饋贈給他。因此他是一個十分難以理喻，人人唯恐避之不及的邪惡怪人。

顓頊與其父韓流和母親女樞，送走奶奶皇娥和伯父少昊家人西去之後，回到家中其父母為顓頊被封為北方大帝、爺爺親配兒媳女祿高興不已，一連在家歡宴慶賀數日不息。然而就在顓頊父母正要繼續歡宴慶賀之時，北海海神玄冥身奉黃帝之命，化作風神飛臨涿鹿顓頊家中，迎請侄兒顓頊大治北國而來。

看到玄冥族弟來到，韓流與女樞 夫婦更加高興不已。他夫婦對玄冥設宴招待之餘，頻頻安排族弟玄冥好生扶助侄子，以使侄子不負先輩黃帝之望。玄冥聞聽兄嫂囑託，連連講說兄嫂不必細囑，族弟定然不負兄嫂之托，盡心輔佐侄兒治好北國。

隨後顓頊由於重命在身，父親韓流和母親女樞也不便再留，便送其攜妻女祿，隨叔叔玄冥離開涿鹿，一路前往北國赴任而去。一路之上，顓頊心中由於仍在思念丁竽，對北上北國存有抵觸，只是由於身負太爺之命，不敢違拗，方纔向前行進。因而行進之中甚是怏怏不樂，但也無奈只有前去北國。

顓頊就這樣隨同叔叔玄冥在途盈月，這日終於在怏怏不樂之中，來到了北方長年冰封雪覆的無垠原野，開始了他對北極一萬二千里轄界的治理。

顓頊這時雖然年紀尚輕，但由於他生而胸有治世奇才，加之又有伯父少昊的多年教誨，及其在東方鳥國輔佐伯父少昊治世的經驗，同時這裏又有熟知北國國情的叔父玄冥盡心輔佐，為此他把自己的禮法治世之道施用於治理北國，不過兩三載時光過去，已使得北方一萬二千里轄地大治起來。

一時間，只見在其廣闊的北國轄地之內，人們對顓頊大帝頒佈的諸種禮法制度，漸漸地由不自覺遵行到了自覺遵行，又慢慢達到了約定俗成的地步。於是轄地秩序井然，長幼有序，人人勤奮勞作，吃穿衣食充盈，住宿房舍具備。春夏秋冬四季變遷準確，節日諸事辦理皆有規矩。社會安定幸福，人人尊崇顓頊，盛讚其治世之功。

就連開始心底中對顓頊還有些不服氣的玄冥，眼見年輕的侄兒顓頊來到北國僅過三載，已把北國治理得大變了模樣，也禁不住從心底裡誠服至極，更加忠實地輔佐起了顓頊。顓頊則不滿足於已經取得的治世成果，此後又更加盡心竭力地為治理北國操勞，以盡展自己的治世才華，大治凡界，造福凡人。

顓頊在精心治國之餘，心中當然仍是在一直苦苦思念著心愛的丁竽。而且在此人世之上任憑別個多麼姣美的女子，誰也無法在他心上把丁竽替代了去。

在此期間作為顓頊妻子的女祿，當然敏感地察知了顓頊心上愛著別人，對自己難以真愛起來。聰明的她於是細作思想，決計按照步驟把顓頊的那顆心兒從別人身上奪到自己身上來，與自己做真正的夫妻，不做貌合神離的假夫妻。

女祿實在聰慧十分，細心超過常人。只見她從計定之後，便對顓項生活上百般照料，身體上百般體貼，感情上千般溫存，精神上萬般支持。

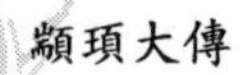

真個是凡是她能夠做的，她都努力替顓頊做了。凡是她做不到，而看出了應該怎麼做的，就對顓頊講說個清白明瞭。就這樣，她實打實地成了顓頊裡裡外外都離開不得的助手，使得顓頊時時處處都離開她不得起來。

這一變化使得女祿在顓頊心中淡漠無謂的位置，日漸鮮明突出，不久顓頊便與女祿真正恩愛起來，變原來的貌合神離假夫婦生活，成了真正恩愛的真夫婦生活。

顓頊這時心中雖然依舊還是那樣思念著丁竽，但丁竽畢竟不在他的身邊不是真實，不能為他做女祿能替他做到的一切。所以他也只能是依舊情真意切日思夜念丁竽不止而已，而事實上卻不得不真的與女祿過起了真真實實的夫妻生活。

女祿爭取得到的與顓頊的真正夫妻生活，很快結出了豐碩的恩愛之果。這果便是女祿三年中給顓頊生了三個兒子。大兒子叫伯稱，號伯服。二兒子叫卷章，號老童。三兒子叫季禺。

雖然後來伯稱自小好雲遊，萍蹤無定不知去向，老童喜歡求仙訪道，亦一去不返，季禺早年夭折，但老童還是給顓頊留下了馳名有用的兒孫。老童娶根水氏女驕福為妻，驕福給老童生養數子，其中最有名的便是重和黎。

重與黎乃為一胎孕生兄弟，因而生相極為相像，性格卻相迥異。重與黎的生相皆如顓頊，像顓頊一樣身高體壯，勇猛孔武。面目黝黑，劍眉虎目。而且比顓頊更加虯須粗黑，同時四肢全都生滿粗密的黑毛，更顯孔武無比。

重為哥，性魯莽，如同後日的李逵。黎為弟，性細密，如同後日的關羽。顓頊甚為喜愛這兩個與自己生相相像的孫子，後日處處重用他們。

老童遺下的孫子叫太子長琴，他遺傳了顓頊的超人音樂天賦。他住在西北海外的榣山之上，創作出了眾多的美歌妙曲，深受人們的敬重。

顓頊與女祿的恩愛，後日雖然結出了豐碩的愛情之果，但在顓頊剛到北國三載之時，由於其心中仍舊時刻思念著心愛的丁竽，卻演出過這樣一段充滿驚險情節的離奇風流韻事，使人驚羨不已！

那是在顓頊稱帝北國第三年五月的一天，春光明媚，百草葳蕤，野花爛漫。北國常年冰封雪覆的日子多，冰開雪消的日子少。因而在這北國一年中萬物生髮的短暫日子裡，一心為大治凡界操勞的顓頊，在京都坐身不住，便引領三名隨從離開京都，四處察訪其所頒禮法制度實施之情，以及北國之治真實之狀和存在不足而來。

顓頊離開京都引領三名隨從乘馬而行，所到之處一看二聞三深入民眾。雖見各地距其理想大治目標尚有不小距離，但其所頒禮法制度已經日漸深入人心，出現了其預期實現的大治景象。顓頊因而越行心中越加高興，轉眼便已行出數十日時光，行程千餘里，這日來到了一處名叫鄒屠的地方。

鄒屠地方景色宜人，顓頊四人由東向西而行，看到前方平川的地勢漸漸昇高，直到堆翠的錦緞般平川盡頭，方纔漸漸凸起了迭黛的高山。高山頂部戴著雪白的冰帽，在藍天的背景上陽光的照耀下閃爍著耀眼的萬道銀輝。

在雪白冰帽下面的黛色山林覆蓋的山壑之中，潺潺地奔流著一條條由融化的冰帽匯成的清澈小溪。小溪從南、西、北三面向中間堆翠的平川上彙聚。末了在平川底部繁花翠草的包圍之中，彙聚成了一泓藍寶石般的湖水。這湖水在平川之上，就像一面明鏡一樣，閃射著迷人的光輝。

從湖水的東部邊沿，又像生出了一根長藤一般，向東蜿蜒出一條彎彎曲曲的銀亮小河，飄帶一樣輕盈地向東延伸而來。那小河流到顓頊他們四人腳下，又從他們腳下唱著歡歌向東流淌而去。

「此處山秀水美，環境清幽，真乃人間福地也！」眼見這般湖光山色，連經多見廣的顓頊也禁不住讚歎起來道。顓頊贊畢，西墜的金烏便已沉到了西方高山的銀亮冰帽後面，收起了它耀眼的光焰。

西山東面的迭黛山坡和堆翠大地以及藍寶石般的湖水，也都隨之變得色調漸漸深沉凝重起來。又過一會兒，蒼茫的夜色便漸漸罩上高山和地面，使迭黛的高山和堆翠的大地，以及那藍寶石般的湖水，全都陷入了蒼渾和朦朧之中。

天黑了，興趣正濃的顓頊四人無奈只有停下前行，在近處幾戶人家的一個小村子中居住下來，等待天明再繼續前行察訪。

顓頊四人奔波辛勞，一倒下身子便甜美地睡過了一夜。直到火紅的太陽在他們的酣睡中躍出了東方的地平線，悄悄地把光明灑滿了大地，他們才從酣睡中蘇醒過來。顓頊睜開惺忪的睡眼，頭腦中率先想到的便是今日的去向。

他想到，為了加強訪察的深度和廣度，今日不如四人分頭而行，前去向四方探察大治的情景。顓頊想到這裏立刻坐起身來，對三名隨從吩咐道：「吃過早飯，我往西方前去探察，你們三人也分頭前去探察，晚上歸來向我稟報。」

「是。」隨著三名隨從答出聲來，顓頊便立即穿衣起身，準備早漱飯畢好作行動。然而就在顓頊穿衣起身之時，他白天時刻帶在身上，夜晚掛在枕邊牆上的愛物，即丁竽遺留給他的騰空與畫影兩把短劍，卻雙雙「颯颯」兩聲各自出鞘徑直飛向了門外。

正在穿衣的顓頊目睹此景，驚奇得頓然停住了穿衣的動作。正在其旁的三名隨從，更是頓然奇異得說不出話來。但在他們四人奇異中過去片刻，騰空與畫影二劍，卻又奇異地雙雙「颯颯」帶出一陣風響，從門外徑直飛回了門內，並且各自歸回到了自己的劍鞘之中。

短劍的如此飛回，雖然解去了顓頊四人剛才的奇異，但新的奇異之情，卻又使他們大為奇異不解起來。即二劍為何會自己飛出劍鞘？又自己飛了回來？它們為何今日今時突然雙雙飛出劍鞘？這有什麼原因？是禍還是福？

顓頊與三名隨從奇異之中，腦海中立即想了很多很多，他們全都睜大眼睛凝眸盯視著那剛剛飛回的雙劍，以期看出它們下步有何新的舉動。但是他們看啊看呀，直到他們看酸了雙眼，也沒有看出它們再有絲毫動靜。

「此事慢慢再做探索，」轉眼半個時辰過去，顓頊眼見出發的時間不可繼續耽擱，便開口對三名隨從催促道，「我們還是快用早膳然後出發吧。」

「大帝，短劍驟然出鞘，不知預示禍福。」一名聰明的隨從放心不下，聽到顓頊此言急忙開口道，「為了避免災禍，小人心想我們還是隨同大帝，一道前行為好！」

「短劍今日顯神驟然出鞘固然奇異，但這兩把短劍皆為丁竽所遺，我相信丁竽遺我此劍，」顓頊聽了禁不住「哈哈」笑了起來道，「是斷然不會害我而只會護我的。因而你們不必擔心，早膳之後分頭行動便是。」

三隨從不敢再言，早膳之後只有依照顓頊吩咐，分頭行動而去。顓頊則獨自一人，一路向西訪察而來。顓頊獨自向西訪察一路沿河前行，小河彎彎曲曲兩岸被翠草鮮花覆蓋，顓頊沿著河北岸行進在翠草鮮花叢中。翠草如茵，鮮花如簇，小河如練。鳥在草中唱，蝶在花間戲，魚在水中游。太陽紅豔豔暖融融的，暖風從南方習習吹來，撫弄著顓頊的面頰，怪舒適的。

顓頊在如此靜境幽地中行進，時而觀花，時而擷草，時而戲水，任其所往，心中輕鬆自在極了。一時間，真個是自在得如同藍天之上舒捲的白雲，自由奔走，舒暢輕鬆到了極點。

顓頊就這樣自在地走啊走呀，也不知道向西行進了多長時間，幾多路程。這時正行之中，突然聽到伴著前方「叮叮咚咚」的小河水響，一陣清音嫋嫋的瑟弦彈撥之音傳進了耳鼓。

幽境聞佳音，心暢聽妙樂。伴著潺潺水響的美妙瑟樂之聲雖然微弱至極，但卻立刻引起了顓頊對它的全神關注。使得他屏息凝神，側耳向那妙音傳來的方向竊聽起來。一時間，但見他聽得專心不二，神不稍分，真可謂癡在了那裏。

顓頊靜聽那瑟弦樂音，悠揚歡暢得如同清風流水一般傳了過來。其是那般清幽，那般歡快，那般明純，那般懾人心魄，那般奪人靈魂！顓頊就這樣越聽越清，越清越奇，越奇越迷，漸漸地便聽得癡迷在了那瑟樂聲中。

顓頊當然癡迷，精通音樂的他堪稱知音之人。他從這明純悠揚的瑟樂聲中，早已聽出了彈瑟之人的高絕彈技，技藝不在自己與丁竽姑娘之下。也早已聽出了彈撥瑟弦之人，是一位心明如水的純潔姑娘。姑娘正在用她那明純悠揚的瑟樂之音，訴說著自己心中埋藏很深的愛情的哀怨。

癡迷之中的顓頊奇了，他奇異這位姑娘的彈技之妙，奇異其瑟弦所訴情怨，恍若丁竽矛盾交織的痛苦心境無異！這奇異使他突然潛意識迸發常意識躍進，生出了這難道是丁竽在此的奇思，這定是丁竽將其心境訴說於自己的妙想！奇思妙想至此，癡迷的顓頊便再也待身不住，急忙飛步踏花，循著瑟弦樂聲向前看視究竟。

顓頊一陣癡奔迷跑，奇跡頓然出現在了她的眼前。他跑到瑟弦樂聲發源近處，映入眼簾的竟然真的不是別個，正是他心中愛著棄他而去的丁竽，坐在河對岸岸邊嫺靜地彈撥瑟弦！

顓頊看到這裏，驚奇得把眼睛都瞪大了，唯恐自己看到的不實。然而隔河相望唯恐打擾了丁竽的顓頊，奇異中停下腳步更加清楚地看到，坐在河對岸水邊大鵝卵石上凝神撫動瑟弦的姑娘，果真就是他日思夜念棄他而去的丁竽。

顓頊看到這裏，再也抑制不住心中的高興和激動。但是就在他正要開口喊叫上前之時，卻見到那對岸的丁竽不知是看到了他的到來，還是預感到了什麼，竟然倏地收起手中之瑟，起身就要上岸離去。顓頊見之心急，疾忙開口喊叫道：「丁竽莫走，是我來了！」

「我不叫丁竽。你是誰？我不認識你，你為何喊叫於我？」顓頊的喊叫驚止了那「丁竽」正邁的腳步，她扭頭向顓頊看視一眼說著，即轉身加快腳步就要匆匆離去。

她剛才就這麼看視顓頊一眼，就看出了顓頊的情態異常。在此荒僻清幽的小河邊上，她害怕遇上了歹人。為此她急忙要避開情態異常的顓頊離去，唯恐遭遇不測。

但是今日的不測她是避不開了，因為顓頊眼見她就要匆忙離去，便頓然心中大為焦急起來。他心中太愛丁竽、太思念丁竽了，而這時他無意中剛剛見到日思夜念自認為的丁竽，怎能讓她再從自己身邊離去！於是只見他頓然忘乎一切，疾急地腳下涉水奔向對岸，口中高喊著：「不，你就是丁竽！你說你不是，你騙我！」

「你這人真是怪了，我明明名叫江沖，壓根兒就不認識你，也壓根兒不知道什麼丁竽，你怎麼非說我就是丁竽？看你這般作為和模樣，定然心懷非禮之想，不是一個好人！」姑娘這時眼見顓頊已經涉水奔了過來，心中更急地說著，轉身又欲急忙離去。

其實也並非顓頊看花了眼睛，他年紀輕輕眼清眸明是看得十分清楚的。而是那自稱江沖的姑娘實在是與丁竽生相般般無異，二者恍若一人。因而她在癡迷於丁竽的顓頊眼前硬行否定，已經嘗盡失去丁竽之苦的顓頊，是說什麼也不會相信的。因為顓頊這時只要求自己再次見到自認為的丁竽，不再從自己面前走掉重新失去。所以顓頊一陣涉水奔跑，已是涉過河水來到了那叫江沖的姑娘面前。

「我知道你避開我還是為了那仇那恨，但那是前輩人種下的苦果，」世界上的事情就有這般巧合，這般恰好。顓頊眼見這時站在其面前的江沖，他認為的丁竽姑娘又要從自己眼前離去，忙開口再次急叫起來道，「你我又何必要去吃那苦果，而不去自尋甘甜吃食呢！」

「你說的都是什麼？」那名叫江沖的姑娘當然不解顓頊此言之意，即又開口道，「我聽不懂。」

「你不必這樣心懂口說不懂，也不必易名江沖，更不必這樣避開我，」然而顓頊這時對江沖之言則聞若未聞，口中說著心急地伸開雙臂，就要向站在其面前的自認為是丁竽，實則是江沖的姑娘擁抱過去，道，「我知道你也像我愛你一樣愛著我，為了這愛你又為何非要避開我，苦我也苦你自己不可呢？」

「歹徒，我果然一點也沒有看錯你！我再次告訴你，你認錯了人，我不是丁竽，我是江沖！」江沖姑娘心中一悸發怒了，她隨即後退一步避開顓頊的擁抱，口中同時怒斥道，「少在姑奶奶面前說什麼愛呀恨的！膽敢再行不軌，姑奶奶定不饒恕於你！」

正欲擁抱江沖的顓頊被江沖罵得一愣，機靈的江沖便趁機轉身跑了開去，並且邊跑邊急聲高喊道：「哥哥救我——哥哥救我——」

癡迷的顓頊當然不容自認為的丁竽從自己眼前再次跑掉，並不相信江沖有什麼口喊的哥哥，便隨後跑步向江沖疾追過去。然而他剛剛追上河岸，便見一位鐵塔般的青年漢子，從正在低頭吃草的牛群旁邊躍過身來。他站在江沖背後攔在了自己面前，放開洪亮的聲音怒斥道：「何來歹徒，竟敢在此朗朗乾坤之中，光天化日之下，斗膽追趕良家女子！」

「青年少管閒事，我並非追趕別家女子，」顓頊自覺有理，開口不讓道，「而是在追趕自己的情人丁竽！」

「我勸你歹人還是少來口出胡言。她是我家小妹江沖，哪有你說的丁竽！」青年聞聽顓頊此言，怒氣更大道，「你若識趣，我勸你早些迷途知返，一切還算罷了。如若不然，我叫你爬著回去！」

「那我就叫你滾開！」顓頊眼見青年攔定了自己，也禁不住心中怒火陡昇道。隨著，便出手推向了那青年。但不料那青年也有一身好功夫，他閃身一躲，顓頊出手推空被閃了個趔趄。青年與江沖見之，先是一陣「哈哈」大笑，隨著便不相讓，出手向其打了過去。

顓頊見之大惱，即還手連連打向那青年而避開江沖，幾手已把青年打得招架不住起來。那青年眼見自己再打不是對手，如若有失妹妹就要吃虧，忙開口對江沖喊叫道：「小妹，我在這裏纏住歹人，你快回村叫人前來擒拿歹人！」

「來人呀，有歹人了！」江沖頭腦機敏，同時又見哥哥露出了抵抗不住之勢，聞聽哥哥之言即不怠慢，急忙一邊口中喊著，一邊急忙向南邊的村莊跑去。

七、丁竿解難

正門的顓頊當然不讓自認為的丁竿實則江沖再次離他而去，因為他忍受不住丁竿再次離他而去之苦！因而這時青年攔住他給江沖造成了離去之機，使他面臨再失丁竿之險，他當然氣惱至極怒火陡騰，即出手向青年人要害打了過去。

顓頊身為上神臨凡，來了真的青年人當然抵擋不住。顓頊惱怒中僅僅出手一招，已把青年人打得來不及叫喊一聲，便「撲通」摔出一丈多遠，七竅出血死在了地上。顓頊這時則只顧前去追趕離去的丁竿，對自己一著打開的青年人來不及看一眼死活，便急忙跑步向前追趕江沖而去。

江沖這時剛剛跑出不遠，驚急中聽到身後腳步聲如同重錘震響過來，開始還以為是哥哥脫身追來。隨著她扭頭向後一看不是哥哥，而是顓頊就要追到身後，心中陡然大驚腳下跑得更疾，口中喊聲更加尖急起來。

好在江沖所居村莊距離河岸不足半里之遙，加之這時天清氣靜曠野清幽。因而江沖雖沒有跑完這半里路程，其尖厲的呼叫之聲卻早已傳進了村子。驚得村中眾人齊循聲出到村北看視而來。

眾村人出到村北見到，是他們村中鄒屠氏族人老首領的女兒江沖，被一位陌生的漢子追得驚逃尖喊。便已猜知陌生漢子定是一位歹徒，欲要前去擒住他解救江沖。

「大家一起動手，拿下那歹人！」就在這時，聞聽女兒叫聲出到村北的老首領也看清了一切，即忙開口喝令道。心中冒火的眾村人聞令一起上前，迎過江沖攔住顓頊，便一起出手向顓頊拿去。

顓頊這時只顧追趕丁竽忘乎一切，因而他突見眾村人迎過江沖攔住了自己的去路，便更加擔心丁竽借此時機離去，使自己再次見而複失丁竽姑娘。為此他心中著實更急更惱，遂不顧一切只顧奪得一條通路追趕丁竽，出手對迎鬥上來的眾村人一陣迎擊，已把圍在前面的眾村人打倒一片。

「快，不惜一切，」老首領見之大惱，急叫眾村人道，「也要拿住這個歹徒！」

「快，快，」江沖嚇得靠在父親老首領身後道，「拿住這個歹徒！」

眾村人眼見顓頊把村人打倒一地心中更惱，隨著又聞老首領此令，頓然個個義憤填膺，遂有更多的人出手上前，使出狠招打向了顓項。顓頊的心思這時仍在自認為的丁竽實則江沖身上，而不在迎鬥眾村人之上。因而心中一個疏忽，已被眾村人所乘把他「撲通」打倒在地，隨後一陣即把他捆了個結實。

「歹人，你何以膽敢在此光天化日之下，撵人少女，」老首領隨命眾村人把顓頊捆在樹上，開口訊問道，「就不怕違犯顓頊大帝頒佈的禮法制度嗎？」

「那姑娘名叫丁竽，不僅我愛著她，而且她為愛我曾赴東海身死。」顓頊身被捆綁心中更加焦急，聞聽此問豈肯相讓道，「在這裏我見到她方知她赴海未死，為此我追撵於她，有什麼作歹之嫌？」

「你還敢詭辯！」老首領聽到顓頊不講實言，心中更惱道，「看

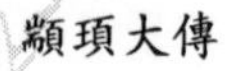

來不給你點苦頭嘗嘗，你是不說實話了！」

「你們為何違犯顓頊大帝頒佈的禮法制度，擒拿於我？並反誣我為歹人，」顓頊當然也不相讓道，「違犯了顓頊大帝的禮法制度？你們這是豈有此理！你們快放開我，快放開我！」

「你這歹人完全是一派胡言！這姑娘是我的女兒，她叫江沖，哪裏叫什麼丁竽！」老首領聞聽顓頊此言，禁不住「嘿嘿」一笑道，「她自幼生長在我的身邊，哪裏去過什麼東洋大海！你頭腦發昏，錯認了我的女兒，違犯了顓頊大帝頒佈的禮法制度。不僅不認自己之錯，反又誣衊我等違犯顓頊大帝頒佈的禮法制度，你說你這歹人該當何罪！」

「不，我認識丁竽，她就是丁竽，一點也不差！」顓頊仍然把江沖錯認為丁竽，因而依舊當理不讓道，「你們騙我，你們有罪！」

「我看你這歹人錯到頂了，不叫你清醒清醒就明白不過來。好，我就叫你清醒清醒！」老首領聞聽顓頊依舊一派胡言，蠻不講理，禁不住心中勃然大怒說著，已命兩名漢子手持皮鞭，向顓頊打了過來。

皮鞭「啪啪」地打在被牢牢綁縛著的顓頊身上，立刻打得身著單衣的顓頊疼叫不已。但顓頊仍是認為自己沒有認錯丁竽，說的全部都是事實。同時聰明的他這時又聰明過了頭，錯誤地認為這是丁竽和眾村人一起在驗試自己對丁竽是否誠心。

為此他任憑皮鞭抽打嘴口不改，一會兒便已被打得渾身皮開肉綻，頭昏腦暈起來。這時他看到自己話語不改會被打得更狠，再打他也實在難以忍受，無奈之中他又不願改口。但末了為了避免再被鞭打，只有實言亮明身份道：「我就是顓頊，我說的全是實情，請你們快放開我。」

「你這歹人實在是昏頭到了極點！先前你違犯顓頊大帝頒佈的禮法制度，光天化日之下追人女子，不說實情欺瞞罪過，這些倒還罪過稍輕。」但是顓頊此言當然更是事與願違，只見老首領聽了更加怒火陡騰萬丈道，「可你現在作歹之後，又來冒充顓頊大帝逃脫罪過，汙我顓頊大帝英名，此罪實不容赦！不打改你這歹人，怎保顓頊大帝英名不受玷污。打，給我狠狠地打！」

兩個手揮皮鞭的村人聞聽老首領此令，即又揮鞭更疾地打向了顓頊。顓頊被隨之而來的更疾皮鞭打得忍受不住，只有口中更疾地喊叫道：「我就是顓頊，你們這樣打我會後悔的！」

「爹，爹，大事不好了！」然而顓頊口中喊叫越疾皮鞭卻打得越緊越狠，他口中喊叫便更加疾急起來。就在顓頊疾喊皮鞭疾抽聲中，突然又見江沖從河岸邊踉蹌著疾急跑來，驚怕而又痛苦地喊叫道，「我哥哥叫這歹人打死在河邊了！」

原來，江沖在剛才眾村人抽打顓頊之時，久不見哥哥歸來，放心不下便去河邊看視。她到河岸邊看見哥哥七竅流血死在地上，便被嚇得驚叫著跑了回來。

眾村人突聞江沖此言驀睹江沖此狀，全都驚愣在了那裏。就連正遭痛打難忍的顓頊，聞聽此言也頓然驚呆在了那裏，止住了口中的痛叫。因為顓頊知道，如果自己真的傷了人命，依照自己所頒殺人償命之法，自己今日也就只有死在這裏了。

為此他聞訊心驚，頓像泄了氣的皮球一樣身子軟在了那裏。眾村人一陣呆愣，江沖便已跑到了其父跟前，尖聲哭喊起來道：「爹爹，我哥哥死得好慘啊！」

「走，快領我們看看去！」老首領被女兒的哭叫聲從驚愣中喊醒，立刻開口道。隨著，僅留下兩個執鞭的村人看住顓頊，其他村人全都向河岸邊看視而去。

「你看見了吧，這是你打死的。」老首領與眾村人在江沖的引領下去到河岸，轉瞬便憤怒與悲痛交織地把江沖哥哥的屍體擡到了顓項面前。老首領強抑悲痛至極的心情，憤怒地對顓項道，「顓項大帝頒佈有法：殺人者償命，你今日就為他抵命吧。」

「惡人，鐵證俱在，依照顓項大帝之法懲治於你，」言畢，他先與眾村人把江沖哥哥的屍體擡進村中安置停當，隨後與眾村人回到顓項面前，就要斬殺顓項為死者償命。老首領站在顓項面前道，「臨死之前，你還有何言可講？」

顓項身處此境聞聽此言，真個是頓然絕望到了極點。他實在是做夢也想像不到，身為此方大帝的他，今日竟然戲劇般地因為自己制定的禮法制度，陷身在了如此絕境之中。但想像不到這卻是眼前的事實，他雖然身為大帝也更改不得，逃避不得。只有在此無奈之中，眼睜睜地被自己頒佈的禮法制度懲治，喪命於這鄒屠地方小村之中了。

因為他再說自己就是顓項，眾村人不信也是無用。同時更不會在此別人不知之時，有誰會前來救助自已。絕望至此他也無奈，無奈中他又突然心中覺得寬慰，寬慰自己終為心愛的丁竽而赴死，並且死在了心愛的丁竽面前。感覺至此，他又幻想江沖定會前來救他，因為她就是他心目中的丁竽。可是他等啊待呀，直到村人就要對他舉起屠刀之時，他也沒有見到江沖前來救他。

「蒼天啊，難道我顓項凡壽竟然如此之短，真的就要身死在這鄒屠之地了嗎！」眼看著一村人在老首領的命令下，就要對他舉起屠刀，他再也禁不住心中的絕望之情，開口高叫起來道。隨著他的話語落音，村人舉起的屠刀已經向他的脖頸砍了下來，眼看著須臾之間他就要頸斷頭落，身首異處喪命於此。

「刀下留人，刀下留人！」就在這千鈞一髮之際，顓項剛才無奈之中幻想的他誤認為是丁竽的江沖姑娘，真的奇跡般地救他而來。只見她驚慌失措地從村中疾跑而來，腳下邊跑口中邊急叫道。眼見手中屠刀就要砍上顓頊脖頸的行刑村人，聞聽江沖的喊聲不敢怠慢，急忙收住屠刀保住了顓頊性命，隨後站在那裏靜觀動靜。

「好險啊！險些誤了大帝性命！」江沖這時已經跑到老首領面前，對其一陣講說，說得氣惱的老首領氣惱盡消面色陡變，隨著口中自語道，「難道這會是真的嗎？」

「真的，這全是真的！」江沖隨後連聲道，「難道爹爹還見疑於女兒嗎？」

老首領這才不再猶疑，慌忙走到顓頊面前慎問道：「你真的就是顓頊大帝？」

「我早已說過，我不是歹人就是顓頊，」顓頊這時已知果然是江沖姑娘救下了他，便更對自己錯認的江沖就是丁竽而不疑。因而對老首領詢問不卑不亢道，「你不相信，我有什麼辦法呢？」

「小人有眼不識大帝之面，」老首領不敢怠慢，慌忙「撲通」一聲跪倒在顓頊面前道，「乞大帝饒恕小人之罪！」

「老首領快快請起。罪不在老首領之身，而在顓頊身上。」被綁縛在樹上的顓頊見之，忙對老首領釋言道，「老首領若不再以我顓頊所頒禮法制度懲治於我，就請老首領快快為我鬆綁。」

「乞大帝恕罪，小人只顧害怕，忘了為大帝解縛！」驚恐的老首領聞聽顓頊此言，方纔手忙腳亂地站起身來，邊說邊為顓頊解開了綁束。

「謝過丁竽姑娘救難之恩，」顓頊被解開綁縛之後，依舊癡迷之心不改，忙來到奇詫不解的江沖面前言謝道，「我相信你一定會救助於我的！」

「小女子不識大帝之面，先前冒犯大帝之處還乞大帝海涵！只是小女子實在不是丁竽而是江沖，」但是癡迷於丁竽的顓頊實在料想不到，江沖聞聽他此言，急忙跪倒在地施下重禮道，「同時救助大帝者也不是我江沖，而是另外一位不留姓名已經離去的姑娘。」

「啊，你果真不是丁竽？」癡迷丁竽的顓頊聽了江沖此言，先是驚奇地叫了一聲，隨著亟不可待道，「剛才救我的姑娘去哪兒去了？快領我前去尋她！」

「尋也無用，」江沖聞聽道，「她已經走遠了。」

「啊，不，這不可能。她不會走遠！」顓頊聞聽此言又被驚得叫出聲來，隨著不相信地說著，又催江沖領他前去尋找。江沖無奈引領顓頊進村，來到剛才救助顓頊的姑娘待處一看，先是驚奇地看到，剛才被顓頊打死的江沖的哥哥現已復活過來。見到顓頊來到，慌忙拜倒在他的面前，只是不見有什麼別的姑娘的蹤影。

「那姑娘剛才來到這裏，先是施藥救活了我哥哥，並告訴我們你就是顓頊大帝，殺害不得，」江沖這時對顓頊道，「要我速速前去救你。隨後便說一聲她不能見你，便立即離別去了。」

顓頊聽到這裏，更加奇異失望萬分，並為之呆愣在了那裏。他當然呆愣在那裏，因為那救他的姑娘可能就是丁竽，現在她不見自己離去了呀！自己沒能見到呀！

剛才那救罷顓頊不留姓名離去的姑娘，不是別個，正是丁竽！丁竽之所以投海未死，又恰在這時來到這鄒屠地方救了顓頊性命，是因為她原本就是一位極重親情又極重愛情的姑娘。前時她在東海瀛州神山之上，作為姑娘她首次春心蕩漾摯愛上了顓頊之後，又突然聞聽顓頊為黃帝曾孫的真情，頓如驚雷擊頂昏癱在了地上。

醒來之後，她心中反復掂量親情與愛情的斤兩，既不願意為親情割捨愛情，也不願意為愛情割捨親情。一時間陷入了親情與愛情難以兩全這一極端矛盾痛苦心境之中。心中矛盾痛苦至極，又無法排解之時，丁竽也像常人一樣首先想到了去死。因為死實在是排解矛盾痛苦的一個最好方法，同時也只有用這個方法才能排解一切。

然而當她想到這裏之時，卻又突然想到，死雖然是一個排解矛盾痛苦之法，卻不是一種積極的排解矛盾痛苦之法。特別是這樣去做，自己一死雖然逃避開了自己心中的矛盾和痛苦，卻會給自己的親人和情人的心上造成更加巨大的痛苦。那是對不起生養自己的爹娘親人，也對不起同樣摯愛著自己的顓頊的。

因為他們要為自己的死，遭受更大的痛苦的折磨，而且比自己的痛苦要痛苦得更深。心想至此，欲死的丁竽便否定了以死逃避矛盾痛苦的消極做法，決定使用積極的方法，既排解自己心中的矛盾痛苦，又不使自己的親人和情人遭受過分痛苦的折磨。

然而想到這裏，她又實在無法做到親情與愛情兩相保全，無奈之中就只有把親情看得重於愛情。因為愛情是為自己，親情是為親人。而且自己的情人又是自己家人的仇人，不應該得到保全。為此她拿定主意，決計保全為親人的親情，損害為自己的愛情。

這樣雖然苦著了自己的情人，可情人一是自己家人的仇人應該受些痛苦，二是他既然做了自己的情人，就該為周全自己的親情受些痛苦。況且，誰叫他既是自己的情人又是仇人呢！

要不是自己家人的仇人，不就沒有了這一切嗎！這樣雖然苦著了情人，自己卻保全了親情。既然親情與愛情難以兩相周全，這樣活著保全親人一方，還是比死去使親人和情人同樣苦痛有價值。為此她活在了人世，割斷愛情以報答父母的養育之恩，保全起了親情。

決定至此，丁竽便先把自己的兩把神劍留給了作為仇人又是情人的顓頊，以待自己心愛的情人有難之時，神劍會立刻飛來告知自己，並把自己載往出事之地，以使自己及時救助情人，不使愛情受到更大損傷。

另外，自己撲身大海給顓頊造成自己身死的假像，使像自己一樣首次春心蕩漾，摯愛著自己的顓頊絕去愛的對象，從此不再遭受欲得摯愛之人而不能的痛苦折磨。用此斷絕愛情的小痛苦的代價，換取避開後面大痛苦的結局。

丁竿如此損害愛情保全親情之舉，雖然仍然難盡心中之意，做到親情與愛情雙雙一起保全，因為這樣會給她心愛的顓頊造成巨大的痛苦。但這痛苦雖然巨大，卻比顓頊明知自己活在人世，而得不到自己之愛的痛苦要小得多。為此無奈的丁竿，也只有如此去做不能盡如自己之意的事情。

丁竿於是隨後演出了先前遺劍撲海的一幕，並在撲身大海之後，趁著顓頊雙目被劍牆擋住看不到自己之時，立刻施展神功，潛水回到了江南其父祝融的居地。忍受著心中對顓頊之愛和被顓頊所愛而不得造成的巨大苦痛，對父母親人演全以親情。

丁竿就這樣在親情與愛情不能兩全，造成的巨大苦痛心情中生活著。一年、兩年，轉眼過去了三個年頭，到了今日清晨。清晨，早早起床習武的丁竿正在凝心苦練神功，突聞「颯」一聲風響，見是畫影、騰空二劍飛了過來。見到二劍飛來，丁竿心知顓頊有難，不敢怠慢，急乘二劍來到了鄒屠地方，等待救助顓頊。

她等呀待呀，開始她看到這鄒屠地方氣清境幽，安靜祥和，實在想像不出顓頊來此做什麼，在此會遇到什麼厄難。丁竿想像不出顓頊會遇什麼厄難卻也不敢大意，她在焦急等待中四處走動不停，察看著各處的風吹草動。

突然，她聽到不遠處的鄒屠村中傳來喊叫之聲。丁竿心中一悸，不敢怠慢，忙向鄒屠村中奔來。恰好在她奔到鄒屠村中之時，正值眾村人把江沖哥哥的屍體擡到了其家中。

丁竽見之一陣打探，知道是顓頊因為摯愛自己，錯把容貌與自己相像的江沖姑娘認成了自己，並因此打死了江沖的哥哥，眾村人因而要立刻殺死顓頊，為江沖的哥哥償命。

知道至此丁竽心中大為感慨，因為她由此進一步看到了顓頊對自己的拳拳摯愛之心。為此她更是不敢怠慢，急忙先用炎帝神農傳下的神奇妙藥使江沖的哥哥起死回生，並隨之向長相果然酷似自己的江沖姑娘講說一番，讓江沖前去救下了顓頊的性命。

隨後為了避開自己見到顓頊會給雙方造成的苦痛，也為了不讓顓頊知道自己未死，還活在人世重受苦痛的折磨，便立刻起身離別而去。江沖則在其離去之後，即到其父面前講說了一切，救下了顓頊的性命。

「那姑娘臨別之時，要我妹妹江沖嫁於大帝，以全大帝摯愛於她之情。」顓頊被救之後，聽到江沖講說丁竽隱名離去，弄得他頓然愣怔在了那裏。然而就在這時，江沖的哥哥則開口說道，「乞大帝收納我家妹妹江沖，以為大帝之後。」

然而江沖的哥哥言說完了，卻未能把顓頊從愣怔中喚醒過來。只見他對江沖哥哥之言聞若未聞，依舊愣怔在那裏。顓頊在愣怔中一直在驚詫地心想，救他的姑娘究竟是誰？她為什麼會恰在自己急難之時救了自己？她是怎麼知道自己遇有急難的？她為什麼救了自己既不留姓名，又不見自己之面？這是為什麼？為什麼？

顓頊是聰明的，他想到她可能就是丁竽姑娘，一定是她沒有死。因為只有她才會這樣救助自己，才要這樣去做。可是如果真的是她，她又怎麼知道自己身遇急難的？想到這裏他又覺得可能不會是她，而是上神的佑助，故而不留姓名不辭而去。

顓頊就這樣正在愣怔中心裡想著之時，聞聽江沖哥哥講說離去之女要顓頊娶下江沖為後的鄒屠村人，全都認為這是一件天大的好事。於是他們男女蜂擁而上，按照江沖哥哥之言把江沖與顓頊擁站在了一起，並把江沖的父親也擁站在了他們面前。那時結婚儀式極其簡單，眾村人一陣嬉鬧又擁得顓頊與江沖雙雙拜起了高堂，然後互相對拜便結成了夫妻。

這時，顓頊一則正在愣怔之中，二來也由於心中思念丁竽，而江沖又貌似丁竽，所以娶著江沖可以慰其殷殷思念丁竽的心跡，三則這樁婚事又由救助自己的姑娘說合，為此他故作愣怔，在愣怔中納下了貌如丁竽的江沖姑娘為妻。

鄒屠村人所以認為把江沖嫁給顓頊是一件天大的好事，這般迫切地把江沖嫁給了顓頊，這其中當然還有著更為深層次的原因。原來這居住在鄒屠地方的鄒屠氏人，並非鄒屠地方的土著民族，而是先前曾率兵與黃帝大戰的蚩尤氏的後人。

在蚩尤兄弟與黃帝大戰前次戰敗之後，蚩尤數十名兄弟引領近千殘兵，曾到過北方大荒的成都載天大山之上，勸說誇父族人參戰。就在那時這鄒屠氏人的前人，不願再隨蚩尤兄弟大戰黃帝，而留居在了這北方鄒屠地方，繁衍出了鄒屠氏族人。

鄒屠氏族人深知自己是黃帝家族的罪人，因而其老首領聞聽被自己綁殺者，竟是黃帝的曾孫顓頊大帝，頓然驚怕萬分！唯恐顓頊怪罪自己族人是有意報雪冤仇，那樣的話就將沒有了他族人的活路。為此，他急忙向顓頊請罪。

後來聞聽救助顓頊的姑娘言說，要鄒屠村人把江沖姑娘嫁於顓頊，為了避禍消災，老首領便立即順水推舟。急趁顓頊愣怔之時，打破常規為他與江沖辦完了婚禮，結成了夫妻。由此把生米做成了熟飯，以免顓頊清醒過來推諉。

鄒屠氏族人把江沖嫁給了顓頊大帝，其族人便成了黃帝家族的親人，從而消去了長期潛藏在心底的驚怕，因而全都欣喜萬分。一時間，但見他們在為顓頊與江沖辦完簡陋的婚娶儀式之後，便盡情歡慶，大宴眾人，一連數日不息。

顓頊婚娶江沖之後，則越看越覺江沖貌若丁竽，心中既生丁竽重生之感，又生江沖就是丁竽之想，並認為剛才救他者並非什麼離去之女，而是江沖故弄玄虛。而且江沖本為丁竽，改叫江沖也是故弄玄虛。

為此他也不再去想丁竽本為祝融之女共工之妹，應居江南而不應出現在此鄒屠氏族人之中，而誤認為自己娶下了江沖，就是娶下了自己日思夜念的丁竽。因此其心中大為歡暢，完全沉醉在了鄒屠氏人的歡慶氣氛之中，並且也才真正第一次感受到了娶得自己心上之人的最大滿足和幸福。

歡娛時日短，顓頊與鄒屠氏族人一起歡慶轉眼數日過去。這日顓頊想到自己治世任務繁重，不可在此久待，只顧沉醉在自己的滿足和幸福之中，有負於黃帝的信任和北國眾凡人，便引領江沖告別鄒屠氏族人，這到居地尋到隨從三人之後，繼續四處探訪，於數月後回到了北國京都。

顓頊回到京都之後，既把探訪之情作為依據，繼續探索禮法治世之道。同時在其與江沖相處的日子裡，一直把江沖當作丁竽對待。日夕愛之不盡，疼之不夠，真可謂朝夕相處，形影相隨。

轉眼二十載過去，江沖與顓頊婚配結出了豐碩的恩愛之果。這期間她先是生出了兒子禹祖，後來被人們稱為「孺帝顓頊」。接著又總共夢見八次太陽，每夢見一次太陽便孕生一個兒子。這八個兒子的名字依次是：蒼舒、隤敳、檮戭、大臨、龍降、庭堅、仲容和叔達。

另外，顓頊與江沖還生過四個不肖兒子。其中的三個生下不久即死去，但死後繼續行惡人間。其中一個死後居住在江水，變作瘧鬼在人間散佈瘧疾疾病，誰若一碰上就會生寒症，打擺子。一個死後居住在若水，變作魍魎。其狀若三歲的孩子，紅眼睛長耳朵，黑中透紅的身體，一頭漂亮的烏油油長髮，最喜歡學人的聲音迷惑人們。

第三個兒子死後變作小兒鬼，居住在人家的屋角，專門害人生瘡害病，驚嚇孩子。他們活著的第四個不肖兒子叫檮杌，其身似虎而比虎大，後生一丈八尺長的大尾巴。其性凶頑無比，自幼胡作非為為害人間，連顓頊也難以制止。因而，人們又叫他為傲狠或者難訓。

後來的顓頊子孫，也和其他大帝一樣繁多。例如南方的荒野中，有季禺國和顓頊國；西方的荒野中，有淑士國；北方的荒野中，有叔歜國和中輴國，便都是顓頊的子孫後代。顓頊的子孫中還有一個最著名的人物，即彭祖。

彭祖是顓頊的玄孫，其母女嬇生其時懷孕三年不生。末了沒有法子，只得用刀剖開左邊腋窩下面的皮肉，從中生出三個兒子。又用刀剖開右邊腋窩下面的皮肉，又從中生出三個兒子。

彭祖就是這六個孩子中的一個，他又名篯鏗，是神話傳說中有名的大壽星。據說他從堯舜時代，一直活到周朝初年，計八百多歲。臨死時，仍怨歎自己壽命太短。

顓頊治理北國一晃二十載過去，北國當然一派大治之景。在這期間，中央大帝黃帝先是剿滅了蚩尤軍兵，後則巡遊四海。接著又與刑天軍兵激戰數載，末了剿滅刑天軍兵。直到為慶祝剿滅刑天軍兵之勝和大辦開鼎煉丹盛典，身到首陽山也一晃已經度過了二十載時光。

但就在黃帝欲求隨從大仙赤松子，在首陽山煉得長生不老仙丹，食之把自己的凡體修煉成不生不死與自然同體的仙體，永住凡間大治人世，躊躇滿志地欲要永為凡人造福之時，不料玄女與素女兩個化作二龍，硬是把他接回天宮而去。玄女兩個來得驟然，黃帝毫無思想準備，因而安排凡界事情不及，但他臨別又放心不下凡界，為凡人擔心不已。

為了凡界大治，凡人幸福，他頭腦中一番思慮，想到曾孫顓頊治世有方，把自己的中央大帝之位交付於他，其定可不負自己之托，不失自己之望，使凡界大治凡人幸福。便立刻口中匆匆喊出把自己之位讓給顓頊之言，隨著飛返天宮而去。

黃帝飛返天宮之後，遺在地上的黃帝眾臣未能登上二龍隨同黃帝飛昇天宮，這時不敢更改黃帝之命。隨後一陣議論，便決計一起前赴北國，迎請顓頊北方大帝南歸中原，遵從黃帝之命繼黃帝之位稱作中央大帝，一統凡界。

因為他們從黃帝的幾十年征戰中看到，凡界動盪不安，不可一日無主。雖然黃帝剛剛離去，刑天軍兵已被剿滅，中原大地一時不會再起戰端。同時東方地界有少昊與顓頊叔侄共同治理的根基，一直平安無事。西方地界有少昊大帝繼續治理，北方地界有顓頊大帝治理，也會平安無事。

但只是南方地界之上，還有炎帝的眾多子孫，特別是有勇猛善戰，且又神功高強的祝融和共工住在那裏。他們雖然一直無動於衷，但如今黃帝飛昇天界而去，如果他們趁此時機稍有動作，中原大地就要大亂了。為此計議既定他們不敢稍怠，即一起出發向北國迎請顓頊而來。

黃帝眾臣在途月餘來到北國，向顓頊稟明實情。顓頊聞聽雖有猶疑，覺得不如讓伯父少昊繼位為好，但轉而他想到自己比伯父年輕，

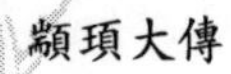

同時自己的禮法治世之道，也優於伯父的法治治世之道。這樣自己繼承太爺黃帝之位，做起一統凡界之主，正可大展其禮法治世之道，實現大治凡界造福凡人的宏願。

再者又有太爺黃帝之命，何樂而不為！心想至此，顓頊便即除猶疑，當即表示不負太爺的厚望與重托，即繼太爺中央大帝之位，南歸中原一統凡界。黃帝眾臣聞聽，齊呼：「萬歲，萬萬歲！」

顓頊於是把北國轄地交付叔父玄冥司掌，並派人傳報伯父少昊，自己則立刻離開北國南歸中原，以登上一統凡界之主高位，稱做中央大帝而來。顓頊在途月余回到中原，新選今日河南濮陽境內的帝丘作為自己的新都。隨後便在帝丘繼黃帝之後做起了中央大帝，開始了其禮法大治凡界的工作。

八、絕地天通

顓頊在帝丘做起新一代中央大帝轉眼已過去兩載，這期間他廣施禮法治世之道，把其在東方鳥國與伯父少昊共同制定的諸種禮法制度，和其二十年來在北國自己制定的諸種禮法制度，頒佈於中原大地。結果很快便使中原大地面貌大改，凡界的安定和凡人的幸福，全都超過了黃帝之時。

眾凡人為此齊贊顓頊之功，皆譽其治世之道遠勝於其曾祖父黃帝十分。顓頊剛過兩載便已取得這般治世大功，受到眾凡人齊聲讚譽，心中當然高興不已，並隨著滋生出了自己的治世之道為治世之至道之想，日漸躊躇滿志起來。

這樣便使得顓頊性格之中先前隱藏著的自信方面，在此地位絕高心中躊躇滿志的內外「氣候」條件下，很快得到了加強，形成了其性格中剛愎的重要方面。剛愎自用性格作為地位絕高的帝王通病之一，在顓頊大帝身上的迅速加強，使他隨之便在治世中制定出了一系列嚴酷的所謂禮法制度，給他贏得了其使用禮法之治為了避開的「嚴酷」之名，成了我國遠古時代第一位有名的嚴酷帝王。

為顓頊贏得如此嚴酷之名的禮法制度之一，便是他在東方鳥國時制定的，其伯父少昊不讓頒行的那條重男輕女禮法。那時，顓頊還是一個年幼的孩子，加之沒有今天的絕高帝王之位，其剛愎自用的性格，還是其深深潛藏的次要方面。

所以，那時他雖然制定出了這條重男輕女的禮法制度，並認為用予治世定奪功績。但當時由於受到伯父制止，他便未做堅持，放棄了頒行這條禮法制度。

然而那時受到少昊否定的這條禮法制度，這時卻又在顓頊頭腦中泛了出來，還連同那時對這條禮法制度的認識。剛愎自用的他於是不作細想，隨之便把這條禮法制度頒行到了凡界。

顓頊的這條重男輕女禮法制度規定，婦女在路上遇見男子，一定要趕快讓路。如若不然，就把她拉到十字街口，由巫師們敲鐘擊磬，作起一場法事，祛除她身上的晦氣。

顓頊的這條禮法制度頒佈之後，一是由於此法剛剛頒佈，婦女們沒有形成遵行此法的習慣，二是由於不少人抵制此條禮法制度故意對抗，便使許多婦女受到了這條禮法制度的嚴酷懲罰，人身受到了嚴重的侮辱和戲弄。

這條禮法制度本來就制定得毫無道理，被人們所反對，加上又有眾多的婦女在隨後不久的時間中，受到了這條禮法制度的懲罰，人們便更加對這條禮法制度不滿，說起了顓頊大帝的嚴酷。

為顓頊贏得嚴酷之名的另一條禮法制度，是堅決不允許兄妹結婚，視違背者為亂倫敗德，對之進行嚴酷懲罰。

但在此法頒佈不久，顓頊發現有一對兄妹竟然違法結婚，做起了夫妻。顓頊勃然大怒，遂下令把這對其視為亂倫敗德的男女，流放到了崆峒深山之中。在那裏不僅不給食物吃食，而且不給衣服禦寒。當時正值三九嚴冬季節，大雪飄絮，寒風刺骨。二人凍餓難耐，無奈只有互相擁抱相依取暖，末了則被凍死在深山幽谷之中。

顓頊的這一嚴酷之舉，當然很快就傳到了其叔父玄冥的耳中。他可憐這對有情人死得淒慘，便求來不死之草覆蓋在了這對死去的夫妻身上。結果七年之後，這對夫妻在玄冥的救助下復活了過來。

但是他們復活之後，雙方的身子卻早已粘連在了一起，成了兩個頭四隻手和四隻腳的怪人。以後他們生下的子孫，也都是這般模樣。於是這些怪人就自成為一個氏族，叫作「蒙雙氏」。

就這樣，顓頊的這些作為使其贏得了嚴酷之名，其嚴酷之名又為其贏來了眾多的咒罵攻訐之聲。但在人們對他咒罵攻訐之時，由於他身為凡界的中央大帝，便也不敢明目張膽地進行。只是製造一些傳聞講說，他有眾多的不肖子女，這是他嚴酷治世應得的報應。

人們說的顓頊的不肖子女，除了前述的四個已是多於其他大帝之外，有名的還有窮鬼和少女。窮鬼本是顓頊的一個不知名的兒子，不僅身子生得奇瘦無比，而且雖為顓頊大帝之子，卻總是喜歡身穿破衣爛衫，喝稀湯稀粥，為此人們送他「窮鬼」之名。後來他又在正月裡死在大街上，人們因而又在正月裡其死之日，做稀飯拋爛衣，借祭祀窮鬼之名咒罵顓頊酷惡，叫作「送窮鬼」。

少女又叫夜遊女，既可呈現女人之身，又可變為怪鳥之相。她變為怪鳥喜歡夜晚飛行，白天隱而不露。她沒有兒子，便喜歡攫取別人的兒子，來做自己的兒子。她若是看准了誰家的兒子，就把自己脖子上的血滴下來，點在那孩子的衣服上作為標記，然後設法取走標上記號的孩子。

少女原先有十顆腦袋，後來被天狗咬掉了一顆，斷去腦袋的脖頸便常常滴血。人們都害怕自己的孩子被其滴下的血點染，只要晚上一聽到其鳴叫之聲，就趕緊叱吒狗吠吹熄燈火，使她飛快離去，避免災禍。

顓頊的這些作為，雖然為他帶來了嚴酷之名，並為他帶來了眾多的咒罵攻訐之聲，但我們說顓頊的嚴酷之名，是詆毀不了他大治凡界的巨大功績的！就拿上述兩條被當時人認為嚴酷的禮法制度來說，前一條固然嚴酷而且實質反動，它錯誤地開啟了我中華民族婦女飽受壓迫的先河，使廣大婦女在沉重的重壓下屈辱地生活了幾千年。

但後一條當時被眾人視為嚴酷的禮法制度，用今日科學的眼光來看，則又是科學的進步。因為它對於優生優育，強族強種是具有重大意義的。同時與顓頊制定頒佈的眾多禮法制度相比，這兩條為其帶來嚴酷之名的禮法制度，作為其次要的剛愎自用性格衍生的錯誤產物，也是不值得大講特講的。

為此僅僅可以說，這兩條為顓頊大帝贏得嚴酷之名的禮法制度，只不過是其治世之道這塊美玉上的點滴瑕疵。就如同太陽上的黑子一樣，是遮蓋不住太陽的光輝的。為此我們完全可以說，顓頊的禮法治世之道是社會的進步之道，顓頊是推動社會進步之帝。其治世本領遠遠超過其曾祖父黃帝，是我中華民族社會進化發展史上，又一座高高聳立的里程碑。

但是，俗言好事不出門，壞事傳千里。顓頊制定頒佈的禮法制度中雖然僅有這點瑕疵，卻迅速傳遍了凡界。從而使得顓頊的嚴酷之名，大大蓋過了其仁善之名，顓頊大帝也就由此成了我國遠古時代第一位嚴酷大帝。

顓頊當然聽到了其嚴酷之名，但他不在乎這不好的名聲，卻認為自己的治世之道是正確的，是進步的，而且是早已被凡界大治的實踐證實了的。再加上他剛愎自用的性格在起作用，所以他依舊制定頒佈新的禮法制度，進而使得偌大凡界日益展現出新的大治面貌。

顓頊對此看在眼裡，喜在心頭。看到自己的禮法之治給凡界帶來了平安，給凡人帶來了幸福，他的治世宏圖大展，他便更加躊躇滿志起來。

「爺爺，出大事了！」然而，就在顓頊稱作中央大帝剛到第三年的一天，這日他正在帝丘宮中凝心制定新的禮法制度，突然見到其孫子，性格細密的黎，驟然失卻常態地慌忙跑進宮來，開口稟報道。

「噢，出了什麼大事？」顓頊眼見孫兒黎情態反常話語匆促，也禁不住心中陡地一驚道，「快向爺爺講來！」

顓頊當然驚怕，他剛剛稱作中央大帝三載時光，這時正在為自己大治凡界之功躊躇滿志，怎麼會突然出了大事？又會出了什麼大事呢？他害怕是自己的治世之道內含謬誤，生出事端，給凡界造成動亂，給凡人帶來災禍。

那樣自己的禮法治世之道就將被證明是錯誤的，自己就將真的成了嚴酷之帝，為眾凡人所不齒，而無以實現自己下臨凡界大治凡界的殷殷夙願了！然而剛愎自用的他又不相信事情會是如此，想到或者是發生了別的什麼意想不到的事情，為此他心中陡然一懍，急問前來稟報的孫兒黎道。

「爺爺，南方不知怎的，突然天昏地暗，生出了滔天的洪水，」黎聽到顓頊此問，即忙開口回稟道，「不僅淹沒了江南偌大地面，而且正向浩浩長江北岸淹來！」

「噢，」正在心中驚異不知生出何等大事的顓頊陡聞此稟，禁不住頓然心中更是一驚，道，「何來滔滔洪水？」

黎立即回稟道：「孫兒也不知道。」

「噢，不知道！」顓頊這時詫異道，「難道那洪水是突然生出來的嗎？」

「不僅洪水是突然生出來的，而且隨著洪水的出現，」黎這時接

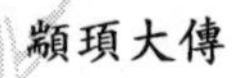

言稟說道，「又陡然生出了漫天的火來……」

「噢，還生出了火來？」顓頊聞聽更是奇異得坐身不住，霍地站起高大的身軀進一步詢問道，「火又怎麼著？」

「那火比水還要兇猛十分，它不僅燒紅了天上的烏雲，而且燒沸了地上的洪水。」黎隨之繼續稟報道，「整個南方天空之中火光耀眼，水汽彌漫。水淹大地，烈焰燎人。凡人不可靠近，不知道究竟生出了何等事情！」

黎說到這裏，已經把自己知道的實情向顓頊稟報完了。驚詫的顓頊這時也陷入了深深的沉思，不再言說了。黎不知道爺爺這時在想什麼，心想他定然是在心想洪水大火從何而來，便隨著按照自己的想法向下講說起來，以幫助爺爺猜定洪水大火的來源，預料洪水大火的惡果。

「爺爺，孫兒聽聞先前女媧娘娘斬殺燭陰之時，燭陰的頭顱崩上天空，把天撞出一個大窟窿。使得天上的冷氣冷霧從那洞中向地上彌漫，」黎按自己之想道，「曾經造成過天昏地暗冷氣襲人的景象。後來人祖伏羲爺幼時又遇天地混沌，天塌地陷之前洪水狂作天昏地暗。今日南方這一景象，是南方高天出了紕漏，還是凡間大地又要混沌了呢？」

「不，這都不會是原因。」顓頊沉思中聽到黎言說至此，方纔開口斬釘截鐵否定道，「孫兒說說，在此洪水大火生出之前，南方地界可否有別的什麼動靜或事情發生？」

顓頊突然如此一言，頓然把黎問得無言以對起來。他心中想的是上述路數，與顓頊的思路完全不同。所以他驟然間不解爺爺此問之意，呆怔在了那裏。

顓頊所以突然這樣詢問，是他聞聽黎的稟報之後，先是不解何來洪水驟生驚詫，隨之便對洪水大火的來源解頤開來。他登上中央大帝高位之後，為了實現其大治凡界的宏願，就曾先對凡界情勢進行了總體分析。

在分析中他看到，中央地界由他治理，他自信不會出現禍亂。西方地界由其伯父少昊治理，也不會出事兒。北方地界有自己二十余載治理的基礎，加之眼下又有其叔父玄冥司掌，也不會出現什麼動盪。東方地界有自己與伯父少昊共治數十餘載的根基，也定然能夠保證平安無虞。但只是南方地界存在著禍亂之源，其前景就不容樂觀了。

顓頊清楚地知道，其太爺黃帝與其胞兄炎帝因為治世之道不同，雙方發生了大戰。結果以炎帝遭敗身傷，嘗吃百足之蟲遇毒身死而告終了。從而使得其太爺黃帝繼其胞兄炎帝，成了一統凡界的大帝。如此以來，目標一致不應結仇的炎、黃兄弟二人，卻在炎帝的後人中結下了與黃帝后人不共戴天的冤仇。

他們認為，他們的前輩炎帝是被黃帝打敗致死的，是黃帝奪了炎帝的一統凡界寶座。為此他們要為炎帝報仇，要奪回被黃帝奪去的一統凡界寶座。為此，炎帝的後人蚩尤和刑天，不顧炎帝不許他們興武大戰黃帝，禍亂凡界的遺教，在炎帝死後硬是興兵凡界，大戰黃帝欲為炎帝報仇雪恨。蚩尤和刑天雖然都被黃帝戰敗剿殺了，但卻更進一步激起炎帝后人對黃帝後人的冤仇。

不是嗎，炎帝后人祝融的女兒丁竽，先前在東方鳥國瀛洲神山之上，開始摯愛自己愛得那麼深摯，後來聞聽自己是黃帝的曾孫，頓如五雷擊頂昏癱在地。隨後立刻割愛跳海，寧可身死也不與自己結為鸞儔。

這仇恨，從丁竽的身上便可見到在其族人心中烙印得多麼深刻，多麼不可磨滅，不容調和！並且他清楚地知道，在炎帝的後人之中，還有神勇善戰，神功高強的丁竽的父親火神祝融，以及兇猛好戰神功不弱的丁竽的胞兄水神共工。

炎帝在世時，他們便忍不住要為炎帝報雪冤仇，只是在炎帝的制止下才沒有行動。炎帝死後，他們先是支持蚩尤，後又支持刑天，興兵大戰黃帝以報炎帝之仇。今日他們支持的蚩尤與刑天都被黃帝剿殺，他們豈會善罷甘休！顓頊雖然一直沒有見過住在江南的祝融與共工，但在與丁竽的接觸中，他已見到了他們心中結有與其家族的不共戴天的深仇。

為此，顓頊登上中央大帝高位之後，每每心想至此，特別是想到丁竽與自己之愛，便想設法化解兩族人的干戈為玉帛。但他左思右想皆無良謀，只有擔心萬分。擔心之時，為了防止和對付祝融與共工隨時都有可能生出的禍亂，他只有細作準備。

因而早在登位之初，他就開始著手重整並擴建黃帝遺留下來的軍隊。他任命伯父少昊之子、其兄長倍伐為將軍，自己的兒子禹祖為總領，孫子重和黎為副將，共同嚴格操練軍隊，準備隨時對付再起的禍亂。

他相信，在他稱做中央大帝期間，凡界絕對不會勝過黃帝之世平安無事。說不定還會如同黃帝年間，先後生出蚩尤和刑天舉兵那樣，生出更多更大的禍亂。因而他等待著，準備著一旦戰亂爆發，就毫不遲疑地堅決剿滅之。

顓頊由於有這樣的思想準備，所以在他初聽南方洪水大火驟生情況之時，陡然陷入驚詫，隨著想到這些便對洪水大火的來源心明開來。開口否定了孫子黎的推想，詢問起了南方地界是否還有別的什麼動靜或事情發生。

他推想，洪水和大火的驟然生出，說不定正是潛居在南方的火神祝融和水神共工掀開了作亂的序幕，向中原進攻而來。洪水正是水神共工所興，大火正是火神祝融所播，而與其他無關。

「潛居在南方的祝融與共工，」為此他剛才詢問之後，期待黎的回答能夠證實自己的推斷。但其驟然間如此一問，卻把黎問得一時頭腦轉不過彎來，愣在那裏無言以對起來。顓頊見之隨著進一步詢問道，「可有什麼動靜？」

「有。孫兒聽聞，前些時共工便開始在南方組建軍隊，」顓頊此問方纔把呆愣中的黎問醒過來，略一思索回答道，「以期攻伐中原，為炎帝報雪冤仇。」

「噢，」顓頊聽聞不禁心中一詫，因為黎的回答證實了其心中所想。為此他即不怠慢又問道，「還有什麼？」

「還有就是南方人全都不從，兇猛的共工心中惱怒，不僅以惡威嚇南方凡人，而且強行逼拉青壯年人入伍從軍，」黎隨之繼續講說道，「結果鬧得南方地界人心慌恐，動盪不安。但只是他剛開始組建軍隊不久，不會如此快疾就向中原攻伐呀！」

「不，既如此，就一定是共工引領軍兵，欲要渡江攻伐於我了。」顓頊聞聽黎言說至此，即又陷入沉思喃喃自語道，「但是即使祝融父子攻伐於我，他們也不應該水、火神功齊施呀！」

「是呀，爺爺。您不是對我們說過，祝融父子和我玄冥太爺一樣，雖然各個身懷凡人不可抗拒的神功，卻誰也在凡界施用不得嘛。」細密的黎聞聽至此接言道，「如果他們施用神功傷及了凡人，玉皇大帝就會按照先前給他們定下的戒律，立刻廢去他們的神功嗎？」

「是的。可是今天，他們為什麼一起施用了不可施用的神功呢？」沉思中的顓頊聽了黎之言，口中說著即轉命令道，「孫兒快去再探情形，弄清是否祝融父子引領軍兵向北伐來，以便爺爺早作定奪。」

「慢，爺爺不必再派兄長前去打探了。」顓頊此言剛落，黎口中剛答一聲「是」字轉身就要前去，卻突聞一個炸雷般的聲音響在殿中道，「孫兒已經探知，不是祝融父子引領軍兵向北攻來，而是他父子倆打起來了！」

「噢！」隨著如此話音，顓頊的另一個性情魯莽的孫子重已經來到了其面前。顓頊聞言見重，大為不解又不敢相信道，「孫兒快說，他父子為何打了起來？」

顓頊不解，共工是祝融的親生兒子，祝融乃是共工的生身父親。兒子為炎帝前輩興兵報仇，做的則是與父親祝融目標一致的事情。兒子共工與女兒丁竽心中對黃帝家族的深仇大恨，不都是父輩教育的結果？不然，又是從哪裏來的呢？

可是現在，兒子共工興兵為炎帝報仇，兵未出征怎麼會與生父祝融，先期內訌鬥在了一處呢？不，這不可能，這沒有可能的基礎！為此他大為不解又不敢相信，唯恐是祝融父子用的什麼計謀，便對重急忙尋根究底詢問起來。

「孫兒稟報爺爺，孫兒只知道祝融與共工打了起來，」重聞聽顓頊此問，回答不出所以然來道，「卻不知道他們為什麼打了起來。」

「噢，」顓頊心中禁不住生急，害怕此情不實道，「你也講說不清？」

「孫兒雖然不知道祝融與共工為何交鬥，但交鬥卻是千真萬確的事實。」重這時則即言肯定道，「因而敬請爺爺立即發兵，乘他父子交鬥之機，正好一舉予以剿滅。為南國除去禍患，平定南方造福凡人！」

「重將軍言說有理，」這時，朝中眾臣將也都得到了消息，紛紛來到了殿中，欲求顓頊發兵除去南方禍亂。眾臣將聽了重末了之言，齊聲助其向顓頊說道，「乞大帝立即發兵！」

「不，此時發兵不是最佳時機。吾孫重雖然頭腦聰慧言說有理，」但是顓頊這時則胸有成竹，力排眾議道，「但如果真是祝融與共工父子交鬥起來，這時發兵就不如再待一時發兵。」

「爺爺那是為何？」重性格急燥，聞聽即問道。

「因為，這時他父子剛剛開始交鬥，雙方銳氣正盛且未分出勝負。」顓頊隨之講說自己之想道，「如果我們這時發兵前去，就不僅是去啃一根硬骨頭打惡戰，而且大有促其父子化仇講和之虞。」

「爺爺言之有理！」重聽了顓頊此言心中深為佩服，立即開口贊叫道，「還是爺爺高明！」

「因而不如我等暫且按兵不動，坐山袖手旁觀。」顓頊這時又言道，「待到他們雙方互有傷亡之時，我軍再出而擊之，則必事半功倍。」

眾臣將聽了，齊贊顓頊言之甚是，隨之靜待顓頊做出吩咐。顓頊於是一邊派出大批哨探前去打探真情，並讓他們在探得祝融與共工一方傷亡之時，立刻前來稟報，一邊讓眾臣將練兵備戰。

待到一切吩咐停當，大殿中只剩下顓頊之時，他便一邊焦待南方傳來消息，一邊心想起了各種消息傳來之時，自己將要採取的不同對付之策。思謀之中，顓頊禁不住又不由自主地想起了摯愛自己的丁竽。

原來，顓頊雖然誤把江沖誤認為丁竽並娶下江沖為妻，但婚後他詳細詢問江沖弄清她真的不是丁竽之後，心中便更加思念丁竽不已。因為在詢問江沖的過程中，他聽出江沖所說的在鄒屠地方救了自己，又不見自己之面的那位姑娘，定是丁竽無疑。

為此他對丁竽沒有撲海身死，仍舊活在世上堅信不疑。加之對丁竽既然救了自己，為何又不見自己百思不得其解。心中就對丁竽更加日思夜念不已，求不得她突然出現在自己面前，以滿足自己心中之愛。

然而轉眼數十載過去，活著的丁竽不僅一直沒有出現在他的面前，而今他卻又要不得已去剿殺作亂而來的丁竽的生父和胞兄。為此他這時當然又想起了丁竽，他想到自己起兵剿殺祝融父子，自己心愛的丁竽定會更加心疼萬分！

同時他也擔心自己如果真的殺死了祝融與共工，自己就又與心愛的丁竽結下了殺父滅兄之仇。這樣，先前與丁竽並無任何個人仇恨的他，就將真的與其結下不共戴天的深仇了。那樣，先前救了自己不見自己之面的丁竽，就一定再也不會出現在自己面前了。如果出現在自己面前，也一定是不會為愛而是為仇的。

想到這裏，顓頊一時間真個是心中苦愁萬般、矛盾萬結，進退全都難定起來。因為若進，自己就將把丁竽之愛毀滅淨盡，再也難得丁竽之愛難見丁竽之面了。可是若退，祝融與共工若是真的為報雪前仇複奪帝位而來，自己眼睜睜地看著而不進剿，就將使凡界大亂，社會大退，給凡人帶來巨大的災難，自己又怎去面對凡界凡人啊！

身處如此進退兩難之境，無奈的他反復掂量進退的分量，在掂量中他的頭腦還是逐漸清醒起來。他看到，退雖然可以保全自己與丁竽之愛見到丁竽之面，但這卻是自己的一己私利。而進自己雖然失去了與丁竽之愛，難以再見到丁竽之面，卻為凡界剿平了叛亂，給凡人謀得了幸福。失一己之利而利凡界，自己豈有不為之理。

清醒至此，顓頊心中的苦愁頓時消失，矛盾解開，堅定了利凡界而不為自己的信心。隨著排除了心中的一切雜念，在等待探報之時，進一步思謀起了除去祝融與共工軍兵之策。

顓頊此後坐在大殿中思啊想呀，由於探報一直未到，給了他廣闊的思謀之機，他想了很多很多。他想到了祝融與共工軍兵攻來，可能出現的各種情況。也想到了對付各種情況的不同方法，並且更進一步想到了徹底根除諸神在凡間作亂的最終方略。

他想到，昔日天上的天神不斷地下到凡界來，凡界的仙人和巫師也不斷地上到天界去。這樣上下來去的神、人好壞摻雜，壞神到凡界挑撥是非，壞人到上界顛倒黑白。神、人界限不清混居一起，總是弊多利少，少不了有惡神到凡界煽動凡人挑起叛亂。

那樣就不如使天神下不到凡界，仙人與巫師去不到天界。如此雖然犧牲了大家的自由，卻可以神、人隔絕，維持好天界和凡界的秩序。自己剿滅作亂的祝融和共工之後，天界的天神來不到凡界了，只剩下凡人的事情就好治理了。

想到這裏，顓頊知道，使神、人得以上天下凡的道路是地上的天梯。於是他便決計設法摧掉天梯，使天、地互相隔絕開來。當時，地上的天梯有樹木的和山石的兩種。樹木天梯便是昆侖山巔的建木，當年人祖伏羲兄妹就曾緣此天梯上達天界。

山石天梯一是華山青水之東的肇山，仙人柏高曾沿著此山一直到達天界。二是坐落在西方荒野中的登葆山，巫師們曾從此山上天下地，做上達民情下宣神旨的工作。顓頊決計立刻摧掉這些天梯，卻又一時不得摧毀之法，便又為此苦苦思謀起來。

時間在苦思中轉眼過去數日，顓頊仍是不得良法。但就在其不得良法，心中思慮更苦之時，突聞哨探前來稟報道：「陛下，祝融先期打敗了共工。但是共工不服，又請來了四海龍王，與其共戰起了祝融。現在戰事正酣，請陛下定奪。」

「讓他們繼續再戰，給我們創造出兵時機。」正在苦思不得良法的顓頊不聽此稟還罷，聞聽此稟頭腦被哨探的話語一激，陡地豁然開朗，使他有了摧掉天梯之法，即對哨探命令道，「你去再探，不到一亡或一方徹底失敗之時，不要再來稟報於我。」

「爺爺為了剿除今日留在凡間之神，永保凡界大治，斷絕再有上神下臨凡界，」待到哨探聞令去後，顓頊立即傳來孫子重和黎，對之道，「不使凡人再上天界。特命你兄弟二人摧掉天梯斷去通路，以絕天、地之間的通途。」

重和黎雖然個個勇猛無匹神功無量，而且聞聽爺爺此想全都心中贊同，但卻各自心中像剛才顓頊一樣，不知使用何法前去摧掉天梯。一時間全都無可適從不敢應命，呆愣在了那裏。

「孫兒不必犯愁，爺爺已經思謀過了，憑著二位孫子之力，只要你倆一舉高天一按厚地，同時一個向上一個向下用力，就定然可以使高天昇得更高，厚地向下沉得更低。」顓頊看到兩位孫兒犯愁，不禁「哈哈」一笑道，「如此天高地低二者空間距離加大，山木天梯就會不折自摧，不再成為天梯，斷去天地通途了。」

「孫兒不敢高興，」重、黎聽了爺爺此言，雖然知道了摧掉天梯之法，但又全都知道天地的沉重，不敢相信自己之力能夠昇天沉地斷去天梯。因而雙雙仍是不敢慷慨赴命，一反平素豪壯氣概，唯諾道，「乞爺爺允許孫兒一試！」

「瞧把我的兩個神勇孫兒嚇的，昔日的兩隻雄鷹今日竟然雙雙變成了草雞。」顓頊見之，頓又「哈哈」笑了起來道，「不必害怕，爺爺說你們行，你們就准行。拿出昔日的豪氣來，走，爺爺瞧著你們完成這一壯舉去！」

顓頊說著，便伴陪重、黎一起走出大殿，尋一適當之地指揮重、黎開始了昇天沉地之舉。重、黎這時雖然仍是不敢相信自己之力能夠昇天沉地，但有爺爺之令又有爺爺指揮，便也不敢怠慢，即隨顓頊來到了他認為的適當之地。隨著便在顓頊的指令下，開始了昇天沉地之舉。

頓然間，但見那重向上伸出那雙毛毿毿的碩大無朋手臂，盡力向上托舉起了高天。黎則把一雙大手用力地按在了地上，以盡力朝下按壓。重、黎兄弟做好上述準備動作之後，顓頊則立刻發出一聲山崩石裂般的嚴厲喝令，他兄弟聞令便同時一上一下用起力來。

事情果如顓頊之言，隨著其喝令聲落，奇跡便頓然出現在了重、黎兄弟手中。只見在他兄弟一上一下共同用力的同時，高天和厚地便隨著發出「嘩嚓嚓」一陣巨響，接著便挾著「嗖嗖」風聲，越來越快地天向上昇地向下沉起來。

就這樣天越昇越高，地越沉越低，天、地間的距離越拉越大，山木天梯便全都接不到了高天。重、黎兄弟就這樣奉顓頊之命一陣摧掉了天梯，把顓頊的絕地通天，劃清天地神、人界限的偉大構想，一下子變成了眼前的現實。

顓頊如此摧掉了天梯，阻斷了天地的通路，首先便使得祝融、共工父子無法再上天界搬取天神前來相助，也使得天界的天神無法下凡來助祝融、共工父子。這樣，祝融與共工父子這對陷居凡間的天神便失去了外來之力相助，從而為顓頊剿滅他們創造了有利條件。

其次，顓頊還心想在將來剿滅祝融與共工父子之後，也就不會再有天神通過天梯下到凡界了。凡界的事情就只剩下凡人的事情，神、人不淆事情就好辦多了。

為此，他從中看到了自己大治凡界的光明前景，凡人的幸福未來，心中高興萬分，禁不住對兩個孫兒重和黎立下如此大功，褒獎再三，誇譽再三。然後他便親自調兵遣將潛到江邊，只待祝融與共工父子一個敗亡之時，乘機襲殺剿平叛亂大治凡界。

顓頊隔斷天地通路之後，天界的個別天神雖然還可以乘雲駕霧偶然偷至凡間，但由於乘雲駕霧一動就會被玉皇大帝察知受到嚴懲，所以敢於偷到凡界者是極少的，地上的人則再也沒有法子去到天界了。

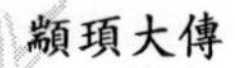

這樣，人和神的界限便被顓頊一下子劃清，人和神的距離也就一下子拉得很遠了。天神從此之後只有高高地坐在雲端裡的天界上，享受凡界凡人的犧牲和獻祭。對於凡界凡人的痛苦和災難，神則可以不聞不問，而讓凡人自己去處置或者去忍受。

由此，凡界與天界成了兩個各自獨立的世界，凡界的治理，果然比過去自主容易多了。

九、父子開戰

祝融與共工父子之所以打了起來，是有著打的原因的。論輩分，祝融是炎帝神農的曾孫，共工是祝融之子，便是炎帝的五代孫。史料記載：炎帝生炎居，炎居生節並，節並生戲器，戲器生祝融，祝融生共工。

祝融與共工父子皆為勇猛好戰、神功高強之人。因而炎帝在世時便對他父子既十分喜愛，又約束十分嚴格。方使得他父子兩個，跟隨自己遵行仁德之道而不移。

祝融與共工父子所以勇猛好戰且又神功高強，是他們雖然身為凡體，而實則皆是奉了玉皇大帝之命，下凡輔佐炎帝大治凡界的天神。祝融原在天界是管火的火神，共工則是在天界管水的水神。那時，他們在天界就結下了冤仇。

那是在他們下凡前不久的一天，天宮南天門突然失火。火神祝融收火不住，為了撲滅南天門之火，便想借天河之水用以撲滅大火。為此他與管水的水神共工商量，凶頑的共工卻無論如何也不肯借給他天河之水。而讓大火越燒越旺，要祝融的難堪，爭取玉皇大帝對自己的器重。

於是大火無水相救，便越燒越旺。眼看大火就要從南天門向宮中

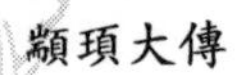

燒來，玉皇大帝實在是鞋裡長草急慌了雙腳，忙傳下聖旨命令眾天兵到天河中挑水救火，方纔撲滅了這場大火。為此，玉皇大帝嚴責了祝融，祝融與共工從此便結下了冤仇。

大火之後時過不久，天界天氣奇寒異常，天河中的冰淩擋住了河水的流淌，使得河水四處漫溢。而且越溢越猛，徑向天宮門前漫溢過來。共工收水無方，想借祝融之火來燒化河冰疏通河道，以使河水順河流淌不再漫溢，除去災厄。

共工心想至此即去找尋祝融商議，但無奈祝融心記前仇，說什麼也不借給他火，硬是使河水淹漫到了南天門口。後來還是玉皇大帝命令祝融施火化冰，方纔除去了此災，但祝融卻與共工結下了更深的冤仇。

祝融與共工雙方結冤造成的水、火之災，觸怒了玉皇大帝。恰好這時凡界的炎帝需人輔佐，玉皇大帝便把他倆趕下了凡界。但在他倆臨凡之前，玉皇大帝一是為他們定下了若施神功傷害了凡人，便立即廢去其神功的戒律。

二是為了讓他倆同心輔佐炎帝，同時又預知未來他父子將有一場惡戰，便背著共工賜給了祝融一件法寶「火葫蘆」，並讓祝融率先下凡，投胎在炎帝族中成了炎帝的曾孫。而讓共工把氾濫的天河整修一番才到凡界，共工這一耽擱下凡便恰好投胎在了祝融家中，成了祝融的兒子。

玉皇大帝用心把祝融與共工這對在天界結下冤仇的大神變成了親生父子，便使得他倆解去了冤仇，雙方共同用心輔佐起了炎帝。在輔佐炎帝期間，雖然他父子對炎帝所行仁德之道心懷異想，但由於不敢違背炎帝之教，都把異想深藏心中，盡心竭力輔佐炎帝大治凡界，深得炎帝喜愛和器重。

後來到了黃帝大行道德之道之時，他父子曾經力勸炎帝改行道德之道，但受到炎帝的嚴斥。他父子雖然受斥但對炎帝赤心不改，特別是到了後來的黃、炎涿鹿大戰之時，勇猛好戰且又神功高強的父子兩個更是忍耐不住，欲要出戰大敗黃帝，但無奈又一次受到了炎帝的嚴格制止。

此後炎帝戰敗負傷退到江南山中，祝融父子特別是性情兇猛焦躁的共工，眼見炎帝身傷慘狀，心懷慘敗之恨，腹中難咽炎帝一統凡界之位被黃帝奪去之仇，更是氣惱得坐身不住。整日講說要炎帝准許他們去大戰黃帝，報雪冤仇，奪回一統凡界之位。但無奈炎帝還是不允，並對之進行了更加嚴厲的斥責。

無奈中他父子後來全力慫恿支持蚩尤之行，並在炎帝死後蚩尤興兵之時，焦待蚩尤奪得凱旋。但不料蚩尤末了戰敗，遭到全軍覆沒的下場。祝融這時雖受眾族人擁戴，要其繼承炎帝一統凡界大帝之位。但由於其轄地這時只限於江南一隅，祝融心中氣惱即便自己繼承帝位，也不是真正的一統凡界的大帝，而充其量也僅是南方大帝。為此他發誓不滅黃帝不登如此大帝之位，而僅讓族人暫且稱他為大王。共工為此心中更惱，正要講於父親允許他起兵去戰黃帝，刑天這時卻又起兵大戰起了黃帝。

氣惱中的祝融心想先前蚩尤兵敗，這次刑天必可大勝黃帝，方纔暫且止住了欲去興兵的共工。然而不料善戰的刑天，又以兵敗被殺告終。刑天又遭慘敗，使得炎帝族人向黃帝報雪冤仇、奪回炎帝一統凡界帝位之想再次化成了泡影，性情兇猛焦躁的共工又是首先耐不住了性子，決計再次說動父親舉兵去戰黃帝。

「父親，此仇一日不雪，孩兒實在一日咽不下這口惡氣！」共工本來就生得蛇身人肢、人面鐵青、口生獠牙、紅髮披肩，樣子難看十分。這時心中又怒又急，更是變得手足亂顫，臉面更青，獠牙張舞，紅髮倒豎，樣子更加難看十分。只見他這時站在祝融面前，咬牙切齒道，「為了讓孩兒活個痛快，你就讓孩兒即日起兵吧！」

虎身人面，腦袋足有一丈多長，臉紅得像一團火的祝融聞聽共工此言，卻沒有立即開口。這並不是祝融心中不惱，不想立刻前去報雪冤仇。而是他雖然神勇善戰，卻又心性細密嚴謹，城府很深。

為此先前他嚴守炎帝之教，心中雖惱卻不起兵攻殺黃帝。這時炎帝去世已久他心中禁令雖解，但他卻仍是不願徹底違背炎帝之教。同時他又看到黃帝三戰皆勝，實力強盛。共工去戰不是時機，硬戰也難勝黃帝。因而對共工之言聞而不答，一陣思謀起了奪勝黃帝的時機和謀略。

「父親，難道我們炎帝族人，就要這樣被他黃帝剿滅？現在炎帝祖爺早已身死，我們族人你早成了首領，」性情焦躁的共工眼見父親祝融對自己之言，不僅聞而不答而且陷入了沉思，便耐不住焦急說著就要動身離去大叫道，「你怎能這樣優柔寡斷！反正你不答應，我也要去。」

「嗯，不可造次。父親不是心中不恨，也不是不想立刻前去向那黃帝老兒報雪冤仇，」沉思的祝融這才制止道。接著他見共工止住了離去的步伐，便又隨著道，「但只是父親心想黃帝三戰皆勝，氣勢正盛。此去戰他一不是時機，二是再去硬戰也難以取勝。不如等待時機……」

「等，等到何時才是時機！非要等到黃帝老兒把我們炎帝族人滅絕之時嗎！」共工聽了仍是耐不住性子，說著又要轉身離去道，「我不等待了，我這就去！」

「慢，聽我把話說完。我想，黃帝老兒這時年已老邁，不會再活多少時日了。」祝融再次止住了共工的腳步，向下講說道，「不如我們暫且忍辱負重，韜光養晦一時。待到黃帝一死，我們出而殺之必獲全勝，定可一舉報雪冤仇。」

「對，還是父親說得對。這樣早動時機不宜而敗，」焦躁的共工聽到這裏，方纔心中豁然明亮平靜下來，高興道，「不如晚動乘機而勝。孩兒遵從父命也就是了。」

「即使黃帝死時時機不到，那麼他們新帝繼位初時也是奪勝之機。黃帝壽命將盡，我們奪勝之日已經不遠。」祝融說到這裏，仿佛已經勝券在握，躊躇滿志，禁不住一陣得意地「哈哈哈」暢笑起來。

祝融父子如此議定之後，一晃等到了黃帝飛昇之日。但由於黃帝驟然飛昇天界而去，他父子不能在此突然之間，組建起足夠強大的軍隊，沒有準備措手不及，一時動作不得。

措手不及但那仇恨滿腔的共工也不等待，他不能再眼睜睜地看著自己錯過這難得的絕佳時機了。為此他立刻辭別父親，祝融這時也不再阻攔，任憑他去組建軍伍，報雪家仇。因為黃帝去了是時機，新帝繼位初年也是奪勝的絕佳時機。

然而，共工此舉雖然得到祝融的支持，但由於他炎帝族人三戰皆敗於黃帝，長江以南各氏族部落之人皆有隨其陣亡者，他們因而都不願再隨共工前去賣命。同時黃帝所治世道也確實比炎帝治理得更加美好，因而黃帝之位也已經聳立在江南凡人的心中，特別是黃帝成仙飛昇天界的結局，更使人們敬羨不已。

為此他們認為黃帝是當然的凡界之主，前去戰他便是謀反作亂。同時江南凡人又都知道，共工是性情兇猛焦躁不可跟隨之人。上述諸種原因相加，共工這時舉兵之心雖亟，奪勝報仇之心雖切，卻也出而受挫，硬是募不起兵員建不起軍伍。

共工建不起軍伍，便無法前去江北戰勝黃帝遺下的軍伍，也就無法奪回一統凡界的大帝之位。料想不到的共工受此重挫心中雖然生涼，但他表面上卻也並不氣餒。只見他為了集起軍伍日思夜想募兵之法，並且日夜奔波苦苦募集兵員。

但是，任憑心懷復仇壯志的共工為之宵衣旰食地操勞，卻終因人心皆歸黃帝，炎帝家族失盡了人心，其軍伍硬是這邊集著，那邊散著，集的沒有散的快。轉眼兩年過去，共工的辛苦操勞全部付諸流水。人心所向，大勢所趨，就這樣使共工路絕氣餒起來。

失敗氣餒使無功的共工心中生躁，躁而生急，急而生怒。末了他聽到凡界傳說起了顓頊的嚴酷之名，盛怒的他便也不再顧及募兵之法。為了集建軍伍除去嚴酷治世的顓頊，報雪族人之仇，他立即改用強行抓夫拉丁之法，並對逃兵一律格殺之。

共工施用此法雖然立即奏效，一時集起了不少軍兵。但無奈江南凡人隨之全都為之心懼，為避被抓紛紛逃往江北而去，使得共工可募兵員越來越少。同時被共工強行抓去從軍之人，也皆是屈於威壓。因而表面上雖然不敢言說，內心中卻都對共工充滿了刻骨的仇恨。

這樣，性情兇猛焦躁的共工雖然組建起了一支龐大的軍伍，卻失去了江南大地，失盡了眾人之心，也壓根兒沒有得到軍心，因而實際上也等於沒有隊伍。但是焦躁的共工這時不講這些，只顧看著建起的龐大隊伍心中高興，一邊嚴訓這支軍隊，一邊繼續四處強行抓丁拉夫擴建軍伍。

共工的惡舉震驚了江南大地，也當然震驚了其父祝融城府很深的心。祝融跟隨炎帝身邊多年，深知炎帝所以躬行仁德治世之道不移，正是為了以自己的仁德之行歸服凡人之心。得人心者得天下，前輩炎帝的良苦用心正在於此。

也正是基於此想，祝融知道後來炎帝傷敗之時，力阻眾人前去再戰黃帝報雪冤仇。並在辭世之際嚴教後人，其死後不要再去與黃帝爭戰。這些，就都全是為了不壞其仁德一世之名，以長久贏得天下凡人之心。

心有城府的祝融正是對炎帝用心認識若此，方纔雖懷一身神勇善戰之功，腹裝一腔對黃帝的深仇大恨，又身有炎帝之位，但卻恪守炎帝之教不移，唯恐壞了炎帝仁德之名，失去天下眾人之心。

常言失人心者失天下。祝融從共工此前募兵不得的情景中，已經深深感受到了這一點，並且每每心中暗暗慨歎報仇失去了根基，炎帝空遺仁德之名，族人之仇已是難以報雪！與此同時，他當然也是報仇之心毫不泯滅，慨歎之餘一直在苦苦思謀著爭取人心，募集軍兵之法，以建起軍伍報雪族人之仇。

但不料祝融良法尚未謀得，卻傳來了他兇猛焦躁的兒子共工，無奈之時施用淫威強行抓丁拉夫組建軍伍之事，搞得人心進一步離散，江南凡人紛紛逃避江北地界的消息。

「壞我大事者，共工孽子矣！」聞聽這些消息，沉穩的祝融也禁不住驚得霍地站起身來，連聲大叫道。因為深知人心向背沉重的祝融，看到共工此舉，乃是進一步喪盡人心之行。如此喪盡人心，便更喪盡了自己報雪冤仇的根基。雖建起一支軍隊，但軍心離背，等於沒有軍隊，如去征戰定然慘敗無疑。

「回弟，你那焦躁的侄子共工，行下如此喪失人心之舉，如再繼續一意孤行下去必遭慘敗。」祝融為此震驚之餘不敢怠慢，為了挽回共工造成的惡劣影響，稍一思索便急喚胞弟吳回道，「直到鬧得我炎帝族人連江南這塊立足之地也要盡失了。」

「哥哥，」吳回聽了祝融此言，雖覺共工之舉也是做得不對，但卻沒有想到後果竟會這樣嚴重。為此即不贊同祝融之言道，「你說的太危言聳聽了吧！」

「不，哥哥說的全部屬實。」祝融則對吳回之言立即否定道，「若到那時，別說我們再去報雪前仇，也就只有遠走逃避他鄉了。」

「既然哥哥此言，」頭腦簡單、生性魯莽、尚勇鬥狠的吳回，這時聽了祝融之言，方覺震驚道，「那我們怎麼辦？」

「你快前去找那孽子，讓他停止惡行，」祝融隨之道，「遣散抓拉兵丁，隨後廣施仁德收攏人心。」

「哥哥所言甚是，」吳回立即贊同道，「小弟這就前去。」

「記住，顓頊繼位不足三年，嚴酷之名已經傳遍凡界，後日定當失去人心。」祝融對吳回繼續講說未完之言道，「待到那時，我們贏得人心，何愁除他不掉，報雪冤仇不成！」

「哥哥說的極是，小弟謹遵哥哥之命！」吳回聽到祝融言說有理，立即答應一聲便轉身尋找共工而去。然而吳回去後轉眼過去數日，焦待的祝融不僅不見吳回歸來，相反卻連續傳來了他不願意聽到和預想不到的壞消息。

這消息說，共工抓兵拉夫搞得更凶，使用手段更加惡劣。吳回不僅沒有說動共工，反被共工說轉了過去，做了共工的大將軍，與共工的兩個舊好相柳和浮游一道，做起了共工的臂膀。不久就要起兵渡江，攻伐顓頊。

祝融聞聽此信，驚得陡地險些昏厥過去。他既知道人面蛇身，渾身鐵青，長著九個腦袋的相柳，是一個兇狠邪惡的傢伙。又知道人面熊身，渾身血紅，狡詐到走路都一步三回頭，唯恐身後有人殺他，說話時總是先「嘿嘿」陰笑的浮游，更是一個陰狠險詐的傢伙。這兩個惡者成為共工的左膀右臂，就更將兇猛焦躁的共工拖入邪惡無疑。

他還知道自己的兄弟吳回，雖然生相與自己相差不多，但卻頭腦簡單魯莽，生性尚勇鬥狠，實與共工為一路貨色。為此他後悔起了自己不該讓胞弟吳回前去勸說共工，使得共工孽子又多了一個助惡之人。

但在祝融驚怕後悔之餘，他看到驚怕後悔也都無用。為了保得人心不失，爭取奪勝顓頊報雪冤仇，還是必須儘快制止共工的惡行。為此他知道再派別個前去也是難勝此任，便決計自己立刻前去制止孽子。但他臨行前又擔心自己前去激起惡變，心機一轉便想起了女兒丁竽。

祝融想到，丁竽平時最孝順自己，也最聽自己的話，而且共工又最聽妹妹丁竽的話。這樣自己讓丁竽前去勸說共工，定可比自己前去效果為好。為此他即不怠慢，急忙來到丁竽房中，找到了正在鬱悶不樂的丁竽。

丁竽近年來除在祝融面前之外，其他時間總好一個人獨處，悶悶不樂。她不會高興，她心中愛著顓頊卻得不到顓頊，自己活著卻又讓顓頊認為自己死了，同時她又非顓頊不愛！就這樣在為周全親情的心境中，苦苦地折磨自己過去了二十餘載。

眼見著自己已經從一個玉顏花容的嬌美姑娘，變成了一個日漸醜陋的中年婦女，而且又得到心愛的顓頊更加遙無希望，心中的矛盾和愁苦無法排解，當然就只能整日裡悶悶不樂。然而她雖然整日裡心中鬱悶不樂，但她對自己的鬱悶之因，卻從來不向別個透露，包括疼她愛她的生父祝融，只是整日在心靈深處鬱結著。

祝融對女兒的心情鬱悶，數十年中也曾詢問過多次，但都不得而知，便也習以為常不再問詢。這時來到女兒房中見到女兒仍在鬱悶之中，便開口逗其道：「女兒，今日父親讓你去做一件事情，解解女兒心中的鬱悶，如何？」

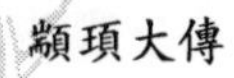

「好哇！父親有何事兒可開女兒之心？」正在鬱悶得愁眉緊蹙的丁竽，突見父親來到又聞父親此言，先是一愣接著忙轉笑顏道，「就對女兒快作吩咐吧。」

「女兒，父親想你已經知道你哥哥的事情，」祝融看到丁竽見到自己即現苦中作樂之態，雖然心中對女兒一陣心疼，但由於無法問出絲毫緣由，加之又急於遣其前去勸說共工，便抑住心疼道，「他盡幹喪失人心之事，我們豈有戰勝顓頊報雪冤仇之期！」

「是的。」丁竽這時正在父親面前笑臉相見，聽到此言頓然笑容陡斂。這是因為她雖然知道哥哥共工之舉，但卻又把知道的一切盡力排出了自己的腦際。她心中矛盾至極，既不想知道卻又想全部知道共工哥哥的一切。為此這時木然道，「父親說該怎麼辦？」

「父親想讓你立刻前去勸說你哥，讓他停此惡舉收攏人心，」祝融繼續其言道，「等待顓頊失盡人心，凡間人心盡歸我族人之時，再行大舉報雪冤仇。」

這時，丁竽已是木無表情地愣在了那裏。她心中的矛盾這時已經達到極點，即她既想為全親情讓共工哥哥誅殺顓頊盡報前仇，又恐哥哥前去傷著了自己心愛的顓頊。如此矛盾無法排解之際，她便進退無據，陡然木呆起來。祝融不解女兒此情，見到丁竽呆愣頓覺詫異道：「怎麼，女兒不願前去嗎？」

「女兒怎能不願意前去，女兒完全遵從父親之命！」丁竽這時被父親之言喚醒，急作孝順之態道。她在心中這時對矛盾進行了權衡，想到她既然先前已為親情斬斷了愛情，今天就仍應為全親情遵從父命前去勸說哥哥，以保將來能夠真正報雪族人之仇。

「不，如果女兒為難，」祝融這時已看出了女兒的心思翻湧，心疼女兒，不願再傷著女兒之心道，「父親絕不難為女兒。」

「父親放心，女兒去矣！」丁竽這時則堅定起來說著，即轉身尋找共工而去。

丁竽此去當然也沒能說動共工，共工這時已被其心中的仇恨激得失去了理智，同時又被身受的挫折推向了失去理智的深淵。加之其身邊又有兇狠邪惡的相柳和陰狠險詐的浮游慫恿，還有尚勇鬥狠的叔父吳回的支持，他已經完全變成了另外一個人。

先前對妹妹丁竽言聽計從的共工，這時不僅不把她傳達的與自己之意相悖的父親之言聽進耳中，而且聞之即怒。末了則對丁竽斥叫起來，硬是把丁竽趕出了其居地。

丁竽雖然勸說哥哥失敗並受到粗暴對待，但其心中卻沒有生出對共工的絲毫氣惱和抱怨。她理解哥哥，知道這是因為哥哥欲報家仇而不得，心中疾急造成的。但她也贊成父親，知道父親是理智的，父親的想法是正確的。

為此，丁竽雖然為自己未能用父親的正確意見勸動哥哥而遺憾，可她也為勸說不動哥哥而無奈。遺憾無奈之中，她只有返回父親身邊回稟實情。丁竽返到父親身邊講說了全部情狀，祝融聞聽勃然大怒，即欲起身親自前去勸說道：「孽子如此，非由我前去不可了！」

「父親，女兒前去不成，」丁竽見之即言阻止道，「父親前去料也無用了。」

「無用也得去。若是勸止不住孽子，我炎帝族人就將沒有立身之地矣。」祝融這時怒不可遏地說著，便不顧丁竽的勸阻，即起身向共工居地而去。丁竽攔阻不住父親便也不再阻攔，末了只有任憑父親勸說哥哥而去。

祝融在途數日尋到共工居處，沿途的見聞和共工居處軍伍的情況，完全印證了他先前的聽聞。為此他心中更惱，來到共工面前不待共工言說，便開口怒斥起來道：「孽子，你這不是為了報雪我炎帝家族之仇，而是要置我族人死無葬身之地矣！」

「父親暫且息怒，莫要盡聽他人之言，」共工眼見父親來到並怒斥自己，當然惡性不敢不作收斂。為此他只有斂起惡性，急對祝融開口解釋道，「聽完孩兒講說實情，再作定奪不遲。」

「放屁！我盡聽他人之言？我受了他人的愚弄？你做的都對！」祝融不聽共工此言還罷，聞聽此言更是氣惱至極道，「我告訴你這孽子，你必須立刻止住惡行，遣散抓來兵丁。不然，為父今日為家族不滅，就先要了你這孽子的小命！」

「父親，孩兒不是那個意思！父親知道，孩兒所以如此行事，乃是不得已而為之。」共工聞此怒斥，仍然不敢頂撞父親急忙解釋道，「因為顓頊可行嚴酷之道，我們當然也就可以肆行邪惡大亂凡界！再說若不這樣，隊伍建不起來，報我家仇就永無施行之日呀！」

「你這傻惡！你怎麼就不知道顓頊酷帝行那嚴酷之道，正好使其喪失人心，為我族人提供將其剿滅之機。」祝融這時聽了更怒道，「而我們仍行仁德之道，則正可贏得人心，為我報雪家仇奠定根基。可你，卻反其道而行之，把凡人之心盡都推向顓頊一方，你不是欲置我家人死無葬身之地又是做何！」

「父親，孩兒並非傻惡。孩兒是想，如果孩兒不逞此惡，」兇猛焦躁的共工本來就頭腦魯莽愚頑，缺少聰慧，此前又已達到喪失理智的極端地步，因而對祝融之言聞若未聞，依舊依照自己之想道，「顓頊的一統凡界就不會生亂，我們就報雪不了家仇啊！」

「胡說，你這等作為恰好是自尋失敗。」祝融對共工此言聞之更怒，隨後簡直是氣惱得吼叫起來道，「不這等作為，才能真正建立起一支與我同心，共剿顓頊的無敵之軍啊！」

「哥哥，侄兒雖然做得有不當之處，但他也全是為了替我家族報仇。」這時，尚勇鬥狠的吳回在旁按捺不住，開口對祝融道，「因而畢竟是錯小功大，更何況他已為報仇集起了一支五千人的軍隊呢！」

「胡說！怪道你有來無回，」祝融聞聽吳回又是頭腦簡單至此，更是勃然大怒道，「你叔侄倆真不愧是一對傻惡！」

「哥哥，弟弟來時，真是要依你之言勸說侄子的。」吳回不待祝融再說，又言道，「但一看侄子大功將成，作為叔叔又豈有不助侄子一臂之力之理，而反促侄子功虧一簣呢！」

「你，」祝融這時更惱道，「腦子進水了！」

「哥哥，侄子的千不是萬不是，都是小弟的不是。你就看在侄子大功將成的份上，」吳回這時央求起了祝融道，「捐棄前嫌，率領我等舉兵北進，剿滅酷帝顓頊，為民除惡，報我家仇吧！」

「全是蠢貨！已是自取滅亡了，還想報雪冤仇！你們這樣不聽我勸，執迷不悟，一意孤行不止惡行，我就要嚴懲於你們了！」相柳與浮游在旁聞聽，這時也齊聲央求起了祝融。祝融眼見共工四個全都依舊不改初衷，便越聽越惱大叫道，「你們說，你們是否立即停止惡行？」

「父親，孩兒說的不對，」共工這時則耐不住焦急性子道，「難道我叔父說的也全都錯了嗎？父親，你太自信了吧！」

「你，你這孽子既然已經不聽父言，」祝融聞聽共工此言，氣得一口氣緩了半天，方纔接上來邊說，邊出拳打向了面前的共工道，「同時事情由你肇始，為父就只有率先嚴懲於你了！」

「父親不要動手，」共工雖然性情兇猛，但對於父親也是不敢還手的。因而他見父親出拳打到，便不敢怠慢，急忙閃身躲過，隨著口中急叫道，「有話與孩兒再說啊！」

「孽子敢躲，我非打好你不可！」祝融本已氣惱難消，這時又見自己一拳被共工孽子閃身躲過，心中更惱開口怒叫道。隨著，又「嗖」一拳打向了躲到一旁的共工。

「父親，只要父言有理，」共工依舊不敢怠慢，他見父親來拳用力沉重，碰著即有傷身之險，不是假的而是來了真的，急又躍身躲過道，「孩兒是照辦不敢走樣的啊！」

「那好。」祝融眼見自己又是一拳沒有打著共工，心雖氣惱卻也知道再打也難以打著共工。為此聽了共工之言便順水推舟道，「為父叫你立刻遣散兵丁！」

「父親，」共工聞聽急叫道，「那是孩兒的心血集聚呀！」

「你不是對父言照辦，」祝融當即不讓道，「不敢走樣嘛！」

「可是父言……」共工這時不敢直言，支吾起來道。

「噢，你這是說父言無理！」祝融聞聽好惱，又氣惱得「嗖」一拳向共工打了過去道，「你這孽子，為父不嚴懲於你，看來是不行了！」

「父親！」共工見之，急忙口中叫著躍身躲了開去。祝融這時也不再言，眼見自己又是拳被共工躲過，便氣惱得一拳接著一拳打向了共工。

共工不敢還手又無法止住父親打來之拳，無奈中只有連連躲避開去。他父子就這樣隨後一打一躲轉眼過去多時，在旁雖有吳回與相柳、浮游三個連聲勸止，卻也勸說不住氣惱的祝融。

「父親，你打孩兒雖然應該，」祝融打不住共工隨之出拳更疾，共工連連躲避不知躲到何時才是終了。末了共工便再也抑制不住自己的性子，開口對祝融講說道，「但孩兒這是為先祖炎帝報仇，因而你如果繼續再打下去……」

「再打下去又怎麼著？」祝融一直打不住共工心中正惱，聞聽躲避的共工口出此言，便心中更惱邊打邊開口喝問道，「難道你這孽子，還敢反打老子不成！」

「父親，若再如此，」共工這時一邊躲閃一邊接言道，「孩兒為報雪前輩之仇，就顧及不得父親了！」

「你敢！你敢還一下手，」祝融聞聽更惱，即不相讓厲喝道，「老子今日非宰了你這孽子不可！」

「父親，你對孩兒可以再一、再二、再三，甚至再四，」共工這時依舊耐住性子，勸說祝融道，「可是不能打起來沒有止境呀。孩兒已是忍無可忍了！」

「忍無可忍你又能怎麼著？」祝融這時依舊不信共工敢跟他還手，立即開口不讓道，「難道你還敢對老子還手嗎？」

「父親，為了報雪先輩炎帝之仇，孩兒只有不孝於您，與您交手了！」共工這時已是氣得口中的獠牙打起顫來，披肩的紅髮抖動起來，理智也被祝融長時間的擊打弄得喪失了不少。隨後終於忍抑不住，真的出乎祝融意料之外地出拳，迎向了祝融打來之拳。頃刻間，他父子便交鬥在了一起。

十、共工遭敗

「孽子，老子真是白養活了你，養得你會打老子了！」共工與祝融交起手來，實在是更加氣壞了正惱的祝融。只見祝融一邊使狠接鬥共工迎來之拳，一邊氣得虎身亂抖，嘴唇發顫，紅臉變成了紫臉，從發顫的嘴唇中迸出厲語斥罵道，「來吧，今天老子非要教訓好你這孽子不可！」

「父親，不是孩兒對你不孝，非要迎鬥不可。而是孩兒已把緣由說盡，」祝融這時口中罵著，雙拳則使狠更疾地打向了共工。一時間，打得迎來的共工不拼力迎戰，就有不測之險。共工無奈只有一邊迎戰氣惱的祝融，一邊口中急忙再次解說道，「父親硬是不聽，非欲毀我為先祖報雪深仇大業不可！孩兒出於無奈，只有迎鬥父親了。」

「孽子，我毀你為先祖報仇大業！難道我就不願為先祖報仇嗎？」祝融聽到這裏當然更惱萬分，喝斥道，「我正是為了能夠報雪先祖之仇，方纔前來攔阻於你。」

「父親說得好啊！」共工聽了祝融此言，頓然心中歡喜道，「孩兒與父親完全一心呀！」

「可你這孽子非要一意孤行，壞我炎帝家人報雪冤仇大業不可，」祝融這時則對共工之言聞若未聞，口中繼續說著，雙拳則一招狠過一招地打向了共工道，「我怎能容得了你！今日我非打死你這孽子不可！」

共工迎鬥祝融，當然完全是出於無奈，所以他並非真想與其父鬥見高低。共工固然兇猛至極，但祝融畢竟是他的生身父親，他也不能真的把父親殺死！所以他在無奈迎鬥起父親之時，心中想的仍是在交鬥中勸說父親改弦易轍。使其即使不引領自己與自己苦心集起的軍兵，前去攻伐顓頊酷帝報雪家仇，只要不再攔阻，哪怕是不支持袖手旁觀自己領兵攻伐顓頊酷帝也行。

「父親，您就體諒孩兒的苦心，讓孩兒一試吧。即使不能為先祖報雪冤仇，」為此交鬥之中，他耳聽父親口出絕情之言並不氣惱，仍是開口勸說甚至乞求道，「孩兒也死而無憾了。您老就別再攔阻孩兒，任憑孩兒作為吧！」

祝融早對共工敢於向他還手氣惱到了極點，前番已經把話說絕，這時哪裏還有話語言說。為此他也不答共工之言，只是一招疾過一招地向共工絕處打來。他要一招制勝共工，把共工的錯誤報仇之舉扼殺在搖籃之中。然後重新爭取人心，等待時機再行舉兵攻伐顓頊報雪冤仇。

共工言畢眼見祝融此狀，心知勸言乞求已經均難奏效，一時間實在使他置身在了進退兩難之境。他退就必然毀棄前功，進就只有與父親真去鬥個高低。處此進退無奈之境，又見祝融招招向其絕處打來，非要一招制勝於他而不可，無奈他也不得不重作權衡，認定只有自己改弦易轍制勝父親，強迫父親支持自己報仇之行，方可結束此戰。

「父親，您非置孩兒於死地而不可，那就怪不得孩兒了！」共工想到這裏頓作抖擻，紅髮一豎，獠牙一齜說著，立刻蛇身飛動，拼盡全力與其父真的交鬥起來。

祝融父子雙方來了真的，便打得頓然酣烈異常，遠非剛才可比。

只見他父子一個是臨凡的火神，身手不凡；一個是臨凡的水神，武功脫俗。祝融要一招制勝孽子，虎身騰躍出手疾急狠猛。共工也要一招制勝父親，蛇身騰挪出手快捷如飛。他父子心懷異想，互不相讓，轉眼已是打鬥多時，雙方不分勝敗，難見高低。

祝融這時不見取勝孽子徵兆心中更惱，心機一轉陡地抽出身佩長劍，改拳為劍「颯」地向共工刺了過去。共工當然也不相讓，只見他「颯」地甩出腰纏的三節神鞭，急向祝融迎了過來。頃刻之間，他父子一個仗劍一個使鞭，更是打得難分難解，不可開交。

打鬥之中，他父子心中都在想著取勝之招。祝融思謀，到凡界之後由於他二神身為父子，雙方未曾交手互相不知深淺。但在天界時他二神由於不合，曾經多次交手，雙方的功力通過印證是旗鼓相當的。因而這時要制勝孽子，僅僅以打對打是奪勝不得的。為此對於怎樣才能制勝孽子，祝融頭腦中急劇地思想著。

共工頭腦中當然也像祝融一樣，一刻也沒有停止轉動。他也知道他父子來到凡界沒有交過手，雙方不知對方深淺，但在天界雙方多次交手是棋逢對手的。因而他心中對奪勝其父思慮更多，他既不想傷著父親又必須制勝其父。而要達到這一目標，在雙方功力旗鼓相當的情況下，是難以實現的。怎麼辦呢？共工頭腦中苦苦地思謀著。

在雙方思謀之中，他父子轉眼又已打鬥多時，仍然難分勝負。祝融於是心中更惱，共工心中也更焦急。特別是在打鬥之中，雖然他父子各自思謀多時，卻誰也沒有思謀出取勝對方之策。

末了他們當然也各自想到了施展自己的水、火神功，以用之制勝對方。特別是共工想到，自己如果施用水功，作為火神祝融的火功是抵擋不住的，那樣自己就必操勝券無疑。但他看到自己辛苦集結起來的軍兵，這時正簇圍在鬥場周圍。自己若施水功頃刻間就要洪水氾濫，自己軍兵便隨之就要死傷過半，遭受災殃，這是他不忍心去做的。

除此之外，更重要的則是自己如果施用神功傷害了凡人，玉皇大帝就會依照天規廢去自己的神功，自己就將被身懷神功的父親徹底制服。那樣自己就更是舉兵攻伐酷帝顓頊，報雪冤仇不得了。

共工無奈在打鬥之中無法施用神功取勝父親，心中便越鬥越急。他知道這樣再鬥下去畢竟不能終了，自己不施神功，萬一父親施用神功把自己擒住，自己豈不仍要前功盡棄。但是焦急之中他又想到父親不會施用神功，在自己軍營中他也不會忍心火燒凡人。同時若是傷害了凡人，他也害怕玉皇大帝廢其神功。

想到這裏，共工又求不得祝融快施神功，使之傷害凡人，神功被玉皇大帝廢去。那樣他就可以治服於他，任其前去攻伐顓項報雪家仇，奪回一統凡界的大帝之位了。為此打鬥之中，他又對其父不對自己施用神功，急不可耐起來。

祝融在思謀到施用火功制服共工之時，知道自己當然手操勝券。因為在天界時，他與共工的水功雖然旗鼓相當。但在臨凡之前，玉皇大帝正是為了讓他制服共工，特地送給了他一個共工至今都不知道的法寶——火葫蘆。則會使他施用火功制服共工，手到必成。

但是祝融想到施用火功之時，又正如共工所想，一是擔心在此軍營之中傷害了眾兵，給眾兵帶來不應有之災，二則正如共工所盼，擔心自己在此施用神功傷害了凡人，受到懲罰，神功被玉皇大帝廢去。那樣就正給共工制勝自己提供了前提，共工制勝自己之後就可以肆無忌憚地任意作為了。擔心至此，他又見交鬥取勝孽子共工不得，心中便焦急萬般卻也無可奈何起來。

就這樣他父子懷著不同的焦灼心情，轉眼又是打鬥多時，雙方仍是不分勝負。鬥到這時，氣惱至極的祝融眼見再鬥仍是不見取勝的希望，心中實在是焦急到了極點。焦急之中他忽然心生一計，詐敗逃出共工軍營，向遠方無人之處奔了過去。

正鬥的共工腦子一時轉不過彎來，眼見其父敗逃，信以為真心中大喜，而不知祝融是計，急忙隨後窮追，以期擒住祝融，眨眼已被祝融引到了施計之地。祝融眼見共工中計，到了自己可施神功之地，便不怠慢。倏然轉身施動神功，張口「呼」地吐一口烈火，便向只顧追趕心中無防的共工迎面噴了過去。

共工不知祝融施計，只顧隨後緊追，眼見著就要追上並欲出手擒拿祝融，猛不防祝融突施神功將火撲面燒來。於是燒得他頓然口中「啊呀」一聲大叫，隨著眼閉氣短不知道了東西南北。祝融見之急欲趁機上前擒拿，以期一舉制勝共工。

然而共工也非孱頭，他雖然剛才無防，這時中計被燒則心中迅疾明白過來。為此他為防父親趁機前來擒拿自己也不怠慢，立刻隨著口中那聲大叫，迷亂中便已趁機騰身躍起，倏地退身到了遠處。並隨著急睜雙眼施動神功，口中「嘩」一聲，向前來擒他的祝融將水噴了過去。

祝融因為事生驟然，也是一時提防不得，頓被共工噴來之水噴得向後一個趔趄，閉眼不知道了東西南北。共工見之當然也不棄去此機，急忙撲身上前擒向了祝融。祝融當然更不怠慢，他聞聽共工撲身過來，先是急躍身向後避過，並隨著又一口烈火陡地噴向了共工。共工見之便不再躲避，又「嘩」地將水噴出迎向了祝融噴來之火。

隨後，他父子就這樣你來我往互施神功，一火一水鬥得難分難解。當然由於他二人全都擔心這樣施用神功傷及凡人，受到玉皇大帝廢其神功的嚴處。所以施用神功皆有限度，但是即便這樣還是厲害非常。

為此，一時間只見那陡生之水越長越大越漫越遠，同樣那陡生之火也是越燒越烈越燒越猛。共工噴出之水被祝融噴出之火燒乾不少，並將其水大部分都燒成了水汽彌漫在了空中，遮蔽住了太陽弄得天地昏暗。祝融噴出之火也被共工噴出之水澆滅了大半，弄得火滅煙昇煙氣騰騰，更增加了天地的昏暗。

但是，就這剩餘不多的水火還是厲害非常。只見那水欲漫過浩浩長江，那火欲燒紅天地。頓然間弄得眾凡人不知道天地之間究竟要生出什麼變故，全都震驚不已。使得重與黎這兩位顓頊的孫子，也都驚怕得急忙向顓頊大帝稟報而去。

祝融與共工父子就這樣轉眼施法打鬥多時，祝融看到再繼續這樣打鬥下去，不僅自己依舊取勝共工不得，而且將有殃及天下凡人，自己神功被玉皇大帝所廢之險。為此他心思急轉，決計使用法寶速勝共工避開此禍。為此他即忙伸手從懷中取出玉皇太帝所賜火葫蘆，口中念動真訣立即將葫蘆口對向了共工。

那葫蘆口剛剛對向共工，其口中便倏地噴出一股熾白色的烈焰，徑直向共工燒了過去。這股烈焰與祝融口噴之火大有不同，它烈過那火百倍千倍，倏地便把共工燒得抵擋不住起來。祝融見之害怕燒死了共工，便急忙收起火葫蘆，趁機上前去擒共工。

共工不知祝融火葫蘆的來歷，更不知其中噴出之火為何這般厲害，若再多燒一時自己就要喪命。為此他眼見祝融收起了那火又向自己拿來，便不敢怠慢也不敢再戰，害怕祝融再用那火燒來奪去自己性命，即急忙棄戰逃命而去。

祝融見之當然不會放過，隨後立即緊追。追趕一陣追趕不上，祝融便想到共工既已敗逃，自己就沒有必要再去追趕。因為他已制勝共工，自己去到其軍營將其集起軍兵遣散，使其攻伐顓頊不得也就成了。為此他便不再追趕，即止步返向共工軍營，遣散其軍兵而來。

「你等三惡不做好事，淨助孽子壞我家族報仇大業！」祝融須臾來到共工軍營，看見共工所集眾軍兵正在吳回、相柳與浮游的引領下，等待共工歸來。祝融見之勃然大怒，厲斥吳回三惡道，「還在這裏等待什麼，孽子已被我趕去他方，你們還不快快遣散眾兵！」

吳回三惡正待共工奪勝祝融歸來，想不到卻等回來了得勝的祝融。因而他三惡一時手足無措，聞聽此斥更是全都愣在了那裏。好在祝融斥畢便不顧吳回三惡愣在那裏，開口對眾軍兵道：「江南父老鄉親們，你們被強迫至此，全怪我祝融生了孽子，並負有對孽子管教不嚴之過！」

眾軍兵早已知道祝融對共工邪惡之行的反對，又親耳聽到親眼看到了祝融剛才為了制止共工的惡行，與共工所說的一切，及其不得已時與共工的這場決鬥，因而他們對祝融全無怨言，只有衷心的擁戴和信賴。所以這時聽到祝融此言，齊把他視為救星道：「大王不要這般言說，如不是大帝前來趕走共工那惡，我們前去北伐顓頊恐怕就難保小命了。」

「為此我向你們賠罪，我對你們犯下了不可饒恕的罪過。」祝融這時繼續道，「當然這罪過只用語言講說，是開脫不得的……」

「不，抓我們來全是共工之罪，與大王無干。」眾軍兵這時全都感動至極，因而不待祝融說完，齊開口打斷祝融之言道，「大王若是放我們回去，大王就是我們的再造父母。我們對大王感謝都感謝不及，哪裏還有讓大王賠罪之理！」

祝融聞聽眾軍兵此言，心中更是內疚到了極點，也更對共工孽子氣惱到了極點。這都是些多麼好的人啊，他們被自己的孽子共工威逼恫嚇強抓硬拉而來，自己僅僅寥寥數語便已說得他們心滿意足。不僅不報怨自己生了孽子，反說自己救了他們。

他們的心這麼好滿足，他們對別人給他們的好處多麼知道斤兩啊！對於江南善良的人們，自己不行仁德之道還有何言？要讓他們幫助自己報雪家仇深恨，豈可採取孽子共工之法。而採用仁德之法歸攏人心，豈有大功不成之日。可是共工孽子偏偏施用惡行，壞其大業！

「大王，你既然行善除惡就一做到底，這就放我們回去吧。」祝融就這樣剛一沉思，共工眾軍兵便耐不住了心中離去的焦急道，「我們全都是被共工強抓而來，家中尚有老小妻兒，他們正在為我們放心不下呀！」

「嗯，對……」祝融頓被共工眾軍兵此言從沉思中喚醒，即言道。

「大王，他們若是見到我們回去，」共工眾軍兵不待祝融言說，又齊開口言說道，「也一定會與我們一起感謝大王的大恩大德的！」

「哥哥，切切不可遣散眾兵。」剛才呆愣在旁的吳回聞聽至此，頓然忘記了剛才祝融對他們的嚴斥，害怕祝融真的應了眾軍兵之求，將他們遣散，並在相柳、浮游二惡的慫慂下，忍不住開口急對祝融道，「他們集來實在不易呀！」

「蠢貨！集來不易難在自己，」祝融正欲答應共工眾軍兵之求，將他們全部遣散。突又聽到吳回此言，重又勃然大怒道，「人心複歸集又何難！」

「哥哥，軍兵實在遣散不得呀！」吳回這時又言道。

「父老鄉親們不必再言，你們這樣信任我祝融，我祝融絕不失信於你們。請你們相信我，」然而祝融對吳回之言聞若未聞，也不接言而立刻轉對眾軍兵道，「從今往後定要好生管教孽子，確保江南父老鄉親平安生活。你們從現在起儘管放心地回家，現在我就放你們全部回家！」

「萬歲，萬萬歲！」共工眾軍兵聞聽，齊高興得對祝融山呼起了萬歲。許久方纔止息，然後紛紛跪地向祝融告辭。

「鄉親們請起，快回家去吧！」祝融激動得眼眶中盈滿了熱淚，連聲高叫道，「你們的家人正在焦待著你們。」

「敢走！誰個敢走本帥這就殺死誰！」但不料就在祝融話音未落之時，兇猛的共工不知從何處突然來到了軍營，高聲喝止道，「吳回叔叔，相柳、浮游二帥，你們代我監視眾兵。誰敢離開一步，就殺死誰！」

「孽子，你竟然邪惡不改，」正在高興就要離去的眾軍兵突聞共工此言，剛才的高興頓被掃去，陷入了極度的失望和驚怕之中。祝融目睹此景大惱，即出手重又打向了剛剛歸來的共工道，「我今日非殺死你不可！」

共工剛才實在想不到自己會敗在父親手中，因為在天界他倆曾經多次交手，共工深知祝融的火功與自己的水功不相上下。為此剛才交手之中，他只想自己即便鬥不勝父親，也可以鬥個平手，而絕不至於敗在父親手中。

可是末了真的打鬥起來，不知怎地自己的水功卻怎樣也壓不過父親的火功。為此他甚為不解父親的火功為什麼到了凡界，突然勝過自己的水功一籌。他不知道玉皇大帝臨別時，送給了祝融專門用來制勝於他的火葫蘆。因而對此戰之敗心甚詫異，甚不甘心。

共工就這樣在不甘心中敗逃而去，敗逃之中後來他看到父親祝融返了回去，心中便立刻想到父親此去，定要遣散自己辛辛苦苦集來的眾兵。為此他不敢怠慢，決計立即返回軍營攔阻父親此舉。返回途中他仍對剛才失敗心中不甘，決計此去除要攔阻父親遣散自己軍兵之舉，而且要與父親再鬥以決高低。

共工思謀至此回到軍營，正見其父遣散自己軍兵。為此他立刻開口攔住欲散眾兵，並安排吳回三惡為自己照看軍兵，隨著他便迎住打來的祝融，邊鬥邊向軍營外遠處退去。共工所以引領祝融退向軍營之外，是像祝融剛才引他離開軍伍一樣，是其在軍營內無法施用神功制勝其父，欲把祝融引向遠處無人處施用神功勝之。

「孽子，看你能逃到哪裏！」祝融眼見共工退向遠處，當然知道共工心懷此想，因而便邊鬥邊厲聲斥罵道，「不論你逃到哪裏，老子今日都非要除掉你這孽子不可！」

共工這時也不回話，只是邊鬥邊逃。如此轉眼已把祝融引到了遠離其軍營之處。共工這時看到他父子離其軍營已遠，到了雙方施用水、火神功都不至於傷著自己軍兵之地，便不再奔逃，立定陣腳，迎住祝融惡戰起來道：「父親，你老不解孩兒的一片苦心，不顧孩兒謙讓再三，非置孩兒於死地，孩兒這時就只有與父親一決高低了！」

「孽子，到了此時為父不除掉你還有何說！」祝融這時心中更惱也不相讓，口中罵著便與迎來的共工重又惡鬥在了一起。

這又是一場惡戰，只見他父子交起手來，一個虎身撲剪勢若猛虎，一個龍身翻飛勢若蛟龍。這個拳出如猛虎出山，那個拳迎如惡龍鬧海。轉眼間他父子交手數十回合，雙方你來我往你進我退，打得難分難解難辨你我。直殺得天昏地暗日月無光，只是依舊不見高低。

處此境地祝融與共工心中更是焦急，焦急中共工「颯」地重又使出三節神鞭，徑直打向了祝融要害。祝融也不退讓，又即出長劍迎向了共工。他父子械鬥起來殺得更加酣惡，只見一個鞭來若「泰山蓋頂」，一個劍刺如「銀箭穿心」；一個鞭去如「烏龍擺尾」，一個劍飛如「銀燕展翅」。直殺得鞭飛劍舞，絞成一團，不見祝融與共工雙方人影，只聽得鬥場上狂風颯颯，沙石鳴響，捲起一根高高的風柱徑沖雲霄。

就這樣他父子械鬥多時，雙方仍是不見高低。共工眼見械鬥下去難見勝負，心知只有先施神功才能奪勝有望。於是他先一陣揮鞭更疾打得祝融分心不得，隨著便倏然使出噴水神功，「嘩」地一口水向只顧專心迎鬥的祝融噴了過去。

祝融只顧專心交鬥沒有防備，果然被共工「嘩」地噴出之水沖倒在地。共工見之大喜，急上前去擒拿祝融。祝融見之也不怠慢，不待共工擒到已是翻身躍起，「呼」地向共工噴出火去道：「惡孽要擒老子，沒那麼容易！」

共工只顧向前擒拿祝融防備不及，即被祝融噴出之火燒得急忙向後退去。於是他父子重又拉開距離，你水我火，各施神功，鬥起了高低。不一會兒，已又鬥得偌大地界之上洪水四溢，烈焰狂作，禍殃四起。

他父子功力不相上下，當然仍是不能鬥出高低。共工求勝心切依舊施功不息，祝融眼見這樣再鬥下去就會禍殃凡人，遂決計不再這樣交鬥，即又取出法寶火葫蘆念動真訣，倒出真火燒向了共工。

共工所佈之水一直能夠壓住剛才祝融噴來之火，使其不至於燒得自己敗下陣去。但等到祝融倒出火葫蘆中的真火燒來，他便立刻施功壓下不得，而且頓被燒得耐受不住起來。然而共工依舊不服，硬是拼力耐受著並拼力施用神功，猛噴淫水以期壓滅祝融燒來之火。

這時他仍是不知祝融身懷火葫蘆之秘，因而只見他越是拼力噴水，祝融燒來之火便越加旺盛。轉瞬間已是燒得他耐受不住，眼閉氣短噴不出水來。共工噴不出水來，祝融燒來之火便燒得更旺。共工被燒無奈抗拒不得，隨著便只好又急忙奔逃而去。

「孽子，看你還往哪裏逃！」祝融當然不會放過，便一邊把火燒得更猛，一邊口中大罵著，隨著便追擒起了共工。共工隨後眼見祝融越追越近，更是不敢怠慢，只有拼命向前逃奔。多虧他奔逃迅疾，方纔再次逃脫了祝融的追擒。

十一、父子三戰

共工再次逃脫祝融擒拿之後，經此兩敗方知自己實在不是父親的對手，心中更奇父親下凡之後何來這般神功。心奇之中他仍然不服，特別是不甘心就此失敗，讓其父親滅去自己苦心創建之軍，使其為炎帝報仇之舉化為泡影。

為此敗逃之中他心思不停，想到自己使用前法鬥不過父親，也要拿出他法鬥勝父親，不使自己為炎帝報仇之舉半途夭折。但是用別的什麼辦法，才能鬥勝父親呢？他想了很多，就連那最邪惡的辦法，他甚至都想到了。

比如他想到了什麼設伏襲殺法，自己假裝歸順伺機毒殺法，派人前去暗刺法，等等。但想到後來他又知道，這些方法雖可成功，卻是全都不可使用，而且絕對不可殺死父親。這一是因為使用這些惡謀都需要時間，而延俟時間其父就將把自己集結軍兵遣散淨盡，為此時間是延俟不得的。

二是自己如果殺死了父親，眾家人的仇恨矛頭，就將立即集向自己之身。到了那時，妹妹丁竽、叔叔吳回與眾族人，是絕對不會允許自己如此膽大妄為，必置自己於死地的。

自己此舉雖是為了給先祖炎帝報仇，但父親祝融卻是今日炎帝族人的實際首領，眾族人的眾望所歸之人。自己報仇不成，先殺族人首領，眾族人是無論如何都不會答應的。

而且仔細想來，自己為了組建軍伍使用的強行抓丁之舉，雖是為了報仇採取的無奈之法，但這舉動也實如其父所言是盡失人心之舉！常言道得人心者得天下，失人心者失天下。自己如此作為將人心喪失，也就必將難為先祖炎帝報仇雪恨。

父親制止自己之行乃為英明之舉，自己再去殺害於他，眾族人豈能容忍得了。為此到了自己殺死父親之日，也就必將迎來自己身死之時。如果真是那樣自己一命不保，又豈有再行報仇之理。為此想到最後他雖然想出了一堆惡謀，卻都被他自己否定了去。

不能殺死父親，父親又非要制止他的報仇之行不可，鬥又取勝不得，怎麼辦呢？共工隨後又想了很多。但不管他想的怎樣眾多，末了還是只有一個辦法，即設法制勝父親，以保自己的行動不被扼殺。只有這樣他才能不傷害眾族人之心，使自己能夠在為先祖炎帝報仇的旗幟下繼續行動。

同時不殺父親，鑒於父親心中也充滿著對黃帝族人的深仇大恨，自己與黃帝族人交鬥之中如果遇有危難，他還是會幫助自己的。為此，只有使用暫時制勝父親之法，才是目前唯一的萬全之策。

共工雖然定下了制勝其父之法，但兩鬥皆敗的他又實在沒有主意。因為再靠自己之力制勝父親已經不得，但除去自己，其軍中之人當然更加個個不是祝融的對手。怎麼辦呢？事情又十萬火急。

父親追擒自己不得已經返了回去，他去到自己軍營，必將嚴懲吳回叔叔與相柳、浮游二惡。同時再度遣散自己集起的軍兵，使自己的苦心毀於一旦。怎麼辦呢？共工這時急到了極點，也無奈到了極點。

「我怎麼全都忘了呢？對，就這麼辦！」常言急中生智。就在共工焦急無奈之時，其頭腦中果然生出了急智。只見他緊繃的鐵青臉面頓然綻開了笑顏，責怪地「咚」一拳砸在了頭上道。說著即施動神功駕起雲頭，一路疾急地向東方大海飛去。

他想起自己鬥不過父親，請一些助手前來共鬥必可獲勝。而在凡界，四海龍王無疑是自己最好的助手。因為自己原先是天界的水神，龍王離開自己不得。所以他們全都是自己的好友，又都個個神功不弱。

這樣，自己前去把他們請來合力共鬥父親祝融，父親高過自己的那點火功必被制勝，父親就必被自己擒獲。正是想到這裏共工便不怠慢，一陣疾行已經來到了東海之上，東海龍王敖廣的宮殿門前。

「龍兄身在宮中可好？共工因有急事便也不再入宮，」共工正要著令守門蝦兵蟹將進宮稟報，早已被共工到來驚動的敖廣已經迎出門來。只見他見到共工來到不敢怠慢，急忙施禮便欲迎接入宮。共工見到敖廣也不諱言，立即開口道，「只請龍兄幫助共工一事。」

「大神有事請講，老龍定當鼎力相助。」敖廣見之，便也不再寒暄道。共工覺得自己可以一語定音，遂直言講說了自己必須鬥勝父親的一切，請四海龍王兄弟前往相助。

不料敖廣聽罷共工之言，卻頓然愣在了那裏，久久沒有開口。他聽到共工是來請他去戰其父祝融，祝融是一位正直的大神，敖廣豈能前去參與這場別人的父子之戰，而且又是去助負有邪惡之名的共工，去鬥正直的大神祝融呢？敖廣是聰明的，所以他聽畢共工言說，頓陷進退兩難之境，怔在了那裏。

「怎麼？」共工這時心中急如火燒，擔心祝融歸去遣散了自己辛苦集起的軍兵，巴不得自己一語敖廣即招其他三海龍王隨他前去。但焦急的他卻遇上了猶疑難斷的敖廣，共工為此更加急火，隨之陡現邪惡之態道，「龍兄不肯相助嗎？」

「哪裏，」敖廣害怕共工，因為他身為水神如果發起怒來，就會攪得海翻水騰，攪塌自己的龍宮，傷盡自己的家族。為此呆怔中的他，聞聽共工口出不滿之言頓被驚醒，眼見共工現出邪惡之態，忙不敢怠慢道，「哪裏有不肯去助大神之理……」

「那你猶疑什麼？」共工這時則寸步不讓道，「還不快走！」

「只是大神是鬥自己的父親，老龍實在不敢相助。」敖廣無奈，這才講說自己的苦衷道，「再說，大神之父祝融乃是天界的火神，英名傳播四方。老龍豈有前去相鬥之膽啊！」

「那好，既然龍兄不願前去相助，害怕我父親不怕我共工，」敖廣說的當然入情入理，共工聽了也覺於理不悖。但這時他心急如火，要的只是立刻前去鬥勝父親，保住自己軍兵不被遣散，豈有容許敖廣講說之理。為此他聽畢敖廣之言陡生氣惱，立即做出了就要施法攪動大海的樣子，逼迫敖廣快做抉擇，威脅道，「那麼龍兄就莫怪我不講友情了！」

敖廣眼見此景，頓然被邪惡的共工征服了，他不服怎行啊！因為共工若是真的發起怒來，須臾就可以把他的龍宮夷為平地呀！為此為了保住他的龍宮，他就只有跟隨邪惡的共工進入邪惡的圈套，違心地去助共工惡戰祝融。

「大神息怒，老龍豈有不助大神之理，」雖然去助共工惡戰祝融的後果，是更加可怕更加不堪設想的，但好漢不吃眼前虧，聰明的敖廣還是不得不答應下來。為此只見他不敢稍怠，急忙做出恭順的姿態道，「只是說說道理罷了。」

「龍兄如此還算明智！」共工這才緩下一口氣來道，「那就行動吧。」

「怎麼行動？」敖廣再也不敢怠慢，隨之接言道，「大神就儘管吩咐老龍吧。」

「快傳其他三海龍兄前來聚齊，」共工正在心急如火，即言道，「隨我一起前去鬥勝我父祝融。」

敖廣聞聽，即命蝦兵蟹將一陣傳來北海龍王敖順、南海龍王敖欽、西海龍王敖閏。然後說明緣由，同隨共工赴鬥祝融而來。敖順等三海龍王剛開始當然也像東海龍王敖廣一樣不願從命，但後來迫於共工的威壓，也只有都像敖廣一祥，違心地從命而行。

共工於是引領四海龍王，一陣疾行來到自己軍營門前，恰見被其父遣散的眾軍兵正在紛紛離去。共工大急，立刻厲聲喝止道：「回去，誰敢再走一步，格殺勿論！」

幾名走在前面的軍兵聞聽共工此言仍不停步，以為自己走在遠處共工不會真的來殺，因而試圖逃離他去。但是共工則立即上前出手，「颯颯」兩鞭便把他們殺死在了地上，止住了欲去眾兵。

「孽子，你還是不思反悔，阻止眾兵。」祝融聞訊趕來，見之便又向共工打了過來厲罵道，「老子非處死你不可！」

「父親，前番你兩次打敗孩兒，孩兒服了您老的神功高強。」共工見之，青臉一揚「嘎嘎」笑著，把待在身旁的四海龍王介紹給了祝融道，「可是今朝，您就輸定在孩兒手中了。您瞧，誰來了！」

「孽子莫要高興，我不相信四海龍王會來助你孽子鬥我。」祝融見之更惱，口中說著手中依舊向共工打來。共工則不慌不忙迎向了祝融，他不僅已經止住了欲要散去眾軍兵，同時覺得自己請來了相助的四海龍王勝券在握，制勝其父已是眼前之事。

為此不慌不忙之中，他還是採用上次鬥時的方略。即為了不傷害自己集來的眾軍兵，並避過神功被玉皇大帝所廢之虞，把父親引向遠處再鬥高低。方略既定，他便邊鬥邊退，把祝融引離軍營越來越遠。

「父親，孩兒實在是出於無奈，一切就請您老海涵了。」共工轉眼把祝融引到了可行決鬥之處，遂停住後退立定陣腳道。說著，便立即出手與祝融惡鬥起來。

陡然間，只見共工先是使出「惡虎出穴」之招，一拳向祝融打來。祝融也不怠慢，即施出「黃龍出水」之招揮拳相迎。共工又使出「猿猴獻果」之招出拳打來，祝融又使出「白鶴亮翅」之招出拳迎擊。共工隨之又使「偷步搖山」之招打向祝融，祝融則使「回頭望月」之招出拳相迎。

就這樣，他父子你來我往你進我退，轉眼打鬥多時。直鬥得天昏地暗日月無光，使得在旁觀戰的四海龍王，也不由得全都膽戰心驚起來。惡鬥之中，他父子當然各個盡施絕招狠招，以期制勝對方。但由於雙方武功不相上下，因而打鬥雖久仍是不見高低。他父子為此更是怒氣難平，雙方便又齊施器械惡鬥起來。

一時間，只見共工揮動三節神鞭，一招「撥雲望月」向祝融取來。祝融則即出長劍，一招「開門見山」向共工迎去。隨後他父子便你施「玉女採桑」之招，他施「蒙頭鴛鴦」之式；你用「迎面通天」之技，他施「攔路斬蛟」之術。雙方你來我往你進我退，轉眼打鬥多時仍是不見高低。

共工這時取勝不得心中大惱，立刻厲言喝叫在旁的敖廣等四海龍王，不要只是觀戰而前來助鬥祝融。祝融剛才心想共工雖然請來了敖廣等四海龍王，但自己昔日對敖廣等四海龍王也是不薄，因而他們雖來也不會幫助共工圍鬥自己。這時眼見敖廣等四海龍王隨著共工一聲厲喝，卻出其預料地一起持械殺了上來。

原來，敖廣等四海龍王雖到戰陣，卻也不想參戰，只想在旁觀戰得過且過算了。好在前來途中共工對他們講明，對其父祝融只可制勝不可傷害，方使他們放下心來不再為祝融擔心。然而這時他們不戰之心雖然依舊未改，卻無奈剛才共工厲言相逼，他們唯恐不遵共工之言，共工生怒施惡毀壞他們的龍宮寶殿，只有出手參戰。

敖廣他們殺上前來也行，反正共工有言不讓他們傷害祝融，而且他們不敢也不想傷害祝融。所以殺上鬥場之後敖廣他們全都口不出言，只是對著祝融敷衍廝殺。他們不敢得罪共工，如此廝殺完全是為了敷衍共工。

「我道你等四海龍王全是主持正義之神，豈料你等不在龍宮享福，竟然前來助惡！」祝融正在氣惱地惡鬥共工不見高下，眼見敖廣等四海龍王真的遵從共工喊喝，這時出其意料地殺上前來，心中著實更惱萬分。抖擻精神奮力鬥起了共工等五神道，「那好，我就只有一起除掉你等了！」

隨之頓然間，只見祝融鬥得拼盡全力，共工鬥得招數使絕，敖廣等四海龍王雖然不想真鬥，卻對祝融殺來的拼力之劍也必須拼力相迎。共工與四海龍王五般兵器輪番殺向祝融，直殺得祝融頃然間沒有了喘息之機。如此祝融的手中長劍不得絲毫閑歇，轉眼間已被殺得只有招架之功，沒有了還擊之力。

「父親，孩兒知您雖然反對孩兒此番為先祖報仇之舉，但卻在為先祖報仇之上與孩兒同心無異，」共工見之心中大喜，口中不禁「嘎嘎」大笑道，「為此孩兒今番只想制勝於您，並不傷害於您。因而孩兒敬請父親束手就擒，莫讓孩兒下手為難父親。」

「孽子，我看你是黃鼠狼想吃天鵝肉，盡是妄想。」祝融鬥得不得停歇又無取勝之望心中正惱，聞聽共工此言更是氣得火騰萬丈。因而不待共工說完，便開口一邊厲斥共工，一邊倏然施出神功，「颯」一口烈火噴出燒向了無備的共工等五神。

共工眼見就要制勝父親只顧高興心無防備，頓然被祝融口噴之火燒得暈頭轉向，向後退了過去。敖廣等四海龍王當然更是無防，又耐不住祝融火燒，也被燒得比共工更慘胡亂退去。

祝融所以突趁共工無備之時施用火功，是他看到自己再鬥也無取勝之望，若不率先下手再被共工占了上風，自己就有遭擒的可能。為此他不僅率先施用神功一招制勝了共工等五神，而且隨後則一不做二不休，又立即取出身藏火葫蘆念動真訣，倒出其中真火猛地燒向了共工等五神。

按照共工設想，其神功再加上敖廣等四海龍王之功，一起噴水定可撲滅祝融噴出之火奪取全勝。但不料他五神剛才突被火燒，這時尚未來及緩過神來施功噴水反擊祝融，祝融火葫蘆中之火又已燒到。頓然燒得他五神更加耐受不住，只顧奔逃哪裏還來得及施用神功。

就這樣共工等五神拼力奔逃，祝融傾倒火葫蘆中真火隨後拼力追燒，轉眼已是追燒出了數十里之遙。虧得共工等五神逃跑迅疾，這時方纔逃到真火邊沿。穩住陣腳一起施功噴水，還擊起了祝融之火。

事情還是大出共工預料，因為任憑他五神拼盡全力使絕水功，不知怎的還是壓不住祝融燒來之火。他們噴出的水不僅澆滅不了祝融燒來之火，並且反見祝融燒來之火迅疾便可燒乾他們噴出之水。隨著那火轉眼又已燒到了他們面前，燒得他們仍是耐受不住。

「逆子孽龍，還不快快過來就擒！」共工等五神於是不敢稍待，急忙轉身一起繼續敗逃而去。祝融見之口中大叫著，隨後仍是緊追火攻不舍道，「再往哪裏逃！」

共工等五神經此敗戰當然再也不敢停留，齊急忙向遠處敗逃而去。虧得他們五神敗逃迅疾，方纔逃脫了祝融的追燒。末了證實祝融不再追趕返了回去，他們五神方纔停住敗逃，議論起了失敗的原因。

「開始我感到火燒不烈，可後來祝融大神突然手中出現了一個火葫蘆，」共工依舊不知祝融手中握有玉皇大帝所賜法寶火葫蘆，大為奇異其父到了凡界為何神功勝過自己一籌，添上四海龍王竟也打鬥不過。北海龍王敖順則眼睛明亮，這時講說道，「火便隨著燒得烈到了容忍不得的程度。」

「什麼火葫蘆？」共工聽到敖順此言，頓然大驚失色道，「有這等事？我怎麼沒有看到！」

「大神原來不知，祝融大神手中的火葫蘆很小，只有手握兩頭稍露大小。」敖順隨之接言道，「但其烈焰熾白，十分猛烈。」

「你看清楚了？」共工這時更驚道。

敖順肯定道：「看得一清二楚，絕對沒錯。」

「難怪我屢戰屢敗，原來是父親手中另有法寶。但他何來如此法力廣大的法寶？」共工至此，方纔明白過來道，「難道是玉皇大帝臨別送給他，專門對付我共工的不成？」

「若是那樣……」敖廣心中清明，急想巧借此機打消共工再戰其父道。

「如果真是這樣，」然而共工不等他說完，便洩氣地沉吟起來道，「我共工就只有俯首聽命於父親了！」

「大神不必生愁，依老龍之見這事好辦。」敖廣等三海龍王聞聽共工洩氣之言，心中全都暗自大喜。這樣共工不再與祝融交鬥，他四神就可以返歸龍宮各自無事了。共工也交待了，祝融也不鬥了。但是西海龍王敖閏心卻憨直，聞聽共工之言竟然為其支起招來道，「我們設法把祝融大神的火葫蘆盜竊過來，事情豈不就成了！」

「還是敖閏龍兄高見，」共工突聞敖閏此言，頓然大喜過望道，「事情真的就好辦了。」

「敖欽龍兄，小神知您善於變化，就由您變作我家小妹丁竽，」

敖廣等三海龍王聞聽他二神此言，都氣惱得向敖閏狠狠地瞪去了白眼，但事已至此也都無法挽回。共工這時則靈機一轉，對敖欽開口道，「前去向我父索衣換洗，盜出我父的火葫蘆如何？」

敖欽頓然驚得目瞪口呆道：「我……」

「對，你去。我到凡界後雖與父親一直待在一起，卻沒有見到過父親藏有火葫蘆法寶。」共工只顧高興沒有想到敖欽心中不願前去，即又開口講說緣由道，「因而據小神想來，我父一定是將那法寶貼身藏在衣內。只有變成我父深信不疑的我妹丁竽，前去索衣清洗方可盜來。」

「不，」敖欽實在不想前去，欲圖推脫道，「我知道這些……」

「我父親對我妹丁竽百依百順，龍兄變作我妹前去定可手到擒來，絕無不成功之理。」然而共工不等敖欽說完，又說道，「事情就這麼定了，事急燃眉龍兄就快去吧。」

「好吧，老龍只有遵從大神之命了。」共工言說至此堵死了敖欽推託之門，敖欽無奈不敢不去，便只有對敖廣等眾龍兄使個眼色道。言畢即搖身變成了他見到過的丁竽姑娘，問清會聚之處即辭別共工等四神，前往共工軍營尋找祝融而去。

敖欽所變丁竽一陣疾行來到共工軍營之中，見到祝融追趕他五神未能追上剛剛返回營中，正在氣惱地再次高叫著遣散共工眾兵。敖欽待到祝融言說完了，立刻上前對之道：「父親莫要生氣，我諒哥哥這次再也不敢來了。」

「來了更好，我非除掉他不可。」祝融見是女兒丁竽來到，心中之氣頓然消去十分道，「女兒何時到了這裏？」

「已經來到多時。女兒聞聽父親與哥哥大戰，放心不下，特來看視父親。現在好了，」敖欽所變丁竽說著，便去脫祝融的衣服道，「哥哥敗逃去了，父親可以輕鬆了。瞧父親的衣服被這場惡戰弄得髒的，脫下來讓女兒給父親洗洗。」

「多麼孝順的女兒呀。要是你哥也能這樣，該有多好啊！可是他不是這樣。」祝融見之，高興地長歎一口氣道，「好，先別忙。讓父親進帳去把衣服換下來，女兒去洗不遲。」

「那好，父親就快進帳去吧。」丁竽說著，便挽著祝融往大帳走去。進入大帳，敖欽所變丁竽也不離去，即幫祝融脫換起了衣服。祝融不知這位丁竽有詐為敖欽所變，還以為真是女兒丁竽，因而遂將衣服脫了下來，連藏在內衣中縮小了的法寶火葫蘆也忘記取出，全都交到了敖欽所變丁竽手中。

「父親歇息，女兒洗衣去了！」敖欽輕易得到法寶心中大喜，高聲叫著隨後出帳而去。但他出了大帳並未前去洗衣，而是假裝洗衣來到一個水塘跟前僻處，一轉身便帶著法寶徑向與共工等四神聚會處奔去。他與共工等四神約定聚會之處距離不遠，共工準備只要敖欽得手，他五神就立刻再戰祝融，所以都等在軍營近處。

「若此，生擒父親就在眼前了！」敖欽轉眼來到共工四神待處，報知自己得手，並將手中的火葫蘆交給共工察看。共工見之大喜說著，便領敖廣等四海龍王向自己軍營圍來。

「父親，你老此次就好生束手就擒吧。」祝融這時正在帳中休息，共工等五神須臾趕到，不待祝融察知便一起沖了進來。共工進帳見到父親正在休息，便「嘎嘎」一陣大笑道，「你走不了啦，就免得孩兒再費手腳，傷了父子和氣吧！」

「孽子，你們沖入帳來就可擒住老子嗎？你們妄想！」祝融突見共工等五神沖進帳來已是勃然大怒，又聞共工此言早氣得長腦袋顫抖起來，口中怒斥道。隨著便霍然起身，一招「鷂子穿林」出拳打向了共工。

共工有備當然也不怠慢，即出手使招迎向來拳，又與祝融鬥在了一處。打鬥之中，祝融腦子急轉，想到共工等五神勢盛，自己一神被他五神圍在帳中施用神功不得，惡鬥下去實有遭擒之險。

為此他不敢久戰，決計打出軍帳打到軍營遠處僻地，再施神功取勝共工等五神。心想至此他一個猛招使出，打得共工一躲，加之敖廣等四海龍王不是真心阻攔，便趁機出帳向營外退去。

「父親，再去你也逃脫不得。還是不要再去，自我受縛吧。」共工當然心知祝融此去又為施用神功，可他又知其父的法寶火葫蘆已在自己手中，前去也是奪勝不得，便又「嘎嘎」大笑道，「這樣可以免得孩兒動手去擒父親，傷了父子和氣。」

「孽子，」祝融忘記火葫蘆自己沒有取出不在身上，依舊覺得自己勝券在握，為此斥罵共工道，「你還沒有領教夠我的神火嗎！」

「領教過了，實在厲害，」共工這時又是一陣「嘎嘎」大笑道，「孩兒實在不想再去領教了。」

「為父的神火不是你孽子想不想領教的事兒，這次非燒死你這個孽子不可！」共工與祝融如此說著，祝融已領共工五神來到了遠離軍營的偏僻之地。祝融這時依舊不知共工盜走了其法寶，因而聽不懂其言之意。為此眼見來到了可施神功之地，便氣惱得厲聲喝著，隨著則「呼」一口烈火噴出，燒向了隨後追來的共工等五神。

共工等五神這時心有防備，在祝融噴火之時已是齊施神功，口中噴水迎向了祝融噴來之火。事情果如共工先前所料，他五神齊施神功，噴出之水一舉便把祝融之火澆滅了下去。

祝融見之也不怠慢，急去尋摸身藏法寶火葫蘆。然而這時一摸，方纔想起原先身著之衣被丁竽拿去換洗，自己一時疏忽竟然忘記取出

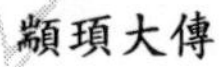

法寶火葫蘆，心中頓然大急。他急自己之功抵不住共工等五神之功，急其遠離軍營一時無法前去尋找丁竽找回法寶，再鬥下去自己就有遭擒之險。

「父親，你的法寶現在孩兒手上，」共工見狀欣喜，為促父親棄戰受擒又即開口道，「你被盜了。快快束手就擒吧！」

「孽子，你果真邪惡到父親頭上來了。是你施惡盜走了為父的法寶，老子今日就更要叫你孽子死無葬身之地了！」正急的祝融心知至此，方纔心中一驚怒吼起來道。隨著，惱怒至極的他即又猛施神功，與共工等五神惡鬥起來。但是丟失火葫蘆的他與共工交鬥已處平手，這時共工又有四海龍王相助，祝融便無論如何也打鬥不過共工等五神了。

祝融身陷如此厄境，看到再鬥真有遭擒之險，遂不怠慢，急忙衝開共工等五神攔阻，一路向北敗逃而去。共工等五神見之當然不會放過，隨後一起疾追，非欲擒住他不可。為此祝融在前越逃越遠，共工等五神隨後越追越急，眼看著祝融在前便要逃到長江岸邊了。

十二、共工救父

祝融眼見自己就要逃到長江岸邊心中大急，他既急後有共工五神窮追，自己打鬥不過，他五神就要擒住自己。又急前面橫有長江擋道，自己到了江邊無筏可渡，豈不就真要被共工孽子擒住！

對於祝融來說，被孽子擒住他並不害怕，怕的是自己被擒，孽子喪失江南人心之舉就將無人攔阻。那樣江南人心失盡，他炎帝家族之仇就報雪無日了。為此，戰敗的祝融又怕自己真被共工擒住，壞了其報雪家族之仇大業。為此前有長江攔路他也不返回身去，而疾向長江岸邊奔逃。

他要逃到長江岸邊尋找渡筏渡過浩浩長江，徹底擺脫共工等五神的追擒。然後再待時機奪回被共工盜去的法寶火葫蘆，制勝於他阻止其喪失江南人心的北伐顓頊之舉。祝融心懷此想向江邊逃呀奔啊，邊逃邊遠遠地向長江岸邊尋找可載其渡江的渡筏。

共工等五神隨後追擒戰敗的祝融，實可謂窮追不捨。因為共工的興兵報仇並向顓頊奪取帝位之舉能否進行，這時的關鍵因素就在於能否擒住祝融。若能擒住祝融，其舉兵報仇和向顓頊奪取帝位之舉就可以向前進行，報仇就有希望，奪得帝位也才能夠變為可能。

更何況共工四戰祝融，三次遭敗，只有這次方纔施計得勝，有了擒住祝融之望呢！為此共工督令助他擒父的敖廣等四海龍王，拼命追趕敗逃的祝融，眼見著就要追到了長江岸邊。

共工眼見前有長江天險攔住祝融的逃路，後有他們隨後緊追，逃到江邊祝融無處可逃。自己五神就可以借助長江天險的攔阻，擒住父親，搬掉這塊攔阻自己攻伐顓頊的絆腳石了。

為此，共工也擔心祝融一旦逃過江去，自己就難以將其擒住了。所以他五神在後追呀追呀，追得雙方距離越來越近，距離浩浩長江也越來越近了。祝融在前拼命敗逃，眼見浩浩長江越來越近，心中不禁越加緊張起來。

他看到，那氣勢磅礡的長江從西方高處傾瀉而來，仿佛從西方天上奔來一樣。蕩著濛濛的水汽，捲著滔滔的銀浪，奔騰咆哮著向東而去，銳不可擋。他擔心長江擋道無筏可渡，自己渡不過去就要真的逃脫無望，被共工擒住壞了他炎帝家族報仇雪恨的大業。

就這樣在如此緊張的心情之中，祝融很快便逃到了攔路的長江岸邊。逃到江岸舉目急尋渡筏，眼前的場景卻頓然使他大喜過望。他看到江邊正有一隻渡筏，剛剛離岸欲要渡往江北。

「我炎帝家族之仇，不是報雪無期，而是報之有望了啊！」祝融於是焦急頓掃，禁不住高興地大叫道。隨著他急叫渡筏返回江岸，其急忙登筏向長江北岸渡去。

祝融上筏轉眼渡到了江心，追來的共工等五神方纔追到了江岸。他們舉目看到祝融已乘渡筏渡到了江心，岸邊無筏可渡他五神過江追趕，共工便不禁慨歎道：「天不助我，難道我共工報雪家仇之舉真的難成嗎？」

然而共工慨歎至此報仇之心難移，追擒其父不得決不甘休。他本想施動神功追過江去，又怕那樣其父施動神功逃去更遠。便不敢再施神功，而即對敖廣等四海龍王道：「快，四位龍兄快快助我伐木紮筏，渡江追擒我父。」

敖廣等四海龍王無奈，只有立刻與共工一齊揮械伐木，紮排起了渡筏。就在共工等五神正在江南伐木紮筏之時，祝融已乘渡筏平安渡到了江北。到了江北，祝融回首江面不見共工等五神追來，方纔放下心來道：「孽子，老子是你擒不住的！」

祝融如此說著，便舉步輕鬆地向岸上走去。但他腳下走著，頭腦中卻沒有停止思索。他在邊走邊想自己前去何處，怎樣奪回被盜法寶再擒孽子共工，保得江南人心不失的法子。然而，祝融只顧心中高興思謀不息，卻不知他上岸一陣疾行，已恰好走進了設伏等待，剿殺他父子的顓頊眾兵伏擊圈中。

顓頊引領軍兵這時已在江北埋伏等待多時，只待時機來到出兵誅殺祝融父子。先前顓頊引領軍兵在此埋伏等待，但卻一直不見時機來到。因為他等待的時機，是祝融父子鬥到一死之時。然而他父子鬥來鬥去，卻鬥得共工三敗一勝，他父子誰也沒有一死。因而顓頊等待的時機一直沒有出現，他便一直領兵埋伏等待在江北未露聲跡。

顓頊在領兵埋伏等待之中，當然也想到自己期盼的時機可能不會來到。因為他已經探知祝融與共工雖然展開了大戰，但他們戰的目的卻全都一致。即一個要立即攻伐自己，一個要等得時機再更有把握地戰勝自己。所以他父子雖然大戰，必定不會殺滅對方，最多也不過只是制勝對方，實現各自的目的而已。

想到這裏，顓頊也想到自己不可引兵再等，只要他父子一方戰敗，自己即可出戰，借機奪勝他父子平定江南地界。然而他等到了共工敗逃之時，共工卻逃往了東方，使他出兵不成，無奈他只有放過出戰之機。

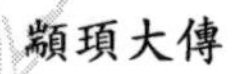

這時，顓頊領兵埋伏正在等待時機不得，突然看見戰敗的祝融被共工等五神隨後窮追，從南岸登筏恰好向自己伏擊圈中匆匆渡來，實在是心中歡喜過望，暗叫自己軍兵沒有白等。於是他決計等到祝融渡過江來進入伏擊圈中，就立刻伏殺敗逃的祝融，以奪勝之再誅共工，決不失去這一時機。

「這正叫不謀而合。你等快去做好準備，」顓頊心中如此剛剛想定，看到祝融渡江逃來的倍伐、禹祖和重、黎等眾將，也都心生同想前來講說欲要伏殺敗逃而來的祝融。顓頊聞聽大喜道，「等到祝融過江之後進入我伏擊圈中，聽我一聲令下立即出而殺之。」

倍伐眾將聞聽欣喜，立刻個個摩拳擦掌抖擻精神準備而去。這時顓頊眼見祝融乘坐竹筏距離江岸越來越近，筏上祝融的身影越加清晰，心中卻禁不住又陡地犯起了嘀咕。

他知道，祝融原為天界的火神臨凡，身懷無敵佈火神功。如果自己領兵與其惡鬥起來，他在惡鬥不過之時突施神功，像先前惡鬥其子共工之時，突施口噴烈火神功一樣，別說自己軍兵，就是自己也是無法應對得了的。

特別是他埋伏等待在此，親眼看到了先前和剛才祝融與共工各施神功，一個佈水一個播火以爭高下，直攪得水覆火燃的可怕場景，實在更使他擔心不已。

擔心至此，顓頊心中不由得陡然泛起一陣後怕，生出了不敢開戰之意，唯恐祝融施起神功自己與眾軍兵葬身此地。但他怕也不行，因為他已繼太爺黃帝做起了中央大帝，登此高位就要為天下平定奮鬥不息，這是中央大帝高位賦予他的歷史重任。

身肩這一重任，他必須平定祝融、共工父子，不除去他父子二人凡界就難以平定。心想至此，顓頊又看到自己只有以死相搏，與祝融父子一決雌雄，其他則是無路可走的。為此，顓頊只有堅定開戰信心。不過信心堅定之後顓頊又突然想到，祝融對自己軍兵施用神功的事情也可能不會發生。

因為祝融身為炎帝後裔，他仇恨的只是他黃帝家族後人，而不是天下凡人。自己引領軍兵與他開戰，他作為與自己一爭高位的炎帝后人，怎會施用神功傷害軍兵眾凡人呢！如果那樣去做，他不僅害怕會失去人心，也是不符合炎帝之教的。

同時，祝融這次不惜父子開戰，以阻止共工使用抓丁拉夫喪失人心的手段，組建軍伍攻伐自己，也正是為了不失天下人心！再者從祝融關心救助凡人的作為看，他也是不會去施用神功的。

想到這裏，顓頊不僅擔心盡去，進一步堅定了奪勝祝融之心，而且他也突然想到，祝融父子和自己叔叔玄冥一樣，作為天界臨凡的大神，臨凡時玉皇大帝是給他們定有一條嚴厲戒律的。即他們來到凡界，誰若施用神功傷害了凡人，誰就將神功被廢，永遠不得返回天界。

想到這裏，他立刻懊悔自己剛才怎麼沒有想到這裏，竟然生出了那般擔心，心中立即換上了對祝融施用神功求之不得之情。因為他進一步想到，如果祝融施用神功傷害了凡人，其神功即被玉皇大帝依律廢去，自己下步就好剿除他了。

就在顓頊如此期求祝融施用神功之時，敗逃的祝融已經渡過江來，棄筏上岸，不知不覺走進了顓頊軍兵設伏的伏擊圈中。顓頊心中大喜卻又不禁陡然一驚，他想到祝融既然已經逃來，窮追的共工等五神就一定距之不遠了。

為此顓頊不由得舉目看向了江面，看視共工等五神是否追了上來。共工等五神這時仍在長江南岸伐木紮筏，由於距離遙遠他沒有看到。但他舉目江面雖然不見共工等五神追來，卻也心中想了很多。

他想到，祝融首次戰敗，共工等五神必定隨後追來，留給他軍兵圍殺祝融的時間是不會太多的。他又想到，如果共工追來看到自己軍兵正在圍殺祝融，不知其究竟是何態度。是高興地看著自己軍兵將祝融圍殺而死，這樣正為他共工掃除了攔他攻伐自己的障礙，還是立刻上前救助，因為祝融畢竟是其父親呀！他先想到可能會是前者，但隨著又想到可能會是後者。

因為，他父子間的矛盾畢竟是家庭內部矛盾，對自己的恨才是他們父子共同的。為此共工救下祝融，說不定正會促成祝融態度轉變，去助共工！想到這裏顓頊不敢再去多想，他怕共工追來營救祝融，給他軍兵留下的圍殺祝融時間不多，同時敗逃的祝融也已經到了他的面前。

「祝融蟊賊慢走，你的死期到了！」為此他不再去想，而立刻開口大喝道。隨著其言，顓頊便倏然躍起身來，揮動手中長戈殺向了祝融。祝融這時上岸只顧匆忙向北奔逃，壓根兒也想不到顓頊會在這時這裏攔劫自己，因而聞言見戈頓然怔在了那裏。

就在祝融如此愣怔之時，埋伏等待的顓頊軍兵眼見顓頊殺向了祝融，便齊聲吶喊著突現在祝融周圍，聲遏長江般地為顓頊助威。驚怔的祝融頓被這吶喊之聲驚醒，舉目見到顓頊的長戈已經刺到了胸前，再敢稍怠就有傷身之險。

「酷帝無道，該伐該殺，」於是他急躍身躲過顓頊刺來長戈，隨之開口怒斥道，「還敢在此攔劫於我！」

「蟊賊快快束手就死，免我再動手腳！」顓頊這時當然不讓，說著又已一戈刺向了祝融。祝融這時當然更不相讓，因為他不僅不能死於顓頊之手，而且知道共工等五神正在南岸紮筏很快就會追過江來。如果自己不能很快突出顓頊眾兵的伏擊，再等共工等五神追來，自己就將不死於顓頊之手，也要被共工擒住了。為此他不敢怠慢，要在共工等五神追來之前，殺開顓頊軍兵逃往他方。這時眼見顓頊的長戈又已殺到，便即出長劍迎了上去，與顓頊惡鬥在了一處。

這是一場惡鬥。須臾間只見他二帝交起手來，一個長戈颯颯挾風，戈戈不離祝融要害，一個長劍寒光爍爍，劍劍刺向顓頊險處。顓頊身高體壯，勇猛孔武。祝融虎身人面，武功高絕。轉眼打鬥數十餘合，雙方器械舞得風輪般旋轉，揚起了漫天沙石，依然不分勝負。

顓頊眾軍兵在旁全被這場惡戰驚呆，一個個只顧伸長了舌頭觀戰，口中禁不住喝彩連聲。整個鬥場之上，只聞器械挾風颯颯，兵器撞擊啪啪，令人心驚。倍伐這時從呆怔中驚醒，想到共工說不定很快就會追來，自己軍兵誅殺祝融的時間不多，便不待顓頊下令，即領禹祖、重、黎、檮杌眾將一起，各揮器械圍殺向了祝融。

祝融正與顓頊鬥得難分難解，難分高下，心中發急取勝不得，這時又見倍伐眾將來助顓頊向自己圍殺上來，心中更是焦急到了極點。祝融當然焦急，因為他知道自己獨鬥顓頊一個尚且取勝不得，如今倍伐眾將一起圍殺上來，他豈有脫身之望，不是被擒就是受死。

為此他不敢再戰，急欲棄戰沖出顓頊軍兵包圍逃往別處。但這時倍伐眾將已經圍殺上來，祝融硬是衝殺不出，而且一人迎戰顓頊眾將也頓然變得力不從心，只有招架之功沒有了還擊之力。處此厄境祝融心中更加焦急，恰在這時他看到，追他的共工等五神已經渡過浩浩長江，上岸向鬥場趕來。

眼見此景祝融心中更急，他也不能料定將要追來的共工孽子，是會借助顓頊之手擒殺自己，還是前來親自擒拿自己。他當然不敢去想他們會來救助自己的好事，所以心中更是急得著起了火來。

「酷帝顓頊，你們的死期到了，我兒子共工等五神救我來了！」

急火之中祝融突然急中生智，陡地開口大叫道。祝融無奈之時想用此招驚怔顓頊眾軍兵，自己好趁機突出此圍。然而他的這一雕蟲小計瞞不過顓頊眾兵，他們早知他父子之間的惡戰，誰也不信共工會來救助祝融。

「祝融蟊賊，你兒子共工不會前來救你。別做夢娶媳婦，淨想好事兒了！」為此顓頊眾軍兵不僅不驚不怔，而且正鬥的顓頊聽了反而「哈哈」譏笑道。隨著便與倍伐眾將圍殺祝融更激起來道，「快，快快打殺祝融蟊賊，好去圍鬥共工。」

顓頊心中難料共工等五神追來究行何舉，他父子雖然原為交鬥雙方，但這時矛盾轉化，天知道共工不會救助其父。為此他剛才看到共工等五神乘筏渡到江心時尚且不急，認為自己眾將還有圍殺祝融的時間。這時眼見共工等五神上了江岸，時間已經所剩無幾，心中當然大急，引領眾將圍殺祝融更激。

這時，早已抵擋不住的祝融更加抵擋不住，顓頊見之更不怠慢，瞅准祝融一個防守空子，「嗖」地便一戈刺到了其胸口。祝融眼見自己還手攔擋不及，驚得「啊呀」一聲大叫，心覺已經到了死期。

然而就在祝融叫聲未落之時，卻聽「砰」的一聲響亮，共工的三節神鞭已經擋開顓頊的長戈。隨著口中高叫道：「四位龍兄，快快攔擋顓頊兵將！」

敖廣等四海龍王當然不想出手上陣，但是聞聽共工催逼也是無奈，只有勉力殺上陣來擋開了顓頊眾將。共工則急趁此機，出手擒住無防的祝融，急忙逃往江岸上筏欲往江南渡去。敖廣等四海龍王見之也不戀戰，急棄戰隨後登筏，與共工一起逃向了江南。

剛才，追擒祝融的共工見到祝融將死，急忙上前救下祝融並趁機擒住了祝融，這一點也不奇異。因為先前他與祝融交鬥，也不是為了殺死祝融，其父子的目的是一致的，而只是手法不同而已。剛才遇到仇人傷害父親，共工怎能不立即出手相救呢？

同時共工也知道，仇人顓頊打敗其父更好，這樣就可以促使其父走上自己之道。為此他見顓頊將殺其父心中大喜，心喜中又不怠慢，立刻救下了其父。與此同時，他仍怕其父遇救後攔阻自己，便又趁機擒住了無防的祝融。

共工等六神上筏渡江南逃之後，顓頊當然也不怠慢，便即率軍兵登上備好的隱藏渡筏，隨後渡江追殺共工敗逃六神而去。共工五神押著祝融乘在筏上不敢稍息，拚力向江南搶渡。渡江之中，共工邊拼力劃筏邊說與父親，以期說動祝融與自己同心道：「父親，顓頊酷帝引領重兵殺來，你還攔阻孩兒嗎？」

「孽子，你這無父無親的東西，哪裏還有什麼父親！」祝融剛才險些被顓頊所殺，這時又見顓頊軍兵追往江南而來，心中早生剿殺顓頊軍兵之忿，放棄了攔阻共工惡舉之心。但只是對共工將其戰敗，使他陷入顓頊伏擊圈中險遭誅殺，這時又被共工所擒心中大惱，聞聽共工之言氣惱道，「沒有你，我祝融豈能險些被顓頊所殺！沒有你，我祝融又豈能如此遭擒！」

「父親，這一切都怪不得孩兒啊！孩兒是為報雪家人之仇方纔興兵，孩兒此刻還是怕父親再攔孩兒報雪家仇，方纔無奈擒起了父親啊！」共工這時勸言道，「父親，顓頊酷帝追我不放，你就答應不要攔阻孩兒，並領孩兒剿滅酷帝領來軍兵吧！」

「孽子，酷帝殺到了我們江南，我祝融還能無動於衷嗎！」祝融依舊怒氣不消，厲言道，「可是你這孽子縛束為父不放，盜我法寶不歸，叫為父如何前去剿殺酷帝之軍啊！」

「父親同意了孩兒之行，孩兒這就給父親鬆綁，奉還父親法寶！」

共工心雖兇猛，卻也聽出了父親語氣之變和話中之意，這正是他求之不得的。為此他心中大喜過望，遂不顧顓頊兵追棄下正劃的筏槳，立刻「撲通」跪倒在祝融面前道。說著，便為祝融解開了綁縛，把盜得的法寶火葫蘆還給了祝融。

「快上江岸，趕回軍營，乘顓頊軍兵追我新到江南之機，」祝融這時也不多言，即令道，「領兵擊之，剿殺酷帝報雪家仇複歸帝位！」

「謹遵父命！」共工聞聽更喜，立即答應一聲便與敖廣等四海龍王一起，一陣拼力疾劃來到江邊，匆忙棄筏上岸奔向軍營而去。

「不，大帥不可如此！」共工等六神奔走一晌回到營中，共工即欲依照祝融之言，領兵攔擊顓頊追來軍兵。但那陰狠險詐的浮游聞聽，卻「嘿嘿」一笑否定道，「臣下以為眼下奪勝顓頊軍兵之策，不是攔殺而是計勝。」

「若以狡徒之見，」共工對浮游之言從來言聽計從，這時聽到他提出了否定意見即問道，「如何計取？」

「臣下以為所以計取，是因為顓頊引兵乘勝追來，」說話時總先是笑的浮游聞問，又是「嘿嘿」一笑道，「銳氣正盛必然無防，我軍計取必獲全勝。」

「狡徒快說如何計取，」吳回在旁聽到浮游賣起了關子，急得耐不住了性子道，「別說計取必勝之理了！」

「叔父莫急，」性急的共工則摸住了浮游的性子，聽其言說不再焦急攔阻吳回道，「讓他說完。」

「若說計取之法，這計也很簡單。即顓項引兵乘勝追來必然長驅直入，我軍只要在軍營兩旁設下伏兵，」浮游於是又是「嘿嘿」一笑道，「主將在營門外迎戰，一陣戰敗潰入營中。就可將顓項軍兵引入伏擊圈中，圍而殲之了！」

共工、吳回等聞聽一陣叫好，連贊浮游計謀高明，便要祝融施用此計。祝融當然也心中贊同，又見顓頊領兵追趕緊急時不可待，便即親領軍兵依計而行出營埋伏，而令共工引領一幫軍兵出到北營門外立定陣腳，等待迎殺顓頊軍兵。

顓頊在江北雖然殺敗了祝融父子，但其剿滅他父子的目標卻沒有實現。為此眼見他父子敗逃便不怠慢，即令軍兵渡江隨後追殺到了江南。追到江南眼見祝融等六神拼命逃去，顓頊平亂心切便麾兵隨後緊追。這時剛剛追到共工軍營門外，恰見共工領兵出營剛剛立定陣腳，他便引領軍兵殺了過來。

「作亂蟊賊，剛才虧你逃跑得快，」顓頊這時見到共工領兵列陣攔殺自己之軍，心中大惱厲叫道，「方纔逃得一命不死，此刻竟然又來送死！」

「篡位酷帝，今日我叫你葬身此地！」共工見之也是大惱，說著便已催動坐下鱷魚獸，舞動手中三節神鞭，上前取向了尚未立定陣腳的顓頊。

顓頊知道共工所集軍兵皆為強拉丁夫，認為其軍兵為不堪一擊之軍，所以並不把共工軍兵放在心上。更未想到共工會使奇計，而依舊以為共工與祝融父子僅為數名作亂之徒，剛剛敗亡至此，自己一舉即可剿滅。為此他見共工殺了過來便不相讓，立刻麾動坐下金龍獸，同時催動軍兵一起上前，迎殺向了共工及其軍兵。

這當然是一場惡殺，只見共工軍營前真個是惡戰陡起，殺聲動地。沙石飛揚蔽日月，刀槍寒光耀眼明。惡戰酣烈悚人膽，鬼神聞之亦戰慄。轉眼打鬥多時，雙方互有傷亡。共工好戰剛才殺興大起，因而只顧惡戰忘記了設定的奇計。後來還是浮游看出了端倪，忙上前對之提醒，方纔使其清醒過來想起了施計。

於是他對顓頊又是一陣大殺，以不使顓頊看出破綻心中生疑，然後才故作抵擋不住之態，引領軍兵撤回營中而去。顓頊則以為共工此番又敗，只顧心中歡喜剿滅共工有望，不想共工會使奇計，麾兵立刻隨後緊追。

共工領兵撤退途中，故意讓顓頊領兵緊追。顓頊領兵隨後窮追不捨，恰好中其奇計。一時間只見他們追得共工軍兵入營之後，只顧逃奔連營門也顧不得關閉，便雙方一前一後進入了大營之中。共工見之更不怠慢，又急領入營軍兵加快步伐，一陣穿營向南奔去。

顓頊這時仍然不知共工是在施計，以為經此兩戰共工皆敗不是自己的對手，心中無防繼續領兵隨後急追，一陣便追到了共工軍營正中。然而就在這時，顓頊正追軍兵突聞共工大營兩邊號炮齊響，殺聲陡起，祝融伏兵鋪天蓋地般齊向營中殺來。

「酷帝顓頊，快將帝位還給我炎帝族人，方可免你一死！」顓頊身置此境方知中了共工之計，急要領兵後撤，已見共工領兵返殺回來大叫道。隨著已是人隨聲到，出鞭與顓頊重又鬥在了一起。

顓頊被共工纏住惡殺頓然領兵後撤不得，只有揮戈與共工鬥在一處。但他如此撤退不得，卻使祝融所率伏兵一陣殺到，殺得顓頊軍兵傷亡慘重。顓頊見之大惱，與共工惡戰更激。

「爺爺快快領兵撤出敵營，」正在這時重、黎來到，接住共工廝殺對顓頊道，「若是不然，我軍將有覆沒之險！」

顓頊這時也是不敢怠慢，見到有重、黎二將攔住共工廝殺，便即脫身引領敗兵殺開一條血路，一路向北敗逃而去。虧得他引兵敗逃得快，方纔保得軍兵十傷一二。

十三、顓項中計

顓項領兵向北轉眼逃出十餘里路程，正在思謀如若共工軍兵隨後追來，自己就領兵與之再戰，卻聞稟報共工軍兵僅僅追趕一陣，便返了回去。於是他便不再領兵奔逃，而令軍兵紮營駐了下來。

顓項此戰雖敗卻也從中看到，共工奪勝自己軍兵，靠的全是計謀而非所集軍兵，其軍兵皆為強行抓來鬥志甚弱。自己軍兵乘勝殺來銳氣正盛，雖經此敗也銳氣不減。因而共工不領兵追來，他便駐軍休歇下來，以重整旗鼓再戰共工軍兵。

駐下之後，顓項細想戰局形勢，認為自己之軍經此兩戰雖然一勝一敗，但卻也與兩勝無異。共工軍兵與自己軍兵之勢相比，完全處於劣勢。江北一戰，祝融與共工被打得大敗而逃。至此一戰自己軍兵雖然中計遭敗，但共工軍兵卻不敢乘勝追殺過來。

為此，他心中覺得其對共工軍兵勝券在握，頓然心中重又躊躇滿志起來。為此他立即集來眾臣將，一起計議起了下步奪勝共工父子軍兵之策。議論之中，倍伐、禹祖和性情細密的黎都不同意顓項之見。言說顓項只是在特定的鬥場之上，與共工父子軍兵打了特定的兩仗。這兩仗不能就說共工軍兵已呈劣勢，自己軍兵就呈優勢。應該謹慎從事，認真對待共工軍兵才好。

「眾臣將不要再言，去長那共工軍兵的威風，滅了自己的銳氣！」然而，躊躇滿志起來的顓項卻聽不進去眾臣將這些見解，剛愎自用的他後來心想一陣力排眾議說著，又要眾臣將議起了再戰共工軍兵之策道，「共工軍兵實在是不堪一擊之軍，奪勝其軍擒殺作亂的共工父子，安定江南地面再經此後一戰，即可功成矣！」

「共工蟊賊乃敗逃之將，其軍兵不堪一擊，大帝豈需再議。」倍伐眾臣將聞聽顓項此言，心中雖有異見卻也不好再言，只有即按顓項之令計議起了再戰之策。性情魯莽的重這時則不作他想，只顧好戰與顓項一樣躊躇滿志道，「只待我軍休歇一宵，翌日一戰定可擒殺共工與祝融蟊賊，平定江南！」

「哥哥不可此言，事情以小弟看來，」心性細密的黎聞聽重此言，即言反對道，「絕對沒有這般輕易。因此還是細作計議的好。」

「兄言不行，」重聞聽黎弟此言，也不相讓道，「那麼弟說，怎麼去戰的好？」

「弟正苦無良謀。」細心的黎正愁沒有萬全之策，一時回答不出道。

「自己無謀，」魯莽的重便當即不讓道，「別人的謀略又不行，那怎麼辦？」

「你兄弟所言都有道理，事情還是細作思謀的好。」倍伐這時即作勸解道，「常言智者千慮尚有一失，何況我等呢！」

「以末將愚見，如大將軍重之言休歇一日明日再戰，還不若今夜偷營擊之。」身比虎大面生豬嘴的檮杌，也像重一樣生性凶頑，尚武好戰，這時在旁早已忍耐不住，進一步言戰道，「共工軍兵新勝必然無備，我軍趁夜偷而襲之，必奪全功！」

「檮杌將軍所言極是，恰與為帝心思不謀面合。」檮杌此言，當然恰好說進了躊躇滿志的顓項心中。顓項聞聽頓然大喜，立即接言道，

「既如此，我意即按此計行事。三更開拔，四更襲奪共工軍營。」

「帝兄切切不可如此行事！據小弟思量，共工蟊賊剛才既以奇計勝我，已經足以證明其軍中不乏狡詐多謀之徒。」倍伐聞聽顓頊依了檮杌之計，不敢贊同，即言道，「倘若共工蟊賊聽取其言今夜有備，我軍則襲營必敗矣。帝兄，我軍新來乍到，謹慎用兵應為第一呀！」

「兄弟也太過慮了吧！有言智者的失誤，也可以堆成高山。」顓頊對於倍伐此言當然不會贊同，這時一笑否定道，「我料他共工蟊賊軍兵之中雖有狡詐多謀之徒，今夜也必然有失矣。」

「帝父雖然言之有理，」禹祖這時也是不敢苟同顓頊，隨之打斷顓頊之言道，「但我叔父倍伐之言，帝父也不得不慎思呀！」

「孩兒先聽帝父說完。我料共工蟊賊新勝今夜定然無備，正是我軍奪勝於他的不可錯過良機。」顓頊聞聽禹祖此言，不高興地打斷道，「即使退一步講，如果共工有備，我之強軍對付共工弱軍又豈有不勝之理？」

「帝父不可這樣自信，」禹祖聽到這裏，知道帝父襲奪敵營決心已難更改，遂心中大急道，「還是再思再議，確保萬無一失為好！」

「小子休得再言動搖帝父決心！」顓頊說到此處更加躊躇滿志，就仿佛共工已敗自己已勝似的，因而剛愎到了容不得別個再說的地步，正顏厲色道，「傳我軍令，三更開拔，四更襲奪敵營。現在眾軍好生休息，做好一切準備。」

隨後，顓頊即對眾將各作安排。待到一切佈置停當，方纔著令眾將各作準備分別休歇而去。眾將去後，顓頊一人呆在帳中完全沉浸在了奪勝共工的高度亢奮之中，就如同剿平了共工與祝融父子軍兵似的。為此他高興地想著想著，禁不住一陣開懷「哈哈哈」暢笑起來。

夜幕很快降臨，一更二更暗夜又迅疾過去，顓頊命令眾兵開拔前

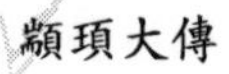

去襲奪敵營的三更天時到來了。顓頊眾兵隨之依令而行，齊在顓頊等眾將帥的引領下，趁黑離營悄悄向共工軍營奔襲過來。

夜黑得像在空間中潑滿了墨，沉重的夜幕如同一塊碩大的黑布罩住了大地，使得顓頊軍兵之行更加悄無聲息。顓頊為此心中更加高興，引兵一陣疾行，十餘里路程不到四更天時便已走完，來到了共工軍營近處。

夜幕籠罩下的共工軍營，毫無異常平靜萬般，就如同整座軍營都睡去了一般。

只有稀疏的幾點火把光亮閃耀在大營門口，點綴在軍營之中。間有幾面旌旗，在火把的照耀中聳立。大營門口可以見到幾名值夜的軍兵，夜遊神般地在散漫遊蕩。

顓頊見之心中笑了，以為一切正常，自己預料的對了，取勝共工軍兵就在眼前了。但是倍伐、禹祖等人則都皺起了眉頭，彷彿看到了這靜謐中的異常，幽秘中的詭詐。果然在那沉重的夜幕後面，共工與祝融父子已經運籌好了軍兵，為他們佈下了圈套，正在靜待著他們入而擊之，他們的厄時就要到來了。

顓頊與其眾將帥就這樣懷著異樣的心情，麾動眾兵疾急地向共工軍營襲來。行進中的倍伐、禹祖等將帥，則都驚怕滿腹唯恐那怕人的時刻到來。顓頊就這樣領兵迅疾襲到了共工軍營門口，共工營門守軍見之，急忙驚叫著向大營中逃去，驚起了營中一片混亂。

顓頊見之更是欣喜地笑了，倍伐眾將帥也才心中放鬆，一起領兵向共工營中疾急殺去。然而顓頊高興得太早，倍伐眾將帥也放鬆得太早了。他們殺入共工營中之後，卻發現共工營中那發出混亂之聲的軍兵全都有備。他們聞聲一陣便向前疾跑而去，只給顓頊軍兵留下一座無人的空營。

「空營也不給他共工蝨賊留下！」倍伐眾將帥大驚，急叫顓頊快快領兵後撤。顓頊則勃然大怒，厲喝道，「燒，全都給他化為灰燼！」

「帝父，敵營燒不燒毀無所謂，」禹祖聞聽急言道，「快快撤兵以防不測，才是燃眉之急。」

「燒，燒他個淨光我軍再撤不遲！他共工蝨賊有備怎麼著，有備我也要叫他如同無備，」顓頊剛才躊躇滿志至極，剛愎地自信自己這次領兵來襲共工軍營必操勝券。但眼前的現實卻是他又中了共工的詭計，因而心中氣惱至極對禹祖之言聞若未聞道，「敗在我的手下！我就不信共工軍兵，能夠戰勝我之精銳之師！」

氣惱的顓頊正在命令其軍兵燒毀共工軍營，其軍兵領命尚且沒有來得及行動，黑暗中卻突見自己軍營處驀地亮起了燭天的火光。顓頊軍兵睹之大驚，齊叫道：「共工端了我們的老營！」

「快撤，」顓頊聞聽急舉目向自己軍營方向看去，果見其軍營上方沖起一片火光，燒紅了半天。這才禁不住催動坐下金龍獸，領兵向來路撤退驚叫道，「我們又中共工蝨賊的詭計了！」

然而時間不容許顓顓撤退，共工伏兵已從兩面舉著火把殺了過來。共工與祝融一陣領兵猛衝，已把顓項軍兵攔腰分割成為兩段，分別包圍廝殺起來。黑夜之中，這著實是一場險惡交鬥。只見顓項眾兵與共工軍兵人人奮勇，個個拼命，殺得你死我活，有你無我。

共工軍兵雖然皆為共工強抓而來，心中皆對共工充滿仇恨誓不與顓項開戰，但在此黑夜之中，共工全把他們逼到了強者活弱者死的鬥場之上，他們為了求活一個個也只有奮力拼殺，以保自身不死，方與顓項軍兵殺得你死我活。

這邊眾軍兵殺得酣惡異常，那邊共工與祝融則刻意緊緊咬住顓項廝殺不放，以期殺死顓項報雪冤仇奪回帝位。因而黑夜中但見共工與祝融兩個，彷彿頭上生有夜貓子眼一般，一入鬥場便緊緊盯住顓頊，與之鬥得難分難解不可開交。

惡鬥中雖有顓頊之將前來攔擋他父子，但他父子總是不與之交鬥，專門纏住顓頊惡鬥不放。轉眼打鬥多時，共工與祝融奪勝欣喜，越鬥越勇。顓頊中計遭敗軍兵陷入厄境心緒敗壞，越鬥越加功力不濟，眼見著已是只剩下了招架之功，沒有了還擊之力。

「大帝快快領兵撤退，蟊賊由孫兒對付！」好在這時重、黎二將趕到，邊攔住共工和祝融廝殺，邊對顓頊急叫道。顓頊危厄之中正在著急自己脫身不得，自己軍兵中計遭敗必將越鬥傷亡越重，聞聽此言便急趁重、黎攔住祝融與共工廝殺之時，引領敗兵一路向東北方向逃去。

顓頊領兵逃出共工軍兵包圍，但卻不敢返回老營方向。因為其老營已被共工軍兵奪去焚毀，又怕自己敗兵返去，再遭共工奪營軍兵伏殺，便繞過其老營徑向東北方向逃去。顓頊此後領兵奔逃十里，不見共工軍兵隨後追來，便令敗兵穩住陣腳休歇下來。然而一點剩餘軍兵，竟然損失十之四、五之多。

顓頊心中為之大痛，戰心頓失。因為經此兩戰自己軍兵竟然損失十之六七，再戰下去就要全軍覆沒了。更何況共工軍中有狡詐險惡之徒，自己防不勝防呢！為此他決計領兵即回江北，以整軍待時再除共工與祝融父子，平定江南地界。

心想至此顓頊雖然不見共工軍兵追來，卻也不敢久待，休歇一陣便又麾動剩餘敗兵急向長江奔來。顓頊引領敗兵奔走半日，仍是不見共工一兵一卒追來。他眼見自己軍兵一路平安心中轉喜，隨著便又漸漸思謀起了共工軍兵所以不來追殺，定是其軍兵已經無力追殺。

這是因為，自己軍兵雖然兩戰皆敗，但不是戰鬥力不強取勝不能，而是中了共工的惡計。共工蟊賊所以每每用計對付自己軍兵，正顯示了其軍力劣弱，不敢正面與自己軍兵交鋒。共工軍兵軍力劣弱，經此兩戰雖勝卻也定然損傷慘重。因而已無能力追殺過來，同時又怕追殺中了自己之計，或者遇上自己軍兵拼力返殺遭敗。

心想至此，顓頊禁不住重又躊躕滿志起來，頓將兩戰皆敗的陰影從心頭掃除淨盡，就像這次交戰失敗的不是他而是共工，得勝的不是共工而是他一樣。為此他又完全沉浸在了得勝者的狂喜之中，對共工軍兵完全失去了戒備。引領敗兵奔走之中心裡輕鬆得就像郊遊野獵一樣悠然，不覺間已是來到了長江岸邊。

顓頊奔逃中雖然心中輕鬆若此，但其將帥倍伐、禹祖和黎卻誰也不敢輕鬆。他們沿途雖然不見共工軍兵追來，心中卻一直都在擔心著共工軍兵突然追來，或者突然在前方堵截自己之軍。

他們心想共工兩戰皆施惡計，奪勝之後他是定然不會放過自己軍兵的。其軍兵之所以一直不來追殺，這其中定然隱藏著更加險惡的狡詐。為此他們越是不見共工軍兵追來，心中便越加沉重，以至擔驚到了戰戰兢兢的地步。

顓頊與眾臣將又是如此懷著異樣的心情，來到了長江南岸。面對攔路的浩浩長江，倍伐、禹祖和黎的心全都頓然懸到了嗓子眼上。他們擔心共工軍兵這時突然出現在長江岸邊，自己軍兵就覆沒有期了。因而他們站在江邊放心不下，急對顓頊道：「大帝，我們還是火速紮制渡筏，立刻渡過江去的好！」

「我之大道之行天下，就如同這浩浩江水行地一樣永不止息，共工蟊賊能奈我何！」躊躕滿志的顓頊面對浩浩長江，則感慨萬千，雄心盈懷地抒發著自己的情懷。隨著方纔話鋒一轉，對倍伐眾臣將道，「你們想的倒也細密，但只是去長共工蟊賊的威風，滅自己的志氣！

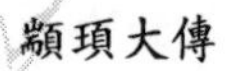

共工軍兵不來追殺就是不敢追殺，如今我軍兵已到江邊還有何慮！」

「大帝，常言有備無患，」黎不等顓頊把話說完，即禁不住打斷其言道，「我們還是有準備的好。共工蟊賊險惡！」

「眾將不必多慮。我軍連日奔戰勞累不堪，今日天已將晚暫且休歇一宵，養精蓄銳，」剛愎的顓頊雖聞此言，但卻依舊不以為然道，「明日正好一鼓作氣紮筏渡過長江。你們也都放心地去睡吧，不會有什麼事兒的。」

眾臣將聽到這裏，心中更加驚怕。但又都知道顓頊剛愎性起勸亦無用，無奈只有懷著驚怕休歇而去。但他們說去休歇哪裏是去休歇，而是心中更加驚怕地唯恐他們擔心的事情突然發生。

顓頊一路之上不僅與眾軍兵一樣辛苦奔波，而且焦心操勞，所以也早已疲累至極，眾臣將去後他便立即睡著了過去。但他睡到二更時分，卻不禁心中一驚醒了過來。就在他剛剛在黑暗中睜開惺忪的睡眼之時，竟又奇異萬般地看到床頭有兩道寒光，挾著「颯颯」兩聲劍飛之聲，倏然向帳外黑暗中傳去。

顓頊突睹此景心中一驚，疾忙伸手抓住枕在頭下的劍柄，驚怕地觀看事態之變以防不測。但是此後卻什麼事情也沒有發生，只是過了半個時辰，又有「颯颯」兩道亮光從帳外劃進帳來，飛到床頭消失了蹤影。

顓頊這才放心地鬆開了劍柄，明白過來沒有什麼事情發生，只是丁竽遺下的畫影、騰空兩把神劍，雙方飛了出去又飛了回來。心明至此，他心中卻也禁不住陡然警覺起來。因為他實在不解丁竽遺下的這兩把神劍，為什麼夜晚又飛了出去？它們飛出去做什麼去了？他不知道它們其他時間飛出去過沒有，如果自己睡著時它們飛了出去，自己是不會知道的。

這次恰值自己剛剛睡醒之時雙劍飛了出去，自己才看了個清楚啊！他也知道上次在鄒屠地方這雙神劍夜晚飛出，結果次日自己遭受了不死的劫難，虧得有丁竽姑娘出面相救，方纔保得自己大難不死。那次雙劍出鞘夜飛，預示了自己次日遭受劫難，那麼今夜雙劍再次飛出，是否預示自己又要遭受劫難呢？

想到這裏，顓頊不禁會心地笑了。他不相信自己的這一推想，不知道丁竽所遺雙劍的作用和靈驗，也看不到自己將有什麼劫難。共工軍兵沒有追來，自己不僅一路安然，而且又安然地從後晌一直睡到了二更。若有劫難，共工軍兵為何一直不出，放過一次次追殺自己軍兵的良機，非要待到這時不可呢？

為此他不相信丁竽所遺雙劍夜飛，會預示自己又有劫難。同時他也只見過一次雙劍夜飛，碰巧遇上了自己的劫難。為此又怎知那雙劍它時飛出幾次，為何沒有預示劫難呢！

想到這裏，顓頊頓又放下心來。但他同時卻對丁竽所遺雙劍產生了戒心。他還不知道這雙遺劍屢屢夜飛，究竟是為他做了好事，還是做了壞事。丁竽雖然愛他可又與他為仇，天知道她遺下的雙劍是助自己，還是害自己呢？

同時他也不由得戒備起來。因為上次雙劍飛去，預示了自己遭遇劫難，天知道這次不是預示自己再遭劫難呢？如果自己無防，不就悔之莫及了嗎！再者丁竽為愛自己而死，又怎能說她遺下的雙劍會加害自己呢！

為此他陡然警覺，躺睡不住，為防不測急忙起身喚起眾兵，立刻開始紮筏以及早渡過浩浩長江，歸回江北平安之地。然而顓頊剛愎得不聽眾臣將之言，這時警覺已經太遲了。這時共工軍兵早按浮游的奇計，在顓頊軍兵渡江之處做好了殲滅顓頊軍兵的準備，只待他率兵渡江出而擊之。

原來，共工按照浮游的奇計前次在營中設伏，奪勝顓頊軍兵之後，本打算一鼓作氣追殺顓頊軍兵。但詭詐的浮游攔阻說：「大帥不可追殺，追殺勞兵費時難奪全功！」

「那麼，」共工聞聽環眼一瞪不滿道，「狡徒說怎麼辦？」

「大帥若要取勝，」浮游則是「嘿嘿」一笑道，「還是先收兵回營，穩住顓頊軍兵的好。」

「好，收兵。」共工心雖兇猛，聞聽此言也是不禁心中一明，立刻厲聲道，「可收兵以後怎麼辦？」

「臣料躊躇滿志的顓頊剛剛遭敗，必然氣惱料我奪勝無防，夤夜來端我營。」浮游又是「嘿嘿」一笑道，「我軍設伏以逸待勞，同時再出奇兵前去乘虛襲奪其營。其軍必然大亂，我軍必獲全勝。」

共工聞聽浮游言之有理，加之又對浮游言聽計從，因而即按浮游之言辦理，收兵回營。回到營中休歇到天晚，共工又與浮游具體計議一陣，設下伏兵留下空營等待顓頊軍兵夤夜端營，並派叔父吳回率兵前去乘虛襲奪顓頊空營。

結果，顓頊果然又被險詐的浮游猜透，夤夜襲奪共工軍營而來，中了浮游奇計。不僅顓頊軍營被吳回奪燒，而且顓頊軍兵大敗奔逃而去。共工得勝心中大喜，又麾兵窮追，欲圖一舉剿滅顓頊軍兵，擒殺顓頊盡報前仇，奪回先祖炎帝失去的一統凡界高位。

「大帥還是收兵回營，」然而狡詐的浮游見之，重又阻止道，「讓顓頊領兵逃去的好！」

「什麼？」共工不解頓又環眼一瞪道，「狡徒還是讓我放他們逃跑？」

「對，還是讓他們逃跑，」浮游又是「嘿嘿」一笑道，「而且讓他們越逃越覺得放心。」

「狡徒胡說！這次他顓頊兵也少了，將也敗了，」共工這時更是不解，耐不住了性子道，「前面又有長江擋道。我不讓他們逃了，我一定要把他們盡數剿滅在長江以南。」

「對了，前面有浩浩長江擋道，」浮游聞聽此言，仍是「嘿嘿」一笑道，「我們要把他們剿滅在長江之南，因而我們放心地讓他們逃！」

「狡徒實在狡惡！狡徒是說，我們放他們逃到江邊，」共工終於聽出了浮游話中之意，這才「嘎嘎」笑了起來道，「去利用長江天險，趁他們無備在江邊擊之。」

「大帥天機不可洩露，臣下正是心懷此想。大帥可在長江兩岸設伏，」浮游於是「嘿嘿」笑著逢迎道，「待到顓頊敗兵半渡長江之時，趁其不意乘其不備出而擊之，則殲滅顓頊之軍有時矣！」

「對，讓他顓頊放心地逃，」共工這時高興得難以自抑，上前牽住浮游的手「嘎嘎」笑得更歡道，「越是逃得放心，他們才能越加無備。」

「對，大帥實在高見！」浮游於是又作奉迎道。隨著，共工即命其軍兵依照浮游之計而行，做好了借助長江天險，殲滅顓頊敗兵的準備。

顓頊這時雖生警覺仍是不知這些，因而令兵紮筏之後，心中仍是並不十分緊迫。虧得俯首聽命的倍伐、禹祖和黎等眾將，這時心中驚怕難消，在顓頊下令之後拼力督促眾兵加速紮筏，方在三更末了稟報顓頊紮好了渡筏。

「大帝，早一時渡過江去早脫險境，」顓頊聞報，仍要待到天明再行渡江。但是倍伐擔心滿腹，忍不住道，「晚一時災厄難料啊！我們還是立刻渡江吧。」

「那好，就以兄弟之見行事，」顓頊這時覺得倍伐言之有理，方

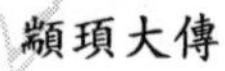

纔警覺加重贊同道，「立刻渡江。」

兵隨將令，眾兵隨著顓頊之令隨之開始渡江。黑暗中只見其敗兵把紮好的渡筏紛紛推入江中，在浩浩長江邊上擺開數里之遙，顓頊則即與先期渡江的一半軍兵一起，乘筏向江北渡去。然而就在顓頊與眾兵剛剛渡到江心之時，卻聞身後岸上殺聲陡起，共工依照浮游奇計，率領設伏在南岸的軍兵殺了出來。

顓頊驟聞殺聲心中一驚，舉目見是共工伏兵舉著火把，鋪天蓋地般驟然殺了出來。他知道共工軍兵乘其軍兵半渡時擊之，自己軍兵已陷入了不勝必滅的厄境。為此他不敢怠慢，急令筏上軍兵返回南岸，以與岸上尚未渡江那一半軍兵一起，回身反殺共工軍兵。

顓頊軍兵本為敗兵，這時突見共工軍兵來勢兇猛向岸邊殺來，已是心驚意亂不聽號令。只見他們對顓頊之令置若罔聞，在江心者依舊奮力劃筏向對岸渡去，以避共工殺來軍兵。岸邊未能上筏軍兵見到共工軍兵殺來比筏上軍兵更驚。這時他們或紛紛搶登江邊渡筏奔逃，或赴水死命追趕前渡之筏逃命。

一時間，只見顓頊軍兵淹死無數，更有岸上沒能下水追筏者，則與殺來共工軍兵展開拼殺，一陣已被共工軍兵殺死將盡。未被殺死者末了也不敢再戰，全都赴身水中向北岸泅去。他們當然沒能泅過江去，可歎他們全被淹死或被殺死在江中。

筏上顓頊軍兵目睹此景更加心驚，暗暗慶倖自己先期登上渡筏到了江心，否則將與南岸未渡軍兵一樣立刻就要喪命。然而時間沒有容許他們繼續慶倖下去，已見隨著從江心上游傳來滿江的殺聲，順水奔來了塞滿江心的載著共工軍兵的竹筏。

筏上顓頊軍兵睹見此景大為慌亂，更是為保活命拼力將筏向北岸渡去，以渡到江邊避開筏上沖來共工軍兵。然而上游共工軍兵之筏乘著水勢衝力巨大，沖下迅猛。它們不等顓頊軍兵所乘之筏渡到江岸，已經沖入其中撞翻其渡筏過半，並將筏上所載顓頊軍兵全都拋入了江中。

顓頊眼見此景心中更加驚怕。急令自己筏上軍兵奮力渡向北岸。就在這時，沖在前頭渡到北岸的顓頊軍兵剛剛上岸，卻又從岸上突然殺出了埋伏的共工軍兵。埋伏的共工軍兵人數眾多，這時點得火把通明，照得岸上亮如白晝。顓頊軍兵上岸人數寡少，共工軍兵一陣大殺，已殺得上岸軍兵盡數斃命。嚇得筏上軍兵全都不敢靠上江岸，只能在筏上任筏在江中隨水漂流。

顓頊軍兵如此占不住江岸陣地，顓頊所乘巨筏便也無法靠岸，無奈只有在江中隨同眾兵所乘之筏一起，順流向下游漂去。共工軍兵見之，即又沿著江岸向下游追去。轉瞬間已弄到顓頊軍兵幾近絕盡，顓頊所乘巨筏漂落江中，也到了難料生死的絕境。

這時只見顓頊所乘巨筏向下游漂逃，兩岸均有共工軍兵舉著火把向前追趕，江中又有共工軍兵所乘之筏隨後緊追，眼見著再向東逃也難以保得顓頊性命。然而就在這時，江北岸上卻突然出現了奇跡。只見江北岸舉著火把的共工軍兵，不僅驟然停止了前行，而且在前的軍兵之中又傳來了酣烈的打鬥之聲。

「此乃天助我也，定是江北來了我們的救兵！」共工軍兵舉著的火把迅疾熄滅，響起了陣陣絕叫之聲。顓項見之開始奇異不已，接著心中一明高叫道。於是他再也不敢怠慢，急令渡筏向前疾行一陣，然後看見岸上沒有共工軍兵追到，急忙靠岸離筏上岸，引領筏上百余兵將向北而去。

十四、祝融舉兵

顓頊引領上岸百餘兵將向北疾逃，黑暗中心裡實在驚怕到了極點。因為共工軍兵若再隨後追來，或者再設伏圍而殲之，就真的沒有他顓頊百餘兵將的活路了。

為此弄得他百餘兵將，真個是到了聞風聲鶴唳視草木皆兵的地步，一個個疾逃不敢怠慢，全都緊張到了極點。

「追兵！」突然，一名軍兵疾逃中驚叫道。正逃的顓頊眾兵將聞聽，全緊張得「啊」一聲怔在了那裏。顓頊也同樣驚怕，但他作為首領這時豈敢放縱自己的舉動，為此急忙心機一轉否定道：「莫怕，那定是救援我們的自己軍兵！」

驚怔的眾兵將這才心中放鬆，都屏息靜聽起了後面是否有兵馬行動之聲。他們靜聽多時不聞一絲響動，隨著都責怪起了那名驚叫軍兵。那軍兵委屈道：「我剛才確實聽到了兵馬行動之聲。如果沒有，難道是我心中害怕，耳朵聽出了幻音，驚嚇了大家？」

「小兵言之有理，後邊並無追兵也無救兵。大家莫怕，」顓頊聽了那軍兵此言，為安慰眾兵之心順水推舟道，「我們已經到了自己地界，料那共工軍兵，暫且也定然不敢深入我們地界。」

然而，顓頊這時雖然口中如此言說為大家壯膽，其心中卻也仍是抑制不住極度驚怕。擔心那小兵耳聽為實，是共工追兵隱入了暗夜，正在設伏自己逃兵。為此他也不敢怠慢，引領軍兵向北逃得更急。

其實，顓頊逃出軍兵這般驚怕全是多餘，因為共工他們只想在長江兩岸設下埋伏，在江中用渡筏衝殺，便可盡剿顓頊敗兵擒殺顓頊酷帝。因而他們既沒有想到在長江北岸需要再設埋伏，殺戮顓頊逃兵，也沒有想到還會有顓頊軍兵逃上江岸。

為此共工他們毫無準備，顓頊逃兵雖然驚怕，轉眼到了天明已是逃出數十里之遙，也沒有再遇到一個攔截伏擊的共工軍兵。但是這時，顓頊仍是心中驚怕不消，引領百餘兵將奔逃不止，唯恐共工軍兵追殺過來。

驚怕中他們一口氣奔逃數日，這日逃到了宛丘地方，看看不見共工軍兵追來，方纔放下心來駐留下來休歇疲累的身子。駐下之後，顓頊當然也仍是不敢徹底放心，便即按倍伐眾臣將之言，擔心共工率兵乘勝進犯中原，急忙派出哨探向南探察虛實而去。

與此同時，顓頊又急忙召令四方軍兵，聞令即來宛丘地方聚集勤王，以備共工領兵進犯與之再作決戰。待到一切安排停當，顓頊方纔靜下心來回想渡江之事，心中依舊後怕不已。他萬分感謝在江北攔阻共工軍兵，救援自己之兵。但他奇異時至今日，為何不僅仍是不見救援自己之兵前來報功，也不聞其點滴訊息。

按照正常情況，救援自己軍兵救出自己軍兵上岸之後，就應斷後跟隨自己北上呀！可是他們為什麼一直沒有尾隨自己而來，又一直杳無音訊呢？想到這裏，顓頊心中禁不住又陡地沉重起來。他想到，那救兵一直沒有追來並且杳無音訊，一定是他們勢單力孤，為救自己攔阻共工軍兵，全部戰死沒有留下一兵。

為此他心中為他們沉痛到了極點，久久沒有從沉痛中清醒過來。

許久顓頊從沉痛中清醒過來，立即傳喚哨探，前往南方打探那幫救兵訊息。為了探聽清楚他們的死活，甚至要不惜設法前去共工軍中進行打聽。

原來那夜二更，騰空、畫影雙劍飛回報警之時，丁竽姑娘恰正心神不寧地在床上睡不著覺。看見飛回報警的雙劍，正在時刻掛心原先是父親對兄長、接著是父兄對顓頊戰事的她，心中再次矛盾到了極點。

雙劍飛回報警，預示自己摯愛的顓頊將有身死大難，自己如果不救他就將遇難身死。這對於其父兄來說，則預示著戰事的全勝，炎帝家仇得以報雪。怎麼辦呢？一方是生身父親手足情長，一方是自己摯愛的情人，雙方都捨棄不得，為誰好呢？

「我怎麼認識這樣一個冤家呀！」在丁竽矛盾愁苦之中，末了還是愛情戰勝了親情，無奈口中喃喃道。然後她便即乘二劍來到長江北岸潛伏起來，在顓頊奔逃急難之時趁著夜幕的掩護，神不知鬼不覺地攔殺父兄追兵，救下了顓頊性命。

隨後她又神秘得神不知鬼不覺地返回故里，心中卻充滿了對父兄二人的無盡愧悔。就這樣顓頊被丁竽愛著，難中又被丁竽救下，可他還在恍恍不知之中，仍在派人查找救他不死軍兵。

共工在江邊惡戰結束之後，當然對放走了一筏顓頊軍兵，恰好載有顓頊大為氣惱，嚴厲追究下屬軍兵。但他追究到末了，也當然追究不出所以然來。因為那時天黑如漆，江北在前軍兵講說，他們正在向前追攔顓頊乘坐渡筏，突然一股大風颳來，吹滅了他們手中的火把。隨著便從黑暗中殺來一陣難擋的兵刃，轉瞬已把在前的軍兵殺死近百，攔住了他們的追擊隊伍。

那在前軍兵繼續說，待到殺來之人離去，顓頊軍兵已經棄筏上岸去得遠了。由於天黑火把熄滅，他們一直沒有看清殺來之人究竟是誰，而且看清殺來之人者又全被殺來之人殺死。為此共工雖惱追究至此也只有停下，無奈他只有把顓頊被救歸於上天，而絲毫沒有懷疑其妹丁竽，他實在想像不到丁竽會救顓頊。

當然，這時共工心中也很滿足。因為好戰的他此戰雖未奪得全功，卻也奪得了幾乎剿滅顓頊全軍的大勝，殺得顓頊只有百數軍兵漏網逃去。所以他仍舊壯心不已，決計趁此時機繼續率軍北進，窮追剿滅顓頊剩餘敗兵。

想到這裏，共工便欲立即前去對父親祝融講說。當然，他心中也實在不想再讓祝融領兵掛帥，那樣繼續北去奪得了剿滅顓頊全功，中央大帝的高位就自然地落到了他的身上。可他轉而又想到，父親神功高強，得其掛帥人心歸順兵皆奮勇，得其一人無異勝得過萬精兵。

同時他又知道，若得父親掛帥領兵，自己則又少了被其父反對的後顧之憂，會促得大功早日告成。為此他決計先說讓父親領兵掛帥，前去剿滅顓頊酷帝。至於大帝之位，自己將來再見機奪取也是不遲。為此共工一陣來到祝融住處，便立即講說了要其領兵掛帥，攻伐顓頊的想法。

「我兒真與為父心思相通！」祝融先前雖然極力反對共工這時舉兵，但經此數戰他父子打得顓頊軍兵慘敗而逃，祝融已是轉變了心思。特別是看到了剿滅顓頊並非時機不到，而是顓頊軍兵已經可滅。為此共工之言正合其意，其便決計答應下來道，「好，那就令兵休整兩日，後日渡江北伐。」

共工聞聽大喜，立刻領命而去。隨後轉眼兩日過去，祝融便領共工軍兵渡過長江，一路直赴顓頊帝都宛丘攻伐而來。祝融領兵一路浩浩蕩蕩，未遇顓頊一兵一卒抵擋，翻山跨水長驅直入，十數日過去便來到了距離宛丘近處的嵖岈山下。

祝融軍兵聲勢浩大，沿途震驚百餘里。因而，很快便傳到了剛剛敗逃到宛丘數日的顓頊耳中。顓頊當然大驚，這不僅是因為祝融父子複睦，祝融掛帥其軍力大增，而且自己傳召四方勤王軍兵尚且沒有一路來到。同時即便來到，也不知有多少可以力戰。

為此顓頊心中沒底，驚慌到了極點。但見他先是再次傳召四方軍兵火速前來勤王，隨著便與眾臣將計議起了應對之策。然而顓頊與眾臣將計議許久，終因手中無兵，誰也無法拿出對策。

這邊顓頊正在無奈，卻突聞大將蒼舒引領帝丘三千軍兵來到。顓頊大喜，因為不僅蒼舒是一員悍將，而且其所率帝丘軍兵也為精銳之師。有其三千軍兵來到，再加上其他三方數千軍兵，哪怕不是精銳，對付祝融軍兵也綽綽有餘了。為此顓頊心中焦急盡釋，即出帳看視蒼舒引來軍兵而來。

然而不等顓頊走出帳來，蒼舒軍兵已到帳前，蒼舒已是下馬拜倒在了顓頊面前寒暄問安，請示父旨。顓頊這時更喜，即令蒼舒軍兵在帳外紮營休歇，等待其他三路軍兵來到，合力共討祝融軍兵。

顓頊話音剛落，哨探來報凱容引領東方兩千軍兵、叔季引領西方兩千軍兵、仲厲引領北方三千軍兵，全都來到。顓頊於是更喜，特別是他合計四路軍兵共有過萬之眾，而且全是精銳之師。隨之他便在眾軍兵安下營帳之後，與眾臣將繼續計議起了對付祝融軍兵之策。

計議之初，大家認為自己軍兵剛到，各路軍兵長途跋涉都很疲憊，需要休歇一日方可前去迎戰。但是顓頊則與眾臣將心思不一，因為他又躊躇滿志起來，認為自己兵多將廣，士氣銳盛，又在自己地盤之上，祝融軍兵到此必不堪一擊。自己軍兵只需向前攻進，遇攔即迎，遭打即鬥，定可將祝融軍兵趕往江南。待其軍兵逃到江邊，自己軍兵設計半渡擊之，必可全殲其軍，擒殺祝融父子，平定江南。

重、檮杌、窮奇和蒼舒、仲厲等一致贊同顓頊此想，主張將對將兵對兵，決勝祝融軍兵。倍伐、禹祖和黎等一班將領，則不敢苟同顓頊之想，講說道：「大帝不可如此！祝融軍中藏有狡詐之徒，我軍前敗皆因狡徒施計。這次再戰當吸取前番教訓，施用謀攻方可奪勝其軍。」

「吾意已決，諸位不需再言亂吾決心。」顓頊當然聽不進他們之言，不待他們說完已是不耐煩了道。倍伐眾臣將無奈，只有遵從顓頊之命，心中怏怏不好再言。

「啟稟大帝，祝融軍兵行動迅疾，現已行至正陽地界，」這時哨探飛馬來報道，「正向北方疾進，預計明日即可竄至陽城地界了。」

「噢，來得這麼快疾。」顓頊聞聽此報，心中驚詫道，「距我宛丘地界只有兩日路程了，這還了得！」

「陛下，常言兵來將擋，水來土堵。」性急好戰的黎這時又是急言道，「你就帶領我們，即去迎戰祝融軍兵吧！」

「好！既然祝融軍兵已經殺來，我軍不可再待！」隨著他一邊命令哨探再探，一邊傳令眾臣將，自己也乘騎金龍獸引領過萬軍兵，向南迎戰而去道，「傳我旨令，全軍立即出發迎敵，我要讓祝融軍兵敗在潁水以南！」

「蟊賊作亂凡界，禍害凡人，還不快快過來受死！」顓頊引軍兩日過後，便在半途與祝融軍兵碰了個迎面。顓頊大怒，開口厲罵祝融道。隨著催動坐下金龍獸，揮動手中長戈即向祝融殺了過去。

共工見之，即催動坐下鱷魚獸揮動手中三節神鞭，代父上前就要迎戰顓頊。重見之也不相讓，驅動坐下龍角獸揮動長柄板斧，即攔住共工廝殺起來。一時間，只見他四神鬥在一處打成兩團，打得難解難見高下。

轉眼打鬥數十回合，由於雙方勢均力敵功力相當，誰也取勝不得。顓頊這時求勝心切鬥得心急，打鬥中隨之一聲號令，麾動眾兵即向祝融軍兵一起衝殺過來。他仗著自己軍兵之銳，欲圖一舉沖潰祝融軍兵。

然而他又失算了。因為先前祝融聞知顓頊領兵迎來，得知顓頊軍兵勢盛，心中甚為不安。他知道自己所率軍兵皆為孽子共工強行抓夫集來，本來就不拼力參戰。同時眾軍兵連日來殺戰不息，這時又剛從江南奔波至此十分疲憊，若與顓頊士氣正盛的過萬軍兵相遇，定然不堪一擊。

「父親莫愁，兒讓浮游過來拿拿主意。」就在祝融為此焦愁之時，共工看出了父親的心思。共工先前聽從浮游之計，連戰皆勝，為此對浮游推崇不已，這時薦於祝融道。

「好吧，」祝融正在犯愁，知道浮游詭詐，當即同意道，「那就快傳浮游前來計議。」

「大王不必焦慮，」浮游聞傳來到，不待祝融開口便「嘿嘿」笑言道，「臣下已有取勝酷帝妙計矣！」

「小子休得妄言，」祝融則不耐煩道，「顓頊過萬軍兵迎來，你有何計可破？」

「大帥，臣下心思顓頊一貫妄自尊大，剛愎本性難移。」浮游仍是「嘿嘿」先笑道，「今得過萬精兵，定然敗亡之心盡退，重又躊躇滿志起來。」

「這個本王知道，」祝融更不耐煩道，「小子快說乾貨。」

「因而其又定然不把我軍放在眼裡，與我軍硬戰。」浮游繼續笑言道，「我軍若與其硬戰必難獲勝，因而只要略施計謀，即可奪得全功矣！」

「小子胸有何計？」祝融聞聽浮游言之有理，急忙向下詢問道，「具體講來。」

「顓頊軍兵將到，他計已經行施不及。大帥可將軍兵分為三隊，一隊由大王親領，從正面迎戰顓頊。」浮游還是「嘿嘿」一笑道，「另兩隊可分別派大將引領抄道敵後，乘顓頊軍兵攻殺我軍兵之時，從其背後突出殺之。則其軍必亂無疑，我軍大獲全勝矣！」

「狡徒好計！」共工聽了不待祝融開口，已是連聲叫好道，「父帥，就這麼辦吧！」

「若是顓頊知我計謀，」祝融畢竟心思縝密，不敢即定道，「圍繞我一路分而剿之，事情不就糟了嗎？」

「請大王相信臣下，知顓頊者臣下也！」狡惡的浮游這時禁不住先回頭一顧，又「嘿嘿」一陣自負地笑了起來道，「大王就按臣下計謀行事，若有失誤，拿臣下之頭是問便了。」

「父王，就照浮游之言行事吧！」共工對浮游之言深信不疑，這時忙幫言對祝融道。這時哨兵來報，顓頊軍兵距此只有十里之遙了。祝融無奈，只有依照浮游之計，兵分三路各自行計而去。

事情果如浮游所料，顓頊躊躇滿志只顧硬拼不知使計，一陣大殺不勝又麾動軍兵一起殺了上來。然而就在這時，卻聞背後號炮驟響，殺聲頓起。祝融軍兵從其後殺了上來，殺得顓頊軍兵頓然大亂起來。

「顓頊酷帝，你的死期到了！」正鬥的祝融與共工見之，心中大喜齊聲大叫道。隨著各揮手中器械拼殺更疾，並麾動眾兵拼力向前殺去。

顓頊與重眼見自己軍兵又中祝融軍兵奇計，便不敢戀戰，邊戰邊退以組織軍兵再鬥祝融軍兵。然而祝融軍兵這時已從三面以排山倒海之勢殺了過來，顓頊軍兵雖然精銳，三面受敵也是軍心大亂，人人

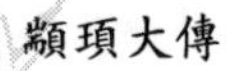

自危。

此後祝融雖被別將擋住，顓頊脫身之後也領不住了潰亂之兵，雙方一陣惡戰，其軍兵已是四散奔逃而去。顓頊眼見敗勢已定，不敢久怠，急在眾將護擁下向北敗逃而去。沿途收得潰軍遠離萬數，一直逃到宛丘地面，方纔穩住陣腳駐紮下來。

這時祝融也已引領得勝軍兵，隨後追趕過來。但好在當時宛丘古地四面環湖，湖面廣闊，湖水幽深。只有宛丘西面湖中有一條狹長數里的小道通往丘上。而在出丘道口，早有人把道路切斷建起了一座吊橋。吊橋橋板一被吊起，道路即被切斷，使得任何來往之人全都進出不得。

顓頊剛剛駐下，聞聽祝融軍兵隨後追來，不敢停留，急忙棄營引領敗兵退守湖心宛丘之上，高高吊起了吊橋。顓頊又遭此敗雖然心性大挫，但他並不就此不戰困守起來，而是改變了硬鬥的策略，也施奇計與祝融鬥了起來。

他想，祝融軍兵雖然奪勝勢盛，自己軍兵敗戰勢弱，但是自己軍兵若是固守宛丘長久不戰，就可把祝融遠離故土軍兵拖垮。然後再伺時機出而擊之，必獲全勝。決計至此，顓頊便高吊吊橋，固守起了宛丘。

祝融領兵來到宛丘跟前被湖水阻隔，進軍宛丘攻殺顓頊不得，心中大急。但他急也無奈，面前湖面廣闊，湖水幽深，唯一的通路又被顓頊阻斷，他也領兵涉過湖水攻伐宛丘不得。無奈之中他只有引領軍兵駐紮下來，靜待顓頊軍兵離開宛丘之時再行攻殺。

然而祝融駐下軍兵之後久等遲待，只是不見顓頊軍兵離開宛丘他去。自己軍兵駐守日久，已是日漸懈怠下來。祝融擔心再延時日自己軍兵更加懈怠，顓頊出兵擊之自己軍兵必然遭敗。為此他見顓頊軍兵不離開宛丘他去，他便心中焦急萬分。

「大王莫急，」焦急之中祝融詢問浮游，浮游聞問又是「嘿嘿」一笑道，「明日即可用兵矣！」

「噢？」祝融聽到浮游之言如同妄語，頓感莫明其妙道，「明日怎可用兵？」

「臣下料定從明日始，湖上將生濃霧，而且連生五日。」浮游「嘿嘿」一笑道，「大帥正可借此大霧，巧奪宛丘取勝顓頊。」

祝融聞聽浮游之言，知其成竹在胸，方纔心中焦愁盡解，忙問浮游胸有何計。浮游則神秘地又是「嘿嘿」一笑，隨之趨將上前將嘴湊到祝融耳邊，對之悄言講說了一番。祝融聽了，臉上頓然笑得像一朵盛開的牡丹一樣燦爛起來。

祝融如此笑畢，即令軍兵依照浮游之計行事，趁著白天大張聲勢在湖邊紮制起了渡筏，以向顓頊展示他們將要渡湖攻戰。然而傳下此令之後，祝融擔心湖上出乎浮游預料濃霧不生，又十分放心不下。

祝融在擔心中熬過了半日半宵，按照浮游之言生霧的時刻快要到來了。於是他在床上不能再躺，夜剛四更便滿懷希望地起床，看視濃霧是否生起。結果他失望到了極點，這時湖上不僅濃霧未生，而且天清氣淨，月明星稀，湖水如鏡，銀光閃爍。極目可見廣闊湖水相隔的沉睡宛丘之景，一點也沒有生出濃霧的蹤跡。

然而祝融這時心中雖然失望，但他為浮游奇計鼓舞，又寄希望於濃霧的昇起。為此他心中既埋怨浮游預料不准，又不願意去睡，盼望著濃霧快快生起。就在祝融的焦待之中，暗夜四更飛快過去，五更姍姍到來了。

奇跡終於在祝融的焦待之中漸漸現出了端倪。祝融這時看到，那反射著如銀月光的明鏡湖面之上，先是慢慢飄出縷縷薄幕般的透明水汽，隨著那縷縷水汽便連成一片，遮住了湖面。繼而又慢慢昇騰起來，到了天明終於遮蔽了天光，遮蔽了大地。宛丘湖面之上，果如浮游所料生成了濃重的大霧。

祝融高興極了，對狡惡的浮游也佩服極了。因而不待浮游起身，便急屈大王之身跑到浮游帳中，連聲叫起「妙」來。浮游被祝融叫醒，則成竹在胸「嘿嘿」笑言道：「臣下料定今日湖上定生濃霧，不會錯的！大王就依計而行吧。」

「好，」祝融高興道，「再等一個時辰，開始行動。」

浮游詭秘地一笑，即送祝融回帳而去。回到帳中，祝融更加欣喜難抑。他喜自己軍中有浮游這樣的狡徒，此後斷無不勝之理。他喜自己將要奪勝顓頊軍兵，報雪冤仇。為此，他又隨著思謀起了下步攻取宛丘，奪勝顓頊的具體謀略細節。

祝融在思謀中一個時辰轉瞬過去，開始行動的時刻到來了。祝融於是傳令軍兵，齊登渡筏吶喊、擊水、擂鼓，虛張聲勢，而不真去開筏進軍宛丘。眾軍兵聞令即行，頓時一場聲勢浩大，如同祝融軍兵真要攻伐宛丘，虛張聲勢的行動開始了。

顓頊這時正在宛丘之上心中不安，他昨日得報祝融軍兵大紮戰筏，今日又陡起濃霧，祝融是否料到今日霧生，而乘霧進攻宛丘呢？正在這時祝融軍兵殺聲陡起，聲勢浩大。顓頊頓然大驚，以為果如其料祝融軍兵乘霧進攻宛丘來了。

顓頊為此不敢怠慢，急忙督令全軍到湖岸上嚴加防守，做好惡戰準備，以待祝融軍兵渡筏靠岸，即來到一筏殺他一筏。顓頊軍兵聞令而行，他們來到湖岸做好了迎戰準備。但他們只是聽到祝融軍兵攻殺之聲雖然不止，卻遲遲不見其攻殺過來，末了那喊殺之聲竟又自己消失了去。

顓頊軍兵奇異之餘，禁不住全都笑了起來，以為祝融軍兵在耍嚇人的把戲！隨著便全都松怠下來。顓頊見之，以為祝融軍兵是在演習，也不以為然起來。倍伐眾臣將力勸顓頊不可大意，顓頊則僅是喏喏道：「湖面寬廣，湖水幽深，我量他祝融軍兵也不敢輕易攻來！」

果然當日平靜無事，倍伐眾臣將雖然放心不下，卻也無法再說。轉眼到了翌日，湖面上仍是大霧彌漫。那霧如同剛剛彈出的棉絮一般輕柔曼妙，在湖面上輕飄曼蕩，遮人眼目，使人對面也難以相見。大霧之中，祝融軍兵昨日吶喊造勢的時刻到來了。祝融於是又令軍兵依照昨日方式虛張聲勢，一起上筏擊水、吶喊、擂鼓，造出了攻伐開始之勢，再次驚動了顓頊軍兵。

但是顓頊軍兵隨著緊張一陣，見其攻伐之聲又同昨日一樣，漸漸自己消退了去，於是弄得他們這次連奇異也沒有了，全都大笑起來道：「不用防了，祝融他是不敢來了。」

「這哪裏是在打仗，是在鬧小孩玩兒的把戲。想借此把我顓頊嚇跑，」顓頊則笑得更是開心，隨著更不把祝融軍兵放在眼裡道，「然後好攔截我軍，可我就是那麼好嚇的嘛！」

隨後當日當夜平安無事，轉眼到了第三日祝融軍兵前兩日喊殺之時。這時湖面上依然濃霧如幕，遮人眼目。只是祝融軍兵這次沒有喊殺，湖面上平靜如初。顓頊與其軍兵為此皆無防備。

不料就在這時，祝融軍兵卻已借著濃霧的掩護，悄無聲息地渡過湖面，上岸襲殺過來。這正是祝融使用浮游之計，佈下的痹敵之招。顓頊軍兵因無防備立刻大亂，祝融軍兵則即乘此機一陣大殺，已將顓頊軍兵殺死無數。

顓頊始料不及突生此變，混亂中急欲麾軍大戰。但無奈其軍兵個個心驚，顓頊雖急卻也令行不止麾動不得。為此他不敢再在丘上停留，急忙乘筏往北逃出湖去。其軍兵見之，也急搶渡筏跟隨顓頊北逃。一時間，但見那搶不上渡筏擠入水中淹死者無數，逃跑不及者則在岸上盡被祝融軍兵殺死。

十五、玄冥逞威

祝融打得顓頊軍兵再次大敗而逃當然也不怠慢，只見他奪得宛丘也不固守，而是棄丘麾兵隨後窮追顓頊敗兵而來。虧得顓頊領兵捨命連日奔逃，方纔沒被祝融軍兵追上。然而就在顓頊領兵向前奔逃之時，卻見一條大河突然攔在了他們面前。

前面擋道者當然就是黃河，顓頊見之心中陡地一驚。因為又經此戰使他徹底看清了祝融軍中狡徒的狡惡，使他更加害怕在此黃河之上，自己軍兵再演長江之上全軍覆沒的慘景。為此他不敢稍怠，急對倍伐大叫道：「快派軍兵四處打探，莫再中了祝融蟊賊的惡計！」

「快令兵趕紮渡筏，拼力搶在祝融軍兵追來之前渡過黃河！」隨著他又令禹祖道。倍伐與禹祖領命去後，他仍是放心不下，急令重、黎道：「你兄弟立刻向後開赴十里，以阻祝融追來軍兵。若遇祝融軍兵追到，不見我的旨令寧可戰死，不可退回！」

安排至此，顓頊雖然稍覺寬心，但他仍覺心中忐忑不安，便不敢休歇，出帳四處走動，親自督軍搶紮渡筏。眾軍兵也深知搶紮渡筏渡過黃河十萬火急，加之有顓頊親自督促，不到兩個時辰渡筏便已全部搶紮完成。顓頊見之更不怠慢，即令軍兵上筏渡河，並隨之撤回了派出的重、黎軍兵。

就這樣顓頊領兵拼命搶渡，終於在剛剛渡到黃河北岸之時，祝融軍兵便已追到了黃河南岸。顓頊見之心中頓又生出一陣後怕，但隨之驚去泰來立刻決計固守黃河北岸，看他祝融軍兵敢渡黃河。

為此顓頊調來數千兵將，加上逃來敗兵又逾萬數之多，在黃河北岸安心固守。

祝融領兵追到黃河南岸，眼見顓頊敗兵全部渡過河去，心中不禁慨歎道：「誤了大事！不然，豈有顓頊酷帝的活路可尋！」

於是他不敢率兵渡河去擊顓頊軍兵，那樣顓頊軍兵若是也採用半渡而擊之招，自己軍兵就將遭敗了呀！無奈之中祝融只有率兵駐在黃河南岸，以期再謀奪勝顓頊之策。顓頊眼見祝融率軍在黃河南岸駐紮下來，便放下心來。

因為這樣正合了他的心意，他想祝融軍兵盡為共工蟊賊強抓而來，心中怨苦。如今又經長途征戰，遠離故土。自己若將祝融軍兵牽在黃河南岸日久，其軍心必將自我離散，屆時便可不攻自破。

祝融駐兵黃河南岸之後，久尋不得奪勝顓頊軍兵之策，心中實在大為焦急。因為其軍兵正如顓頊所料，不僅心中怨苦全都厭戰，而且思念故土心漸離散。如果這樣久待下去，其軍兵就將不攻自敗了。

恰在這時，玄冥離開北方為看顓頊侄兒，來到黃河北岸顓頊軍中。顓頊見到叔父，即將遠近戰況對其講說了一遍。勇武過人，性情魯莽的玄冥沒有聽完顓頊之言，便已氣得七竅火突，「呀呀」吼叫起來道：「不殺祝融蟊賊，怎雪侄兒慘敗之仇！侄兒等著，叔父這就過河去把祝融蟊賊擒拿過來！」

「叔父心意侄兒領了，叔父勇武名震凡界。」顓頊急忙攔阻道，「但叔父暫且不可前去，需容侄兒把話說完。」

「這有什麼好說的，」玄冥受阻怒氣不消道，「把祝融蟊賊擒來殺掉，話就不用說了嘛！」

「叔父剛到，」顓頊心中想說祝融沒有那麼好對付，又知玄冥叔父的性子魯莽，一說此話定會激起其火來，因而話到嘴邊又忙改口道，「還需議個奪勝之策才是。」

「議個屁呀！」然而顓頊如此一語，還是把魯莽的玄冥說得咆哮起來。隨著，他就要立即前去黃河南岸，道，「叔父一人前去也就夠了！」

「叔父莫急。擒殺祝融蟊賊，不過是早一會兒晚一會兒，那都是叔父手到擒來的事兒。」顓頊深知玄冥的性格，這時見之急忙策略攔阻道，「侄兒是說祝融手下有一班蟊臣賊將，不能讓他們跑掉一個。因而需要議個對策。」

「侄兒說的也對，」玄冥這才被顓頊勸止道，「是需要議個良法。」

不料身生長毛、人臉豬嘴的檮杌，這時聽了顓頊此言，卻在旁亂言道：「父親，兒臣倒有個妙法，用之定可一舉剿滅祝融軍兵。」

顓頊深知檮杌凶頑魯莽，因此平時對其所言採取不聽不信之策。這時自己正在盡力勸阻魯莽的叔父，怕其亂言激惱了叔父壞了大事，急忙怒言制止道：「孽子休得妄言！」

「讓他講，」不想顓頊話音剛落，玄冥卻開口攔阻道，「或許有用。」

「兒臣思謀，祝融蟊賊這時定想殺過河來。為此我們乾脆約於祝融蟊賊，」顓頊這時不好再行制止，檮杌隨著豬嘴一張道，「我軍後退十里，讓其軍兵過河決一死戰，我軍則乘其軍兵半渡之時，出而殲之。」

「亂彈琴！」顓頊聞聽，頓然氣惱萬分道，「祝融就像你呀，胡亂兒戲！」

「不，我聽孫兒言說有理，」又是出乎顓頊預料，玄冥則贊同檮杌之言道，「此計可行矣！」

顓頊頓被玄冥弄得哭笑不得起來，他認為檮杌剛才之言純屬胡鬧，因為狡黠的祝融是絕對不會聽信自己之約，渡河背水與自己之軍交戰，使其軍兵置於死地的。但是魯莽的叔父玄冥卻說此計可行，他怎能不哭笑不得呢！

「顓頊侄兒，叔父看就這麼辦吧。」然而更令顓頊哭笑不得的事情還在後頭，玄冥隨著又對他肯定道，「侄兒這就派人給祝融去下戰書，約於明日午時其軍渡河完畢，雙方開戰。」

「叔父，祝融蟊賊沒有那麼老實，」顓頊這時更加無奈道，「他哪裏會來呀！」

「侄兒怎麼就知道祝融那廝不會前來？那麼前去你不讓前去，叫他來你又說他不會來，如此這仗侄兒叫叔父怎麼去打？」玄冥立刻反駁道，「蟊賊怎麼去擒？像你一樣守在這黃河北岸，不與祝融見面，又何時能夠擒住他呀？」

「好了，侄兒！你不派人去約，」玄冥這時仍不見顓頊開口，知其不言便是心中仍然不允，便更加耐不住了性子，就要派人前去與祝融約戰道，「叔父派人前去，這一仗叔父與祝融打定了！」

「叔父怎麼這樣性急，也不容侄兒想想。」顓頊這時更加無奈，但他突然想到反正玄冥去約，狡黠的祝融也不會依約前來。為此他即為玄冥洩氣，又行攔阻道，「好了，侄兒派人前去下那戰書也就是了。」

顓頊如此說完，即修戰書一道，派人渡河送向了祝融軍中。看著顓頊派出之人渡河而去，玄冥這才放下心來，對顓頊笑言道：「侄兒這就對了，擒殺祝融蟊賊，平定祝融軍兵，就在明朝了！」

顓頊心中實在哭笑不得，倍伐、禹祖等一班臣將也都覺得可笑至極，認定祝融不會前來應戰。因而他們對此，誰也沒有當成一件事情放在心上，更沒有再去議論其他對策，全都對之一笑置之。

然而事情卻大出顓頊與眾臣將預料，而完全在玄冥的預料之中，使得顓頊眾臣將笑將不得起來。因為祝融見到顓頊使臣送去的戰書，竟欣然應約前來赴戰。但只是擔心顓頊軍兵違約不退後十里，特地派來十名使臣，觀察真確才能領兵渡河。顓頊眾臣將聽到此報，由於先前眾人沒想大家未議，這時全都束手無策起來。

「我們豈能真的後退十里！兵家云，兵不厭詐。祝融蝨賊次次以奇計勝我，」無奈之中，顓頊思慮片刻道，「這次我們就來它個將計就計，乘祝融軍兵半渡之時擊之，正好將其軍兵徹底剿滅！」

「大帝高見，」倍伐眾臣將聽了，全都欣喜地贊同道，「我們就來它個將計就計。」

「什麼？你們要對祝融軍兵使詐？那樣祝融的使臣怎去蒙蔽？祝融不來我擒殺他個屁。」不料玄冥聞聽至此，卻立即反對道，「怪道你們仗仗打輸，你們這樣打仗焉有不輸之理！不能使詐，來真的。有我玄冥在，我也定可擒住祝融蝨賊無疑！」

顓頊與眾臣將聞聽，齊勸玄冥打仗忌直喜詐，真行直做不得。但是性情魯莽的玄冥硬是不聽，顓頊又被弄得無奈起來。末了也只有依照玄冥之見行事，真的將兵後撤十里，給祝融軍兵讓出了地盤。

祝融當然還是不若顓頊這般誠信，他見到顓頊所下戰書，不禁一陣「哈哈」大笑。他覺得顓頊所下戰書太可笑了，可笑到了如同小兒戲耍的地步。他不用去想，也可看出戰表所言為假，顓頊絕對不會令兵退後十里，給自己軍兵讓出渡河登岸的地盤。戰書之所以這樣講說，明擺著是要誘騙自己引軍渡河，顓頊領兵對其半渡而擊。

但是大笑至此，祝融卻又大為不解顓頊這般聰明，為何竟然設下了這般讓自己一看即明的計謀。此計雖好但被自己識破自己不引軍渡河，那戰表不是白下了嘛。然而思謀至此祝融又隨之想到，此計或許不是顓頊所設，因為它太不按常規出牌了。

但是此計不為顓頊所設，顓頊又為何派人送來了如此戰書呢？城府很深的祝融於是心機急轉，末了還是把戰表約定的戰事答應了下來。這是因為祝融最後想到，不管戰表所言是真是假，自己都不應該放棄。

他領兵駐紮河南與顓頊軍兵隔河對峙時日已久，顓頊一直據守不戰，再這樣下去自己軍心就會渙散。加之其又孤軍在此，軍兵只能減少不能增多。因而對自己軍兵絕無一利，遠不如速戰速決奪勝有望。

為此不論顓頊此次下表約戰是真是假，自己都應該使用將計就計之策對之，以求雙方一戰一決雌雄。祝融於是即按戰書約定，派遣十名使臣前去察看顓頊軍兵虛實。如果其軍兵真的依約退讓十里，自己就真的渡河與其交戰。

祝融決心下定，屆時自己命令軍兵破釜沉舟，逼之死地而奪勝。雖然此舉萬分險惡，但這則是自己求之不得的一次戰機。相反，如果顓頊戰書為假，兵不後退，自己就不渡黃河以保無虞。

為此，他雖然在對顓頊的萬分懷疑之中，如此答應了顓頊的戰書之約，卻在送走顓頊使臣和自己派去使臣之後，心思難定即與浮游一起計議起來。祝融率先開口道：「狡徒，我擔心顓頊戰書盡為表面，其後隱藏有不可洞知的隱密。」

「是的。」浮游也已對顓頊所下戰書思慮多時，因為他一直待在祝融身旁，察知戰書之事的前後過程。但狡惡的他雖然思慮多時，這次卻也思慮不透。他琢磨顓頊的聰明，戰書的兒戲，越琢磨越琢磨不透。因而聽了祝融之言，口中僅僅蹦出兩個字兒。

「不然，聰明的顓頊豈會下此讓人一識即破，」祝融這時又言道，

「如同兒戲的戰書！」

「大王所用將計就計二招，已經足夠。」這時浮游已經思慮成熟，聞聽祝融此言又是「嘿嘿」一笑道，「進可以攻，退可以守，我料沒有中那顓頊計謀之險。」

「不，不可粗心大意。如果我們的使臣受到顓頊脅迫，」然而祝融這時卻是放心不下，推斷道，「傳送回來的是虛假消息，我軍兵不就有中顓頊奇計之險了嗎？」

「大王所慮極是，」浮游也有擔心道，「我們不得不防啊！」

「我擔心的不僅在此，更令我擔心的是顓頊所下那兒戲的戰書，」祝融這時繼續講說其想道，「只是表面，其深層的隱秘令人心栗！」

「是的。」浮游隨之道，「這個也要防備萬一。」

「狡徒，」祝融聽出浮游心中似乎有方，但這時卻隱而不露，一味附和自己，便問道，「怎去防備？」

「常言兵不厭詐，顓頊酷帝當然不可全信。天知道他在黃河北岸這麼長時間，此時送來這一兒戲戰書玩的是啥鬼把戲。」浮游這才「嘿嘿」講說自己之想道，「因而為防萬一，以臣下之見，大王可將我軍兵分為兩部。一部明日大王引領渡河攻戰，一部現在立即起程，沿河向上游奔走二十里，以趕在天亮之前渡到河北。」

「噢？」祝融聞聽不解道，「這是為何？」

「俟到明日大王渡河之時，他們從北岸接應之。」浮游繼續一笑道，「這樣如果顓頊有詐，也可保得大王萬無一失。」

「狡徒高見，兵家之事不得不防萬一！」祝融立刻大為贊同道。隨著即命吳回領兵一半，依照浮游之計行事。

時間轉眼到了次日，戰書約定的祝融軍兵渡河之時，隔著滔滔黃河，祝融看見自己昨日派往顓頊營中使臣發來信號，證實顓頊軍兵果然依約後撤二十里。一切平安，祝融可以依約領兵渡河。

祝融見到此信心中雖然一喜，卻也更加放心不下。擔心顓頊有變，自己派去使臣受到脅迫信號為假。但他求戰心切，又不願放棄這一難得的攻戰顓頊軍兵之機，因而還是決計依約渡河。

但在渡河之前，他仍是不免心有疑慮，把目光望向了狡惡的浮游。共工在旁看見了父親望向浮游的疑慮目光，不待浮游開口即給父親壯膽道：「父王，有我叔父在河北接應，我們定可戰勝顓頊軍兵！」

「大王，大帥說得對，您就引領我們渡河吧。」浮游這時也即接言道。祝融這才最終下定決心，即令軍兵登筏渡河。眾軍兵依令而行，一陣便登筏渡到了黃河北岸。

祝融領兵上岸見到自己派出使臣未受顓頊脅迫，顓頊退兵十里果真為真，方纔最終放下心來。急令軍兵離筏上岸，遂將眾筏連同筏上的飯鍋和糧食，流放於河中而去。

「勇士們，今天我們所以放筏棄鍋，是自我斷絕退路。顓頊軍兵後退十里讓我們上岸，我們就後有黃河擋道，」眾軍兵大為不解，祝融即對眾軍兵慷慨激昂地講說道，「前有顓頊軍兵。因而我們退後只有死路一條，進前攻殺顓頊軍兵，才是我們的唯一生路！」

「勇士們，隨我殺！」眾軍兵這時方纔知道，他們全都陷身在了不戰即死的境地，禁不住全都嚇得乍起舌來。祝融唯恐眾軍兵議論生變，不敢怠慢即又大叫道。隨著，已是催動坐下神象獸衝鋒在前，引領眾軍兵向岸上沖去。眾軍兵無奈，也只有全都跟隨祝融之後，沖向岸上向北方尋殺顓頊軍兵而來。

祝融引領軍兵向北趕殺，行進之中心中並不平靜。原先他一直擔心顓頊的戰書是計，戰書之後定隱殺機，顓頊絕對不會不對自己軍兵半渡而擊。這時現實雖已證實此前其擔心完全多餘，但城府很深的他知道兵家之詐，仍在擔心顓頊隱藏在戰書之後有未露的殺機。

為此，行進中他又擔心顓頊施計設下了伏兵，自己軍兵或者已經進入其伏擊圈中，心中甚為不安。但事到此時他也只有硬著頭皮領兵前進，因為他剛才已在河上斷了自己軍兵的退路。擔心中他又領兵向北行出數里，方纔真的見到顓頊軍兵列陣等待在那裏，顓頊果然對自己依約而行。

「祝融蟊賊，快快過來受死！」眼見此景祝融懸著的心方纔放了下來，心中既暗笑顓頊不會用兵，又敬佩顓頊果然誠實不欺。然而就在祝融正在暗笑敬佩顓頊之時，顓頊隊前卻有一將口中發出雷鳴般的吼聲道。隨著已挺起手中烏龍長槍，驅動腳下兩條猛蛇飛身殺了過來。

祝融急忙令兵立定陣腳，方纔看見殺來之將非為別個，正是風神兼海神的北方大帝玄冥。見是玄冥殺了過來，祝融頓然心明顓頊此戰採用這一兒戲打法，並非出於本意，定是魯莽的玄冥所為無疑。

祝融知道至此，方纔解開先前心中一直解頤不開的謎團，即那戰書為真其後無計，自己的擔心完全多餘。但隨著他又擔心起了玄冥勇武，自己與共工不是其對手。若到他父子敗下陣去之時，其軍兵沒有退路，就只有覆滅一途了。

「玄冥蟊賊，你不在北海享供，竟來此處受死！那好，我這就叫你死在神鞭之下。」擔心至此祝融當然不敢怠慢，他看到尚武猛悍的玄冥已經殺到面前，便急令共工上前迎敵。共工看見玄冥殺來已是大惱，這時聞聽父命立刻拍動坐下鱷魚獸，使出手中三節神鞭，迎上前去對玄冥大叫著，已是與玄冥鬥在了一處。

他二將一個水神一個海神，一個使槍一個用鞭，一個乘蛇一個騎獸，立刻打得風輪般飛轉，不辨你我。真個是共工蛇身騰躍，靈健十分。玄冥鳥身翻飛，威猛無比。他二神剛鬥一陣，玄冥神功高強共工

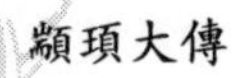

神功不及，共工便抵擋不住起來。

「蝨賊，有我祝融在此，還輪不到你來逞勝！」祝融在旁見之，勃然生怒大叫道。隨著，便也催動坐下神象獸，揮起手中長劍殺上前來，與共工一起共鬥起了玄冥。

「你父子齊來，又奈我何？」玄冥見之大惱，口中吼叫著，鳥身已是上下翻飛更疾，與祝融父子鬥得難分難解起來。

轉眼打鬥多時，雖然祝融父子二神鬥一，但玄冥久戰不敗，越鬥越勇，他父子兩個齊上也竟然奈何他一個不得。祝融眼見此狀，心中正在焦急，卻突又聞聽自己軍兵兩旁殺聲陡起，眼見自己軍兵頓然驚亂起來。

開始，祝融聞聽殺聲陡起，以為是吳回軍兵接應自己而來。加之從渡河開始到這時所歷之事，已使他錯誤地認定，顓頊完全依約行事不會使詐。因而並未想到會是顓頊伏兵殺了過來，心中因而仍然不怕與玄冥惡鬥不止。但隨著他又想到吳回軍兵只應來自西方，同時若他接應而來也應殺向顓頊軍兵，而這時殺聲卻從東西兩方響起，而且全都殺向了自己軍兵啊！

「玄冥蝨賊，我道你光明壘落才來與你交鬥，原來你也是狡詐之徒！」想到這裏祝融方纔感到事情有異，心中大驚，怒斥玄冥道。隨著便讓共工攔住玄冥交鬥，自己急棄戰組織軍兵向西衝殺，以與吳回接應隊伍會合，免遭損失。

「壞我此功者，顓頊小兒也！」玄冥見之，頓然不惱祝融而惱起了顓頊道。隨著便將烏龍長槍出手更疾，一陣游龍戲水般殺向了共工。以期奪勝共工，再向前去攻殺祝融。

原來祝融軍兵東西兩邊殺來的軍兵，正為顓頊背著玄冥所佈。顓頊先前在無奈中答允玄冥硬戰祝融之策之後，在倍伐眾臣將的勸說下，也心中不忍失去這一剿滅祝融軍兵的時機。為此他背著玄冥讓禺祖和黎各領一軍，埋伏在了東西兩邊。只等玄冥與祝融雙方惡鬥酣烈之時，出兵擊之。

禺祖與黎領命而行，這時出兵果然嚇得祝融軍兵一陣混亂起來。然而就在禺祖與黎二軍正要趁亂大殺祝融軍兵之時，卻聞西方黎軍背後殺聲又起，竟是先期渡河的吳回領兵接應祝融軍兵而來。祝融軍兵聞聽士氣大壯，隨著便在祝融引領下，一陣向西邊殺來的黎軍猛殺過去。

黎軍突聞背後殺聲陡起已知情勢不妙，又見前面祝融領兵殺了過來，陷身在了腹背受敵的境地，頓然心中大驚戰陣大亂。但好在先前顓頊心中早有戒備，料定狡黠的祝融軍兵絕對不會完全依約前來應戰，另外不再使詐。

為此為了防備不測，他先是佈下了禺祖與黎兩路伏兵，同時自己所領軍兵，也做好了隨時出擊應變的準備。因而驚聞黎軍之後生變，便即不怠慢麾動所率軍兵，殺向了西殺的祝融軍兵。以使祝融軍兵向西再殺黎軍不得，給黎軍騰出時間，轉身對付身後殺來的軍兵。

顓頊麾兵殺向西殺的祝融軍兵，再加上禺祖伏兵對其攻殺，遂使得祝融軍兵立刻大亂。然而這時祝融也不怠慢，只見他不敢令兵與顓頊和禺祖軍兵大戰，而依舊令兵向西殺向了腹背受敵的黎軍。黎軍抵擋不住祝融與吳回兩方軍兵的拼命攻殺，一陣便被殺死無數，未死者向北敗逃而去。

祝融於是與吳回接應之軍會合在了一處，但他們剛剛立定陣腳，正惱祝融後軍死傷慘重，卻又見到玄冥追殺敗逃的共工而來。祝融於是心中更惱，一邊催動坐下神象獸，揮動手中長劍向玄冥殺來，一邊開口厲罵道：「刁頑蟊賊，我祝融與你不共戴天，誓決高下！」

「作亂蟊賊，今日不殺你等，天下怎能平靜！」窮追敗逃共工而來的玄冥根本不把祝融放在眼中，聞聽其罵見其殺來立刻斥罵道。隨著已挺烏龍長槍迎殺向了殺來的祝融。

祝融這時雖惱，但城府很深的他知道，如此再鬥也是取勝玄冥不得。為此他決計引領玄冥前去黃河之上，以遠離雙方軍兵，自己施用火功制勝於他，以免傷害凡人罹罪天庭。

為此他與玄冥剛剛鬥在一處，便為實現其計，邊鬥邊向遠處的黃河岸上退了過去。玄冥不知道祝融是計，他也不怕祝融使計，只以為祝融鬥他不過退逃而去，便隨後緊追一陣殺到了遠處黃河岸上。

祝融引領玄冥轉眼殺到了遠處黃河岸上，看到距離雙方軍兵已遠，施用神功制勝玄冥的時機來到，便使動手中長劍殺得更疾，以吸引玄冥的全部注意力。隨後便在玄冥集中全力與其酣戰之時，突施神功「呼」一口烈火向玄冥臉上燒去。

玄冥正鬥突被火燒方知中了祝融惡計，隨之不敢怠慢，即驅動腳下青蛇並搧動身上雙翅，倏一下飛騰昇空逃出了火海。玄冥跳出火海看見祝融仍在那裏對他施法，心中怒火陡騰萬丈，厲罵道：「刁惡蟊賊，區區這般雕蟲小技，就想鬥勝本神嗎？」

「我叫你自食其果！」玄冥知道祝融的火功厲害，卻也不把他放在眼裡，口出一言道。隨著他不待祝融反應過來，「颯」地一搧翅膀，已掀起一股颶風捲著祝融噴出之火，徑向祝融自己返燒了過去。

祝融雖為火神耐受火燒，但被火燒也畢竟不是滋味。為此他也不敢怠慢，心中邊想著自己之火看來制勝玄冥不得，決計使用法寶火葫蘆制勝玄冥，邊飛身躍出了火海。

玄冥也不相讓，遂又一搧翅膀把火燒向了祝融。祝融這時則更不怠慢，只見他邊躍身跳出火海，邊取出身藏法寶火葫蘆，口中念動真訣，一出火海便將火葫蘆中之火燒向了玄冥。

「蟊賊，能奈我何！」玄冥開始見之仍是不以為然，口中「哈哈」大笑道，並隨著又搧動翅膀要讓烈火燒向祝融。然而祝融的法寶火葫蘆為玉皇大帝所賜，其中之火無堅不克。因而儘管玄冥搧動翅膀再三，掀起了滾石颶風，但燒來之火卻仍是徑直而來，颭不離去。

玄冥陡覺心驚，就在這時那烈火已是燒上其身，一陣便燒得其耐受不住起來。玄冥這時心中生惱，只見他立刻化風神之形為海神之形，倏地鑽入了滔滔黃河之中。

玄冥鑽入黃河並非罷戰，而是他在沒入黃河水中之後，隨著又猛地擊起滔天巨浪澆向了祝融之火，以期把祝融之火澆滅。然而祝融之火遇水稍息，卻仍是澆滅不得。

玄冥這時方纔知道自己撲不滅祝融之火，再鬥下去自己就有被燒死之險。於是他不敢再戰，急忙心思一動立刻順著河道，潛水向東方大海奔去。

十六、少昊奪勝

玄冥潛往大海並非敗逃棄戰，而是無奈中他想到滅火之法只有用水。自己的佈水神功遠弱於龍王，自己前去請來四海龍王共鬥祝融，就一定可以熄滅祝融之火取勝於他。

作為海神，四海龍王皆為其密友。因而他認定自己請之必到，便在惡鬥中棄戰潛往東方大海，即請四海龍王助戰而來。然而玄冥來到東海龍宮，迎接他的東海龍王敖廣聞聽其言，卻頓然龍顏露出了為難之色，木訥得半天沒有說出話來。

「怎麼，難道龍王老友，」玄冥大感意外，性急地立刻詢問道，「不願前去助小神一戰嗎？」

敖廣當然不想前去幫助玄冥攻戰祝融，他兄弟前時方纔違心地幫助共工戰罷祝融，接著又助共工與祝融戰了一次顓頊。後來好不容易脫身返來，如果再去幫助玄冥去戰祝融父子，他兄弟這般反復作為，今後豈有竟時！

但是犯難的敖廣也當然深知玄冥的魯莽脾氣，因而聞聽玄冥此言頓然一驚。他害怕玄冥發起脾氣，施動神功把大海攪得海翻水覆，使得自己的龍宮不保！為此他心中雖然不願前去，口中卻又不敢直言道：「哪裏，哪裏……」

「哪裏什麼？」玄冥這時詢問道，「老友快說！」

「老友不是不願前去幫助大神，」敖廣這時心中一時轉不過彎來，被問得無以往下言對起來。後來心中轉過彎來道，「而是在想怎佯才能去助大神，奪勝祝融！」

「這樣老友不必再想，只要喚來其他三位龍王老友，隨我一同前去。」勇武過人缺少精細的玄冥聽了敖廣此言，仍然不知敖廣心中所想，對其言信以為真心中前疑頓釋，開口對其直言道，「待我鬥得祝融施用火功之時，四位龍王老友一起施用神功佈水滅其神火，也就大功告成了！」

敖廣真個是不聞玄冥此言還罷，聞聽此言心中頓然更加退勁十分。不願前去幫助玄冥攻戰祝融之心，更加堅定起來。這是因為敖廣四兄弟前番剛助共工戰罷祝融，深知他五神齊施佈水神功也撲不滅祝融之火。這時再幫助玄冥去戰祝融，敖廣知道去也是徒勞無功。

但是他又不敢對玄冥直言，害怕激怒玄冥自己更是推託不掉玄冥之請。無奈之中，他心中焦急道：「不，大神，事情沒有那般輕易！」

「怎麼沒有那般輕易？祝融蟊賊有何高招，」玄冥剛才不解敖廣話中深意，心中正喜敖廣答應隨其前去，方纔與其講說了一番自己設想的鬥勝祝融之法。不料敖廣聞聽仍是推託，並且話中有話，便又心中即生氣惱追問道，「竟讓老友這般心驚？」

「大神尚且不知，祝融臨下凡前，玉皇大帝賜給他一件法寶火葫蘆。」敖廣想不到自己一言又說漏底，讓玄冥抓住追問下來，心中甚為後悔。這時無奈，只有實言道，「那法寶噴出之火，連共工的本事都撲滅不得，何況我等的區區能耐。」

「怪道本神之功，滅不了祝融之淫火。」玄冥不聞敖廣此言還罷，聽了其言不禁頓然心中一明，隨著又陡地一沉道，「原來奧秘在此！」

「是的。」敖廣急忙接言道，「那法寶噴出之火，實在對付不得。」

「不過本神也有辦法。共工之功滅不了祝融之火，」玄冥這時心機一轉，不顧敖廣所想，講說自己之想道，「我與你龍王四友五神之功加在一起，定可熄滅祝融之火，大獲全勝。」

「不，」敖廣又沒想到魯莽的玄冥會這樣講說，更使自己推託不掉，為此他心中一急否定道，「這樣也熄滅不了祝融的神火！」

玄冥雖然魯莽，卻也是一位不時粗中藏有精細之神。他本想那邊自己正與祝融交鬥，自己前來東海便可即召四海龍王前去，使之與自己合力鬥勝祝融。不料初見敖廣他便這樣推諉，末了竟說出了這番話語，看來其中定有緣由。

「這些龍王老友怎麼知道？」於是他再也忍抑不住魯莽性子，環眼一瞪射出凶光道，「是你與祝融鬥過，還是替祝融張目嚇唬本神！」

老謀深算的敖廣剛才看到玄冥眼色之變，已知玄冥生出了怒氣。這時又聞玄冥此言，真個是頓然把他逼進了死胡同中。因為這使他不應玄冥推諉不掉，若硬推諉傾覆龍宮的可怕慘劇，立刻就會發生在自己眼前。

「老龍絕無那等意思，老龍豈能不知大神是嚇唬不得的！」值此無奈之境，敖廣末了只有實言相告道，「老龍之所以知道我們之功熄滅不了祝融之火，是因為老龍四兄弟與祝融鬥過。」

「噢？是祝融欺負了你兄弟，」玄冥聞聽敖廣此言，方纔心中盡明，詫異道，「還是為了別的什麼，雙方進行交鬥？」

「老友實言告知大神，不是祝融欺負了老龍兄弟，而是先前共工興兵欲伐中原之時，」敖廣當然不願繼續向下實言告知玄冥，他怕再講實言激怒了玄冥。但這時他已是不再向下實言也會激怒玄冥，為此只有繼續向下實言道，「祝融極力阻止。為此他父子之間開了殺戒，共工鬥不過其父之火，便來威逼老龍兄弟前去助他……」

「噢，我全知道了！原來老龍四兄弟，」玄冥果然剛剛聞聽至此，便氣得心中怒火陡騰萬丈，揶揄起了敖廣道，「先前曾經幫助共工舉兵進犯中原。所以今天就當然不能再去，反助本神攻伐祝融父子了！」

玄冥說到末了聲色俱厲，威逼起了面前已經驚怕起來的敖廣。敖廣當然害怕玄冥不亞於害怕共工，共工是水神，玄冥是海神啊！共工可以興水作浪掀翻其兄弟的龍宮，玄冥不僅可以同樣做到共工能夠做到的事情，而且玄冥還是他們龍王兄弟的頂頭上司大海之神呀！

「不，不，老龍絕對不是這個意思！老龍是說，你們都是炎黃子孫，」為此敖廣聞聽玄冥揶揄之言，目睹玄冥嚴厲之色心中怕了。隨之不敢怠慢，急忙辯解道，「一家人連筋帶肉，老龍兄弟怎麼好去助你們家族內戰呢？」

「那麼，」玄冥這時則聲色不改毫不讓步，繼續威逼敖廣道，「先前你兄弟為何去助共工？」

「先前是因為老龍兄弟不去，他要掀塌我們的龍宮。」敖廣急言為自己開脫道，「老龍兄弟前去，實在是出於無奈呀！」

「那好，你兄弟既然害怕共工掀翻你們的龍宮，」玄冥聞聽敖廣此言，心中更有了威逼的招數，立刻再度厲言道，「難道就不害怕我玄冥，也會這樣去做嗎？」

「不，老龍知道大神有能力做到，而且比共工神通更大。」敖廣聽了心中更驚，為此他忙給玄冥戴起了高帽，以免魯莽的玄冥真的立刻施動神功，掀動大海毀其龍宮道，「但只是共工兇猛狡惡，大神心性崇高。因而大神是決不會像共工那樣去做的！」

「不，我同樣會做！」玄冥心雖魯莽，卻也聽出了敖廣奉迎之意，是怕自己施法攪動大海，毀壞了他們的龍宮。為此他即用專點敖廣怕處之法，以逼敖廣四海龍王前去助他，鏗鏘道，「只要四位龍友不去，本神這就動手！」

「大神不可動手！老龍即召三位兄弟前來，助大神前去攻戰祝融。」敖廣聞聽無奈中再也不敢怠慢，急言道，「老龍前言只是說明緣由罷了，請大神諒解。」

「別說了！」玄冥這時想到，那邊祝融正在鬥場之上等著戰他，他來到這裏已是耽擱許久。因而早急得耐不住性子道，「快召三位龍友前來，立刻前去！」

敖廣無奈，只有再令蝦兵蟹將一起傳來了北海龍王敖順、南海龍王敖欽、西海龍王敖閏。敖順等三海龍王來到，聞知是玄冥要他們前去攻伐祝融，當然又是誰也不願前去，便都對招呼他們前來的敖廣投去了抱怨的目光。

「本神今日鬥不過祝融之火，特來請求四龍友前去助戰。」但敖順等三海龍王知道敖廣傳召他們也是無奈，他們不去也是不行，無奈中只有全都怏怏不樂。玄冥這時只顧去攻祝融，雖然看到了這些卻如同未見，而對他四海龍王道，「本神既蒙四位龍友不棄，因而深謝不已。」

「蟊賊，還敢前來再鬥嗎？」玄冥言畢，即領敖廣四海龍王順著黃河潛返回去，須臾便潛到了鬥場之上。祝融剛才燒得玄冥潛入黃河不見了蹤影，便一陣「哈哈」大笑道。他以為玄冥又是躲火潛入水中而去，卻不知道他是迎請龍王去了。他等待許久，喊叫再三不見玄冥露面，認為玄冥定是潛水他去不敢再戰，便為自己再戰玄冥不得心中甚為無奈，只有返身歸回軍伍。

「祝融蟊賊哪裏去，你的死期至矣！」但不料祝融剛剛離開鬥場返去不遠，卻聞身後鬥場之上，突然響起了玄冥的吼叫之聲道。隨著，玄冥手中的烏龍長槍已是刺了過來。

「我道蝨賊敗逃去了，不想請來了四海龍王。不過你問問他們，」祝融正為自己再戰玄冥不得心中氣惱，突然見到玄冥引領四海龍王殺了過來，心中當然大喜，遂禁不住一陣「哈哈」大笑起來道，「你們共同戰我是不是對手？你五神不是前來白白送死嗎？」

「好好好，既然如此，我們還是到黃河岸上再作決鬥，不要傷害了凡人生靈！」祝融言猶未了看見玄冥之槍已經刺到，便出劍攔住道。說著，即邊戰玄冥邊向黃河岸上退去。玄冥也正心懷此想，便隨後引領敖廣四海龍王，邊戰邊隨祝融向黃河岸邊殺來。

轉瞬他六神來到黃河岸邊，玄冥與祝融便在黃河岸上展開了惡鬥。一時間，只見他二神交起手來，一個腳下青蛇飛動，一個坐下神獸躍騰；一個劍劍使絕，一個槍槍鬥狠。雙方非置對方於死地而不可，鬥得險惡萬端。鬥到酣處，玄冥突施「雄鷹盤旋」絕招，出槍先向祝融面部虛晃一槍，隨著則抽槍以迅雷不及掩耳之勢，猛地刺向了祝融胸膛。

祝融剛才只顧出劍去擋玄冥刺向其面部之槍，這時回劍不及看到玄冥之槍已經刺近胸膛，禁不住嚇得口中「啊呀」一聲驚叫。隨著猛擊坐下神象獸一拳，催其躍身向後數步，方纔躲過玄冥來槍。接著他口不言說即施神功，「呼」一口將烈火噴向了玄冥面部。

玄冥正鬥防備不及，又被祝融之火燒了個正著。為此他便不敢怠慢，急先搧動翅膀將火反搧向了祝融。與此同時立刻躍身跳出火海，召令敖廣四海龍王與他一起施法，弄水噴澆向了祝融之火。

祝融這時早已不想再鬥，只想一招制勝玄冥。於是他在剛才口噴烈火之後，便已取出身藏法寶火葫蘆，即將其中之火燒向了玄冥五神。祝融火葫蘆中之火倍加厲害，它果如敖廣所言，他四海龍王連同

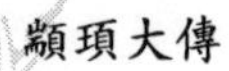

玄冥弄水法術加在一起，也澆不滅，同時他五神還被燒得全都耐受不住起來。

「玄冥，今日就是你的死期！四海龍王，我叫爾等反復無常之輩，為玄冥陪葬！」祝融見之，「哈哈」大笑道。說著，使動法寶將烈火燒得更加猛烈起來。玄冥與四海龍王剛才已被燒得耐受不住，這時則更被燒得將死難活。

「大神莫怪，我四海龍王耐受不住，保命去了！」敖廣為此不敢再怠，急對玄冥道。言畢不待玄冥應允，便即引其他三海龍王一道，飛身逃回了大海。

玄冥剛才眼見他五神拼力弄法也澆不滅祝融之火，已知敖廣所言皆為事實。這時眼見敖廣四海龍王隨言已去，自己單獨一個更無力量熄滅祝融之火。氣惱無奈之中，他也只有決計與祝融暫停交鬥，先期返回大營，以待時日再求奪勝祝融之法。決計至此，玄冥便立刻棄戰向北逃往顓頊大營而去。

祝融得勝，先前眼見敖廣四海龍王離去已經氣惱十分，但那時火中仍有玄冥被燒他便沒有追趕。這時眼見玄冥又要逃去，氣惱的他便縱火隨後向玄冥追燒過去，口中大叫道：「蝨賊死在眼前，還往哪裏奔逃！」

玄冥奔逃迅疾，轉瞬已經逃到了顓頊營前。祝融見之，知道自己再施法火燒玄冥，會有殃及顓頊軍兵之險。他怕為此鑄成大錯受到玉皇大帝懲罰，方纔收住法術，厲聲叫道：「玄冥蝨賊，今日殺你不死，你也死已有日矣！」

然而玄冥這時已入顓頊營中，任憑他在營外厲叫，營中硬是無人回應。祝融獨自一個當然無力攻進營中追殺玄冥，無奈只有向西返回自己軍營而去。他返身向西剛剛走出不遠，便見其子共工接應而來，對其道：「父親，孩兒已將我營向西北移距黃河二十五里，特來接應父親得勝回營。」

「戰而未殺玄冥、顓頊仇敵一個，」正惱的祝融不聞共工此言還罷，聞聽其言道出「勝」字，頓然火騰萬丈道，「何有『勝』字可言！」

「不，父親。以孩兒之見，只說順利渡過黃河，紮住陣腳一事，即可謂大獲全勝哩！」共工見父親心中不喜，忙言道，「如若不然，隔河相峙兩軍無以言戰，怎去奪勝？」

「雖過河來，未殺仇敵，謂之不勝啊！」祝融依舊不以為然道。就這樣他父子說著，須臾便回到了軍營之中，眾臣將自當盛迎祝融歸來。祝融回營後當夜平安過去，轉眼到了次日。

顓頊由於此戰又敗無計再戰，決計暫且堅守不出，以待時日議得良謀之後，再戰祝融軍兵。祝融則由於連戰皆勝報仇心切，天一亮即令軍兵造飯備戰，飯畢即領軍兵向顓頊軍營殺來。

然而祝融引領軍兵殺到顓頊營前，顓頊則閉門不戰，祝融軍兵叫喊半晌硬是沒有回應。祝融前來求戰不得，只有撤兵回營。第二天上午祝融又領兵前來顓頊營前叫戰，顓頊還是閉門不出。祝融令眾兵叫罵，顓頊營中也不應聲。

祝融無奈，第二日又只好撤兵回營。第三日祝融又來叫戰，顓頊還是閉門不戰不應，祝融無奈仍是只有回營。祝融三日求戰不得心中當然氣惱，顓頊三日沒有應戰，心中也當然不會平靜。

顓頊之所以心中不能平靜，是因為戰他不能取勝，不戰天天挨罵不說，也實在令他心中惡氣難出啊！再說祝融求戰自己不應，他又豈敢掉以輕心不做防備，萬一祝融軍兵夜晚襲營呢！為此他表面不戰實則時刻令兵緊張備戰，由此弄得全軍上下日夜不得安寧。

在此不寧之中，顓頊與眾臣將計議再三，但均無奪勝祝融軍兵之策。玄冥神功過人，尚且敗在祝融手下，其餘還有誰能夠剿滅祝融及其軍兵呢？為此顓頊無奈到了極點，心中也緊張不得安寧到了極點。

就在這時，第四日祝融軍兵前來罵戰的髒罵之聲，使得重、檮杌、禹祖等眾臣將忍抑不住，都來向顓頊求戰。顓頊知道他們戰難取勝，堅決不允。但他不允眾將也不離去，弄得顓頊更加為難。

正在這時，門哨突然引領一人到了顓頊面前。來人見到顓頊，即言其為少昊所遣，並隨著遞上了文書。顓頊聞聽心中已是一喜，因為這使他心胸豁然開朗，想到如能得到少昊叔父來助，其身為金神不怕火燒，定可剿滅祝融軍兵。

「此乃天助我顓頊也！剿滅祝融軍兵就在明朝矣。」顓頊高興中急忙接過文書打開看視，剛看一眼他便更加高興得大叫道。顓頊如此一語，頓然說得不明底裡的求戰眾將，全都莫明其妙愣在了那裏。

顓頊見眾臣將不解，忙把少昊叔父文書的內容向眾臣將講說了一遍。他說，他正想調來叔父少昊軍兵戰勝祝融，恰好叔父聞聽中原戰事放心不下，引領五千精兵已經來到距我三十里之地。為不驚動祝融軍兵出奇制勝，特遣人送來文書與我相約夾擊祝融軍兵。

「太好了！這樣我們就與少昊大帝約於明天上午，祝融軍兵叫戰疲備之時，」眾臣將聞聽，全都高興得齊叫道，「我軍出而殺之。少昊大帝軍兵從背後擊之，殺他個祝融軍兵措手不及，必獲全勝！」

眾臣將此言正合顓頊之意，他便立刻修書一道讓來人帶回，並派遣一人隨去慰問叔父眾兵。送走來人，顓頊隨命眾將各作準備，以待明日聚殲顓頊軍兵。

轉眼到了次日早晌，求戰不得的祝融果然又如期引領軍兵罵戰而來。祝融當然求戰心切，因為與在黃河南岸一樣，其軍兵久待必將自亂。而且其軍兵孤立無援，失敗的可能會隨著時間的推延而大增。

為此祝融期求乘機速戰速決，剿滅顓頊軍兵擒殺顓頊酷帝，報雪先祖之仇。於是他懷著亟切的求戰心情，第五日領兵又來罵戰。卻不知少昊軍兵已經來到，一場敗戰的危機正在向其軍兵逼近。

祝融引領軍兵來到顓頊營外，眼見顓頊仍舊不戰，便又令軍兵大聲叫罵起來。顓頊這時則已胸有成竹，更是任憑祝融軍兵如何叫罵，都如同昨日一樣不聲不戰。祝融軍兵叫罵轉眼又是半晌過去，看看仍是求戰不得，祝融無奈只有領兵疲疲遝遝再度返回。

然而就在祝融軍兵返身回走之時，卻聞顓頊營中鼓聲大震，殺聲陡起。隨著營門大開，顓頊領兵追殺而來。祝融見之心中大喜，急令軍兵返身迎戰。但這時其軍兵正在回走，陡聞殺聲大起心中驚亂，早有軍兵拔腿向後奔逃起來。一兵奔逃十兵隨逃，很快眾軍兵便雪崩似的一起向後奔逃起來。

祝融雖然隨之嚴令再三，卻也硬是令行不止。祝融為此大急，氣惱得雖然立刻手刃數兵，仍還是禁止不住。這時，顓頊軍兵已經喊著沖天的殺聲，鋪天蓋地般殺了過來。祝融軍兵只顧潰逃，一陣便被殺死無數。逃跑在前的軍兵這時更驚，便逃跑得更加快疾。

不料就在他軍兵剛剛逃出不到一里路程之時，卻又聞聽前方殺聲大起，有兵鋪天蓋地般攔殺過來。祝融潰軍正在驚怕前逃，陡見迎面有兵攔殺過來，更是嚇得返身向來路返逃回來。就這樣祝融只顧求戰心切，戰未求成卻陷身在了腹背受敵的險境之中。

祝融這時當然也不怠慢，特別是當他很快弄清前後兩方，竟是顓頊與少昊叔侄分別領兵夾擊於他之時，他便更加不敢稍怠。急令共工攔擋少昊軍兵，吳回攔擋顓頊軍兵，自己則領兵急忙向南方無兵攔擋處逃去。虧得他頭腦機敏，逃跑迅速，也虧得共工與吳回兩個兇猛拼死攔擋，方使得祝融引領大半軍兵逃出了險境，逃回了軍營。

祝融領兵逃去之後，顓頊在追殺祝融逃兵的鬥場之上，見到了助他前來的少昊叔父。但他叔侄來不及細言，顓頊即要領兵前去追殺祝融敗兵。少昊見之卻即言攔阻道：「侄兒不必去追，待叔父再設奇計奪勝祝融軍兵不遲。」

顓頊聞聽方纔止住眾兵，伴陪少昊返回軍營而去。回到軍營，顓頊令少昊軍兵與自己軍兵連營駐紮，自己則把少昊及與少昊同來的其子蓐收、窮奇和孫兒俊嚳領進中軍大帳，叔侄親人敘起了別情。

顓頊首先詢問叔父在西方可好，少昊聞問即向顓頊講說了一切。隨後他又在回答自己為何恰在此時，領兵趕來之問時說，自己正在西方坐鎮，突然聽到了祝融父子進犯中原的惡訊。他知道祝融父子神功高強，恐怕侄兒有失，也為了助侄兒一臂之力，即集起五千軍兵助戰而來。這是其一。

「其二呢？」顓頊聞聽又問道，「叔父。」

「其二嘛，是叔父為侄兒帶來一人，」少昊一笑隨之道，「讓他為侄兒輔政，望侄兒笑納。」

「叔父所薦之人，定是侄兒亟用之人，」顓頊聞聽一笑道，「豈有納與不納之說！」

「我這次給侄兒帶來的不是一個大人，」少昊這時認真道，「而是一個十二歲的孩子。」

「這孩子是什麼人？有何奇能？」顓頊隨之一愣，道，「叔父為何將他薦於朝中？」

「此子非為別個，乃是叔父的嫡孫，你弟橋極的兒子，你的侄子，名嚳號俊。」少昊隨之道，「其母陳鋒氏你未見過，一天隨你弟橋極到野外遊玩，和先前華胥姑娘一樣履巨跡心中有感，懷孕而生此子。」

「噢，」顓頊聞聽驚奇道，「此子生而靈異呀！」

「是的。此子落地能言，並且自號曰俊。」少昊繼續講說道，「及長聰慧異常，竟能不學而知，不聞而能，非為常人所及。故而叔父薦於侄兒。」

「太好了！」顓頊聞聽大喜道，「此子呢？」

「侄兒俊嚳，」俊嚳這時即從旁邊閃出道，「拜見伯父大帝！」

「好，昔日叔父命我輔政之時，亦剛一十二歲。今日吾侄俊嚳亦十二歲，恰好留在我處輔政，必為千秋佳話矣。」顓頊聞聽舉目一看，只見俊嚳果如叔父所言，生得頭方顱平，皓齒朱唇，一表人才，聰慧異常，遂心中大喜道。說罷，即封有辛地方為俊嚳轄地，但其不必前去，而留在顓頊身邊輔政。俊嚳大喜，當即伏拜謝恩。

「我黃帝家族人才濟濟，」玄冥在旁見之，也是大喜道，「後繼有人矣！」

然而未等他話語落音，卻見少昊之子邪惡的窮奇在旁耐受不住，上前先叩少昊，隨叩顓頊道：「帝父，你該把孩兒窮奇薦於吾弟了吧！顓頊小弟，愚兄窮奇當盡力為吾弟效命，乞小弟也留愚兄為朝中輔政吧！」

顓頊突睹此景聞聽此言，即對生得虎面牛身、身生蝟毛、背生雙翅的窮奇，這般作為心生奇異，並且反感起來。特別是他聯想到人們言說，此惡平時常食生人，而且總是吃食有理一方的邪惡作為時，更是禁不住就要斥其退下。

「孽子，也不想想自己的作為，還敢妄想來做朝中輔政！盡是癡心妄想，還不快快給我退下！」然而不等顓頊開口，少昊已厲斥起了窮奇道。窮奇雖然邪惡，但有父親在前，又在朝堂之上也是無奈，至此只有快快退後而去。

這時，顓頊已命人擺上為叔父少昊接風的盛宴，請叔父入席。然而少昊見之卻言道：「撤下此宴，叔父有戰事與侄兒言說。」

顓頊聞聽無奈，只有即把盛宴撤去，聽叔父少昊言說起了戰事。

十七、祝融逃命

「以叔父之見，祝融軍兵先前屢勝不敗，今日慘敗必然氣餒。加之他料我軍新勝，」少昊道，「我少昊軍兵又長途跋涉疲憊不堪，夜晚定然不會前去攻擊他們，為此其軍必然無備。」

「叔父所言極是。」顓頊立即接言道，「叔父似有對付之策？」

「是的。因而我軍若乘此時機，一鼓作氣趁夜襲奪其營，必可大獲全勝。」少昊繼續其想道，「到那時，侄兒再將接風盛宴與慶勝盛宴一同擺開，豈不更好？」

「不，叔父。我軍今夜不可襲奪祝融軍營。侄兒與祝融已經數戰，敗都不敗在交鬥之中，而盡數敗在中其詭計之上。」顓頊聞聽少昊言說戰事若此，當即不敢苟同道，「祝融善用惡計，用兵詭譎，他定然兵敗不會無備，相反還會細作準備，而且說不定還會前來襲奪我營哩！」

「顓頊侄兒言說有理，」玄冥歷經前敗對祝融的詭譎已有認識，不敢再行莽舉，在旁插話道，「祝融蟊賊用兵實在詭詐叵測，我軍兵必須早做防備。」

「若如此說，我軍既然不依我父之言，前去襲奪祝融軍營，」少昊聞聽正欲開言，卻見邪惡的窮奇在旁虎眼一眨，詭詐道，「那麼來它個將計就計空出我營，並在營外設伏，定可大獲全勝！」

「孽子雖是邪惡，主意拿得倒還不錯哩！」少昊正煩邪惡的窮奇不該插言，聞聽至此卻頓然心中一明道，「顓頊侄兒，若此不以叔父之見，而以你兄窮奇之見行事如何？」

「顓頊小弟，如果能夠料定祝融軍兵定來襲奪我營，」窮奇聞聽少昊褒獎心中大喜，不待顓頊答言，便又詭譎的心思一轉搶言道，「我的將計就計之策，就還可以再延伸一步。」

「噢，」顓頊這時接言道，「怎麼延伸？」

「即不僅空出我營在營外設伏，以伏殺祝融前來襲奪我營軍兵。」窮奇這時繼續道，「而且還可以再依我父之計行事，同時派兵繞道前去襲奪祝融軍營，斷其後路全殲其軍兵。」

「窮奇兄奇計完善，真乃善設奇計矣！」顓頊本對窮奇多惡心懷戒意，不願去聽其言。剛才只是不聽無奈，方纔勉強聽之。但他這時聽到窮奇進一步講說至此，卻禁不住心中大喜道，「這樣，我軍中則又多了一位軍師哩！」

倍伐、禹祖等一幫臣將聽到窮奇言說至此，也都齊對邪惡的窮奇竟然設出此等奇計深感詫異，齊贊窮奇之計可行。玄冥聽到這裏，則也對少昊贊叫道：「此子雖惡，倒也有用場哩！」

「孽子不只行孽，今日還真是做出一件好事，邪心眼定出一條無懈奇計哩！」少昊則嚴肅不笑道。隨著他則轉對顓頊道，「侄兒，若如你說祝融軍兵情狀，叔父以為窮奇之計可行。你定奪吧。」

「好，巧施此計，」顓頊剛才已覺窮奇之計可行，這時又聞少昊叔父與眾臣將齊聲贊同，遂當即決定施用此計回答少昊道，「奪勝祝融蟊賊，就在今宵哩！」

隨之，顓頊即命少昊與玄冥叔父各領一軍，在大營外左右設伏襲殺祝融襲營軍兵。自己則親領一軍，繞道前去端剿祝融老營。待到一切安排停當，天色已至一更。顓頊眾兵便不怠慢，各自依計出發行計而去。

祝融罵戰五日方得與顓頊開戰，想不到一戰又被少昊奇兵來襲，打得自己軍兵大敗。回到營中著實心中懊惱，恨不得立刻再率軍兵去把顓頊軍兵打個落花流水。但當他又想到自己率兵攻伐中原以來，雖然屢戰屢勝攻到了黃河北岸，但自己軍兵卻越戰越少。

而顓頊軍兵雖然屢戰屢敗，退到了黃河以北，但其由於回到了轄地卻越戰兵力越強。如果再繼續這樣交戰下去，自己若是不能取得殲滅顓頊軍兵的大勝，那就距離自己軍兵慘敗的時日不遠了。想到這裏，祝融心中果如少昊所料，禁不住泛上了一股氣餒之情，愣在了那裏。

共工、吳回、相柳、浮游等一班將臣這時安排好敗兵，紛紛來到中軍大帳，看見祝融正坐在那裏氣惱與氣餒之情交加，便你一言我一語言說起來。他們都是主戰好戰之人，對於他們來說只要有戰事就行。因而他們不願意看到祝融氣餒，便你一言我一語以期打消祝融的氣餒之情，激起其氣惱顓頊軍兵的非戰不可情緒，免得其氣泄棄戰收兵。

「父親，勝敗乃兵家常事。何況我軍屢戰屢勝，」兇猛的共工率先道，「長驅直入，時間不長已由長江以南殺到了黃河以北，距離顓頊酷帝的帝都已經不遠了！」

「哥哥，若不是少昊蟊賊奇兵剿我後路，豈有今日之敗。哥哥不必為此一戰失敗氣餒，毀了我前戰之功。」生性尚猛鬥狠的吳回，這時立即接言道，「帝丘已經距此不遠，顓頊酷帝敗在眼前。報雪先祖之仇，複歸中原大帝之位的時日，已經指日可待矣！」

「大王，共工和吳回二帥言說極是，」兇狠邪惡的相柳也說道，「你就帶領我們重振旗鼓，剿滅顓頊酷帝吧。」

祝融本來是氣惱與氣餒之情交加，求勝與求勝不得心情交織，又急又無可奈何，方纔生出了這種莫名其妙的低落情緒。因而共工眾臣將你言他語，卻誰也沒有說到其痛處，講到其心中。反而說得祝融聽聞至此，早已耐不住了性子更加急火起來。

「夠了，你等也別再聒噪了！你等非戰不可，戰到這時又取勝顓項酷帝不得！你們要奪勝顓項酷帝，快拿出辦法來呀！」為此，他心中一陣焦急煩惱起來道，「只說大話、空話又有屁用！好了，你們都退下歇息去吧。讓我也靜心一宵，明日再議求勝之法。」

「大王今宵豈可靜心，」共工眾臣將聞聽祝融言說至此，便誰都不敢再言，齊聲答是就要退去。但在這時，一直在旁未開一言，陰狠險詐的浮游卻「嘿嘿」一笑，打破尷尬氣氛道，「若此，則失我軍兵奪勝顓項酷帝良機矣！」

「狡徒快說，」正煩的祝融聞聽浮游開言，已是心煩頓消勁兒陡生道，「若此，則怎麼正失我軍兵奪勝顓項酷帝良機？」

祝融如此一語，頓然引得正要離去的共工眾臣將，全都返了回來，一個也沒有離去。只見他們聞聽，浮游又是「嘿嘿」一笑道：「大王，臣下料他少昊新來即勝，必不把我軍兵放在眼裡。同時其軍兵長途跋涉，疲憊需要休歇。」

「噢，」祝融這時心中一明道，「狡徒是說，今夜我軍有機可乘？」

「是的。再加上顓項酷帝新得少昊軍兵前來相助心中高興，顓項酷帝必為叔父少昊擺下接風慶勝宴席，為少昊接風慶勝。」浮游這時又言道，「為此其軍兵定然無防，正為我軍兵奪勝顓瑞軍兵提供奪勝良機哩！」

「狡徒說得對，」祝融聞聽浮游言說至此，頓時雙眼放亮道，「這樣我軍兵今夜就休歇不得哩。」

「常言機不可失，時不再來。大王當然可以休歇，」浮游還是「嘿嘿」一笑道，「但休歇一宵失去這千金難買之機，輕重大王自作權衡吧！」

「權衡什麼，抓住這一戰機，今夜襲奪顓頊酷帝兵營。」祝融聞聽浮游此言雖覺不恭，但他並不氣惱立刻堅定道。隨著他又話鋒一轉道，「我料顓頊酷帝的接風宴席不會短時告散，為此我軍兵趕在二更出發，三更襲營，正當其宴散酒酣之時奪之，必獲大勝。」

「大王言之有理，」浮游與共工等眾臣將聽到這裏，齊高興得大叫起來，「我軍兵快行此事吧！」

「好，既然眾臣將皆無異意，我軍兵就這麼辦。」祝融聞聽眾臣將此言，精神更加振奮，隨著祝融一聲令下道，「二更出發，三更襲奪顓頊老營。你們立刻各作準備去吧！」

共工眾臣將便答一聲「是」，齊出帳各作準備而去。很快到了二更，祝融引領軍兵出發的時刻到來了。祝融於是一聲令下，便帶領準備好的軍兵奔襲顓頊軍營而來。但在祝融軍兵出發之前，顓頊軍兵則在入夜一更天時出發，恰與祝融軍兵錯開了時間。

待到祝融軍兵開始行動之時，顓頊各路軍兵則全已到達指定位置，做好了作戰準備，因而兩方互不打擾。不僅如此，祝融軍兵則在二更天開始行動之後，剛又恰好在不知不覺之中，全都鑽入了顓頊軍兵的伏擊圈中。

這是一個無月的漆黑之夜，天上佈滿著濃重的鍋底雲，黑漆漆的。三更時分，黑夜更加漆黑如墨，萬籟俱寂。祝融領兵這時來到了顓頊營前，看到顓頊營中燈火闌珊，燈光下散兵巡邏往來不息，一切

平靜如常。

祝融心中大喜，因為從此情形中，他看到顓頊酷帝定然無備，自己奪勝其軍就在眼前了。於是他時不稍息，立刻一聲令下，麾動軍兵便倏然殺進了顓頊營中。

然而祝融領兵剛入顓頊軍營，便感覺出了情況的異常。即看到剛才還在闌珊燈光下巡邏來往的散兵，這時竟都突然不見了蹤影。他殺入面前的一座軍帳，軍帳中竟也空無一兵。

城府甚深的祝融心知中計，頓然驚得紅臉繃緊，隨著急令後軍變作前軍，撤出顓頊軍營。但是此刻為時已晚，還未等到其軍兵聞令轉過身去，已聽兩旁黑暗中號炮驟響，火把齊明，殺聲陡起。顓頊伏兵已挾著鋪天蓋地般的聲響，風馳電掣般襲殺過來。

祝融軍兵頓然驚得魂飛魄散轉身奔逃，兩旁少昊與玄冥伏兵則圍住祝融軍兵一陣大殺起來。祝融眾將不敢怠饅，齊向前奮力拼殺，以期殺開一條血路引領軍兵逃出重圍。然而儘管他們奮力拼殺再三，都無奈少昊、玄冥、蓐收等一班大將齊力殺來，硬是殺得他們殺不開血路逃跑不得。

「父親，大事不好，」這邊惡戰正酣，更驚祝融之膽的事情，又在那邊隨著發生了。祝融正在惡鬥少昊，突見共工急來稟報道，「我軍老營起火了！」

心中又驚又惱正在拼力惡鬥少昊的祝融，突聞此報頓然驚得先是「啊」了一聲，隨著急擡頭向自己軍營方向看去。一眼便看見其老營上空果然火光沖天，燒紅了漆黑的夜空。

正鬥的祝融這時真是不睹此景還罷，睹見此景頓然不敢再戰，即命共工諸將拼出死力擋住少昊眾將，自己則急領軍兵奮力拼死殺開一條血路，然後連其軍營方向也不敢返回，而一路徑往南方黃河邊上潰去。

顓頊領兵依計端了祝融軍兵老營之後，這時又為圍殲祝融襲奪其營軍兵，返了回來。恰好看到祝融軍兵大敗潰逃，便欲領兵向前追殺。少昊見之即又止之道：「侄兒莫追，讓他們逃。我們先把包圍殘兵殲滅再說不遲！」

顓頊聞聽少昊之言雖然不解其意，卻也沒有再問。鬥場之上酣殺正烈，由此之勝他也看到了叔父的高明，因而他便即依少昊之言行事，不去追殺祝融敗逃軍兵，而與少昊、玄冥二軍一處，合圍殲殺起了被圍祝融軍兵。

顓頊軍兵隨後一陣大殺，便把圍住祝融軍兵殲滅淨盡。眼見戰鬥結束，不解少昊不讓自己追趕之意的顓頊，方纔詢問少昊道：「祝融殘兵潰逃而去，叔父為何不讓侄兒領兵追殺？」

「父親，少昊爺爺不讓前去追殺祝融潰軍有理。父親試想，窮寇若追，窮寇勢必鋌而走險，難以盡滅，為此兵家有『窮寇莫追』之說。」顓頊話音剛落不待少昊開言，顓頊的邪惡兒子檮杌在旁嫉於此次窮奇設計奪得大勝，也要自己設計立一大功，便把大尾巴一甩，豬嘴一張搶先道，「而窮寇不追，讓其逃走，則正放寬窮寇之心，使其穩而不逃，則正可施計再行剿滅哩。」

顓頊驟聞孽子此言，不禁驚詫得瞪大了眼睛。他知道此子性情凶頑無比，自幼胡作非為人間，連自己對其也難以制止，故而人們又叫他傲狠、難訓。先前自己囿於此子胡作非為之性，除了對其嚴加管教之外，從來不讓並且不聽其在自己面前言說，認為其言定然非善。

然而這時，此子怎麼突然變了模樣，講說出了這般頭頭是道深為有理之言呢？檮杌此番言辭，與顓頊頭腦中留存的檮杌的邪惡印象，反差太大了。因而他一時大為不解，驚愣在了那裏。

「檮杌孫兒言之有理，正合爺爺心意。」在顓頊驚愣之中，少昊聽罷檮杌之言，則一陣「哈哈」笑著贊言道。隨著他話鋒一轉，向檮杌詢問道，「那麼窮寇不追，我們現在放祝融軍兵逃跑了去，下步該怎麼行動呢？」

「以計取之，」心懷立功之想的檮杌剛才聞得少昊贊言，已經欣喜不已。這時聞聽其詢問，便即胸有成竹道，「必獲全勝。」

「孽子胸有何計，」顓頊這時已從驚怔中清醒過來，聞聽檮杌此答立即向下追問道，「敢出這般妄言？」

「父親，小子心想祝融蟊賊此去既然不敢回營，定是直奔黃河岸邊。」檮杌胸中既懷立功之想，便已開動其凶頑的腦袋，早已謀得了奇計。這時聞聽父親詢問，便即回答道，「屆時他看到其軍兵敗殘將盡，又怕我軍追去聚殲其軍，必不敢在岸邊久待必然渡河南逃。」

「小子是說，」少昊這時心明道，「我們採用半渡而擊之招？」

「對。渡河時祝融必然又怕我軍半渡而擊，必會在岸邊設下埋伏。為此我軍待其首批軍兵半渡之時，」檮杌這時繼續道，「從兩邊出兵剿殺其伏兵，然後攻其半渡之軍，定可大獲全勝。」

「孽子高見！前次惡名傳世的叔叔窮奇設下奇計，使我奪得了此次大勝祝融軍兵之功。」顓頊對檮杌之言邊聽邊想，聽到末了心中盡明大喜道，「想不到你這惡名傳世的孽子，又為聚殲祝融逃兵設下奇計，將立大功哩！」

「謝帝父稱讚孩兒，一切全賴帝父教誨之功，」檮杌聞聽顓頊此言，頓然大喜過望道，「一切還須帝父定奪。」

「檮杌吾孫言之可行，但我想若要保證全殲祝融逃兵萬無一失，還要即派兩軍搶渡黃河，」顓頊聽了檮杌恭維自己之言頓生氣惱，他氣惱檮杌平時不聽教訓，這時又說全賴自己教誨之功。為此正要開口訓斥，卻聞少昊已在旁道，「以在黃河南岸搶先設伏。這樣即使祝融潰軍一起搶渡黃河，其軍兵也定然插翅難逃。」

「爺爺高見，」檮杌聞聽少昊此言，心中更喜道，「勝過孫兒一籌。」

顓頊聞聽少昊言說至此，看到檮杌奪勝祝融逃兵之計已經完善可行，方纔釋去心中氣惱，大喜道：「這樣果真萬無一失，聚殲祝融逃兵，平定江南之亂就在今日哩。」

「大帝，奇計已定，」顓頊言畢，玄冥、重、黎、倍伐等眾將個個摩拳擦掌，人人躍躍欲試道，「您就發令實施吧！」

「重、黎，你兄弟二人各領兩千軍兵，立刻出發繞道東、西，搶在祝融逃兵之前渡過黃河，」顓頊見之更喜，便與少昊、玄冥二位叔父先交換了一下眼色，見二位叔父投來了肯定的目光，便最後下定決心傳令道，「隱蔽埋伏，不讓祝融一兵一卒逃去。」

「你二人各領一軍，立刻分東、西兩路出發，搶到黃河北岸待到祝融軍兵半渡之時，從兩邊夾擊其軍兵。」重、黎二將心知時間緊迫不敢怠慢，立刻領命而去。顓頊隨又傳令倍伐、禹祖道，「切斷其軍兵伏兵的退路，並攔擊其可能返回救其軍兵的筏上軍兵，以保全殲祝融軍兵。」

倍伐與禹祖領命，也是即不怠慢，立即出發而去。待到一切安排妥當，顓頊則領餘下軍兵休歇半日，以給祝融逃兵留下寬心的時間。然後才領兵依計向前，追殺聚殲祝融軍兵而來。

祝融拼死率領部分殘兵逃出之後，料定顓頊軍兵必定傾力追殺過來。因而不敢稍息，只顧引領殘兵拼命向前奔逃。轉眼奔出十里之遙，卻不見顓頊軍兵追來。他心中大為不解顓頊軍兵為何沒有追來，並擔心其中有詐，因而更是不敢停歇。但由於不見顓頊軍兵追來，心中還是稍稍平靜下來。

心中的平靜使祝融回想身遭此敗的原因，便使他大惱起了設計的浮游。他想，若不是浮游設此惡計，自己守營焉有此敗？即使顓頊軍兵奪營，自己也有抵抗之力，而不至於中計慘敗至此。鬧得既丟失了軍營，又使軍兵無處立足！

心惱至此祝融欲把浮游斬殺，以泄此敗之忿。但就在他欲殺浮游，浮游被殺無怨正要被斬之時，共工眾臣將都為浮游求起情來。他們說，智者千慮，必有一失。自從舉兵以來，浮游計計得勝，功績卓著。此戰之敗也並非全是浮游之計之敗，而是顓頊更加詭詐一籌所致。因而齊乞祝融不要斬殺浮游，自毀軍中智囊。

「也罷，讓他狡徒將功贖罪，」祝融聞聽氣惱中思慮再三，方纔收回斬殺浮游之命道，「也不薄眾臣將求情之面。」

「狡徒，本王免你不死，」浮游不死回來謝恩，祝融見之道，「你快思謀我殘軍下步怎樣行動。」

「大王，以眼前情勢看，我殘軍不可再待在黃河北岸，」浮游不敢怠慢，加之他剛才在敗逃之中已經思慮成熟，這時便即開口道，「必須火速渡過黃河，方可逃脫全軍覆沒的厄境。」

「這個本王知道。本王問你狡徒的是，」祝融聞聽不耐煩道，「怎樣渡河，方可保得萬無一失？」

「臣下以為，其一是越快越好。快了才能甩開顓頊追兵，不致遭到堵追。」狡惡的浮游這時略加思索道，「其二為保萬無一失，可在渡河之時兵分兩部，一部先期渡河，一部設伏岸上。如果敵軍來追拼力堵殺之，以保渡河軍兵順利渡過河去。」

「嗯，」祝融聽到這裏，不禁沉吟道，「還算可行。」

「如果渡河軍兵受到南岸顓頊軍兵攻襲，可返回北岸再擇渡河之地，」浮游這時繼續道，「以不失去立足之地。這樣方可保得萬無一失，請大王定奪。」

「就以你狡徒說的辦。但若有失，你狡徒的腦袋就非要搬家不可了。」祝融對此當然也並非只是想過一次，所想之法除如浮游所說，也是別無他謀。因而聞聽浮游說到這裏，遂當即立斷道。言畢，即麾殘兵不敢停歇，第二天正午便疾逃到了黃河北岸。

眼見滔滔黃河橫亙面前，神勇尚武的祝融也不由得心中懍然而栗。前有萬里黃河擋道，如果顓頊追兵從後殺來，自己殘兵焉有不滅之理。再者如果顓頊計戰黃河，自己殘兵也難逃覆滅之險啊！

為此他不敢稍息，急令殘兵不得休歇，立刻拼力伐木紮筏，搶渡黃河。眾殘兵皆知身處險境，個個拼命伐木紮筏。一個時辰過去，足夠數量的巨筏便紮制完成。祝融見之，即讓共工護定自己上筏先期渡河。而讓吳回引領下餘殘兵後退三里，設伏攔阻顓頊追來軍兵。

祝融領兵上筏之後直到眾筏渡到河心，全都平安無事。這時祝融眼見再過片刻自己就要渡過黃河，逃脫顓頊追兵到達平安之地，心中不禁憂去喜來。站在筏上慨歎揶揄起來道：「顓頊酷帝用兵還是略遜一籌哩。不然若在河上設下伏兵，焉有我祝融的歸期也！」

然而不待祝融之言落音，令祝融魂飛魄散的陡起殺聲便從黃河北岸東西兩邊同時傳了過來。隨著便見顓頊軍兵人人奮勇，殺向了正在北進的吳回殘兵。祝融驚怕中不敢怠慢道：「顓頊軍中，出了高人也！」遂嚴令渡河殘兵返回北岸，以與岸上吳回殘兵攻殺顓頊殺來軍兵，然後共渡黃河。

「父親，返回不得呀。如果是顓頊大軍追殺過來，」共工眾臣將聞聽祝融此令，齊開口勸止起來，共工率先道，「我渡河殘兵返了回去也只是杯水車薪，去送死呀。顧不得北岸殘兵了，您就收回成命吧！」

「什麼？」祝融聞聽此言，氣惱得頓然紅臉一繃道，「你叔父吳回也不顧了嗎？」

「父親，叔父吳回我們也顧及不得了！這樣不過失去我一個叔父，」共工這時近乎乞求道，「如果我們返了回去，殘軍盡滅你我皆亡，我炎帝家族之仇還有誰去報雪啊！」

「大王就聽大帥之言吧，」浮游這時也忙勸止道，「北岸返回不得呀！」

「狡徒，你不是告訴我可保萬無一失嗎？」祝融不聞浮游此言還罷，聞聽其言頓然火騰萬丈，厲喝道，「如今吳回軍兵被攻將敗，我們不救怎成啊！」

「大王，臣下沒有錯。」狡惡的浮游聞之心驚，立刻詭言亮底道，「臣下要大王留下一路軍兵，就是為保大王渡河萬無一失了！」

「可你狡徒為何不對我言明，」祝融聽到這裏，方知浮游實在狡惡至極，但也無奈道，「這樣，我就斷送了胞弟吳回的性命啊！」

「停止北返，」共工這時看見父親心明，便不待其令即命殘兵道，「渡向南岸。」

眾殘兵也都知道返回北岸是去送死，剛才被祝融軍令所迫方纔調轉筏向。這時聞聽共工軍令，頓然全都釋去了心中返向北岸前去送死的驚怕，個個奮力將筏向南岸劃了過去。

祝融見之也不再攔阻，他也不想讓筏上千餘殘兵返向北岸，前去送死。只是心想胞弟吳回，站在筏上遙見北岸吳回殘兵與顓頊軍兵惡戰正激，心中沉痛不已。祝融只顧懷著沉痛的心情遙望北岸鬥場酣戰之景，腳下渡筏須臾便已渡到了黃河南岸。

共工與浮游眾臣將見之，急叫仍舊目不轉睛凝望北岸的祝融離筏上岸，但在這時凝望北岸的祝融恰好看到吳回被倍伐、禹祖追殺，敗逃到了岸邊向南岸大叫道：「祝融吾兄，不要忘了為我炎帝家族、為小弟報仇雪恨啊！」

吳回如此言猶未了，已見倍伐、禹祖等顓頊眾將之械，已經戮到了其身邊。吳回不願被擒受侮，立即抽劍自刎，死在了岸邊。祝融的眼圈立即濕潤了，他看到了吳回的無奈自殺，是自己把他置身於死地呀！

為此他更加心痛至極，隔河傳來的吳回之言，便如同重錘字字錘在了他的心頭，更使他身顫心栗。心痛至極之時，他也更加對顓頊酷帝仇恨至極，禁不住咬牙切齒道：「顓頊蟊賊，血債是要用血才能償還的！」

隨著他抑住悲痛離筏上岸，欲圖即返江南重舉軍兵報雪此仇。為此他上岸行走快疾，但他行出不遠看到河岸上風清氣靜，平安無虞，不禁又發感慨道：「顓頊蟊賊，你若真會用兵，再在此地埋伏一軍，我祝融之軍將盡滅矣！但是你沒有，那麼我就與你再見了！」

言畢，祝融便敗中作樂故作得意地向前方走去。然而就在他剛剛邁出一步之時，岸上重、黎伏兵殺聲陡起，從兩旁向祝融剛剛上岸千餘殘兵殺了過來。祝融這一驚實在非同小可，他驚怕自己到了窮途末路一個愣怔。重、黎軍兵已是殺了過來，把祝融千餘殘兵擋在了黃河岸邊。

重、黎軍兵擋住祝融殘兵也不怠慢，立即出手殺向了已經失去抵抗之力的祝融殘兵，眼看著須臾之間就要將其殘兵殺滅淨盡。祝融慘敗至此心惱智昏，加之眼見自己立刻也要死於非命，便頓然忘記了一切。為他自己逃出如此死地，氣惱驚急中便突施神功，「呼呼」幾口把烈火噴向了正殺得不分敵我的眾兵群中。

祝融突施此功實在厲害，只見他口吐烈火立刻化為滾滾烈焰，燒

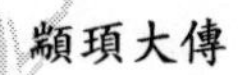

遍了河岸，燒到了河面之上，也燒到了黃河北岸，燒紅了半邊天空。把正殺的自己殘兵，和重、黎軍兵全部燒在了烈焰之中。

祝融雖見自己突施神功，燒得重、黎軍兵暈頭轉向戰殺不得，但他自己這時卻也不敢再去戀戰，而急趁此機引領共工一班臣將突出重圍，一陣向南疾逃而去。

十八、赤壁大戰

祝融引領眾臣將向南奔逃之中，心想自己神功厲害，重、黎軍兵全被燒得暈頭轉向，自己眾臣將定可逃脫顓頊軍兵追殺，脫身厄境。想到這裏祝融心中便又高興起來，奔逃中便得意而又蔑視地回頭看視一眼，以笑顓頊奇計雖妙軍兵雖眾，卻也無法滅盡他祝融臣將。

但不料他剛舉目看向身後，便心中大驚起來。因為他看到金身金面的少昊與蓐收父子兩個，已經追到了他們身後近處，正在疾急地追殺過來。祝融並非驚怕他眾臣將鬥不過少昊父子，而是他正想擺脫顓頊兵將的追殺，以遁跡他去。

這時少昊父子竟未被自己的神火燒傷燒死，又突出火海追了上來，這就證明顓頊其他兵將，也將隨後追殺上來。這樣他引領眾臣將逃遁之想，就要變成妄想，化為泡影了。

與此同時，他還驚怕自己的神火為何神功不濟，竟然攔阻不住少昊父子顓頊眾兵，使得他們從火海中突了出來？他知道他的神火厲害，少昊父子和顓頊眾兵是不該突出自己的神火之境的。

但是驚怕之中，祝融又迅疾明白過來。原來是少昊父子金身金面，原為天界的金神。常言真金不怕火煉，他父子渾身肌膚如同黃金鑄就一般輝煌耀眼，而且其工作又是在西方察看落下太陽的光輝是否正常，有失正常就前去為之拂拭。太陽的烈焰少昊父子尚且不怕，自己的神火又豈能擋住他父子一雙金神！

所以這只是他父子不怕火燒突出了火海，而並非其所佈神火失去了神功，更不是顓頊眾兵全部突出火海，跟隨少昊父子之後追殺上來。

「少昊、蓐收蟊賊，你父子雖有能耐突出我佈火海，」明白至此，祝融心中的驚怕頓然消失淨盡。因為他知道這樣，他眾臣將只要一陣打殺單獨追趕上來的少昊父子，他們就可以逃之無影遁身他去了。為此他便即不怠慢，立刻麾動正逃的眾臣將，回身迎殺向了追來的少昊父子，厲喝道，「前來追殺我眾臣將，但今日卻不能保得自己不死於此地了！」

少昊父子剛才與顓頊眾兵一道，追擊祝融軍兵來到黃河北岸，見到岸上剩餘軍兵不堪倍伐、禹祖伏兵加上顓頊軍兵一擊，又見河邊正有一批吳回殘兵紮制好的備用渡筏擺在那裏。少昊擔心南岸重、黎二將有失，祝融眾臣將再度逃跑，便告知顓頊一聲，即與蓐收引領一批軍兵搶到河岸奪得渡筏，渡河向南岸追殺祝融眾臣將而來。

少昊眾兵將搶上渡筏之時，祝融殘兵恰好逃到黃河南岸。少昊眾兵渡到河心之時，祝融軍兵則恰被重、黎眾兵攻殺，無暇顧及河上動靜，不知少昊眾兵已渡到了黃河南岸。轉眼祝融眼見自己千餘殘兵已被重、黎伏兵斬殺將盡，心中大驚，為保自己與眾臣將不死，實施神功噴火燒向了鬥場。

祝融所佈神火立刻燒遍了黃河兩岸，除把重、黎軍兵和祝融自己所餘軍兵陷入了火海之外，當然也把將到南岸的少昊軍兵陷在了火海之中。少昊與蓐收父子身為金神，渾身為黃金鑄就，當然如同祝融所知太陽之火尚且不怕，就根本不怕祝融所佈神火。因而祝融所佈神火雖然立刻燒懵了筏上少昊軍兵，少昊父子身陷火海卻如同平常一樣絲毫無事。

眾軍兵燒得氣閉身傷迷失了方向前進不得，他父子二人卻繼續劃筏向南岸開進。竹木之筏耐不住火燒，因而它們尚未靠岸，已被大火燒毀沉入水中，少昊父子隨之落入水中。但他們落水並不停留，急涉水一陣遊到了岸邊。

然而他們上岸之後，在火海中尋找不見祝融眾臣將，為了不失追殺目標便即出火海，向疾逃的祝融眾臣將緊追過來。少昊與蓐收剛追一陣便要追上祝融眾臣將，祝融已經厲喝著引領眾臣將向他父子返殺過來。

少昊見之既喜又怒，喜的是祝融眾臣將返殺回來，正好免得他父子再行追殺，使得他父子有了鬥殺祝融眾臣將之機。而且即使他父子鬥殺不了祝融眾臣將，他父子纏住他們，也為很快就會追殺上來的顓頊眾軍兵，提供剿滅祝融眾臣將的前提，這就是勝利。如若不然，祝融眾臣將逃之夭夭，顓頊軍兵追趕不上，又怎去剿滅他們！

「祝融蟊賊，死到臨頭還敢口出狂言！今日倒要看看，咱們是誰逃不出這片死地！」少昊父子惱的是祝融眾臣將敗逃至此，還是邪惡不改。因此少昊心中氣惱開口怒罵著，他父子便一出紫金鐧一出紫金錘，迎殺向了祝融眾臣將，與之惡殺在了一起。

這著實是一場惡殺，一時間只見少昊父子與祝融眾臣將殺在一處，被祝融眾臣將團團圍在垓心。祝融眾臣將左來他父子左擋，右來他父子右迎。轉眼打鬥數十回合，只殺得風起雲湧，揚沙飛石，天昏地暗，鬼神都為之震驚起來。

隨後又鬥一陣，少昊父子畢竟勢單力孤，祝融眾臣將人多勢眾，且其又皆知自己不鬥將死困獸猶鬥，因而個個狠猛，鬥得少昊父子漸漸抵擋不住起來。祝融見之大喜，急令眾臣將奮力拼殺，以除去少昊

父子道：「蝨賊死在眼前，殺死他們！」

祝融口中如此叫著，手中長劍便一劍疾過一劍地戮向了面前的少昊。少昊力敵數將，剛才已經沒了還手之力，這時祝融眾臣將殺來更疾，他便頓然現出了招架不住之態。然而正在這危急之時，少昊卻突聞其身後響起了驚天動地般雷鳴殺聲，一陣陣越來越響地傳了過來。

「祝融蝨賊，還不束手就死嗎！」正在招架不住的少昊聞聽欣喜，他知道這定是顓頊軍兵追殺過來，為此開口大叫道。隨著便拼出全力，出手更疾地殺向了面前的祝融。

祝融剛才正想立刻殺死少昊父子除掉追擊之人，然後方好引領眾臣將逃之夭夭。不料少昊父子尚未殺死，又聞顓頊軍兵殺了過來，這一驚對他實在非同小可。這預示著他眾臣將就要逃跑不掉，被顓頊軍兵剿殺於此了呀！

為此驚怕之餘，他急忙舉目向殺聲傳來之處看去，這一看則使他更加魂飛魄散。他不僅看到顓頊軍兵鋪天蓋地般殺了過來，而且看到先前自己所佈之火燒紅的黃河之上的天空，這時不知為何已變得湛藍如洗，就如同沒有被自己的神火燒紅過一般。

眼見至此，祝融頓然明白了自己剛才置身厄境，只顧保得自己與眾臣將不死，施用神功佈火攔阻顓頊軍兵，而忘記了玉皇大帝為自己定下的戒律！黃河之上大火的熄滅，定是因為自己施用神功佈火燒向了凡人，自己為此神功被廢，自己所佈之火即熄，方纔使得顓頊軍兵未被火傷追了過來。明白至此，他頓時魂飛魄散害怕到了極點。

害怕至極之中祝融當然也不肯善罷甘休，他眼見顓頊眾兵就要追殺過來，面前的少昊父子尚且沒被殺死。加之他要驗試自己的神功是否真的如其所怕被玉皇大帝依律所廢。遂決計再施神功燒死面前正鬥的少昊父子，然後引領眾臣將逃奔他去。

為此他即不怠慢，先讓眾臣將躲到自己身後，隨著施動神功又「呼」一口欲將神火燒向少昊父子。結果事情果如其料，不僅這一口神火沒有噴出，而且隨後又一連噴了兩口使盡了功力，也都沒能再噴出一星神火來。

祝融施功無功，驗證了自己神功被廢心中更驚。驚怕中他想到自己還有玉皇大帝臨別所賜法寶火葫蘆，火葫蘆不會他去定然神功不失。為此他又決計施用法寶燒死少昊父子，遂伸手至懷中去取法寶火葫蘆，但摸了半天那火葫蘆竟然沒有了蹤影。

祝融這時又知法寶火葫蘆也已被玉皇大帝收去，自己完全變成了凡夫俗子歸回不得了天庭！為此更驚得他紅顏失色，忘記了自己是在鬥場之上，險些癱坐在地，愣怔在了那裏。

但是鬥場形勢急轉直下，時間不容祝融愣怔長久。只見他剛怔片刻，顓頊眾兵已經如同決堤的河水一樣，鋪天蓋地般奔殺過來。正鬥少昊父子的共工眾臣將大驚，急問祝融採取何種對策，卻見祝融愣怔在那裏。共工不敢怠慢急忙上前搖喊，祝融方纔被共工從愣怔中搖喊醒來。

「廢吾神功者，並非顓頊酷帝，而是你孽子共工也！」祝融從愣怔中醒來並未清醒，他看見顓頊眾兵殺來並不去想對策，而是看見搖喊他的共工怒氣陡騰，猛地一把推開共工，並癡傻了般狂笑起來道。隨著，竟步履蹣跚地迎向殺來的顓頊軍兵而去。

共工聞聽父言眼見其狀，方知其父神功已被玉皇大帝所廢，並已變成了癡傻。又見顓頊眾兵就要殺到，其父無功已經攔擋不得。自己雖懷神功但若施功，又會得到與父親同樣的下場。如果那樣他父子與眾臣將，就必將更容易被顓頊眾兵所滅。自己報雪先祖之仇奪回帝位之想，就要真的化為泡影了。

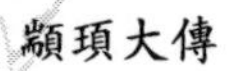

為此共工不敢怠慢，急讓相柳與浮游攔住少昊父子廝殺。自己則與副將山嵬上前，一人架住癡傻了的祝融一臂，不顧祝融拼力掙扎反抗，急往南方逃跑而去。

「廢我神功者，共工孽子也。你給我滾！」一時間，只見被共工與山嵬硬架著的祝融，一邊拼力掙扎著要擺脫對他的拖架，一邊口中高喊道，「我不認識你這個孽子，你還要把我往哪裏拖？要送我到死地嗎？」

但是共工與山嵬無論祝融如何拼力掙扎喊叫不已，硬是死死地拖架著祝融的雙臂不放。讓相柳、浮游一班臣將隨著拼死斷後，向南越逃越疾。少昊父子則隨後拼命追殺，顓頊也隨後麾兵追殺更疾。

真個是虧得共工眾臣將逃跑拼命，方使得少昊與顓頊眾軍兵一時趕殺上來不得，若不然早就被顓頊眾兵圍住走脫不得了。然而，共工與山嵬拖架著拼命掙扎的祝融奔逃，畢竟奔逃不快。少昊與蓐收在後一陣疾追，便已追到了他們身後，開口大喝道：「蟊賊哪裏去，還不快快留下性命！」

正在掙扎的祝融聞聽勃然大怒，這一怒倒使他從剛才的氣極癡傻中猛然清醒過來。止住掙扎向後看去，眼見在前者只有少昊父子兩個，其遠處只有玄冥一個追趕過來，顓頊軍兵還遠遠甩在後邊，即對共工與山嵬怒喝道：「快放開我，這時正是擊殺少昊金鬼父子的大好時機，還架住我做什麼！」

拖架祝融的共工與山嵬剛才已見祝融清醒過來，這時又聞其言清醒講說有理，便即不怠慢放開拖架，轉身齊出手圍住追來的少昊父子，一陣大殺欲圖即置少昊父子於死地，然後再殺趕來的玄冥。

祝融眾臣將心懷此想個個鬥狠，只見他們殺向少昊父子人人使絕。少昊父子也不示弱，只見他父子被祝融眾臣將圍在垓心面不改色，雙方左攔右擋前掃後擊，打得難分難解天昏地暗。

轉眼雙方打鬥數十回合，祝融臣將眾多，個個又欲即置少昊父子於死地，為此人人打得拼命。少昊父子打鬥時久抵擋不住，蓐收打鬥中一個破綻防守不及，已被共工所乘一鞭擊中後心。蓐收受擊「啊呀」一聲大叫，已是死在了地上。

「蟊賊住手！」少昊見之大驚，手中一慢又被正鬥的祝融所乘，眼見著祝融已將手中長劍戳到了少昊胸前，立即就要將少昊置於非命。就在這時，突聞一聲雷鳴般的吼叫傳來道。隨著已見一杆烏龍長槍倏然刺到，撥開了祝融刺到的長劍，救了少昊性命。

少昊遇救也不怠慢，即又重抖精神與祝融眾臣將拼殺起來。趕來救下少昊性命者當然不是別個，正是追來的玄冥。玄冥剛才追到鬥場眼見少昊有難，即先出手救下少昊，隨著便與少昊一起大戰起了祝融眾臣將。

大戰之中，玄冥與少昊雖然各自只顧打鬥二人互相不言，但他二人心中卻都只有一個心思，即不怕此刻殺不死祝融蟊賊，只要能夠纏住他眾臣將逃脫不得就行。時間往後一拖顓頊引領眾兵趕到，祝融眾臣將的死期也就到來了。

為此他們只是纏住祝融眾臣將廝殺，使得祝融眾臣將久鬥無法得手。祝融眼見他們打鬥許久不過僅僅殺死一個蓐收，在正要殺死少昊時玄冥恰好趕了過來，便已知道他們若想再殺少昊，或者玄冥已不可能，但也想再鬥一時看看情形。

祝融為此又引領眾臣將打鬥多時，末了仍是不見奪勝徵兆，心知再鬥顓頊眾兵追來，自己眾臣將脫身不得，遂先率領眾臣將一陣大殺壓住少昊和玄冥，接著急趁此機引領眾臣將向南方逃去。祝融這時頭腦已經完全清醒，不需共工再行強制，因而他們逃跑迅疾，一陣拼死

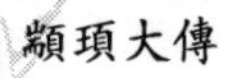

奔逃，便把隨後緊追的少昊和玄冥甩在了後面。

但是少昊與玄冥也隨後緊追不放，祝融眾臣將雖把他們甩在了後面，卻一直也不能把他們甩得無影無蹤。就這樣祝融眾臣將在前面疾逃，少昊與玄冥在後面窮追。雙方一逃一追轉眼過去數日，這日祝融眾臣將已是逃到了大別山中。

大別山，東西綿延上千里。它山峻峰險，危崖聳立，深塹無底。山上樹竹婆娑，濃蔭匝地，黛堆千里。祝融眾臣將逃到這裏欣喜萬分，覺得這裏到處都是藏身之地。山險若此，林密無隙。他們區區數人隱身險山密林之中，豈會有痕有跡。

欣喜至此他們入山奔逃更疾，以期徹底甩掉少昊與玄冥追趕，隱身山中逃回江南再興軍兵，報雪炎帝之恨奪回一統凡界帝王高位。然而隨後緊追的少昊與玄冥兩個，眼見祝融眾臣將逃入了千里大別山中，他們皆知大別山峰險林密，他們追趕稍有疏忽，就會使祝融眾臣將隱身而去。

為此他二人眼見祝融眾臣將在前方疾逃，便在後邊追得更疾。硬是追得祝融眾臣將在山中曲曲彎彎逃跑一日過去，仍是甩不掉隨後緊追不捨的少昊與玄冥。

祝融眼見自己臣將入山奔逃一日，仍是甩不掉少昊兩個，又見到再逃一日就要出山到達長江岸邊，不禁心中大急。因為他臣將奔逃一日奔逃不掉，再逃一日豈能就有逃掉的可能？如果再逃一日仍是奔逃不掉，前有長江攔道，後有少昊與玄冥追殺，再加上顓頊引領眾兵追來，他臣將就將沒有生還江南之期了！

為此祝融心中大急，邊逃邊不由得心想起了新的甩掉少昊與玄冥之法。祝融在心想中向前疾逃，疾逃中突見前方大山斷道，嚇得禁不住「呀」地倒吸了一口涼氣！是呀，如果前方路斷，他臣將又只有回身，與少昊與玄冥再開惡戰了！

再開惡戰他當然不怕，怕的是他臣將鬥殺少昊與玄冥不死，顓頊再領軍兵追殺過來呀！驚怕中祝融引領眾臣將向前奔逃更疾，以看前方道路好壞，以為下步疾逃作出定奪。

祝融引領眾臣將來到道斷處一看，卻見那道路斷處並未真的斷絕，而只是拐了一個急彎，從兩山夾峙的一條裂縫中延伸了過去。祝融眼見至此不僅心中驚怕頓消，而且禁不住高興得大叫起來道：「真乃天無絕人之路。我祝融取勝就在此地矣！」

隨著他即令眾臣將隨他一陣向山上爬去，他要在此絕地設伏追來的少昊與玄冥。借此山險居高臨下，用巨石一陣砸死他二人，最終甩脫顓頊追兵。祝融眾臣將一陣拼死向山上登攀，便在少昊與玄冥追到山下路斷處時，做好了伏殺他二人的準備。

然而追殺中的少昊與玄冥剛才突見前方大山斷路，祝融眾臣將突然在路斷處消失了蹤影，便不敢怠慢向前追殺更疾。這時追到路斷處陡見柳暗花明，斷道從大山裂縫中延伸而去，兩山陡立如削，忘記了前望不見祝融眾臣將蹤影，禁不住齊聲贊叫道：「真乃險絕之地也！」

「兄弟快撤，祝融蟊賊不見蹤影，」然而他二人贊叫之聲剛落，少昊即猛拉玄冥一把，向後急退開口大叫道，「定然是在用此險地，戕害我二人矣！」

「不好！」就在少昊手拉玄冥要退未退之時，頭頂上已是颯然傳來了石落挾風之聲。玄冥聞聽立刻大叫一聲，隨著便急與少昊躍身向後躲過了落石，證實祝融眾臣將果然利用如此險地設下了埋伏。為此他二人也不怠慢，即選定路線攀向祝融眾臣將所在之處追去。

祝融眾臣將剛才只想他們一陣滾石，把少昊與玄冥砸死山下，但沒想到他二人反應如此迅疾，不待他們滾下的巨石落地便已躍出界外。這時又見他二人順著山勢向他們奔來，便更不怠慢，齊又滾巨石砸向了攀上山來的少昊兩個。

少昊與玄冥兩個，當然不會被祝融眾臣將滾下的巨石攔住。只見他倆在攀山之中看見臣石滾來，便伸手一石一撥，將巨石撥向了一邊。並隨著向山上登攀更疾，一陣便已攀到了祝融眾臣將在處。

「上，今日不殺死這倆蟊賊，焉有我等活命！」祝融見之大惱，一聲大吼道。共工眾臣將聞令，便又齊出械一陣殺向了少昊兩個。這又是一場惡戰，頃刻間便鬥得山風驟起，烏雲遮日，天昏地暗難辨你我起來。

祝融眾臣將必欲置少昊與玄冥於死地，因而這場惡戰越打越疾，轉眼已是鬥過三十餘個回合，看看少昊已現招架不住之勢。祝融心中正喜自己將要殺死少昊，後面剩下玄冥一個也就難逃活命，手中長劍便揮舞得更加疾急。

然而就在這時卻聞山下殺聲陡起，祝融聞聽心中一驚，急舉目向山下看去，已見顓頊引領眾兵追到了山下，聞見山上戰事正急已經麾兵向山上追來。正殺的祝融眼見此景哪裏還敢戀戰，他害怕顓頊軍兵包圍此山，他臣將就沒有活命了。為此他不敢怠慢，一聲喝令「撤」，便撇下正鬥的少昊與玄冥兩個，一陣向南下山逃去。

少昊與玄冥兩個豈肯放過，只見他們先是向山下顓頊送去向南追去的信號，隨著便緊隨祝融眾臣將之後，一陣向南追殺而去。這時，祝融眾臣將已成驚弓之鳥逃奔更疾，因而不論少昊與玄冥在後追趕多快，都硬是一直沒能追趕得上。

他二人追出一天追趕不上，正怕祝融眾臣將再次突然鑽入深山，遁逃他去，不敢稍有大意，卻見他們已經逃出深山徑往南方遁去。少昊與玄冥兩個見之擔心頓釋，心中大喜，知道祝融眾臣將再往南逃不出半日，就會被浩浩長江擋住逃路自陷絕地，為此便隨後追趕更疾。

「好！祝融眾逆死期至矣！」他二人如此又在其後追出半日，果見前方綠飄帶般的浩浩長江，突然橫在祝融眾臣將面前，擋住了他們的逃路。少昊與玄冥見之大喜道，「前有長江擋道，看他們還往哪裏逃！」

祝融這時所以引領眾臣將逃向長江而來，是他眼見自己眾臣將在大別山中逃跑不掉，便決計逃向長江以期搶過江去，逃脫顓頊追兵。祝融這時眼見自己眾臣將逃到了江邊，後邊少昊與玄冥兩個仍舊緊追不捨，便不怠慢即率眾臣將拼力搶紮渡筏，以期搶過滔滔長江。

因為若能那樣，他眾臣將搶先一步渡到江南，就有生存的希望了。為此他親與眾臣將一起拼力伐木，搶紮渡筏。然而時間不容他們把渡筏紮好，少昊與玄冥便已追到跟前，出手與之大殺起來。

祝融這時依舊不敢怠慢，邊命共工與相柳迎住少昊兩個廝殺，自己則與其他臣將繼續搶紮渡筏。但就在他與其他臣將剛把渡筏紮制一半之時，顓頊引領軍兵已是鋪天蓋地般向岸邊殺來。那陣勢真個是聲遏江水，悚人心膽。

祝融見之頓然一怔，停下了手中紮筏之舉。他知道此筏紮不好了，自己眾臣將也難以乘此渡筏渡過浩浩長江了。心怔停下紮筏之後，他才辨出他這時的所在之處，正是長江北岸名為赤壁的地方。過去他曾經多次來赤壁這地方遊玩，飽覽過這裏的山光水色。在他的記憶裡，這地方一直是十分美好的。

其美好程度，恰如後日蘇東坡記在其〈前赤壁賦〉中，記述其七月遊歷所見一樣。即「清風徐來，水波不興。舉酒屬客，誦明月之

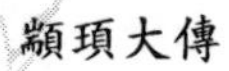

詩，歌窈窕之章。少焉，月出於東山之上，徘徊於斗牛之間。白露橫江，水光接天。縱一葦之所如，淩萬頃之茫然。浩浩乎如馮虛禦風，而不知其所止；飄飄乎如遺世獨立，羽化而登仙」。

然而這時，由於處境與心情的巨變，他覺得這裏與昔日完全變了模樣，變成了他壓根兒就不認識的險惡之地。其險惡程度，又恰如後日蘇東坡記在其〈後赤壁賦〉中，記述十月之遊所見一樣。即

「江流有聲，斷岸千尺，山高月小，水落石出。曾日月之幾何，而江山不可複識矣！

余乃攝衣而上，履巉岩，披蒙茸，踞虎豹，登虯龍，攀棲鶻之危巢，俯馮夷之幽宮。蓋二客不能從焉。劃然長嘯，草木震動，山鳴谷應，風起水湧。余亦悄然而悲，肅然而恐，凜乎其不可留也。反而登舟，放乎中流，聽其所止而休焉。

時夜將半，四顧寂寥。適有孤鶴，橫江東來。翅如車輪，玄裳縞衣，戛然長鳴，掠余舟而西也。」

「父親快走！」祝融愣在那裏剛剛感受到處境的險惡，顓頊已經領兵殺到了面前。共工不敢再怠，急棄戰邊逃邊對愣怔的祝融大叫道。然而時間未等愣怔的祝融清醒過來，殺到祝融身邊的少昊已出紫金鐧「颯」地掃上了祝融的頭顱，「噗」一聲打得他腦漿迸流，連叫一聲也未顧及便丟掉了性命。

共工剛才喊叫中眼見祝融愣怔不應，又見少昊出鐧打向了父親要害，便急上前來欲要擋開少昊之鐧，救下父親性命。但無奈他遲到一步，就在他鞭未伸出之時，少昊之鐧已經打到了祝融頭上，將祝融的腦漿打得迸裂開來。

共工見此場境頓然七竅火突，「呀」一聲大叫，隨著便「颯」一鞭打向了少昊的腦袋。少昊這時鐗在祝融的腦袋上回手不及，也是連叫一聲也沒顧上，已被共工打得腦漿迸流，死在了地上。

共工打殺少昊報了殺父之仇，不敢怠慢，急忙「撲通」跳進滾滾長江，與剩餘臣將泅水向南岸逃命而去。

十九、共工北犯

共工撲身江中之後，相柳、浮游和山嵬三臣將眼見祝融身死共工逃命，當然全都不敢再戰，急隨共工撲身水中逃命而去。共工見之，即施其水神之功，掀翻江水推動其與三臣將之身，一陣便泅過長江逃到了南岸。

虧得共工身為水神，不然他四人豈能逃過滔滔長江。不然，即便不被浩浩江水淹死，又豈有不被顓頊追兵追殺之理。共工掀動江水不僅使他四人順利逃到了江南，而且遠遠擺脫了隨後渡江追來的顓頊軍兵。

「顓頊蟊賊，謝過你引領軍兵，護送我等渡江了！告辭了，顓頊軍兵！」共工四人上岸眼見顓頊軍兵剛剛上筏正要渡江，便禁不住開口輕鬆地一陣戲謔起來道。隨後上岸，迅疾隱入茂密的樹林中消失了蹤影，最終擺脫了顓頊軍兵的追殺。待到顓頊軍兵渡過江來，他四惡已經去遠，他們便再也沒能找到他們的蹤影。

顓頊軍兵當然追到長江南岸而來，雖然逃過江來的僅有共工四個。因為逃過江來的共工是殺死少昊的惡首，少昊是顓頊的伯父、倍伐的父親啊！少昊的死不僅對顓頊、對倍伐都刺激深重，而且也深深刺痛了眾軍兵之心！雖然他們在長江北岸赤壁地方誅殺了亂首祝融，但不殺共工又豈能解去他們的心頭之恨！

顓頊在長江北岸見到伯父少昊死的慘狀，便立刻聯想到了其兄蓐收先前之死，他實在心痛萬分又氣惱萬分。是伯父少昊在東瀛島國苦心栽培他長大成才，也是伯父少昊在東瀛島國殷殷教誨他苦習音樂，並親制梓木之瑟給他練樂，方使他巧遇丁竽萌生真情啊！

現在伯父少昊死了，又是為了前來助他而死，同時死在了自己面前，還有隨同其前來的先期已死的蓐收兄長，他怎能不心痛萬分，氣惱萬分！倍伐當然心中更痛更惱，少昊是他的生身父親，蓐收是他的手足兄長啊！

眾軍兵心痛氣惱，是因為他們知道少昊大帝的高風亮節，一生為凡人苦心操勞。如今他死了，又被共工殺死得那麼慘！為此顓頊軍兵上下全都忍抑不住心中的痛惱，非隨顓頊追過長江剿殺兇犯共工，為少昊大帝父子報雪殺身之仇不可。

但是，顓頊軍兵雖然同仇敵愾渡過江來，卻由於共工四個無人跟蹤，茂密的竹木又覆蓋著江岸和岸上千里大地，使得他們心中雖惱卻也無處追尋共工四惡。末了無奈只有收兵歇息數日，然後撤兵返回帝丘而去。

其實共工四個上岸之後並未去遠，江南盡是躲身之處，他們便藏身江岸之上竹木茂密之地，窺看起了顓頊軍兵的舉動。他們人數寡少，所以顓頊軍兵發現不了。他們卻把顓頊軍兵的一舉一動，看了個一清二楚。

後來看到顓頊軍兵無處尋找他們四個，歇息數日之後返歸江北而去，他四個方纔最終放下心來，一陣計議起了下步行動之策。議起下步行動之策，共工實在氣惱至極也無奈至極。他氣惱自己辛苦興兵，竟然遭到全軍覆沒之敗。而且父死叔亡傷去了兩位親人，前仇未雪又

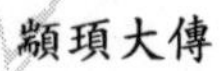

添新恨。

為此他心中氣惱至極，對顓頊大帝更加仇恨萬分，聲言誓雪此仇！但是他也無奈，他率領如此眾多軍兵前去攻伐顓頊酷帝，又有父親祝融和叔父吳回的鼎力相助，其軍兵尚且得到兵覆將折的下場。後日沒有了父親祝融與叔父吳回，自己又怎能前去鬥勝顓頊報雪冤仇，奪回先祖炎帝失去的一統凡界帝位呢？

氣惱無奈之中，共工四個又見自己勢單力孤，更是計議不出良策，其心緒敗壞到了極點，情緒也低落到了極點。為此，他四個真個是一時間去不知奔向何方，留不知在此做何。

「大帥，常言勝不足傲，敗不足餒。」末了過去一日，還是浮游為共工再鼓志氣道，「大帥神勇善戰，何須為一戰而分輸贏！」

「放屁，不為一戰而分輸贏，」情緒仍在最低點的共工聽到浮游此言，即不耐煩道，「我們怎麼再去鬥勝顓頊酷帝？我們兵滅將折啊！」

「大帥，這就是你因敗而餒，造成的情緒低落了。兵家云，兵多在聚，將廣在攬。」浮游聽了又是「嘿嘿」笑言道，「我們無兵可以重新聚兵，我們無將可以重新攬將啊！大帥，顓瑞酷帝並不可畏，可畏的是我們自己因敗而餒，喪失鬥志呀！」

「噢，對。」兇猛好戰的共工聽到浮游言說至此，方纔心中頓然一明，情緒初有恢復道，「狡徒言說有理！」

「大帥，我們現在雖然只有四人，但只要我們這四點星火燃燒起來，」浮游這時見之，又是「嘿嘿」一笑道，「也會燒成燎原大火，燒毀顓頊酷帝寶座呀！」

「大帥，狡徒說得對，氣可鼓不可泄呀！你就帶領我們重整旗鼓，重聚軍兵，再伐顓頊酷帝吧！」兇狠邪惡的相柳這時在旁聽了，也早被浮游說得鼓起了勁來，禁不住開口大叫道，「大帥的舊仇未報又添新恨，不滅顓頊酷帝，大帥的這口惡氣怎出啊！」

「好，我們就重鼓志氣，重聚軍兵，攻伐顓頊酷帝！」兇猛好戰的共工這時終於被浮游二惡說動了心，情緒完全恢復正常大叫道。隨著他話鋒一轉又言道，「狡徒們說，咱們現在到哪裏去？」

「回故土去。」山嵬這時也已胸有成竹，聞聽共工此問立刻道。

「不，故土不可返回。回到那裏，我們怎麼去向失去親人的人們交代！他們的兄弟兒子被我們帶走，全都葬身在了鬥場啊！」共工不待山嵬說完，立即打斷其言否定道，「他們先前就反對我們，如果今天我們返了回去，他們知道自己的親人盡失，還不群起仇殺我等嗎！」

「大帥想的也對，但以臣下思謀，」狡惡的浮游又是「嘿嘿」接言道，「我們剛好可以反過來利用這一點，變不利為有利於我們哩。」

「狡徒，你說什麼？」共工知道自己罪孽深重這時不敢返回故土，聞聽此言一時頭腦轉不過彎來，頓陷莫明其妙之境道，「怎麼變不利為有利於我們？」

「大帥，浮游是說我們可變死去軍兵親人對我們的仇恨，為對顓頊酷帝的仇恨，」山嵬雖然愚惡，這時也聽出了浮游之意，在旁道，「即我們要四處張揚死去軍兵皆為顓頊酷帝所殺，使其親人仇恨顓頊酷帝，以為死去軍兵報仇，而助我們去戰顓頊酷帝。」

「大帥，山嵬將軍所言甚是。我們正可以施用這種顛倒黑白之術，」浮游聞聽山嵬盡解其意講說完了，狡黠地又是「嘿嘿」一笑道，「使死去軍兵的親人把仇恨傾注到顓頊酷帝之身，讓我們不費氣力聚起復仇軍兵來！」

「好，大帥，」相柳這時也聽明白過來，立即開口贊同道，「我們就照此行動吧。」

「好，再雪冤仇，在此一舉哩！」共工這時也完全明白過來，心

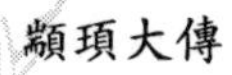

中頓然大喜高叫道。隨著，他即領浮游三惡，離開江岸向南返歸故里而去。

共工四個在途數日剛到故地，迎接他們的丁竽聞聽哥哥全軍覆沒，真的是心中竊喜不已！她為心愛的顓頊得勝而欣喜。但當她又聽到父親祝融與叔父吳回戰死疆場之時，心中卻又頓然悲痛至極，生出了仇恨。

她喜情人之勝，痛親人之死，心中矛盾錯綜交織，使她亦喜亦悲實在難以承受！然而共工這時只顧心懷他想，並未察知丁竽的心境之變。只見他四個回到故地毫不停歇，立即四出張揚顓頊酷帝殺滅江南軍兵之惡而去。

共工四個當然不敢在故地稍做停歇，他們害怕自己不先把人們仇恨顓頊的情緒煽動起來，人們視他們為仇人起而殺之。為此他們連歇息一下也不敢，便立刻四處煽起了風，點起了火。

由於他四個按照詭詐的浮游之想行事，加之共工之父祝融叔父吳回也被殺死，人們愛戴祝融悲其戰死，反叛顓頊報雪冤仇的情緒，便立即被共工四個使用的顛倒黑白之術煽動起來。於是很多人自動聚集到共工在處，要求共工立刻帶領他們前去攻殺顓頊酷帝，以為祝融大神報仇，為自己死去的親人雪恨。

共工四個眼見惡計施用有功心中大喜，便立即把來人留下編成軍伍，由相柳和山嵬引領開始了操練。操練之中共工也不歇息，只見他不時前來對眾兵講說顓頊酷帝之惡，起誓引領江南父老打到江北，直搗帝丘擒殺顓頊酷帝，為死去的江南父老兄弟報仇雪恨。

共工四個的這些進一步蠱惑人心伎倆，更是大獲成功。兩個月過去，他們竟然不費吹灰之力，不用抓也不用拉，就輕而易舉地聚起了近萬軍兵。並且攬來了陸屠、桑臺、石頑等十數員猛將。共工隨之自稱為王，飭封相柳為主帥，山嵬為副帥，進一步嚴訓起了新集軍兵。只待練到兵精將強之時，立即渡江前去攻伐顓頊酷帝，報雪冤仇。

共工如此飭令相柳與山嵬嚴訓軍兵之後，轉眼月餘時間過去。共工這時雖眼見眾軍兵已被訓練得令行禁止，各般戰法陣法漸趨成熟，已與一支雄師相去不遠，再練盈月即可北渡長江攻伐顓頊酷帝，心中甚為滿足。這日他突然想到，前番自己軍兵取勝顓頊軍兵皆為施計，硬戰自己軍兵取勝是甚難的。

為此他隨著進一步想到，自己此番再攻顓頊看來仍應以智鬥為上，硬戰為下。但只是怎樣才能智鬥取勝顓頊軍兵呢？他想到除了在鬥場之上隨機應變設下奇計之外，自己還應在出戰之前或者創制出一種新型兵器，或者謀劃出一種新的無敵陣法，或者訓練出一支無敵軍兵，把他們作為穩操勝券的秘密武器，關鍵時刻用以奪獲全勝為好。

心想至此，不善思索的兇猛共工也隨著冥思苦想起來。但他思來想去，卻也沒有想出一種奇謀。無奈之中他又集來眾臣將，與之共思共謀起來。開始，眾臣將也一時皆無良謀，末了倒是與共工同樣不善思索的好戰相柳，突然謀得一方道：「大王，末帥有一法不知可行否？」

「講。不管可用與否，你儘管講說出來大家聽聽，」共工正在為眾臣將久思不得良謀、全都緘口不語焦急，驟聞相柳開言忙說道，「管用更好，不管用啟發啟發大家也好。」

「末帥昔日在家時，見到族人圍獵時，穿用一種祖上傳下來的獵裝。那獵裝用油浸獸皮曬乾製成，」相柳受到共工鼓勵，又即講說道，「穿上它除露出面部以外，其他部位全被包裹。因而雖遇猛虎，也不會被其傷害。」

「大帥言此何用？打仗又不是打獵，獵裝與剿滅顓頊軍兵何干？若此，我族人打獵時穿用的一種藤裝，」凶莽的山嵬不知相柳言此的用意，聽到這裏忍不住打斷道，「全用油浸乾藤編制，更比你族人那獸皮獵裝堅固十分。但這在剿滅顓項軍兵中哪能派上用場！」

「山嵬大帥，以微臣看來，不僅相柳大帥說的獵裝，對剿滅顓項軍兵有用。」然而山嵬之言剛剛說完，一直在旁沉思靜聽的浮游，卻一陣「嘿嘿嘿」笑出聲來道，「你大帥說的藤裝，在剿匪滅顓項軍兵中也將大有用場。」

「大有用場。全都大有用場！」這時，正在思謀相柳之言的共工，剛才腦子還轉不過彎來，聞聽浮游此言立刻心中明白過來贊叫道，「本王正想找到一種秘密武器，出奇制勝顓項軍兵哩！」

「大王，」山嵬這時仍不明白相柳說的皮裝和自己說的藤裝有什麼用場，忙打斷共工之言道，「這藤裝有什麼用場啊？」

「山嵬大帥試想，既然那獸皮獵裝和乾藤獵裝，全都使得猛虎傷人不得，人又豈能毀壞得了那獵裝。」共工聞問一笑道，「為此我們若讓軍兵全都身著藤裝，顓項軍兵焉有傷害我軍兵之理，我們據之不就奪勝顓項軍兵有望了嗎！」

「哎，瞧我這只會打仗，」山嵬聽到共工言說至此，方纔心明過來一拍腦袋道，「不會思索的腦袋真無用處，怎麼就想不到這裏。」

「用此皮、藤獵裝武裝我軍，」共工待到山嵬說完，即對眾臣將詢問道，「大家以為如何？」

「大王，用此皮、藤獵裝裝備我軍雖好，但我軍兵數近萬人，需要獵裝眾多。」眾臣將聞聽齊聲叫好，但大將陸屠卻為之犯起難來道，「而皮、藤獵裝製作不易，頗費時日，豈不延誤戰時。」

陸屠此言一出，共工眾臣將便像炸了窩的烏鴉一樣，立刻全都胡亂「呀呀」起來。是呀，不僅其軍兵數量眾多需要獵裝眾多，而且那皮、藤獵裝堅固難摧，正是因為製作時經過數次油浸日曬，殊為不易。要製作這麼多皮、藤獵裝，實在太費時日了。為此，他們當然一陣議論不休起來。

「只要能夠戰勝顓頊酷帝，」共工則不顧眾臣將議論不休，害怕費時費力，在眾臣將的議論聲中，力排眾議，鏗鏘定奪道，「不論怎樣費時費力，我們都要去做！」

共工一言止住了眾臣將幹與不幹之議，隨著他們便計議起了製作皮、藤獵裝的具體事宜。議論之中，浮游首先提議將皮、藤獵裝定名為鎧甲為好，因為這不是用於打獵而是用於戰爭。大家聞聽一致贊同，「鎧甲」一詞就這樣出現在了軍事術語之中。

隨後經過計議，共工決定製作皮鎧甲和藤鎧甲各五千套，把近萬軍兵全部武裝成刀槍不入，雖猛虎不可傷害之兵。作為秘密武器，制勝顓頊軍兵。為了抓住此時正是夏季製作鎧甲這一良機，共工又即命相柳與山嵬二帥速回故鄉，延請製作皮、藤獵裝匠人，指導軍兵製作皮、藤鎧甲。

計議既定，眾臣將便各自領命而行，共工隨後則親自督造。其軍兵便在嚴訓苦練各種戰術戰法的同時，又在獵裝製作匠人的指導下，全力製造起了皮、藤鎧甲。此後夏日轉眼過去到了早秋時日，共工看見萬數皮、藤鎧甲盡數造好，通過驗試著鎧軍兵果然刀槍不入猛虎難傷，心中大喜。隨即定下趁此秋日渡江北上，進伐中原剿殺顓頊軍兵而來。

共工起兵北犯的消息，飛快傳進了坐在帝丘的顓頊大帝耳中，但他沒有為此震驚。因為在那共工返回故土，開始重新聚兵攬將之時，他就及時得知了消息。那時他便勃然大怒，欲要發兵江南，前去剿殺共工叛逆。

「大帝不可前去。一是我軍兵久戰疲憊尚未得到休歇，不易再去長途征戰。二是江南乃為木覆水繞瘴疫橫生之地，我軍前去不熟地理，不適應氣候，攻戰多有不利。」但是倍伐、禹祖眾將聞聽，卻都竭力勸阻道，「共工蟊賊早為江南民眾唾棄，量他此舉也定然成不了大氣候，看看情勢再做定奪不遲。」

「大帝切切不可坐失今日良機。大帝試想，如果我們不乘此共工羽毛未豐之時誅滅於他，待其羽毛長豐我們豈不大費氣力？」顓頊聞聽倍伐、禹祖眾將之言有理，但其主意尚未拿定，卻又聽到好戰的重言道，「大帝，你就引領我們殺往江南，一舉剿滅共工蟊賊吧。平定江南，在此一舉哩！」

顓頊聞聽重言也覺有理，正在思慮又聽黎言反對道：「大帝不可前去！倍伐、禹祖所言有理，江南乃瘴疫之鄉，荒蠻之地。我軍前去不熟地理如入盲境，不適應氣候似陷死地，豈有奪勝之理。共工若來江北，我軍則得天時地利人和優勢，再擒而誅之不遲。」

「諸位言說皆有道理，我們就暫且不去，坐守中原以不變應萬變，待到共工蟊賊再犯江北擒而殺之。」顓頊聞聽至此權衡再三，末了方纔定下心來道。此後，顓頊果然按兵不動，對共工聚兵之舉卻盡數了知。只是他估計共工如要進犯中原，時日尚需一載才能做好準備。不料時間剛過一載，他就進犯而來。

「大帝，常言兵來將擋，水來土掩。今日祝融已死，區區一個共工蟊賊引領軍兵前來，何需勞動大帝親自前去。」顓頊為此勃然大怒，即要親率軍兵前去再破共工軍兵。然而顓頊決定至此剛要發佈命令，卻見大將倍伐上前攔阻道，「陛下只要將此任交付給臣兄也就夠了，定然不負陛下之望，完成剿殺共工蟊賊，平定江南之任。」

「不，賢兄。不是陛下非要前去，」顓頊聞聽放心不下，力阻倍伐道，「而是共工蟊賊用兵多詐，勝之不易。」

「陛下莫要太看不起臣兄，臣兄願立下軍令狀，」倍伐這時大為氣惱，鏗鏘言說道，「如若不能誅滅共王蟊賊，誓不返回帝丘再見陛下。」

「兄長言重了。那好，既然兄長願代陛下前去剿滅共工蟊賊，」顓頊聞聽無奈道，「陛下就令兄長為帥，帶領五千軍兵前去抗敵。」

「遵命！想那共工蟊賊近萬軍兵皆為長途跋涉疲憊之軍，我五千軍兵足矣。」倍伐這才高興起來道，「謝陛下信任，為兄定當早奪凱旋，以為少昊伯父和蓐收兄長報仇雪恨，使死者瞑目。」

顓頊當然放心不下，隨著又命重、黎、窮奇、檮杌四位親將一同前去，只是玄冥叔父已回北海不能同行。倍伐見之，又謝顓頊信任之恩，隨之即領軍兵離開帝丘，向南一路迎殺共工軍兵而來。

「蟊賊倍伐快快過來受死！既然顓頊酷帝不敢前來戰我，」倍伐引領軍兵在途行進數日，這日來到今日信陽地方雞公山下，恰與北進共工軍兵狹路相逢。兇猛的共工突見前有倍伐軍兵擋道，立即列開戰陣厲喝道，「讓你前來替他受死，今日就是你的死期！」

「共工蟊賊，前時你既逃得一命不死，本應捫心改悔。」倍伐勃然大怒，立刻一邊命兵列開戰陣，一邊就想前去戰那共工還口厲喝道，「不料你不思悔改，反又進犯而來，這樣你就只有死路一條了！」

「主帥不必出戰，末將勝那共工蟊賊足矣！」面目黝黑勇猛好戰的重見之，即忙上前攔阻道。說著，催動坐下龍角獸，揮起手中長柄板斧便已殺向了共工。

「大王且慢，小帥去鬥殺來蟊賊！」共工正要上前迎戰，站在其旁的山鬼上前攔阻道。說著，已是驅動坐下大象，舞起手中惡鐵杵撲上前去，迎鬥起了殺來的重。

這是一場惡戰，一時間只見他二人交起手來，一個斧重千鈞，一個杵能撼山，打得難分難解，難見高低。轉限鬥過二十回合，雙方不分輸贏。倍伐見之心中氣惱，一聲令下麾動眾兵齊喊殺聲，衝殺向了共工軍兵。共工軍兵遇殺抵擋一陣，卻即現抵擋不住之態，連同好戰的共工一道，紛紛向後敗逃而去。

共工軍兵不戰而逃，而且不用其秘密武器皮、藤鎧甲，這又是共工使用的奇計。原來共工並非在此雞公山下，與倍伐軍兵相遇時才知倍伐軍兵殺來。而是在此前，便已得知了倍伐領兵迎來的消息。共工聞聽此報不敢怠慢，急忙召集眾兵將共議對敵之策。

議論之中，好戰的相柳不假思索，開口主張即用身著皮、藤鎧甲軍兵，上前出其不意迎殺倍伐遠涉軍兵，奪取全勝。共工眼見相柳之言許久無人反對，便也意下贊同。

「大王不可這樣。這樣雖可奪勝倍伐軍兵，卻不能全殲倍伐軍兵。臣下以為不若先將皮、藤利器藏而不用，」但那浮游卻在這時「嘿嘿」一笑，開口道，「初戰詐敗而逃，誘引倍伐軍兵夤夜奪營。那時我軍伏而圍之，倍伐軍兵必然全軍覆沒矣。」共工聞聽浮游之言有理，即依此計行起事來，方有此時一戰即逃的場景。

倍伐這時仍然不知共工此潰是計，急麾眾兵隨後窮追。共工軍兵眼見倍伐軍兵窮追不捨，便也不返身攔殺只是潰逃更疾。共工軍兵與倍伐軍兵一逃一追，轉瞬奔出數十里外，仍是不見共工軍兵停止潰逃的徵兆。

「大帥，兵家云窮寇莫追。共工軍兵不戰而潰，」善思的黎追趕中心中生疑，即對倍伐道，「不僅不像共工的本來戰法，而且共工蟊賊好用奇計，我軍再追恐中共工奇計呀！」

倍伐也為善思之人，聞聽黎言有理便即命眾兵停止追殺，以待探清共工軍兵虛實再做定奪。倍伐軍兵停止追殺之後，共工軍兵便也立刻停止了奔逃，向前十里紮下了營寨。雙方停止追逃，平息下來剛過不久，天便黑了下來。

這是一個晴朗的無月秋夜，褐藍色的天幕上綴滿了銀釘似的星斗。濃重的夜幕遮蔽著靜謐的大地，無風無聲，靜悄悄的。但在這靜謐的夜幕籠罩之下，共工與倍伐雙方軍兵卻誰也沒有休歇下來。

共工待到天黑之後，立刻與眾臣將商議，推測自己初戰敗逃，能否引得倍伐軍兵前來奪營。對此眾惡推測不一，末了共工還是聽信浮游之言，寧可信其來不可信其不來。傳令軍兵二更出營，四出設伏。只待倍伐軍兵襲來，圍而殲之。

倍伐則在天黑之後，也立即與眾將聚議，推測是否可以乘夜襲奪敵營。一番計議眾說不一，倍伐執意認為共工軍兵初戰即敗，實為不堪一擊之軍。加之其軍兵遠道而來疲憊不堪，正需休歇不會有備，自己軍兵正可乘之襲奪其營。

倍伐身為軍中主帥，執意至此大家也都無法反對，只有依其帥令三更出發，襲奪共工軍營。轉瞬夜至三更出發的時間來到，倍伐即領軍兵向共工軍營奔來。十里路程在夜幕中很快走過，倍伐軍兵來到了共工軍營外面。夜幕中倍伐看見共工營中燈火點點，巡兵依稀，平靜無異。遂一聲喝令，領兵向營中襲去。

倍伐領兵一陣殺進共工營中，卻發現竟是一座空營。倍伐大驚，急叫眾兵撤退。但不等其令變為現實，已聽到四方夜幕中傳來了共工軍兵震天的殺聲。倍伐心知大事不好，麾動眾兵後撤更疾。但是不等他前軍撤出敵營，共工伏兵已經殺到，與其軍兵在夜幕中立即殺在了一處。

這是一場險惡萬般的廝殺，黑暗中只見倍伐軍兵自知中計亂作一團，共工軍兵從四處奔來出手大殺。倍伐軍兵已經混亂抵抗不力，共

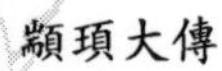

工軍兵又都身著皮、藤鎧甲刀槍不入，因而一陣混殺倍伐軍兵已死近半，共工軍兵則越殺越猛。倍伐在惡殺中逃出不得，只有在黑暗中與共工軍兵拼死惡鬥。

無奈倍伐雖勇卻也打殺共工軍兵不得，因為他們全都身著皮、藤鎧甲。倍伐眾將黑暗中也全都打殺共工軍兵不死，不知為何心中更驚。這時又見自己軍兵越戰越少，面臨再戰即有全軍覆沒之險，便全都不敢再戰，急來護住倍伐就要離去。

「眾將快快撤去，以保我不致全軍覆沒。我向顓頊大帝立誓請纓，遭至如此全軍將沒敗局，父兄之仇報雪也成泡影，還有何顏回見大帝。你們快去收拾殘兵，不要再管我了！」倍伐目睹眼前戰況心中大痛，決計不再離去，戰死沙場道。說著，與共工軍兵惡殺更疾。

重、黎眾將見之急忙勸說再三，也硬是勸說不動。看看再戰誰也無法脫身，末了只有無奈離棄倍伐，拼死殺出重圍，引領少數敗兵，軍營也不敢返回，直奔帝丘回報軍情而去。可歎一代英傑倍伐元帥，硬是戰死沙場，從此消沒了聲跡。

二十、二惡建功

重、黎、窮奇與檮杌四將引領敗兵在途數日逃到帝丘，不敢停歇即將倍伐敗報稟知顓頊大帝。顓頊聞稟大為震驚，即忙詢問道：「你等一戰即潰，共工軍兵為何如此了得？」

「不，我軍初戰奪勝，不料在襲奪共工軍營時中計，被其伏兵所圍。被圍倒也不怕，只是不知共工軍兵身上穿了何種衣裝，」重聞聽顓頊此問，即言道，「硬是刀槍不入，斬殺不得。弄得只有他們斬殺我們的份兒，沒了我們斬殺他們的時機，因而大敗！」

「倍伐大帥因敗無顏面見大帝，硬是不依我等力勸，」黎這時也忙接言道，「依誓戰死鬥場，實在可欽可敬！」

「共工蟊賊，滅我大軍，殺我主帥，亂我天下。不除此惡，仇恨怎雪，天下怎平！」震驚的顓頊聞聽至此，勃然大怒厲喝道。隨著就要親率軍兵，前去平敵。

「大帝不可這樣，共工軍兵實在厲害，」黎見之，急言攔阻道，「需待我們探清根底，找到應對之策方可前去。」

「大帝，黎弟之言有理，大帝不可立刻前去。」好戰的重聞聽黎言，也一反平時言戰之態，立即勸言道，「萬一我軍再中共工軍兵奇計，無法破其軍兵，就仍難脫出其圍。」

「全都給我滾開！敗逃之將還有何顏在此攔我，我不追究你等敗逃之罪，已是夠了。」窮奇與檮杌在旁也忍抑不住，上前與重、黎同聲攔阻起了顓頊。顓頊這時正惱得心中火騰萬丈，受此阻攔聞此喪志之言更加怒不可遏，開口厲斥起了重、黎四將道，「你等哪個比得上倍伐元帥寧死不屈！你們都被共工軍兵嚇破了鼠膽，我顓頊卻不怕他共工蟊賊。」

顓頊言畢，即令重、黎四將去做準備，以隨軍戴罪立功，並命人把他們全都趕了出去。隨後，他又命俊嚳留守帝丘，禹祖為元帥，蒼舒為將軍，凱容、叔季、仲厲為副將，起兵萬數，親領出城向南浩浩蕩蕩迎殺共工軍兵而來。

顓頊領兵在途不到兩日，行出不到百里，便在黃河北岸百餘里處看到前方塵頭大起，哨探來報前方共工軍兵殺到。顓頊聞聽正欲作出定奪，卻見重、黎、窮奇和檮杌四員罪將，又齊上前急奏道：「大帝，共工詭詐，其兵又著刀槍不入之衣，我軍硬行對抗不得。須快設計智取。」

顓頊聞聽雖然心中不高興，但他也知道重、黎皆為悍將，窮奇和檮杌雖惡也非怯戰之輩。他們這樣攔阻自己並非出於異心，而是身歷前戰體察真情所致。為此剛愎的他也不由得立即對他們之言，與面前的戰況權衡再三，即與禹祖眾將議之道：「共工用兵詭詐，善使浮游奇計。今我欲勝其軍兵，也須智取矣。」

「既然帝父願以智取，」禹祖聞聽父言，即言道，「那麼帝父就快設奇計吧。」

「時急燃眉，共工軍兵就要殺到，我們已無時機再議他計。」顓頊也不推諉，即言道，「為防不測並能奪勝共工殺來軍兵，我決計設下伏兵引其入內，圍而殲之。」

「重、黎你二將引領兩千軍兵，後撤二里埋伏在左邊。窮奇、檮杌，你二將引領兩千軍兵，」隨著顓頊不待眾將再言，即傳下旨令道，「也後撤二里埋伏在右邊。你二軍待到我引領共工軍兵進入伏擊圈後，即從左右出擊圍而殺之，以奪全勝。」

重、黎、窮奇與檮杌身經前戰，這時心中仍是餘悸未消。他們深知施用此計，雖然可將共工軍兵包圍起來，但也難以取勝。然而身置此境他們一是無奈，二來皆知戰況至此，舍此也別無妙計可施。便誰也不再言說，立即各個受命領兵行計而去。

顓頊看著重、黎四將去了，便即領下餘五千軍兵向前進發，迎戰殺來的共工軍兵。顓頊邊走邊想，他想共工軍兵固然如同重、黎四將所說，個個身著刀槍不入之衣，但也定然不是不可戰勝之軍。自己把其軍兵引入伏擊圈中，圍而擊之，斷無不勝之理。

當然，他也想到了倍伐戰死全軍覆沒，重、黎四將又皆言其軍兵了得，卻也實在想像不出，共工軍兵究竟穿了何等衣裝，竟然這樣不可戰勝。如果自己也戰勝不得，下步應該怎樣進行應對？想到這裏剛愎的他心中一動，也不由得有些躊躇起來。

他擔心自己如果再吃敗仗，殘局就真的不好收拾了。心動至此他又想到，不如剛才依照重、黎四將之言，待到探清共工軍兵衣裝之謎，之後再採取對策勝之。但他剛剛想到這裏，共工已經引領軍兵殺了過來。開弓已無回頭箭，顓頊置此境地已經領軍回身不得。

為此他便不再躊躇，他想共工軍兵所著衣裝，也斷然不會有刀槍不入之奇。因為他還沒有聽說過，凡界竟有這等神奇之衣！他認為倍伐之敗，在於他中了共工伏擊惡計。重、黎四將所言，是他們敗逃之中心中驚怕產生的誤會。從而把心中的躊躇一掃淨盡，換上了必勝共工軍兵之志。

「作亂蟊賊，上次饒你一命不死，讓你逃去，本想你會為之改悔，不再作亂。不想你今日不思悔改，竟又作亂而來，」於是顓項眼見共工引領軍兵殺到，他便勃然大怒，一邊令兵列開戰陣，一邊厲聲喝叫道，「並殺我主帥，滅我眾兵，我看你是活膩歪了！既如此，還不快快過來受死！」

「顓項酷帝，休得口出狂言！今日你我誰死誰活，不是嘴皮子上的功夫，需要刀把子上分辨！上次酷帝耍滑讓倍伐前來替你送死，就倒了我這神鞭的胃口。今日既然你來了，就正好讓我這神鞭把你碎屍萬段！」迎殺過來的共工聞聽此言，先是「嘎嘎」一陣大笑說著，已拍動坐下鱷魚獸，手中舞動三節鞭，徑向顓項取了過來。

顓項見之好惱，催動坐下金龍獸就要迎殺上前。在旁副將凱容不待他出陣，已拍動坐騎大叫道：「大帝且慢，殺雞焉用牛刀，末將前去足矣！」隨著，即揮動手中一對流星錘，「颯颯」上前迎殺上了共工。

「小兒既願前來頂替顓項酷帝受死，」共工見之更惱道，「就怪不得我手下不留情面了！」

「蟊賊休得逞狂，我叫你立即錘下喪命。」凱容也不相讓，邊鬥邊回罵道。隨著他二人也不再言，一使三節鞭，一用流星錘。雙方各施奇招，各展異能。打得難分難解難見高下，看呆了雙方眾軍兵。

然而打鬥轉眼過去二十餘個回合，共工畢竟神功高強凱容抵擋不住，眼看就要敗下陣來。副將叔季、仲厲見之大惱，立刻一起揮械上陣，助凱容大戰共工而來。共工軍中大將陸屠、桑臺也不相讓，立刻上前迎殺叔季、仲厲。

顓項這時不忘自己所設誘敵奇計，想到自己這時是為誘引共工軍兵而來，便不待叔季、仲厲與陸屠、桑臺接手，立即鳴角收兵向後急撤。共工見之大惱，也不麾兵追殺，只是待在那裏道：「顓項酷帝，跑不是能耐，刀把子上爭個高下，才堪謂人雄！」

顓頊收兵急撤，當然是想把自己所設引誘共工軍兵之計變為現實，但不知為何，這時卻見共工按兵不追。不解中顓頊更加氣惱，即又麾兵返回重新立定陣腳，大罵共工道：「作亂蟊賊，我看你今日是非要變作刀下之鬼不可了！」

「帝父且慢，讓共工蟊賊變為刀下之鬼，孩子一人足矣！」顓頊如此罵著就要挺戈上前惡戰共工，大將蒼舒見之攔阻道。說著，揮動手中長柄大刀，便向共工衝殺過去。

共工也不再言，待到蒼舒殺到即舞鞭相迎，與之鬥在了一處。這又是一場酣惡交鬥，只見他二人交起手來，一個使鞭，一個使刀。共工鞭鞭打向蒼舒險處，蒼舒刀刀砍向共工要害。雙方轉眼又是交鬥二十餘個回合，蒼舒還是抵擋不住，欲要敗下陣來。

凱容、叔季、仲厲見之好惱，即又齊揮械上前相助。那邊共工之將山嵬、陸屠、桑臺也不相讓，即又一起出陣迎戰凱容三將而來。顓頊見之，又是立刻鳴角收兵向後撤去。但是不知為何共工依舊不追不趕，只是「嘎嘎」訕笑道：「顓頊酷帝，走者不是人雄，有能耐你親自過來！」

顓頊正惱共工兩引皆不上鉤，使得自己奇計難以實現，因而聞聽此言便決計親自出手去戰共工，以引共工軍兵中其伏擊之計。為此他一聲喝令眾軍再立陣腳，即返身對共工大喝著，已是殺到了共工面前道：「蟊賊，來來來，大帝今日與你鬥個高低！」

「好，這才像個大帝的模樣，不是盡逼別人替你受死。」共工依舊「嘎嘎」訕笑道。隨著舞動手中神鞭，迎住顓頊殺來長戈與之惡鬥在一處。他二人交起手來，實在打得險惡無比。只見共工把手中三節鞭使得風輪般飛旋不息。顓頊則把手中長戈舞得灑水不漏。雙方專撿對方絕處使狠，只向對方狠處鬥絕。直殺得陰風颯颯，飛沙揚塵，驚呆了雙方軍兵，看愣了雙方眾將。

轉眼他二人打鬥多時，依舊不分高下，難見高低。顓頊邊鬥邊想擇機敗下陣去，誘引共工軍兵追殺自己。然而他剛瞅準時機欲要行計，卻見正鬥的共工也突然故現破綻讓其去擊。顓頊一時不解共工真意，無奈立即施計不成，只有出手將戈向其破綻處擊去。

顓頊這一擊共工又假裝防備不及，趁此時機立刻敗下陣去，麾動軍兵向後撤去。顓頊正欲誘引共工軍兵追殺自己，不料共工卻是率先使詐敗逃而去。一陣思索方纔明白自己兩引共工不追，共工這時又先期詐敗奔逃而去，定是他也在施計設有伏兵，企圖再像上次伏殺倍伐軍兵一樣伏殺自己。

為此他也不去追趕，即令眾兵向後退去。顓頊領兵向後退卻途中，即對眾臣將講說自己所見，要眾臣將依據此情再設奇計取勝共工。眾臣將隨之邊走邊議，末了禹祖道：「今番我計未成，共工之計亦敗，共工蟊賊歸去之後定會再設毒計。為此孩兒思謀，我們乾脆來它個將計就計，現在就地紮下營寨，待到共工引領軍兵來奪，我們再圍而擊之。」

「孩兒所言極是。我料共工蟊賊一計不成心定氣惱，見我紮營必然來襲，故此我軍不須再行勞動，伏殺共工軍兵必勝。」顓頊聞聽大喜，口中說著即令眾兵就地紮營，並令重、黎四將依舊埋伏等待，只待共工軍兵來襲。

共工這次果然被顓頊料個正著，他正想像上次伏滅倍伐軍兵一樣，伏殺顓頊軍兵。為此他在開戰前設下了像顓頊一樣的計謀，即讓二軍設伏在其後左右兩邊，待到自己出戰敗引顓頊軍兵追至伏擊圈中之時，兩軍圍而擊之。還是仰仗其軍兵身著鎧甲刀槍不入之能，再滅顓頊軍兵。

不料顓頊不僅不中其計，而且反誘自己兩次前去追殺其兵。共工雖然性情愚頑，卻也從中看出了顓頊的反常。料知其也定是施有奇計，為此反復誘引自己去追其兵。共工看到自己再戰下去顓頊不戰也難取勝，末了為施其計，便故作詐敗，心想或可誘引顓頊領兵來追，不成則收兵回營再設奇計。

共工故作詐敗未能引得顓頊軍兵追來受計，返回途中便把其對顓項所想說於眾臣將，並與眾臣將一起計議起了新的計謀。浮游聽罷共工之言，又是率先「嘿嘿」一笑道：「大王所料一點不錯，不然顓項酷帝是不會這樣反常的。但顓項剛才設下了與我們一樣的計謀也好，這樣我們此刻正可以來它個將計就計，大敗其兵。」

「噢？狡徒究有何策，」共工聞聽浮游此言，心中一喜道，「可以將計就計？」

「臣下以為顓項所施之計，是在其後兩翼設有伏兵。這樣大王可以即率原軍身著鎧甲，返殺顓項軍兵。」浮游即言道，「同時即令我左右伏兵，強行軍火速趕到顓項左右伏兵兩翼……」

「噢，對。狡徒如此是說，待到我軍兵殺到顓項伏擊圈中，顓項伏兵出時我左右兩軍再出而擊之，」共工這時心中立即明白過來，打斷浮游之言道，「這樣，我軍兵在顓項軍中內外開花。使得顓項軍兵腹背受敵，則我軍兵必奪全勝。」

「妙，實在是妙。」山嵬眾臣將聽到這裏，禁不住齊聲叫好道，「大破顓項軍兵，在此一舉矣！」

「好，就這麼辦！」共工這時決心下定，口中說著即命設伏二軍依計而行，其則即率軍兵依計返身趕殺顓項軍兵而來。共工軍兵剛剛返回不遠，這時距離顓項軍兵不過十里，共工軍兵因而一陣疾行，便來到了顓頊軍兵正在紮駐的營前。

顓頊這時只想共工軍兵定會前來奪營，或者會趁著黑夜偷奪其營，實在沒有想到其會來這樣快疾，而且又在白日大天明光之下。因而一時間弄得頭腦發懵，竟然不知共工為何這樣行事。

顓頊猜度不透共工根底一陣愣怔，共工軍兵已經殺到了其軍營前，徑直向其營門攻來。顓頊軍兵都在紮制營帳，毫無防備。眼見共工軍兵突然殺來，頓時軍心大亂。

愣怔的顓頊不敢怠慢，心思急轉方纔想到共工軍兵此來正好，自己立刻引兵棄營而逃，恰好可把共工軍兵引入自己伏擊圈中圍而殲之。心想至此顓頊即令眾兵不作抵抗，棄營向北奔逃而去。

顓頊此舉自以為得計，卻恰好中了共工將計就計之謀。共工眼見顓頊率兵棄營而去也不停留，隨後即緊跟追殺過來。一時間只見顓頊軍兵在前面奔逃，共工軍兵在後追殺。雙方一逃一追奔出數里，共工軍兵已是進入顓頊所設伏擊圈中。

顓頊見之心中高興，隨著立刻止軍回身列陣，等待迎殺追來的共工軍兵。共工當然也不怠慢，立即上前也不搭言，揮鞭便與迎在那裏的顓頊殺在了一處。這又是一場惡殺，一時間只見共工心操勝券越殺越猛，把坐下鱷魚獸催得左撲右跳，將手中三節鞭使得如出水的惡龍，四處翻騰險惡萬端。真個是碰著即傷，挨著即亡。

顓頊當然也自覺勝券在握寸步不讓，把坐下金龍獸催得前後翻飛，把手中長戈使得如雲中游龍，閃躍騰挪厲害非凡，大有洞穿華山，劈斷巫山之勢。然而他二人交上手來打鬥剛過三合，就聽到東西兩邊殺聲陡起，早已等待共工軍兵殺來多時的顓頊伏兵，便從兩邊在重、黎、窮奇與檮杌四將的引領下，潮水般向共工軍兵殺了過來。

顓頊見之鬥興更濃，不僅把手中長戈使得更疾，同時麾動列陣軍兵齊喊殺聲，衝殺向了共工身後軍兵。共工所率軍兵，立刻陷入了三面被優勢顓頊眾兵包圍之境。但那正鬥的共工卻心緒絲毫不亂，而且越鬥越勇。顓頊見之心中大為奇詫，邊鬥邊喝道：「蟊賊，你全軍覆沒之期到了！」

「顓頊酷帝，別高興得太早了。」正鬥的共工聞聽，則不以為然地一陣「嘎嘎」訕笑道，「今日誰勝誰敗，好戲在後頭哩！」

「刁惡蟊賊，休得妖言惑我，你死在眼前矣！」心中充滿奇詫的顓頊聽了共工此言，禁不住心中陡地一沉，想到共工善施詭計，其難道又在施用詭計不成？怪道他白天朗日徑奪其營而來！然而在此鬥場之上，兇猛的共工殺得他多思細想不得，無奈中他只有不再去想，口中厲聲喝斥道。隨著，則出手更疾地向共工殺來。

「顓頊酷帝，我共工未騙你吧，你死在眼前了！」然而，顓頊使出之戈尚未殺到共工面前，便聞東西兩方殺聲又起，塵頭飛捲，自己軍兵頓然大亂起來。顓頊正鬥心中一驚，頓然放慢了手中的長戈。共工這時則又「嘎嘎」訕笑道，隨著鞭隨其言，「颯」地打向了驚愣的顓頊絕處。

「眾兵莫亂，殺滅亂賊的時刻到了！」愣怔的顓頊聞聽鞭響方纔驚醒，急忙躲過共工來鞭大叫道。隨著，長戈更疾地向共工猛殺過來。共工當然也不相讓，接鬥顓頊出手更疾，恨不得一招即置顓頊於死地。

顓頊這邊只顧與共工惡鬥，其軍兵腹背受敵早已驚得魂魄俱飛，轉眼間已被刀槍不入的共工軍兵殺死無數。顓頊軍兵驚怕中雖然個個奮勇砍殺共工軍兵，但共工軍兵由於全都身著刀槍不入鎧甲，他們硬是砍殺不死。

驚怕的顓頊軍兵處此場境更加混亂，無奈只有任憑共工軍兵砍瓜

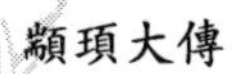

切菜般斬殺起來，完全喪失了抵抗之力。禹祖、蒼舒眾將大驚，齊過來擋住共工，護定顓項要其突出重圍。

顓項開始不願離去，但聞聽眾將之報目睹周圍場景，方知戰況果如眾將所言，共工軍兵著實厲害。他這才不敢戀戰，急棄正門的共工拼死殺出重圍，僅僅引領數千敗兵一陣逃向了帝丘方向。

共工當然隨後緊追，他即把殲殺剩餘顓項殘兵的重任交給陸屠，自己則領軍兵隨後緊追敗逃的顓項。這是一場拼死的逃追，只見顓項引領殘兵在前拼死奔逃，個個只恨爹娘生的腿短，奔走不夠迅疾。個個擔心落後，被共工軍兵追上殺死。

共工則引領軍兵在後窮追不捨，個個也只恨爹娘沒有給他們生出翅膀，奔走不疾不能追上顓項軍兵，人人只盼向前追上並殺死顓項，以報雪親人被殺之仇。就這樣顓項軍兵逃啊逃，共工軍兵追呀追，顓項軍兵越逃越少，共工軍兵越追越近。轉眼已是逃追出數十餘里，來到了帝丘城下。

守城的俊嚳目睹此景不敢怠慢，急率城中軍兵出城接應敗逃的顓項，以圖攔殺共工軍兵。然而俊嚳這時傾出城中軍兵迎接顓項軍兵，反倒幫了敗逃軍兵顓項的倒忙。使其受到攔阻，一時入城不得，也給共工追來軍兵再殺俊嚳城中軍兵，提供了可能。

因而只見俊嚳引領城中軍兵，剛剛出城接往顓項殘兵，共工軍兵便已殺了過來，一陣便殺入了俊嚳兵中。俊嚳軍兵抵擋不住共工身著鎧甲軍兵，一陣便被殺死無數。未死俊嚳軍兵不知共工何來刀槍不入神兵，個個心中大懼，急忙拼命向城中逃去。

敗逃的顓項剛才看到俊嚳引領城中軍兵出城接應，已知壞了大事。他知道俊嚳城中軍兵斷然不敵共工身著鎧甲軍兵。為此俊嚳接住他後他便即不怠慢，急讓俊嚳麾兵返回城中。但就在俊嚳聞命號令尚未來及下達之時，共工軍兵已經殺了過來。

顓頊見之更加不敢怠慢，便急讓俊礐護往自己向城中逃去。俊礐引兵出城本欲大破共工軍兵，不想顓頊叔父卻讓自己不戰回城，開始大為不解，還竊笑叔父被共工軍兵嚇破了肝膽。轉瞬見到共工軍兵竟然個個刀槍不入，殺死不得，只有他們殺死自己軍兵的份兒，沒有自己軍兵殺死他們的機會。方纔心中大驚，急忙護定顓頊逃回了城中。

顓頊逃入城中之後，驚怕的眾軍兵緊緊跟隨入城而來，因而顓頊與俊礐雖欲關閉城門攔住共工軍兵，這時卻關閉城門不得起來。因為其出城軍兵潮水般逃回城來，城門豈能關閉得住。顓頊與俊礐關不住城門，共工軍兵則迅疾與顓頊入城軍兵一道，殺入了城中。

共工軍兵殺入城中顓頊軍兵抵擋不住，且其兩戰損兵已近三千，城中守兵本來就不多，剛才又被俊礐盡數引出城外，被共工軍兵在城外殺死過半。因而顓頊自知守城無望，打退共工軍兵不得，延擱時間自己也將身陷死地。為此他不敢在城中停留，即領身邊眾兵一起，出西城門向西敗逃而去。

顓頊向西敗逃的消息共工立即聞知，他也即不怠慢，留下相柳殲殺帝丘城中顓頊殘兵，自己則親領軍兵向西追殺顓頊。顓頊出城時本就領兵不多，隨後死命奔逃中跟隨軍兵有的又跟隨不上，轉瞬身邊便已僅剩下了不足千數。

顓頊大驚，害怕如果再有共工軍兵追來，自己就將走到了末路。就在這時共工又領軍兵追到，已可見到其軍兵蕩起的塵頭沖天，聽到其軍兵吶喊之聲動地。敗逃的顓頊處此境地頓然絕望至極，不禁仰天慨歎道：「蒼天，難道我顓頊就要死於此地嗎？」

「帝父莫要絕望，有孩兒在，就決不讓共工傷害帝父一根毫毛！」禹祖與蒼舒聞聽顓頊慨歎至此，急忙開口勸慰道。說著蒼舒留一半軍兵攔殺將要追來的共工軍兵，禹祖則領一半軍兵護住顓頊向西疾逃。

然而蒼舒數百軍兵攔殺追來共工軍兵，無異於杯水車薪，無濟於事。共工軍兵一到，便把他們團團包圍起來。不僅攔殺共工軍兵不住，蒼舒也力戰不到片刻，即被共工軍兵殺死。

這邊共工軍兵圍住蒼舒眾兵廝殺之時，其大隊軍兵並未停止向前追殺。他們轉眼追到一座小山跟前，眼看顓頊數百餘人就要被共工軍兵追上，危在旦夕。但是就在這時，突見從南方山坳裡殺出一軍，為首將領大吼道：「大帝莫急，我們來也！」

正驚的顓頊聞聲急視，見是窮奇與檮杌二將引領近千軍兵殺了過來。顓頊大喜，急令他二將攔殺追來共工軍兵。窮奇與檮杌聞令也不怠慢，即領眾兵拼死攔殺起了共工軍兵。他們一陣攔殺救了顓頊一命，時過不久重、黎二將又引近千軍兵救駕來到。

他四將此後奮力攔殺追來共工軍兵，護定顓頊邊戰邊走，方使得共工軍兵未能剿滅顓頊殘兵。顓頊殘兵大概也是命不該終，則在數日後逃到今日潼關地方，擺脫了共工追兵，到了平靜之地。

二一、西尋異人

顓頊平靜下來眼見隨來殘兵不足三千，帝都帝丘又落入了共王手中，方知共工軍兵實如重、黎四將所說戰勝不得。為此他深悔自己當初不聽重、黎四將之言，鬧得今日損兵折將，丟失帝都，逃亡至此的失敗下場。

但他悔也無用，因為事已至此挽回不得。挽回不得他便不再挽回，隨著思慮起了下步收復帝都，平息共工軍兵之法。思慮之中，顓頊當然又陷入了無奈。其萬余精兵尚且兩戰盡被共工軍兵所滅，眼下身邊只餘三千殘兵，怎去收復帝都剿滅共工軍兵？

他當然想到了再練新兵，但他又想到即使他不吝時日再練出二萬軍兵，如果依舊無法破得共工軍兵身著刀槍不入之衣，又怎去剿滅共工軍兵收復帝都？無奈之中，顓頊只有一日日地繼續思謀，轉眼已是十餘日過去。就在這時，又傳來了共工追殺顓頊不成返回帝丘，登上帝位，頒旨天下討伐顓頊叛逆的消息。

原來共工追殺顓頊不得，返回帝丘即依浮游之言，登帝位正名分，將顓頊定為篡位叛逆頒旨討伐之。以此詔告於天下，使自己的叛逆之行名正言順起來。與此同時，他還即封山鬼為討逆大元帥，領兵一萬出發向西尋剿敗逃的顓頊。

顓頊不聞這一惡訊還罷，聞此惡訊真個是震驚萬般之餘，實在更加無奈至極。形勢激變若此，自己逃亡在此潼關，手中無兵再戰，戰又無法破得共工軍兵身著刀槍不入之衣，而且山嵬又已引領軍兵殺到了今日洛陽地方，怎麼辦呢？

無奈之中他即與眾臣將商議，眾臣將聞聽也都無奈。顓頊見之更急，正在這時卻聞禹祖開言道：「帝爺，不是我玄冥爺爺還在北極嗎！我們如能請得他來，剿滅共工軍兵收復帝都定然有法。」

「孩兒說得對，爺爺怎麼忘了你北極玄冥爺爺。他不僅勇武善戰，手下還有近萬軍兵。」顓頊聞此頓然心中一明，大喜道。事急燃眉，顓頊剛說完了，便即派專使日夜兼程前往北極，迎請玄冥到此潼關，共商剿滅共工軍兵收復帝都之計。

顓頊送走專使，便引領殘兵焦急等待起來。轉眼數日過去，這日顓頊正在焦愁無奈，淩厲的北風突然嘯叫著颳起，隨著晴朗的天空突然變得陰暗起來。顓頊見之正覺奇異，卻聞雲中一聲嘯叫道：「賢侄不必犯愁，叔叔玄冥來也！」

不等顓頊明白過來，玄冥乘風已經站在了他的面前。顓頊見之大喜道：「侄兒沒想到叔父來得這麼疾快！」

「侄兒有難相請，叔父豈能有怠。」玄冥道。隨著他叔侄免去寒暄，立即議起了剿除共工軍兵，複奪帝都的爭戰方略。

「開始，叔父聽說共工軍兵了得，殺得倍伐全軍覆沒，心中大惱，便決計前來幫助侄兒剿平共工軍兵。」議論之中，玄冥氣惱道，「後來心想，侄兒一戰定會剿平叛亂。實在沒有想到侄兒又一戰全軍盡沒，棄都至此。連讓叔父相救，都出兵不得。」

「共工軍兵身著刀槍不入之衣，惡鬥起來只有其軍兵殺我軍兵的份兒，」顓頊無奈道，「沒有我軍兵殺其軍兵的機會，我軍焉能不敗！」

「叔父叫他一舉盡滅。他共工軍兵不論多麼厲害，總也敵不住叔父的猛烈颶風吧！」玄冥不待顓頊說完，即惱萬分道，「侄兒知道，叔父翅膀搧起的颶風，其中有疫癘和病毒，凡人被風颳住沒有不死的。他共工軍兵身著的衣裝雖可刀槍不入，也總抵不住我的颶風吧？」

「不，叔父！不可這樣。叔父怎麼忘了，」玄冥如此說完，便一陣「嘎嘎嘎」輕鬆大笑起來。顓頊則不敢大意，即忙開口攔阻道，「如果這樣叔父就犯了玉皇大帝的戒律，那樣叔父就要神功被廢，身遭劫難啊！」

「叔父豈會忘記決定自己命運的戒律，但只是侄兒這就錯了。因為若是為了平定天下安定凡人，」正笑的玄冥聞聽至此，卻驟然止住笑聲認真起來道，「別說叔父違犯戒律神功被廢身遭劫難，即便屍碎萬段又何嘗不值得呢！」

「大帝，山嵬軍兵，」玄冥這般慷慨之言剛落未等顓頊回答，哨探恰好前來稟報道，「東距潼關僅有一百里了。」

「侄兒，」正惱的玄冥聞聽勃然大怒，霍地起身道，「叔父這就前去打發他們。」

「不，」顓頊聞聽玄冥剛才之言，他這位硬錚錚的漢子，竟也已被感動得流下了滾燙的熱淚。這時眼見叔父就要前去，豈敢怠慢急忙起身攔阻道，「叔父不可前去！」

「怎麼不可前去？」性急的玄冥騰地對顓頊發起火來道，「侄兒是怕叔父也像你一樣，遭敗不成嗎？」

「叔父可敬，為侄兒樹立了絕高楷模，侄兒永志在心。但叔父此去身犯玉皇大帝所定戒律，只是其一。」顓頊急忙摯言道，「其二則是叔父此去當然可以剿滅山嵬軍兵，但又豈可保證不傷及附近無辜凡人。那樣，不又辜負了叔父的一片心意嗎？」

「還是侄兒聰明勝過叔父一籌！」著火的玄冥聞聽此言，方纔頓然心明火息，但卻立即陷入了無奈道，「但不這樣，又能怎樣呢？」

「叔父，」目睹玄冥無奈，顓頊開口商議道，「侄兒想可以這麼去做。」

「怎麼去做？」無奈的玄冥聞聽急問道，「快講！」

「我想，我想讓禹祖引領此處殘兵，隨叔父前去北極，」顓頊這時卻一反常態，囁嚅起來道，「在北極與叔父一道廣聚軍兵，延攬戰將，待到兵強將廣之時，再剿平共工軍兵複奪帝都。」

「這樣也好。」不想玄冥沒有反對，即言贊同道。但他魯莽的腦袋隨著一轉，卻又不解詢問起來道，「那麼山嵬軍兵就要殺來，你不隨軍前去我處，要到哪裏？」

「我想，我想帶重、黎、窮奇、檮杌四將一道，」顓頊聞問，卻是更加囁嚅起來道，「前去西方……」

「事態緊急，侄兒為何突換婦人之態？」玄冥聽出顓頊話語囁嚅，見其情態靦腆，一反常態，更為不解急言詢問道，「侄兒身邊無兵，山嵬軍兵又要隨後殺到，侄兒前去西方要做什麼？」

「叔父，侄兒前時等你連日，夜不成寐。」顓頊被叔父如此追問，無奈只有實言道，「昨日累極，昏然睡去。睡去後突見一位婦人，猶如侄兒先前的情人丁竽……」

「丁竽？不就是那個祝融的女兒，」玄冥先前曾經聽說過，顓頊與丁竽在東瀛相愛的佳話，因而在此緊急之時聞聽其又言至此，不禁大急起來打斷其言道，「共工的妹妹嗎？」

「是的，」顓頊如實又言道，「正是她。」

「怎麼，情急至此，時過數十餘載，侄兒還在思念著她？」玄冥問清至此，更加大為不解道，「至今情思未斷，放下平亂複都的大事不管，欲要前去西方尋她不成？」

「不！」顓頊聞聽玄冥心中不明對其有誤，不敢怠慢，怕激起其氣惱急言道，「可那夢中的丁竽已經盡失先前容顏，只是彷彿是那昔日的丁竽！」

「好了，時急燃眉，快別講說是不是丁竽了。」玄冥焦急起來，耐受不住道，「侄兒說她怎麼著吧？」

「她對侄兒講說：『大帝有難，西方有人為之指途。』言畢即去。」顓頊於是道，「因而侄兒想去西方，尋找丁竽所說為侄兒指途之人。」

「太天真了，太幼稚了！侄兒都是五十多歲的人了，」玄冥聽到這裏方纔忍俊不住，頓然一陣「嘎嘎嘎」大笑起來道，「怎麼又變成一個十多歲的娃兒，還不該返老還童的呀！」

「叔父，侄兒未變，」顓頊聞聽玄冥此言，則繼續認真道，「侄兒去意定了。」

「啊，什麼？」正覺得顓頊想的幼稚可笑而大笑的玄冥，目睹顓頊情態嚴肅聞聽其言認真，頓然驚得叫出來聲道，「侄兒還是真的要去？」

顓頊鏗鏘道：「真去。」

「侄兒這就不該認真了。俗言日有所思，夜有所夢。誰不做夢呢？如果卜人都夢境成真，」玄冥又言阻止道，「那不就天下奇事太多了嗎。可是誰又聽說過有夢境成真的事兒呢！因而眼下時急燃眉，侄兒就還是別開這樣的玩笑了吧！」

「叔父認為侄兒在開玩笑，是因為叔父不知丁竽心愛侄兒之誠，」顓頊這時則繼續認真道，「因而丁竽此次夢中，為侄兒指途定然非虛，為此侄兒定要前去！」

「若真這樣，」顓頊如此一言，頓然把不以為然的玄冥說得心中陡然一沉，笑容即斂認真道，「侄兒就更不能前去了。」

顓頊這時更為不解道：「怎麼不能前去？」

「一來西方偌大，你到哪兒去找尋指途之人？二則她說的西方既無地名，指途之人又無名姓，」生性魯莽的玄冥這時突然心思變得細密起來，言說入情入理道，「你豈能尋找得到？即便能夠找尋得到，但眼前事急燃眉，你又豈能大海撈針般耽擱時日！」

「叔父所言有理，但侄兒以為不管此去有幾多艱難，只要能夠找到指途之人，」顓頊聞聽至此肯定道，「指引侄兒平定天下安定凡人，也都是值得的。當然耽擱一些時日，也便是值得的了。」

「好，這個值得。那麼如果侄兒夢境為真，可那丁竽姑娘已老，侄兒別後數十載未見，」玄冥隨著說得更加入情入理道，「怎可知道她不會變心？特別是在親情與愛情兩相權衡之上，侄兒怎可知道她不會以親情為主，心想殺父滅叔之仇，助其哥哥共工騙殺於你？」

「這個侄兒敬請叔父放心，」顓頊聽了禁不住心中的激動，他認為叔父玄冥不知丁竽對他的摯愛，褻瀆了丁竽對他的真情道，「侄兒與丁竽雖有殺父滅叔之仇，但她絕對不會騙殺侄兒。」

「侄兒，話不要說得那麼滿，事不可想得這樣絕對！天下的事情都在變化，何況更易變化的人心。」玄冥這時仍是放心不下，更加入情入理以期說動顓頊之心道，「常言道，萬丈溝壑終有底，唯有人心不可量。說不定丁竽正是念你不忘其愛，這次借之騙你前去投其羅網呢？」

「叔叔，」顓頊這時覺得玄冥說的多餘，插斷其言道，「這些侄兒全都知道。」

「侄兒，凡事要想複雜點，多往壞處想，少往好處想。」玄冥繼續其未完之言道，「寧可信其壞，不可信其好。成功的希望才大呀！」

「叔父，事情即便退一步講，就是丁竽如叔父所言是為了騙殺侄兒，可侄兒是為了平定天下尋找指途之人而死，不也值得嗎？」顓頊當然更感到玄冥褻瀆了丁竽對其的誠摯之愛，這時激動起來道，「叔父剛才為了平定共工軍兵不惜功廢身劫，為侄兒樹立了絕高楷模，侄兒又何嘗不該這樣去做呢？」

「侄兒不可與叔父相比，叔父身為小神死不足惜，」玄冥這時被顓頊說得退步不得道，「侄兒則身為一統凡界的大帝，豈可這樣？因而侄兒不可前去呀！」

「叔父身為小神尚且為天下不惜己身，侄兒身為大帝怎不該有過之而無不及。叔父，你就放心歸回北極去吧，」顓頊這時則仍舊執意前去，步步進逼玄冥道，「如果侄兒此去有成，則天下平定。如果侄兒此去如叔父所言被丁竽騙殺，那麼叔父可擇禹祖、俊嚳之一為孺帝，則天下無礙矣！」

「既然侄兒鐵了心腸，叔父勸亦無用，叔父就只有遵命告辭了。但叔父願侄兒一路順風，大功告成。叔父就到北極靜候侄兒的佳音去了。」玄冥這時眼見自己對顓頊再勸也是無功，因為他已經勸說再三，末了只有無奈道。隨著，即揮淚告別顓頊，與禹祖引領五千殘兵徑往北極悄然而去。

顓頊目送玄冥眾軍兵直到蹤影消失，方纔收回目光起身引領重、黎、窮奇、檮杌四將，一路向西方尋訪夢中丁竽所言指途之人而來。為了尋見指途之人，他們登高山，穿野林，訪奇處，問異人。轉眼十數日過去，尋訪千百餘里，卻一無所見毫無所聞。

「這樣尋訪指途之人，實如大海撈針，怎有找到的可能。」魯莽的重不禁焦急起來道，「西方地域廣袤無垠，凡人眾不可數。我們盲無目的，怎能把大帝的夢境真的變為現實？」

顓頊不為重言所動，引領他四將繼續向西尋找指途之人。這一次不僅是生性魯莽的重急了，生性細密的黎和生性邪惡的窮奇、檮杌也都急了，一起勸說起了顓頊道：「大帝，夢境不會成真，我們還是前去北極，廣集軍兵再戰共工軍兵吧！」

然而顓頊依舊不聽他們之言，繼續引領他們向西尋訪指途之人不止。黎等四將無奈，只有心存異意口不再言，情緒低落地跟隨他向西尋去。轉眼又是數日過去，他們還是登高山、穿野林、訪奇處、問異人，卻仍是一無所見，毫無所聞。

重等四將更加焦急起來，顓頊卻依舊堅心不移，西尋不止。他們尋啊訪呀，轉眼又是數日過去，他們還是登高山、穿野林、遊奇處、問異人，仍是一無所見毫無所聞。重等四將更加焦急，顓頊還是堅心不移，西尋不止。

他們尋啊訪呀，轉眼又是數日過去。這日他們仍在一無所見中向西行進，路過一個小村時聞聽一群孩子，在村頭朗聲歌唱道——

欲登西山柱高天，尋求倚天之長劍。
柏老有心指坦途，夷人受命把道攔。
父仇求報女心悲，鬚髮皆豎情痛慘。
先情後恨報夫君，找盡天涯無此般。
淥水悠悠江南恨，圖盡藍天情意綿。

村頭這群玩皮孩子的這番歌唱，對於重、黎四將這些無意的聽者，當然都無所謂。但是顓頊聞聽此唱，卻頓然聽出了門道。於是他心中一動思慮道：「怎麼，這歌好像唱說自己西尋指途之人，丁竽忍仇為了自己？」

然而他想到這裏之時，腳下卻已是走遠了去，把那群孩子的歌聲也甩在了後邊。顓頊於是又轉而想到別是自己自作多情，削足適履。那群孩子根本不認識自己，也不會認識丁竽，怎麼會唱說自己與丁竽呢！

想到這裏他就把歌聲丟開了去，繼續西行尋找起了指途之人。但是剛行不遠，卻聽一群割草的孩子，又在路邊手中割著野草，口中唱起了剛才那支歌兒。顓頊心中奇了，駐足靜聽起了那歌兒。他聽出那歌兒唱的，真的就是自己與丁竽！

「你們都快聽，」顓頊於是忍不住對重、黎四將道，「這歌兒唱的是什麼？」

「大帝，一群玩皮孩子順口歌唱，能唱什麼？」魯莽的重聞聽，即不耐煩道，「快走吧，西尋指途之人要緊。」

「不，他們唱的是我們，是我！這歌兒一定有來歷。」顓頊早已沉浸在靜聽之中，對重言否定道。隨著他走向割草的孩子，詢問道，「小孩，你們唱的歌兒這麼好聽，知道唱的是什麼嗎？」

「我們不知道。」割草的小孩聞問，立即像炸了窩的喜鵲一般，「嘰喳」起來道，「你知道，告訴我們好嗎？」

「好哇。只是你們要先告訴我，」顓頊爽快道，「這歌是自己編的，還是別個教的？」

「我們哪裏會編，是別個教的。昨天我們正在這裏割草，從你們今天來路之上，走來一個蓬頭垢面的乞丐。」孩子們天真幼稚，聞聽顓頊此言又立即「嘰喳」起來道，「他說教給我們一支歌兒，我們看他那個模樣都笑了。後來他卻一唱好聽，我們就學會了。」

「啊！」顓頊耳聽孩子們此答，不禁驚叫一聲，愣怔半天道，「那乞丐哪裏去了？」

「他來後，教會我們唱這支歌後就走了。」孩子們見到顓頊聽了他們之言情態詫異，也被驚愣在了那裏。這時又聞顓頊此問，忙答道，「誰知道他去了哪裏。怎麼，大人要尋他嗎？」

「是的，要尋他。」顓頊肯定道，「他往哪個方向去了？」

「往西邊去了。」孩子們這時則不滿意道，「但你還沒有對我們說，這歌兒唱的是什麼呀？」

「噢，對。」顓頊這才一笑道，「對你們說吧，唱的是我。」

「是你，我們怎麼看不出來呀！」孩兒們聽了，一陣歡喜得「咯咯咯」大笑起來道。隨著，全都奔跑著割草而去。

看著孩子們去了，縝密的黎在旁解不開顓頊與孩子們的對話，即問顓頊道：「大帝，這歌兒唱的真是你嗎？」

「是我。你想啊，那『欲登西山柱高天，尋求倚天之長劍』不正是說的我們此刻西尋指途異人之舉嘛！」顓頊依舊肯定道，「但只是我不解這歌中究藏何意，是否與我們正尋的指途之人有關，你們也都快一起想想。」

「如果真是這樣，我們尋到指途之人，莫不就有希望了！」黎被顓頊一言點得頓然清醒過來道，「這歌，是不是一支為我們指引尋找異人坦途的歌？」

「一定是！」顓頊這時又作肯定道，「大家好好想想，歌中之路在哪裏？」

「大帝，我琢磨出來了。這歌是一首藏頭詩。」善思的黎在顓頊話音剛落之時，突然欣喜地叫了起來道：「你看，它不是藏有『欲尋柏夷父，須先找涂圖』兩句嗎！」

「對，詩中所說『指途異人』正是柏夷父。只是那『涂圖』是柏夷夫居住的地名，」刁鑽的窮奇這時也想出了道道，聞聽黎言道，「還是個人名呢？為什麼讓我們先去找他（它）呢？」

「『涂圖』一定是個人名，他就是那位教歌的乞丐。」顓項聞聽黎與窮奇此言，心中也全明白過來道，「只有尋到他，才能在他的指引下尋到柏夷父。」

「大帝，」重、黎四將聞聽顓項此說，齊聲贊同。同時他們眼見尋到指途異人已經有望，齊精神抖擻起來道，「那我們怎麼尋呢？」

「小孩們說那乞丐向西方去了，」顓項這時也更加高興道，「我們順著唱此歌的線索找，就一定能夠找到那乞丐。」

重、黎四將全都贊同，顓項便又引領眾將向西尋找而去。事情果然不出顓項眾人所料，他們順著歌聲尋找數日，終於在唱歌小孩兒的指引下，這日在一座破窯洞裡，尋找到了那位蓬頭垢面的乞丐。

看到躺在破窯洞中乞丐的醜陋形象，重、黎四將禁不住全都同時倒吸了一口涼氣。顓項卻不顧這些，情態真誠地上前摯言道：「涂圖師父，顓項尋訪數月，終於找到你了！」

「什麼顓項？我不認得你。」乞丐聽罷顓項此言，方纔一揉滿是眼屎的蒙矓睡眼道，「你找錯人了吧？」

「不，涂圖師傅，我找的就是你！」重、黎四將聞聽乞丐此言頓然心中一涼，以為前功盡棄，空喜歡一場。顓項聽到乞丐推諉，則心志益堅再言肯定道，「是你指引我來找你，就請師父可憐天下凡人，為顓項指引尋見高人之途吧！」

「小人涂圖叩拜顓項大帝！大帝為了天下平安凡人幸福，不吝千難不怕萬苦尋訪異人，小人涂圖實在敬仰萬分！」乞丐聞聽顓項此言，方纔納頭便拜道，「小人家人盡被共工軍兵所殺，故而體念天下凡人被共工軍兵蹂躪之苦。今日特違師父之教，為大帝指引尋見高人之途。」

「不知師父指引顓頊欲要尋見的高人，」顓頊聞見至此，急忙伏身扶起涂圖道，「可是柏夷父大師？」

「正是。柏夷父乃乞丐之師，胸懷經世之才，平亂之略。但他只願遠遁避世，不願為世事所煩。」涂圖忙言道，「為此嚴戒徒兒再三，不可泄其大名露其居地，違者將受嚴懲。大帝此去求之亦難也！」

「涂圖師父為了天下，不吝違背師教身受嚴懲。我顓頊豈能不該為了天下，」顓頊聞聽則鏗鏘言說道，「迎難而進懇請大師！難我也要去，就請師父指引通途吧！」

「乞大帝寬恕乞丐怕違師教，不能親領大帝前去懇請大師之罪。只能告知大帝，」涂圖道，「吾師柏夷父隱居在終南山中金華洞內了。但只是吾師浮萍浪跡，身如閑雲野鶴隨處飄蕩，尋之不易呀！」

「師父儘管放心，既然師父指得此途，顓頊踏破腳板也要尋到大師。」顓頊聞聽更喜道。言畢，即說柏夷父處由其為涂圖解圍，誠請涂圖再三，要其追隨自己為平定共工之亂，安定天下凡人建功。但無奈涂圖聞功不樂，摯言自己無能，其師父一人安定天下足矣！

顓頊眼見涂圖執意不願意追隨自己，便與重、黎四將叩謝涂圖指途之恩再三，然後告辭涂圖徑往終南山尋找柏夷父而來。顓頊五人這時目標明確，心情亟切，因而行走迅疾。轉眼數日過去，這日來到了終南山近處。他五人於是行走更加疾急，真個是求不得一步就踏到山上，去到金華洞中找到柏夷父大師。

然而就在這時，卻見一位面容枯槁的老者，獨身一個躺倒在路旁痛苦地呻吟。重、黎四將心中亟急欲要走過不管，但心情同樣亟切的顓頊卻即忙止步上前，伏身撫摸老者的額頭道：「老漢燒得厲害，快背上送往前方救治。」

重、黎四將雖急但也無奈，只有輪番背負老漢送到前方一家郎中之處，待到一切安排停當方纔離去。顓頊五人告別郎中向山中疾行，不過半日便來到了涤圖說的金華洞前。

顓頊五人站在洞前，看到這裏山深洞幽，竹木掩映，陽光照射，金華漫山，實甚謂金華之洞，絕幽佳境。為此顓頊不禁慨歎道：「居此幽境，實乃人生之福也！可惜我身為大帝，逃避世事而不得。」

「何方貴客，」顓頊之言未落，便見洞門打開，一小童走出門來道，「到此幽境？」

「凡夫來自帝丘，」顓頊聞聽忙答道，「乞小童報於柏夷父大師，凡夫乞求一見。」

「貴客來得不巧，剛好師父一早去了玉泉洞。」小童聞聽悵然道，「師父閑雲野鶴，不知是否還會去往別處，何日能回。」

「謝小童指引。」顓頊心中尋見柏夷父之情亟切，聽了小童之言便立刻告辭道。隨著即領重、黎四將離開金華洞，向玉泉洞尋來。

顓頊五人尋到玉泉洞前，天已完全黑了下來。洞內洞外一片漆黑，哪裏還有一個人影。他五人無奈，只有就地小住下來，以待天明再去尋訪柏夷父。宵夜轉瞬過去，晨曦爬上了東天。顓頊心中焦急，眼見天明急忙叫醒重、黎四將離開玉泉洞，返向金華洞尋找柏夷父而來。

「貴人不巧得很！昨日你們剛走，師父就返了回來。」他五人來到金華洞時已至早晌，小童見之道，「可是今日一早，師父就又攜釣杆，去南山湫溪中垂釣去了。」

顓頊聞聽忙又謝過小童指引，引領重、黎四將離開金華洞，向南山湫溪中尋找柏夷父而來。南山湫溪掩映在修竹茂林之中，一條銀亮的小溪從堆黛繞嵐的山腰中蜿蜒飄下，兩岸林木夾峙，水面明滅可見。林間有百種彩鳥婉轉歌唱，溪水中生千種水草，紅綠相間，繁花競豔。

顓頊五人沿著若詩如畫的小溪尋找柏夷父，但他們從上午尋到天黑，沿溪行走數十里，竟然連個影兒也沒有尋見。尋不見柏夷父天又黑了下來，顓頊這時尋見柏夷父之心更加亟切，便不再休歇，而追回金華洞再尋柏夷父而來。

顓頊五人這次來到金華洞前，旭日剛剛躍出平線。但迎接他們的小童卻又說道：「師父昨日未歸，不知何日回還。」

「糟老頭子有何能耐，竟讓大帝尋訪再三！大帝，我們還是快到北極去吧。」魯莽的重這時惱火起來道，「到了那裏下一道詔旨，讓這糟老頭子前去偈見大帝也就算了。」

「休得胡言！真人需有真心相請，方可為我所用。」顓頊聞聽氣惱道。言畢，即命四人住下，在洞口守待。就這樣顓頊五人在洞外住了下來，等待一日又一日。轉眼已到第三日後晌，還是不見柏夷父歸來。

「大帝，共工占我帝都，作亂天下，」重這時又急起來道，「事急燃眉，我們豈可在此幽境靜待下去！」

顓頊正欲開口再去阻重，卻聽上山來路之上，突然傳來一位老者的歌聲道——

春種山坡薄土田，秋收粟米金燦燦。
耕田勞作舒筋絡，五穀雜糧勝仙丹。
閑雲無事伴野鶴，遠離世間愁與煩。
山水無心壽長在，皈山依水返自然。

顓頊五人聞聽老者的歌聲，都料定是柏夷父返了回來。為此齊舉目向歌聲傳來處看去，卻大出他們預料之外，竟看見是前日他們在路旁所救那位害病的老者，今日變得童顏鶴髮，神采奕奕地唱著悠悠的歌兒，手攜釣杆徑向玉華洞走來。

聽著這悠然的歌兒，看著他神采奕奕的超凡模祥，顓頊五人全都愣在了那裏：怎麼，這老者怎麼到這裏來了？顓頊愣怔之中則不怠慢，忙上前深施一禮詢問老者道：「請問老者，可曾見到柏夷父大師？」

「瞧你氣宇非凡，威懾八方，」老者聞而不答，反倒問起了顓頊道，「可是前來尋訪柏夷父的顓頊大帝嗎？」

「不敢！」顓頊忙答道，「凡夫正是顓頊，為了平定天下特來尋訪大師。不知老者可曾見到柏夷父師父？」

「大帝位高心慈，前日救了老兒一命。」老者這才不等顓頊把話說完，撲身便拜道，「大帝誠心為民，老兒柏夷父愧對大帝了！」

其實前日他病在路旁，正是預知顓頊要來尋他，故意裝病對顓頊一試。後來又故意三避顓頊，驗試其尋找自己是否誠心。見到顓頊大帝果然心慈意誠，他才決計侍奉顓頊，為平定天下，造福凡人效力。

顓頊不知這些，只為自己尋訪數日，今日終見這老者就是柏夷父心中大喜，即伏身扶起柏夷父道：「大師，我可找到你了！」

「大帝尋見老兒不易，正見大帝誠意也。」柏夷父當即表示道，「就沖這一點，老兒也只有傾己所學，效命於大帝了！」

「大帝既臨敝舍，豈可不入洞中稍敘。」顓頊聞聽更喜，即要柏夷父隨他起程前往北極，柏夷父則言道，隨著便把顓頊五人迎進了金華洞中。

二二、共工逃命

柏夷父把顓頊五人迎進洞中之後，免不了讓小童端茶上菜，隨著敘說起了自己閒散已慣，本不願再涉世事，但無奈大帝誠心相求，自己只有改變初衷。聽得顓頊連連頷首，但卻聽得重、黎四將心中暗暗不服起來道：「你這老兒無非是一山野村夫，有何能耐誑言救世！大帝連月尋你是做夢著迷，你不要就高攀高，將來丟盡臉皮。」

然而隨著柏夷父向顓頊講說起剿滅共工軍兵之法，卻使重、黎四將全都一個個不得不暗暗驚服起來。柏夷父邊飲碗中茶水邊說道：「大帝，老兒看那共工軍兵厲害，是厲害在身著衣裝。其衣裝所以刀槍不入，是他們從獵裝改進精製而成，名為鎧甲。依老兒看，破之並不犯難。」

顓頊此來，正為無法破得共工軍兵身著刀槍不入之衣，方使得其軍兵兩次慘敗無以奪勝，因而聞聽柏夷父此言，頓覺心中重負盡釋，忍不住急問道：「破之不難？大師有何妙法！」

「其一，其鎧甲雖然裹得軍兵之身，卻不裹軍兵之面。因而其身裹衣刀槍不入，其面卻刀槍可擊。」柏夷父道，「為此大帝若能集得一支善射之師，戰時專射其兵之面，則其軍兵定無不破之理。」

「大師言之有理，」顓頊與重、黎四將聞聽柏夷父言說至此，全都看到其言之法確為奪勝共工軍兵妙法，齊都心中大喜起來道，「如此共工軍兵可破哩！」

「可那共工軍兵幾近萬數，」然而顓頊剛言至此，卻又欣喜頓消道，「我們到哪裏去集得眾多神射軍兵？新練絕非一日之功啊！”

「這個大帝莫愁，」柏夷父這時胸有成竹，臉上粲然一笑道，「老兒有法子哩！”

「大師快說，大師有何妙法，」顓頊不知柏夷父有何妙法，急問道，「可以聚得如此眾多神射軍兵？」

「大帝莫急，以箭擊敵，只是老兒想得的剿滅共工軍兵一法。」柏夷父又是粲然一笑道，「還有二法，大帝先容老兒說完，再議集得神射軍兵方法不遲。」

「方法之二是，共工軍兵身著鎧甲雖然不怕刀槍，」顓頊聽了，這才頷首贊同讓柏夷父言說下去。柏夷父隨之道，「但由於它們皆為皮藤製作，而且皆用油浸多次始成，卻怕火燒。」

「大師說得對。如果我們設法將共工軍兵引入山谷，」善思的黎聽了，頓然劍眉一揚虎目一明，即忙接言道，「縱火燒之，其軍必滅！」

「正是。」柏夷父肯定道，「此乃老兒謀劃的剿滅共工軍兵之二法。」

「大師還有三法？」顓頊聞聽大喜，急忙繼續詢問道，「敬請大師快快講來。」

「有。老兒謀得的最後一法，」柏夷父緩一口氣道，「是用石頭擊砸。」

「對，把共工軍兵引入山谷，用火燒之，用石砸之。」魯莽的重高興道，「燒不死的砸死，砸不死的燒死。這樣就不愁剿滅不了共工軍兵了。」

「這後兩法剿滅共工軍兵用之雖好，但也離不開箭射方法。鬥場

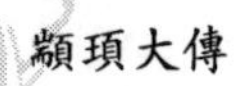

之上兩軍對陣，」柏夷父隨之道，「施用火攻石砸不得，就只有使用箭射之法勝之。否則，就只有遭敗了。」

「大師思慮縝密，勝我百倍！」顓頊聞聽又問道，「但無奈我現在沒有善射軍兵，怎麼去辦？」

柏夷父道：「這就該再議集得善射軍兵的方法了。」

「剿滅共工軍兵時急燃眉，」顓頊著急道，「現在訓練是來不及的。大師快想妙法！」

「老兒有一老友，名叫甘蠅，現居在北方太行山中。甘蠅精於神射，百發百中，」柏夷父緩緩道，「伏獸擒禽，箭到擒來。但過去作為絕技，一直秘不示人。」

「如此我們一塊兒請他出山，」顓頊急切道，「為我們訓練一支神射奇兵如何？」

「不必那樣了。」柏夷父即言給於否定，接著說道，「後來，我對他說，人的絕技都是凡人智慧的結晶，不應秘不示人使之失傳。而應傳諸後人發揚光大，用於造福凡人。」

「大師言之有理。」顓頊聽聞至此，高興道，「甘蠅怎麼說？」

「甘蠅末了被我說動，廣攬高徒，教授神射之法。他先教授徒子練得不眨眼睛，」柏夷父道，「隨之教授徒子練習把極小的物件看得極大。然後教授徒子射時屏氣凝心。結果教得眾徒個個如師，射之百發百中。」

「如此我們廣召其徒，」顓頊聞聽大喜道，「剿滅共工軍兵就有希望了！」

「對，老兒也是心懷此想。據老兒所知，甘蠅所授之徒幾近千數。若是能去說動甘蠅，」柏夷父道，「將其徒子全部集中起來，就是一支幾近千人的神射勁旅。剿滅共工軍兵，就足用了。」

顓頊聞聽更喜，即要柏夷父安排停當，與他一同前去尋找甘蠅。然而柏夷父卻又是粲然一笑道：「大帝莫急，我們剛剛議論罷破敵戰法，尚未論及破敵方略哩。」

「大師言之有理。」顓頊聞聽柏夷父所言極是，方又平靜下來道，「那麼大師有何破敵方略？」

「老兒思謀，大帝可將共工軍兵引入太行山中，然後先射殺之，再火燒之，末了用石砸之，方能奪得全勝。」柏夷父道，「不然，我的計謀使用不得，則奪勝共工軍兵仍是無望。」

「大師所言極是。只是眼下我手中只有重、黎、窮奇、檮杌四將，豈能誘引共工軍兵得成？」顓頊聞聽犯愁道，「北極我叔父玄冥處有兵也不足一萬，不及共工軍兵之數，如何誘剿共工軍兵得成？」

「大帝不必為兵數多寡犯愁。老兒用兵不在兵多，而憑智奇，大帝有萬數軍兵也就夠了。」柏夷父這時則胸有成竹道，「我想我們這樣，大帝先把北極軍兵，調到太行山中稷山腳下集結。待到他們到達之時，我們則恰好將甘蠅的近千徒子集合成軍。」

「對呀，」性急的重這時心明插言道，「這樣我們就有逾萬軍兵了。」

「是的。這樣兩軍會合一處，便可東出太行進攻帝丘。但我軍進攻帝丘並不是真的進攻，」柏夷父繼續其言道，「而是給共工送上戰表，激其出戰。共工引領軍兵戰我之時，我軍則佯裝敗逃，誘其軍兵入山受計。」

「大師妙計。共工蟊賊兇猛好戰，聞我出兵進擊，並用戰書激之，其必傾其軍兵西進擊我。」顓頊大喜道，「依大師之計行之，我軍奪勝有日，收復帝丘有期矣！」

重、黎四將也皆心中歡喜，顓頊見之即命重、黎二將前去北極，召引玄冥軍兵開赴太行山中。隨著他便在柏夷父安排停當之後，與柏夷父一起一路北上太行山中，到那稷山地方尋找甘蠅而來。

顓頊與柏夷父、窮奇、檮杌四人，此後在途不過十餘日，便來到了太行山中稷山腳下。稷山是太行山脈的一座高峰，這裏山幽林密，地勢極其險峻。柏夷父是甘蠅的老友，二者多有交往。因而在其引領下半日過去，便在山腰間的一道山澗幽密之處，尋到了甘蠅的住處，並見甘蠅正在住處苦心授徒。

作為柏夷父的至交，甘蠅這時也已是一位年逾古稀的白髮老者。只是他雖然鬚髮染霜，卻面若童顏，精神矍鑠。目如鷹隼一般深邃犀利，令睹者生畏。這時眼見老友柏夷父領人來到，忙棄下徒子迎上前來道：「老友不知柏老來到，未能遠迎，乞老友恕罪！」

「甘老應該向其乞求未能遠迎之罪的非為老友，應為顓頊大帝！」柏夷父說著，便把顓頊大帝介紹給了甘蠅。

「顓頊不告前來打擾大師，」甘蠅驚得一愣，顓頊這時則已率先開口道，「乞大師恕罪！」

「哪裏，哪裏！大帝光臨敝舍，令敝舍生輝。」甘蠅見到顓頊大帝這般隨和，方纔急忙躬身施禮言說道，「只是山野老兒甘蠅不知，未能遠迎，乞大帝恕罪！」

「哪裏，哪裏！顓頊此來有求於大師，」顓頊急忙伏身扶住道，「對大師多有打擾，乞大師不吝於求，助顓頊一臂之力！」

「老兒乃一山野俗夫，無德無能，豈敢讓大帝來求，」聽聞至此，風霜一世的甘蠅便已知道了顓頊的來意。忙先是不滿地看向柏夷父一眼，隨著對顓頊推諉道，「又怎去助大帝一臂之力？大帝尋錯人了呀！」

「大帝此來絕非無聞，」柏夷父知道甘蠅的心境與自己過去相同，這時他領顓頊突然來到，甘蠅當然不會應請，便即開口以說動其心道，「老友不為大帝，難道不為天下凡人生靈塗炭憂心嗎？」

「老友已至古稀之年，」甘蠅聞聽柏夷父此言，頓知顓頊此來皆為柏夷父所為，即對柏夷父不滿道，「柏老能逼老友改變初衷嗎？」

「共工蟊賊作亂天下，荼毒凡人，以邪壓正，你我能夠坐而視之嗎？」柏夷父隨之道，「甘老，老友已變初衷。今日大帝難中來求，你也就隨同老友，出山助大帝一臂之力吧！」

「甘蠅無能，看來定無隨同老友之望了！」甘蠅這時依舊堅心不改道，「老友知道，昔日甘蠅不向他人傳授秘技。是老友教之甘蠅方纔網開一面，改變了初衷。」

「是的。」柏夷父道，「這些老友皆知。」

「所以，今日甘蠅若是再聽老友之言，則老父教誨甘蠅之言，就全都落空了。」甘蠅繼續講說道，「那樣老父在天之靈怎得安息，甘蠅不日前去怎見老父之面！」

柏夷父聞聽甘蠅說到這裏頓然也覺無奈，因為他已把話說到了絕處，自己怎能再逼迫老友去做違背父志的事情呢！恰好正在這時，虎身生毛的檮杌，想出了主意張開豬嘴道：「若此大師為難，可以想個變通之法嘛！」

「對呀，世上沒有絕人之路。」虎面牛身的窮奇，這時也心中一明道，「既然大師自己難改初衷，可以讓高徒追隨大帝呀！」

「老友難改初衷，那麼為救天下水火，老友就令高徒飛衛替代己身，」柏夷父聞聽檮杌、窮奇之言，也頓然心中一明有了辦法，道，「招攬眾徒組成軍伍，助大帝一臂之力吧！」

「此法既為無奈之法，」顓頊在旁聽到這裏終見解難之法，方纔免於逼迫之嫌敢於開口道，「大師就答應了吧！」

「這樣，」甘蠅終於無奈答應下來道，「甘蠅老兒就只有遵從大帝之命了。」

顓頊大喜，連謝甘蠅再三。甘蠅隨之傳來飛衛見過顓頊大帝，然後說明其意，令其立即廣召眾徒而去。飛衛去後，甘蠅方將顓頊眾人迎至住處，擺上飯食，邊吃邊言說起來。

言說之中，甘蠅聞知共工軍兵身著刀槍不入鎧甲，不用神箭射之破滅不得，方知自己不應顓頊之求不行的根底。為此他也不再責怪柏夷父老友，而心中暗為柏夷父先前說其授徒，後日其徒將為凡人立下大功而高興不已。隨軍之便對顓頊頻頻敬酒，言說此戰必可大勝。

顓頊與窮奇、檮杌和柏夷父見之，也心中高興起來，全都放懷暢飲，直至酩酊大醉。此後他四人便在甘蠅處住下，等待起了玄冥和飛衛之兵。飛衛身負師父甘蠅之命，招攬師兄師弟迅疾，不幾日便已集起了甘蠅的近千徒子。

顓頊見之大喜，即讓窮奇與檮杌幫助飛衛按照兵家之規訓之。甘蠅這些高徒皆為甘蠅嚴訓神射之徒，先前已通兵家之道。為此僅訓數日，便已成為一支令行禁止之軍。

就在這時，玄冥與禹祖又從北極引領九千軍兵來到。顓頊見之更喜，便即按柏夷父之計，給共工起草戰書一道。書中歷數共工之惡，斥罵共工之逆。然後約以戰事，派人送往帝丘。隨著他命北極軍兵休歇數日，然後便起兵東出太行，向帝丘佯裝攻伐而來。

共工引領軍兵追殺敗逃的顓頊殘兵，追到潼關不僅沒有追上，而且顓頊殘兵逃得消失了蹤影。共工軍兵不見顓頊殘兵蹤影無法再追，共工無奈只有收兵返回帝丘而去。因為顓頊殘兵數不過五千，也不值得共工再用近萬軍兵進行追殺。

同時再去追殺不知顓頊殘兵行蹤，也追殺不成。再者顓頊帝都帝丘已為共工所奪，共工聽信浮游之言即到帝丘位登大寶，做起一統凡界的大帝。然後便可名正言順地以大帝之名詔告天下，剿滅顓頊叛逆。

為了這些，當然更重要的則是共工為了早日登上自己期盼已久的一統凡界大帝高位，所以他放下顓頊殘兵不追，盡依浮游之言收兵回到帝丘，登上了一統凡界大帝之位。

登上大帝高位高興之餘，共工當然沒有忘記尚未剿殺的顓頊。他知道顓頊一日不除，他共工的一統凡界大帝之位就一日不能坐穩，因而在逃的顓頊實在是他胸中的一塊心病。為此他立刻一邊詔告天下共誅顓頊叛逆，一邊自己剛剛稱帝不能前去追殺顓頊，便令山嵬為帥引領軍兵再追顓頊殘兵而去。

無奈山嵬引領軍兵隨後追尋數月，終因不見顓頊蹤影無功返回。共工追尋不到在逃的顓頊心病更重，但不得顓頊消息也是無奈。這日他正在無奈，卻突然接到顓頊派人送來的戰報，約他戰於帝丘以西，並在戰報中歷數其惡，痛斥其逆。

共工眼見戰報勃然大怒，斥罵顓頊之餘即欲傾其軍兵前去剿滅約戰的顓頊，除去其胸中的塊壘。浮游在旁攔阻道：「大帝，顓頊數月遁跡，今來約戰於我，不可輕視啊！」

「他約戰我就怕他嗎！敗軍之將，他有何能。盡滅顓頊殘兵，剿殺仇人，在此一舉矣！」共工怒火萬丈，立即反駁浮游之言道。隨著不顧浮游勸阻，即率所有軍兵離開帝丘，向西迎戰顓頊而來。

共工引領軍兵離開帝丘求戰心切，向西疾走數日來到今日焦作以東地方，探馬回報前方十里顓頊之軍列陣待戰。共工聞之怒罵道：「蟊賊膽敢列陣待我，我殺他個兵卒不留！」

罵著共工麾動軍兵急行，一陣便趕到了顓頊陣前。果見顓頊軍兵正在列陣待戰，面目黝黑的顓頊威赫赫地站在陣前。看到共工來到，一邊催動坐下金龍獸，一邊揮動手中長戈，怒豎劍眉徑向共工取來斥罵道：「無恥蟊賊，搶我帝都，妄稱大帝，你死在今日哩！」

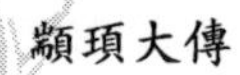

「顓頊蟊賊，不要顛倒了黑白！我告訴你，搶奪大帝高位的是你的前輩黃帝老兒，無恥蟊賊是你顓頊自己！」共工當然不把顓頊放在眼裡，聞聽顓頊斥罵「嘎嘎」大笑道，「上次本大帝殺你不死，讓你多活了幾日。今天你約我來戰，就怨不得本大帝了！」

共工如此說著，便不讓軍兵停步立下陣腳，即隨他一起徑向顓頊軍兵殺了過去。共工仍像先前一樣，認為自己軍兵銳不可當，徑取顓頊軍兵攻無不取。顓頊軍兵這時當然仍是硬戰對付共工軍兵不得，他們此來對戰仍是為了誘引共工軍兵入山受計。為此顓頊眼見共工麾動軍兵徑取過來，便與共工不再交鬥，急領眾兵向後退去。

「顓頊蟊賊，你既邀鬥而來，為何不鬥又逃！」共工不知顓頊是計，仍以為是顓頊軍兵戰他軍兵不過見之即逃，心中大惱，麾動軍兵隨後緊迫不舍道，「看你還往哪裏逃，天下正誅你蟊賊找不著去處，今日你是逃不脫的！」

顓頊此來為了施計，所率皆為輕裝善跑之兵。為此眼見共工中計上當，他便命令眾兵拼命向後奔走。轉眼數日過去，便把共工軍兵全都引入了山中選定的絕佳施計之地。

此地確為剿滅共工軍兵的絕好去處，它周圍全是高峻險惡之山，恰在險山之中裂開一個「丁」字形峽谷。即在顓頊誘引共工軍兵逃進的東西向山谷腰間，又向南生出了一條更大的峽谷。這峽谷綿延數里，在兩山夾峙中可以向南逃出深山而去。

顓頊與柏夷父選定此處之後，便擬定了在此盡剿共工軍兵之策。但先前由於擔心共工不會輕易中計前來，因而軍兵未能在此設伏，而盡隨顓頊軍兵之後東去，以俟共工不來惡戰時好派用場。後見共工中計引領軍兵窮追而來，柏夷父便急撤後隨軍兵，趕在共工軍兵到來之前佈好了埋伏。

柏夷父設伏眾兵，是按照柏夷父與顓頊預先設好的計謀部署的。在東邊山谷入口處，埋伏六百神射之兵由飛衛率領，以俟共工軍兵盡入谷中之後，齊放箭射擊截斷其退路。顓頊所領軍中三百名神射軍兵，待到誘引共工軍兵目的實現，即回身射擊攔斷其進路。

與此同時，設伏在山谷兩邊之軍由玄冥與禹祖率領，各從山上推滾巨石，下砸共工入谷軍兵，並堵斷共工軍兵前後進退之路，迫使共工軍兵竄入向南山谷。這時柏夷父所領設伏軍兵，則待共工軍兵盡入南谷之後，從兩山之上投火燒之，以盡焚共工軍兵於谷中。

末了顓頊放心不下唯恐共工軍兵逃跑，又特命窮奇、檮杌二將領兵兩千，設伏山谷南口，見到共工一兵一卒逃出即殺之。並對窮奇二將嚴令道：「若是共工蟊賊出此逃去，對你二將以軍令處之。」

這時顓頊既誘引共工軍兵盡入谷中，柏夷父又依計做好了一切剿滅共工軍兵的準備，於是只見在共工軍兵後尾入谷不遠之時，便聞身後殺聲響了起來。共工後尾軍兵一驚回頭看視，飛衛所率六百神射軍兵所射飛箭恰恰射到。支支不偏不斜，全都射中了共工軍兵無防的面門，中箭者立刻身死。

至此，共工軍兵心知中計個個大驚，急忙喊叫著向後衝殺而來，欲要突出谷口逃命。然而他們沖來更好，剛才飛衛之兵的喊殺之聲，正是誘引共工軍兵扭過頭來受箭。這時眼見共工軍兵猛衝過來，正將無防的面目暴露給自己，他們便全都奮力猛射。

一時間只見飛衛軍兵個個箭無虛發，共工軍兵沖來一批中箭身死一批，轉瞬已在谷中死成了屍堆，高高地堵在了谷口。就在這時，玄冥、禹祖又麾動埋伏在兩邊山頭軍兵一起滾石下砸，不僅轉瞬間砸死共工軍兵無數，也用滾下巨石堵死了共工軍兵的退路。

共工後軍驚怕中東逃不得，便只有拼命向西奔逃，以從前方逃出

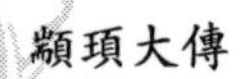

死地。共工後軍拼死向前擠竄，便在谷中越擠越亂，越擠軍兵越加集中起來。這時飛衛軍兵也已登上山頭，便在禹祖軍兵滾下石雨之中加上箭雨，一起向谷底混亂至極的共工軍兵頭頂傾去，更把谷底共工軍兵殺死無數。

這時，不僅共工後軍中計若此，其前軍也受到了顓頊和玄冥、禹祖軍兵的攻殺。剛才顓頊眼見共工軍兵盡入谷中，便不再怠慢，即命軍中神射軍兵轉身射向了共工軍兵。顓頊神射軍兵個個箭無虛發，百發百中，箭箭皆中無防的共工軍兵面門，一陣便把共工軍兵射殺無數。

共工先前一直不把顓頊軍兵放在眼裡，只顧隨後窮追奔逃的顓頊軍兵，以為顓頊引兵敗逃仍如先前是為逃命，以期追上盡剿顓頊軍兵消除自己胸中的心病。追入谷口之時，狡惡的浮游見之心中一驚，害怕中了顓頊之計，急忙提醒正追的共工。

「中了其計又能怎樣，我軍兵恰好將計就計將其剿滅此谷之中。我就不信他顓頊軍兵，有法勝我身著鎧甲軍兵。」共工聞之則毫不介意道。就這樣，共工把其軍兵引入了谷中死地，依舊心中無謂絲毫不驚。

共工引領軍兵眼見就要追出谷口，正惱自己軍兵未能在谷中盡剿顓頊軍兵，卻突見顓頊逃兵返身殺來，一陣飛箭射殺自己軍兵無數，方知中計心中大驚。驚怕中共王又見來箭支支皆有著落，正怕一箭射中自己死於非命。其相柳一班軍將也都擔心於此，已齊擁過來攔護於他一陣向谷內退去，方纔保得共工未被射中。

然而共工一退，其軍兵也收拾不住齊向谷中退去，顓頊軍兵見之則步步向前追射而來，更射得共工軍兵死傷無數，在谷中堆起了人屍肉堆。這時，山上玄冥與禹祖軍兵又將巨石砸下，箭雨之中頓然間又加進了石雨，更砸得共工軍兵慘叫連聲，紛紛斃命。並且滾下的巨石，又立刻堵死了共工軍兵向前的出谷之路。

共工軍兵眼見向前出谷不得，無奈只有向後擠退。這樣以來共工前軍後擠，後軍前擠，轉瞬已全部擠進了山谷正中。不僅如此，其軍兵還越擠越密，更給山上顓頊軍兵石砸箭射提供了有利時機。

為此，只見山上顓頊軍兵砸石射箭更加奮勇，石雨箭雨仿佛從天上傾瀉而下，全部落向了谷底共工軍兵的頭頂。共工軍兵抵擋不住，個個設法逃竄。中間軍兵眼見一條「丁」字形山谷向南延伸過去，而且谷中不下箭石之雨，便不待共工之命拼力向那谷中逃去。

共工軍兵一人奔逃百人相隨，東西向谷中軍兵為避箭石之雨，轉瞬便已全部進入了南向谷中。共工眼見眾軍兵全已逃進了南向谷中，無奈也只有隨著逃進了那谷之中。

共工入谷之後眼見此谷狹長一線，夾谷兩山陡如壁立，更知此谷之險。如果顓頊再在兩山之上設下伏兵播下箭石之雨，自己軍兵就真要覆沒於此了。為此他不敢怠慢，急麾軍兵順著山谷向南疾逃。

然而時間不待共工剩餘軍兵逃出谷去，山頭柏夷父所率伏兵便已齊立山頭，將薪柴和著火把拋下了谷中。乾燥的薪柴和熊熊燃燒的火把一起落入谷底，遂在谷底共工軍兵群中燃起了熊熊烈焰。

共工軍兵所著皮、藤鎧甲皆為油浸日曬而成，遇火即燃，迅即燒得許多軍兵脫去不掉鎧甲即已斃命。共工眼見烈火燒紅了山谷，心中大驚，心知後退無路，便只有在眾臣將的護衛下，拼死向山谷南口突去。

共工在眾臣將的護衛下為防火燒，全都脫去了皮、藤鎧甲，而且殺死了許多自己的攔路軍兵，方纔拼死脫出火海逃到了山谷南口。眼見到了山谷南口逃生有望，共工方纔心中舒出一口氣來道：「天不絕我共工，我共工必成大事矣！」

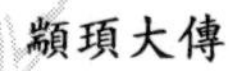

隨著，他即令眾臣將向前就要逃出谷去。然而共工眾臣將剛剛逃到距離谷口尚有十丈之處，卻聞「咚」的一聲鼓響，隨著便見谷口草叢中驀地現出一軍，把山谷路口堵了個水泄不通。

「蟊賊共工，你軍盡滅谷中，你還想逃嗎！這裏，就是你的死地！」共工見之大驚，尚且沒有來及看清這是何來軍兵，攔路軍兵為首大將窮奇、檮杌，便已開口大叫起來道。說著，便齊揮手中器械向共工殺了過來。

共工見之更驚萬分，但驚急中兇猛的他心中突然想到，窮奇與檮杌兩個皆為邪惡之徒。窮奇平時專去犒賞作惡多端者，檮杌平時則專好胡作非為。今日自己誘之以利，加之自己又與他們臭味相投，或可逃得活命。

「二位將軍且慢，共工有言與二位講說。」共工為此即不怠慢，急忙開口攔阻道。說著，他見窮奇二人真的停下了手中器械，便忙上前誘之以利道，「二位將軍如果今日饒得共工一命不死，我共工對二將後日一定以死相報。再說，你們與我之間，誰沒有用得著誰的時候呢！」

顓頊與柏夷父派定窮奇兩個守候谷口實在失策，當然也可能是這次天不該滅絕共工，因而共工一番言說，竟真的說動了窮奇二惡。他二惡平時皆為邪惡撐腰，這時當然不會突然變換本色。於是但聞他二惡聽罷共工方纔之言，一個說：「應該犒賞這惡。」另一個講：「應該放走此惡！」

「蟊賊所言，」他二惡邪惡心思恰好契投，隨著便即開口對共工道，「可全為真？」

「共工如若言假，」共工這時已見窮奇二惡心思有變，自己死裡逃生有望，即不怠慢當即鏗鏘起誓道，「天打五雷劈頂！」

「好！蝨賊與我二惡皆為一路貨色，看在如此情分之上，我二惡放你一條生路。」窮奇二惡聞聽道，「但若日後我二惡有用得著蝨賊處蝨賊變心，就容不得我二惡手不留情了！」

「共工不敢。」共工這時豈有不全答應之理，耳聽窮奇二惡此言心中大喜，忙全答應下來道，「共工任憑二位處置！」

「好，我窮奇慣於犒賞惡者，」窮奇這時接言道，「今日就犒賞蝨賊，放你一條活路了。」

「我檮杌自幼胡作非為，」檮杌聞聽也不示弱道，「今日就再胡作非為一次了。」

「開戰吧！我們打著放你出去。」言畢，他二惡即與共工約定道，「不然，我二惡怎去向顓頊大帝交差！」

「謝過二位救命之恩，共工定當後報！」共工聞聽大喜道。隨著，即向眾臣將使去一個緊隨其逃的眼色，然後催動坐下鱷魚獸揮動手中三節鞭，便與窮奇二惡佯打在了一起，並且邊打邊向窮奇二惡所率軍兵週邊突去。

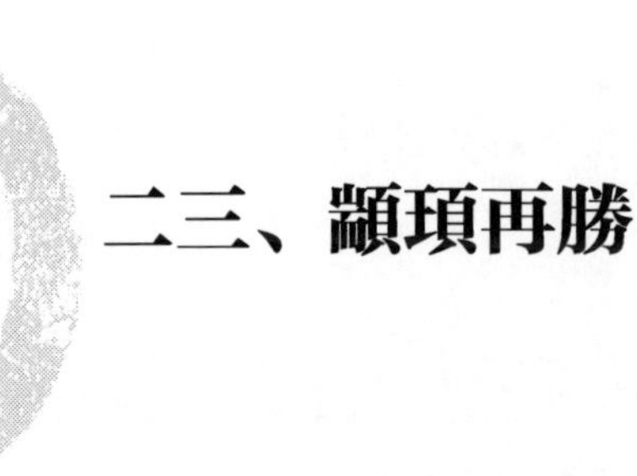

二三、顓頊再勝

顓頊在谷中用大火盡滅共工軍兵之後，心中大喜。便令參戰軍兵仔細打掃戰場，查找共工蟊賊的下落。但他與柏夷父及眾臣將在勝利的喜悅中等到末了，卻聽眾兵稟報不僅沒有找到共工活人，也沒有找到共工的屍體。

顓頊為此心中不禁一沉，難道共工蟊賊又逃了不成？共工蟊賊不滅，就預示著仍將有一場大戰避免不得，天下難以平定啊！為此正喜的他頓為將來還要再戰，憂亂凡人心中沉痛起來。

「大帝不必焦愁，老兒料那共工蟊賊逃跑不了。即便他能逃出火海，山谷四周都有我軍兵，他豈有能夠逃脫之理！」柏夷父在旁看到了顓頊臉色之變，知其是為沒有找到共工的下落，便即開言勸慰道，「眼前三方軍兵未見共工下落，還有山谷南口伏兵窮奇、檮杌二將未歸，他們歸來定會知道共工蟊賊的下落。」

「大師所言極是，」顓頊聞聽柏夷父此言，方纔心中沉重退去道，「但願天網恢恢，疏而不漏。」

「啟稟大帝，共工蟊賊狡惡，」顓頊話音剛落，恰見窮奇與檮杌兩個返了回來，稟報道，「向南逃竄去了。」

「啊！」心中剛轉輕鬆的顓頊陡聞此稟，驚得叫了一聲，怔在了那裏。窮奇與檮杌兩個見之，忙趁此機誑言道：「大帝，非我二將無能，乃是那共工蟊賊實在了得。他們眾惡逃出火海困獸猶鬥，個個拼死與我們相爭。」

「你二人為何不攔？」顓頊這時氣惱至極道，「讓他們逃了！」

「我二將攔擋不住，竟讓他們眾惡殺出重圍，向南奔逃而去。」窮奇與檮杌兩個繼續道，「我二將領兵隨後窮追半日追趕不上，只有回來覆命，請大帝再作定奪！」

氣怔的顓頊聽到這裏方纔清醒過來，看到全軍皆勝只有共工蟊賊從他二惡手上逃去，實在是怒氣難消，開口厲喝道：「軍令怎言？」

窮奇與檮杌二惡眼見顓頊這時儀態威嚴如山，出言厲聲似吼反問軍令，又心中自己有鬼，已是雙雙驚破了心膽。連忙開口回答道：「軍令有言：若是共工蟊賊由山谷南口逃去，對我二將以軍法處置。」

「既知軍令，全軍皆勝，盡滅共工軍兵。」隨著，窮奇與檮杌二惡便欲開口為自己辯解。顓頊這時不待他二惡開口，又厲聲吼叫道，「只有你二惡處走脫了共工蟊賊，此刻還有何言？」

「大帝饒命，大帝饒命！實在不是我二惡有意放走共工蟊賊，」窮奇與檮杌二惡聞聽顓項此言，看到他們已至絕處，雙方不敢怠慢忙言道，「而是共工蟊賊武功高強，護衛臣將眾多，且其身上又著刀槍不入之衣我們攔擋不住。」

顓項這時氣惱得已經渾身顫抖起來，黝黑的面目變成了鐵青色，刀劈斧鑿的長臉緊繃如山。他不容窮奇二惡再作辯說，已從緊繃的雙唇間蹦出了力重如山的軍令道：「推出去，斬！」

早已嚇破了膽的窮奇二惡聞聽顓項此令，誰個還敢怠慢，只見他二惡立刻撲倒在地，連聲求起了顓項道：「請大帝饒恕小的一命不死！」

「大帝且慢，」然而不等他二惡多叫，劊子手已上前就要把他二

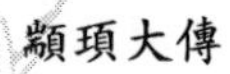

惡推下。柏夷父這時見之忙攔道，「容老兒一言。」

「大師有言，」顓頊見是柏夷父有言，方纔止住劊子手欲行之刑，對柏夷父道，「請講。」

「窮奇二將皆為大帝嫡親家人，想來他們絕對不會有意放走共工蟊賊。」柏夷父這時尚且不知窮奇二惡之惡，隨著給他二惡求情道，「因而請大帝看在老兒的面上，還是饒了他們一死吧。」

「看在大師的面上，今日暫且饒他二惡一死，但每人重責一百軍棍，」顓頊聞聽柏夷父此言，方纔氣惱稍消道，「削去將軍之銜，改為從軍。著其戴罪立功，以觀後效。」

窮奇二惡得免一死，急向顓頊謝恩，隨著受刑而去。顓頊這時則對逃去的共工蟊賊仍舊放心不下，即令重、黎二將與飛衛一道，引領兩千軍兵向南追尋而去。待到一切安排停當，他則即與柏夷父及眾臣將一道，引領得勝之軍東出太行，一路浩浩蕩蕩返歸帝丘而來。

回到帝丘，顓頊看到帝丘經過戰火的破壞，又經共工的佔領，面貌已非昔比。凡人失散眾多，不禁心中傷痛十分。為此他回到帝宮即頒詔令，調集軍兵重修帝丘被破壞部分，使之恢復原貌。

並且著令眾臣將廣聚精練軍兵，以待時機剿滅共工蟊賊，以保天下平安，不再傷及凡人。眾臣將聞令，立即依令行動起來。帝丘就這樣因為顓頊的返回，隨之又日漸恢復了原貌。

共工全軍覆沒敗亡之時，巧遇窮奇與檮杌二惡攔道，共工一番言語說得二惡一陣佯打，護著自己眾臣將逃離險境而去，脫險的共工眾惡實在慶倖萬分。但他眾惡脫險之後唯恐顓頊再派軍兵追來，他們就沒了活路，因而片刻也不敢停歇，路撿險處走，人擇稀處行。在途拼命奔逃十餘日，渡黃河過長江，終於逃回到了江南老巢。

共工這才長出一口怒氣，咬牙切齒道：「顓頊酷帝，我共工有我無你，有你無我，非報此仇非雪此恨不可！」隨著他也不休歇，便把浮游召到身邊，與之一起計議起了下步報仇方略。

浮游給他出的奇計當然是重聚軍兵，重訓軍兵，待到軍兵集足訓成之後，方可再議出兵攻伐顓頊之策。共工當然又是依計而行，立刻著人開始煽動江南凡人。他們言說顓頊嚴酷，見到江南凡人就殺，稱江南凡人為蠻子，因而兩次殺滅自己軍兵。並說顓頊酷帝這時正在準備率軍渡江，殺盡江南凡人。為此他共工當再次挺身站出，聚兵準備抗擊顓頊之軍。

在共工眾惡的煽動之下，經過一年時光果然重又集起了近萬軍兵，延攬了十數員戰將。共工見之大喜，即讓相柳、浮游與山鬼一道嚴訓其兵，重制鎧甲。以待軍兵練成，他就再率軍兵北渡長江，攻伐顓頊。

「大帝，以臣下之見，我軍訓練已經完成，」時間轉眼又是過去半載，這日共工正在心急軍兵訓練太慢，自己心中仇恨難消，突聞浮游「嘿嘿」來報道，「鎧甲戰具也已製作齊備，可以北上攻伐顓頊酷帝了！」

「好！你們訓練軍兵辛苦，勞苦功高。」共工聞稟大喜道，「走，領我看看去！」

「全賴大帝之教。」浮游「嘿嘿」一笑又言道，「軍兵正待大帝檢閱。」

「那好，這就更合本帝心意了！」共工聞之更喜道。隨著，即在浮游陪同下向練兵場行來。

練兵場上，相柳與山鬼二將已令軍兵做好了受閱準備。只見彩旗獵獵，方隊陣陣，殺聲盈耳。共工與浮游須臾來到，相柳見之一聲喝令，場上近萬軍兵便同聲高喊起來道：「共工大帝萬歲！萬萬歲！」

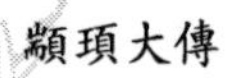

這喊聲真個是聲震五嶽，徑沖九霄。共工聞聽大喜，立刻回復道：「勇士們好！勇士們辛苦了！」

「大帝好！大帝辛苦！」眾軍兵聞聽又齊呼起來道。隨著寒暄聲畢，相柳前來稟報過訓練情況，共工檢閱便開始了。

這是一場盛大的閱兵，只見一支支一百軍兵組成的方隊，邁著整齊的步伐先從共工面前走過，隨後便開始了陣法交鬥表演。陣法表演有方陣衝鋒、散兵突襲、馬隊襲殺等等。陣法表演完了，眾軍兵又表演起了器械使用、徒手格鬥。眾軍兵經過半年嚴訓，方隊整齊，軍紀嚴明，鬥志旺盛，兇猛異常。

「好，好！本帝有這支如狼似虎的軍兵，再勝顓頊酷帝就在眼前了！」共工看到末了心中高興，連聲叫好道。隨著，他突然想起軍兵沒有表演箭法道，「軍兵可練箭法，箭射的怎樣？」

「啟稟大帝，箭法練習非一日之功。」山嵬立即回答道，「由於時間緊迫，箭法只作簡單練習，練得不好！」

「那怎麼行！我想，顓頊軍兵也一定已經學會製作皮、藤鎧甲。」共工聽了對此不滿道，「為此，我軍兵箭法練得不好，遇之怎麼去破？」

「大帝言之有理，」山嵬聞聽即答道，「我等即令軍兵練之便了。」

「不，時不我待，失不再來。現在已經到了七月，」共工這時仍是不滿道，「秋日裡我軍必須剿滅顓頊酷帝。為此，我們練箭只有半個月的時間了。」

山嵬聞令，急言稱是。共工隨之命令道：「你帶軍兵抓緊練習去吧。與此同時，還要做好一應輕裝出戰的準備。」

山嵬聞聽又言稱是，方纔告辭去了。待到山嵬去了，狡詐的浮游方纔「嘿嘿」一笑道：「大帝，看來你對再戰顓頊已經胸有成竹，擬定出發日期了。」

共工知道自己之想瞞不過可以窺透別人心腦的險詐浮游，便即對之直言道：「是的，我已經思慮好了。」

「大帝，我軍兵一戰顓項時所以奪勝，憑的主要是計謀。」浮游聽了又是「嘿嘿」一笑道，「二戰顓項時又所以奪勝，賴的是鎧甲。如今要三戰顓項了，臣下不知大帝胸有何謀？」

「狡徒，你真不愧為人中狡詐之徒啊！你想得深刻，說得透闢。我軍兵兩戰顓項奪勝皆賴己長，這次出戰硬鬥必不能勝啊！」共工聞聽浮游此言，禁不住「嘎嘎」大笑起來道。但他說到這裏，故意轉彎留下一手又言道，「但不知對於這次再戰，狡徒將向大帝再獻何謀奪勝顓項？」

「臣下尚未謀出，大帝既已成竹在胸，」浮游狡詐至極，這時當然已經看到了共工要對他留下「一手」，以顯示自己的高明，為此忙借機逢迎道，「何不對臣下言說，讓臣下與大帝同樂。」

「為帝也正是想到，再用老辦法攻伐顓項難以奪勝，每戰必出新招。」共工受此奉迎心中高興，即對浮游「嘎嘎」笑說道，「因而思來謀去，決計這次施用奇襲之招。」

「不知大帝施何奇襲新招？」浮游聞聽即問道。

「這個嘛，」兇猛的共工這時也變得故作詭秘道，「可能連你這個狡徒，也想像不到。」

「噢，」浮游又是「嘿嘿」一笑，故作逢迎道，「那麼大帝就勝券在握了？」

「一定了！」共工這時肯定著，對浮游講說其招道，「過去我軍兵北伐，全是大張旗鼓聲勢浩大，結果兵未至而聲已聞，使得顓項軍兵皆對我軍兵有備而擊。」

浮游聞聽至此道：「大帝說得對。」

「為此，這次我要一改前法，來它個偃旗息鼓，」共工接著道，「不張旗鼓無聲無勢。偷出奇兵，襲奪帝丘。」

「高，大帝如此奇計，」浮游聽到這裏心中一明，頓然暗服起了兇猛好戰的共工，竟然生出此等奇計道，「顓頊酷帝定然防備不得。」

「我把近萬軍兵全部化整為零，巧作裝扮，分散北上。先令山嵬引領兩千軍兵，混入帝丘城中作為內應。」共工繼續心喜道，「然後眾軍兵則在城外突然集結，趁顓頊無備之時裡應外合，殺他個措手不及。重奪帝丘，盡剿顓頊酷帝軍兵，殺滅顓頊酷帝。」

「大帝此計縝密，需要嚴防者即為露跡。」浮游這時更覺共工奇計嚴密，心中大喜道，「但不知大帝意欲何時出兵？」

「狡徒說得對，嚴防露跡是此戰奪勝的關鍵，因而要對軍兵嚴加管教。」共工道，「若無其他破綻，我意十五日後出發。趁此秋日大好時光，正好再戰剿殺顓頊軍兵，不知狡徒以為如何？」

共工雖然兇猛焦燥，但他在過往的經歷中，早已領教了傾聽浮游之言的重要。因而達到了每行必問、每言必聽的程度，所以這次行動之前他又慎問起了浮游。浮游這時已對共工之計大加贊同，為此聞問即言道：「這樣我軍兵每戰必出新招，則顓頊之軍防不勝防，必被我軍剿滅矣！」

此後共工又與眾臣將對此計多次細作計議，以防預之不周出現漏洞壞其奇計。在共工眾惡的計議中轉眼過去十數日，共工預定的出發時間到來了。於是按照共工之令，山嵬精選兩千軍兵，脫去軍衣化裝成普通人，將短兵器設法帶在身邊。三五成群，分成多路，各自取道徑向帝丘行來。

共工給他們定有到達帝丘之期，以及裡應外合攻奪帝丘之日。在山嵬引領兩千軍兵去後，共工則令剩餘軍兵全部換上普通人衣裝，化整為零，夜行晝伏，撿險處行，擇僻處去，按時到帝丘城南集結，以與山嵬人城軍兵裡應外合，一舉奪取帝丘剿滅顓頊軍兵。

眾軍兵依令去後，共工眾惡也全作改扮，夜行晝伏，神不知鬼不覺地引領分散軍兵向帝丘行來。共工眾惡轉眼在途行進過去十數日，山嵬派人來報其軍兵奇計得逞，全部按照預定日期潛入了帝丘城中，做好了一切內應準備。只待共工軍兵趕到，裡應外合剿滅顓頊軍兵，複奪帝丘城池。

「小子回去返報山嵬大帥，既然你們在城中提前做好了準備，就將奪城時間提前兩日，以防不測。」共工聞報心中大喜，立刻約於來報軍兵道，「同時將原定二更行動改為四更行動。那樣顓頊軍兵都在酣睡之中，可以加大我軍兵對其的突襲性，確保奪勝。」

來報軍兵聞令稱是，即返帝丘而去。其後，共工又與浮游一陣計議，便傳令軍兵全力向帝丘進發，提前兩日三更天時在帝丘城南集結。並要求每個軍兵集結時各帶一袋泥土，以屆時在城外填平護城河，築起登上城牆通途，直搗帝丘城。傳罷此令，共工眾惡則奔走得更加疾急，以趕在眾兵集結之前到達城下，選定攻城地點。

共工的這一詭出奇兵，襲奪帝丘的舉動，顓頊直到山嵬軍兵向城中潛進之時方纔察覺。那日顓頊正在宮中與柏夷父對弈，雙方之棋正在相持不下，突聞禹祖來報道：「帝父，孩兒發現突然擁進城中大批青壯男人，覺得十分可疑。」

「噢，」顓頊突聞禹祖此報，不免心中驚異道，「他們有何異樣？」

「他們說話皆非江北口音，而是江南口音。」禹祖這時繼續道，「為此孩兒懷疑，他們說不定是共工蟊賊潛來軍兵，將有舉動。」

「這個查證容易，」正在凝心對奕的顓頊不禁心中一懍，機敏的頭腦一轉道，「你快去抓捕幾人訊問，弄個清楚再作定奪！」

「慢，」柏夷父在旁舉著棋子聞聽顓頊此令，忙鬚眉一動攔阻道，「大帝不可這樣。」

「大帝這樣行動，」顓頊聞攔一愣，柏夷父隨著道，「如果禹祖所言為實，就要打草驚蛇了。」

「噢，對。」發愣的顓頊聞聽柏夷父此言，方纔心中即明道，「那麼大師有何主意？」

「首先，切切不可打草驚蛇。其次，可以著人打入其中查明真相。再次，如果一切為真，」柏夷父於是講說自己之想道，「即共工軍兵潛入城中而來，或預謀作亂或裡應外合襲奪我城，則正是我軍將計就計大破共工軍兵的良機哩。」

「共工蝨賊實在狡惡至極！他三次作亂殺來，三次殺法不一。」顓頊聞聽頷首說著，隨著即命禹祖道，「快，前去著人按照柏老之言細作探訪，速來稟報。」

禹祖聞命不敢怠慢，即答一聲「是」行令而去。看到禹祖去了，顓頊與柏夷父也無心再去下棋，便隨著計議起了共工軍兵潛來之奇，以及對付其軍兵的方略。顓頊率先道：「共工蝨賊也真是怪，怎麼兵已到了城中，我們還未察覺。」

「兵不厭詐，」柏夷父道，「共工蝨賊會用兵哩！」

「大師預料共工這樣用兵，」顓頊立即詢問道，「要行何舉？」

「以老兒之見，」柏夷父胸有成竹回答道，「共工潛兵進城必為內應，其眾軍必在其後。」

「那麼，我們怎麼未得其軍兵開進的一點消息，」顓頊則不同意道，「數千軍兵行進豈能無聲無息？」

「是呀，」柏夷父也是心疑道，「這也就是奇了！」

「啟稟帝父，」顓頊與柏夷父就這樣議論著，時間轉眼已是過去多時。禹祖又來稟報道，「孩兒已經查清，入城之人皆為共工軍兵。」

柏夷父擔心禹祖打草驚蛇加快了共工軍兵的行動，顓項軍兵防備不及，為此立即慎問道：「你怎麼查的？」

「我挑選數名南方軍兵，化裝混進潛入城來的共工軍兵，摸清了他們的底細。」禹祖立即回答道，「他們不僅潛入城中兩千軍兵，而且準備在今夜四更作為內應，與城外軍兵裡應外合，奪我帝丘。」

「啊！有這等事？」顓項聞聽至此，不禁驚得叫出聲來道，「城外共工軍兵，怎麼這時還不見一個影兒？」

「據軍兵所言，共工隨來軍兵也都化整為零。各作裝扮，晝伏夜行。」禹祖道，「隱跡而來，以求奇襲奪勝帝父。時急燃眉，您快做定奪吧！」

顓項這時也心中著實大急起來，因為這時天已近午，戰事已經在即。於是他即問柏夷父道：「大師，以你之見呢？」

「啟稟大帝，老兒剛才已經說過，若以老兒之見，」柏夷父年紀高邁，閱歷深廣，對此戰早已胸有成竹。這時聞聽顓項此問即言道，「壞事可以變為好事。此正乃是我軍將計就計，盡剿共工軍兵之機矣！」

「怎樣將計就計，」顓項見柏夷父所言籠統，又問道，「請大師明言。」

「老兒以為，共工計奪我城池方略已明，根據其法我們先派重兵扼守南門，使城裡內應之敵奪門不得。」柏夷父隨之講說道，「與此同時，加派重兵把守南城牆，特別要調上飛衛近千神射軍兵。待到城外共工軍兵攻城時射之，使城外之敵攻入城中不得。」

「好。這樣，我軍兵就可以將強敵分為城內城外兩個部分，分而殲之了。」顓項聽到這裏心中大喜道，「大師此計甚妙，我們就依此

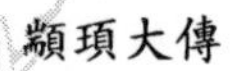

計而行。」

隨後，顓頊即命禹祖帶領三千軍兵，準備殲滅入城兩千山嵬軍兵。飛衛引領四千軍兵，固守南城牆。自己則與柏夷父領兵親自守衛南城門。另外，覬容、叔季、仲厲三將各守東、北、西一門。

末了又命重、黎二將各領兩千軍兵，待到三更時分潛到城南東、西兩邊，等待共工軍兵開始攻城之時，雙方齊出從背後圍而殺之，以盡剿共工軍兵。各軍將領命，隨後即作準備而去。

夜晚三更很快到來，共工不知自己之計已泄，仍在做著奪城得勝的美夢。這時只見他站在城南眺望帝丘城頭平靜，自己分散軍兵陸續集結完成，禁不住欣喜難抑道：「顓頊酷帝，你的死期到了！」

隨著，他看到四更天時已到，自己集結軍兵已經做好了攻城準備。於是他一聲令下，麾動眾兵趁著黑夜掩護，齊向城邊奔去。共工軍兵早已領知攻城之法，按照要求做好了每人背一袋土的準備。這時得令，便齊按要求，悄無聲息有秩序地向城牆下疾進。

但見他們一陣行到城下護城河邊，在前者便拋下土袋靠到一邊，後來者又繼續拋之。眾軍兵就這樣一陣便用拋下的土袋填平了護城河，徑將土袋壘向了城頭。

共工這時站在城外，眼見眾軍兵就要把土袋壘上城頭，自己裡應外合奪取帝丘之戰就要打響，剿滅顓頊軍兵報雪冤仇，除去自己心病的時機就要來到，心中正在興奮難抑。已聽城內山嵬軍兵眼見開戰時間來到，首先從城內發起了向顓頊軍兵的進攻，殺聲頓起震驚了平靜酣睡中的帝丘城。

山嵬引領軍兵潛入帝丘城中之後唯恐洩密，一直在焦盼著約定的攻擊時間早些到來。為此在約定開戰時間到來之前很久，他就將分散的軍兵分為三隊，一隊攻殺顓頊帝宮，一隊親領攻奪南門，一隊在其間接應。

此後，立在焦灼中等到了開戰時間，山嵬便心中一松立刻發出了開戰之令。分散中的眾軍兵聞令立刻聚為三隊，齊喊殺聲攻向了自己預定的目標。山嵬身為入城軍兵主帥，領兵急喊著殺聲去奪南門，以為城外共工軍兵打開入城通道。

但不料其軍兵殺聲剛起，就被不知從何而來顓頊軍兵圍殺起來。山嵬見狀頓知其計已泄，心中大驚，遂不敢怠慢急領軍兵拼死抗戰，以殺開一條血路去奪南門。迎接城外共工軍兵殺入城來，保得自己軍兵不滅。

然而任憑山嵬軍兵怎樣拼殺，都硬是殺不出重圍。末了山嵬拼死殺開一條血路，僅引十數軍兵來到南城門下剛欲奪門，卻見顓頊與柏夷父端站城頭厲喝道：「山嵬惡孽，記住了你的死期嗎！」

隨著顓頊此言落音不待山嵬回答，城頭與城門兩旁亂箭已經射下。驚愣中的山嵬防備不及，即被射落馬下。顓頊眾兵見之一擁上前，即把他斬殺在了地上。

城內山嵬軍兵開戰之時，城外共工軍兵還未將土袋壘上城頭。共工因而大急，嚴令眾軍兵跑步堆壘土袋。然而就在聞聽共工之命，跑步堆壘土袋的軍兵剛剛跑到城下之時，卻突聞城頭黑暗中「颯颯」一陣飛蝗之聲響起。共工軍兵尚未明白過來，飛衛軍兵射出之箭即已飛到，他們便齊出驚叫之聲已被那箭射死。

「上，給我拼死殺上城頭，剿殺顓頊酷帝！」共工見之心知顓項有備自己計泄頓時大驚，急叫眾軍兵道。隨著共工這聲喝令，共工城外軍兵便殺聲頓起，鼓聲驟鳴。他們齊向城頭攻去，一場惡戰隨之展開。

然而共工軍兵攻城雖猛，卻由於土袋沒有堆上城頭，城門又未被

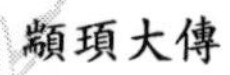

山嵬軍兵奪得，其軍兵攻到城下也是進城不得仍是無奈。無奈還罷，城頭又有飛衛千神射軍兵箭無虛發，飛蝗般向攻到城下的共工軍兵射來。被射死者淒厲地慘叫著紛紛倒下，未中箭者為躲避箭射，東跑西竄，陷入了一派混亂之中。

共工軍兵混亂飛衛軍兵射之更加有功，一陣便射殺共工軍兵無數。共工站在遠處目睹此狀，耳聽城內殺聲慘烈心中大急，但又一時間沒有良法，急得頓如熱鍋上的螞蟻站立不得。

就在這時，突又聞聽其軍背後左右兩翼殺聲陡起，隨著其軍兵便驚怕得心膽俱喪一般，齊向南方潰去。共工見之喝止再三，並一聯手刃數名軍兵，但無奈其軍兵之潰如決堤之水，潰倒之山，硬是攔擋不住。

共工見此情形心知大勢已去，無奈他也不敢怠慢，遂不顧城中山嵬軍兵，跟隨潰兵向南逃奔而去。

二四、二惡生變

顓頊與柏夷父站在城頭之上，這時看到攻城共工軍兵突陷兩面受敵之境軍心大亂，頓如潰堤之水向南逃去，不禁同聲大叫道：「此乃追殺共工軍兵的絕佳時機也！」

但他們沒有即令城中軍兵出城追殺，因為他們還不知道禹祖城內軍兵剿殺潛入城中山嵬軍兵的狀況。城內敵軍不滅後路不穩，他們怎敢捨下帝都不保，而令軍兵前去追殺共工潰逃軍兵！

為此，他們只有一邊即令飛衛領兵入城，與禹祖軍兵一起剿殺山嵬入城軍兵，一邊站在城頭，眼巴巴地看著這一良機被白白放過，心中痛惜不已，也無奈不已！

正在這時，恰好禹祖前來高興稟報道：「啟稟帝父，山嵬入城軍兵已被孩兒領兵全殲，奪勝眾軍已經聚齊待命，乞帝父明示。」

「好！孩兒再領軍兵出城，與飛衛軍兵一道，隨我向南追殺共工軍兵。」正在焦急的顓頊聞聽禹祖此稟，頓然大喜過望，立刻命令道。禹祖聞命即行，顓頊也即與柏夷父一道出城，領兵追殺共工軍兵而來。

這樣顓頊引領城中軍兵從北面追殺共工正潰軍兵，重、黎二軍從東、西兩方截殺共工正潰軍兵，使得共工潰兵頓然陷入了三面受敵之境。為此其軍心更亂，一個個向南潰逃更疾，只恨爹娘生的腿短，唯恐逃跑不掉。

好在顓頊沒有在共工軍兵背後即南方，再設伏兵，方使得共工軍兵恰好向南有一條出路可逃。為此他們一陣便逃出了顓頊軍兵的三面圍殺圈子，隨後拼命向南方安全地方奔逃起來。

顓頊軍兵雖然三軍合為一軍在後窮追，但由於共工軍兵逃跑迅疾，也一時沒有追上落在了後面。只有跑不動的掉隊共工軍兵，被隨之殺死不少。就這樣共工軍兵轉瞬之間，已是向南逃出了數十餘里。

顓頊領兵在後窮追當然沒有停步，這時雖然沒有追上，卻也已是追出城外數十里之遙。已是到了五更黎明前天最黑暗的時刻，但那共工仍是領其軍兵越逃越疾。顓頊深知共工善用詭計，這時恐怕共工蟊賊趁此天黑再用奇計，加之帝丘城中空虛，又怕被共工軍兵所乘奪去。為此他不敢再追，遂與柏夷父一陣計議，撤兵返回帝丘而去。

顓頊雖然收兵撤回了帝丘，但那驚破心膽的共工軍兵這時卻仍是收兵不住，黑暗中仍以為顓頊軍兵在後窮追，向前拼命奔逃不止。共工軍兵黑暗中轉眼繼續向南逃出數十餘里，直到天亮東方太陽昇起老高，看看身後確已沒有顓頊追兵，聽聽身後也確已沒有顓頊軍兵的殺聲，方纔一個個頓然覺得身疲力竭邁不動了腳步，停下了向前奔逃。

共工前時雖然已知顓頊追兵撤了回去，但剛才他仍是制止不住只顧奔逃的軍兵，方纔隨同其軍兵一直逃到這裏。這時他看到距離帝丘已遠，又見自己軍兵疲憊至極，無奈只有令其軍兵就地紮營休歇下來。眾軍兵休歇下來共工一看，隨其前來軍兵歷經此戰，竟然損失三分之一。

「顓頊酷帝，我共工不報前仇不雪此恨，」共工之計不成損失慘重，加之想到還損失了山嵬入城精銳軍兵和山嵬大將，實在惱怒至極，禁不住咬牙切齒道，「誓不與你同戴天日！」

共工在氣惱中引領軍兵轉眼休歇一日過去，夜幕便在其軍兵依舊疲憊酣睡中遮蔽了大地，將其偌大軍營淹沒到了黑暗之中。共工由於遭敗氣惱一直沒有睡去，這時眼見夜幕遮蓋了大地，心中不禁陡地一陣警覺，隨著霍地坐起身子急叫浮游前來。正在酣睡未醒的浮游聞傳急到共工大帳，共工見之即問道：「狡徒，你料今夜能夠安睡嗎？」

「大帝想得對，」浮游知道共工問話之意，狡詐的他心有同感即言道，「我們不得不防啊！」

共工又問道：「怎樣防？」

「顓頊軍兵奪勝之後一日不追，我料顓頊此舉正是為了麻痹我軍，乘夜前來襲奪我營。」浮游心機狡惡至極，因而值此慘敗之時神經過敏起來，達到了聞風聲鶴唳視草木皆兵的境地，以自己過分狡惡的心機猜度顓頊之軍必然見機即戰。為此他聞問又是「嘿嘿」一笑道，「我軍則正可將計就計，大敗顓頊軍兵。」

兇猛好戰的共工過去本來不是這樣，但昔日的敗戰與今日的敗戰，已經使他不得不改變其天性，逼迫他不思考不狡詐不行起來。因而這時也變得如同換了個人兒，像浮游一樣狡惡起來道：「怎樣將計就計？前去再奪帝丘嗎？」

「不，大帝。帝丘距此已遠，」浮游又是「嘿嘿」一笑否定道，「又有城牆之固，我軍兵疲憊不堪，去亦奪勝不得。」

「那怎麼辦？」共工即不耐煩道。

「如今之計，我之疲軍不易進攻，而應防守。」浮游又是「嘿嘿」一笑道，「顓頊要來，我們伏而待之，方可奪勝。」

「狡徒，就按你說的辦。伏兵左右，不勞我之疲軍。」共工聞聽浮游之言有理，急忙贊同道。隨之，他即命軍兵起身造飯，飯畢即各依令設伏而去。

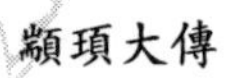

共工軍兵從江南奔到帝丘城下，為了趕搶時間奪下帝丘，一路皆為拼命奔走，未得一刻休歇，疲憊至極。城前一戰又遭慘敗，奔逃至此更加疲憊到了極點。因而他們休歇一日越歇越累，到剛才共工命令他們起身造飯，全都彷彿散了身架一般爬不起了身來。

但是共工有令，他們爬不起身也得強行爬起，飯畢後又不讓休歇而去設伏。因而全都牢騷滿腹，埋怨起了共工心太多疑，更埋怨浮游狡詐太狠，使得他們眾軍兵不得休歇。然而他們牢騷埋怨也是無用，共工有令他們必須執行。而且在設伏之地還個個不得酣睡，以免酣聲響起暴露了自己。

為此他們不得酣睡無事可做靜夜漫長，便全都牢騷埋怨更多，簡直是多到了鋪天蓋地之勢。牢騷埋怨如此之多也罷，因為顓頊軍兵如果真的襲到，他們都會不言自解。但是此夜他們在牢騷埋怨中等啊待呀，結果一直等到紅日躍上了高天，卻也沒有見到有顓頊一兵一卒襲來。

顓頊軍兵一夜未來，天又已亮，共工無奈只有重命牢騷滿腹，埋怨不止的軍兵返回營地休歇。顓頊此夜沒有領兵來襲共工軍營，並非他沒有想到前來。而是他想到了前來襲營，但又想到帝丘距離共工軍營遠距五十里開外，行進途中難得不泄機密。同時又擔心共工施用奇計，再奪帝丘。

為此他與柏夷父商定未來襲營，而決計等到天亮即麾奪勝之軍，去擊因敗士氣低落的共工敗兵，以銳擊疲奪勝共工軍兵。轉眼暗夜過去到了翌日天明，顓頊便不怠慢，即留三千軍兵由俊嚳和凱容、叔季引領守城，他則與柏夷父引領七千軍兵出城向南，尋戰共工軍兵而來。

顓頊引領眾兵在途行至一晌，五十餘里路程方纔走完，尋到了共工軍營近處。看到共工軍營，顓頊便命眾兵列陣叫起戰來。這時共工軍兵先前疲勞未解，又加一夜伏待顓頊軍兵之勞，仍都正在酣睡之中。

共工白日心中放寬，這時也睡得正酣。突聞哨探來報，顓頊軍兵殺到營外正在叫戰，驚得霍地起身出帳，即令軍兵起身出營，列陣迎戰顓頊軍兵。共工剛剛引領軍兵出到營外，顓頊看見便即破口大罵道：「共工蟊賊，你三番作亂中原，鬧得天下難寧，還敢求活嗎！」

顓頊如此口中罵著，已是催動坐下金龍獸，揮動手中長戈向共工取來。共工見之，氣得披肩紅髮一抖、獠牙一齜吼叫道：「顓頊老兒，你殺我先輩，敗我軍兵，我與你豈能同戴天日！」

共工如此口中吼著，也即催動坐下鱷魚獸，舞動手中三節鞭向顓頊迎來。就這樣他二人頃刻間殺在了一處，鬥在了一起。惡鬥中，顓頊非置共工於死地不可，共工則非送顓頊死命不行。雙方你來我往你進我退，打得格外拼命。轉眼間已殺得飛沙走石，天昏地暗，驚呆了雙方軍兵。

隨後，他們越鬥打得越加酣烈。但聽得顓頊坐下的金龍獸發出嗥嗥嘯叫，共工坐下的鱷魚獸嗷嗷狂嚎，聲震四野，令眾軍兵膽戰心驚。然而他們雖然又是打鬥多時，雙方打鬥更烈但卻依然難分高下。

重、黎這時皆知共工兇猛，唯恐顓頊有失。便不敢怠慢，不待命令，齊一聲吼叫殺上戰陣，幫助顓頊共戰共工而來。共工軍中相柳與陸屠二將見之也不怠慢，即出陣上前迎戰重、黎，以助共工大戰顓頊。

他四將剛剛接上手腳，柏夷父想到自己軍兵前來是要以銳擊疲，這時正是攻奪共工軍營良機，遂一聲喝令，麾動眾兵向共工軍兵徑直殺了過去。浮游當然也不示弱，即麾軍兵迎殺上來。須臾兩軍殺到一處鬥在一起，殺聲更是酣烈驚天，鬥聲立刻震動大地。

顓頊軍兵以銳擊疲，個個殺得勇猛。共工軍兵雖疲不弱，人人拼死抵抗。因而二軍實力相當，互不相讓。轉眼戰殺多時，雙方雖然互

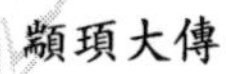

有傷亡，但仍不分上下。

正鬥的顓項目睹戰況至此，心知再鬥也難分出勝負。同時自己軍兵即使能夠殺敗共工軍兵，也難以殲滅共工軍兵。因而雙方再拼消耗便也沒有意義，決定不了根本戰局。為此他即令棄戰收兵，紮營駐下與共工軍兵對峙起來。

共工也見再鬥難分輸贏沒有意義，便在顓項收兵之後也收兵回到了營中。然而共工回到營中，看到顓項軍兵與自己軍兵紮營對峙，身子雖疲卻再也無心入睡。他當然不能入睡，自己軍兵孤軍深入，只宜速戰速決。但這時卻是眼見著速戰速決已是不能！

速戰速決不能只有拖延下去，而拖延下去自己軍兵就只有越戰越弱了。而顓項軍兵則四面得風，八面來雨。對峙交戰下去，則就會越戰越強。這樣久而久之，對峙拖延時間，自己軍兵就必敗無疑。身處此境，共工怎能入睡得了。

共工睡不著覺便在焦急無奈之中，心想起了對付顓項軍兵之策。但是性情焦躁的他思謀雖久，卻也不得良謀。無奈之中，他只有再召浮游商議。浮游聞召來到，便胸有成竹地立即「嘿嘿」笑言道：「大帝莫愁，臣下已謀得再勝顓項軍兵之計哩。」

「狡徒有何奇計？」正在焦愁的共工聞聽浮游此言，頓然心中歡喜急問道，「快快講來。」

「臣下之計，是否可用，」浮游「嘿嘿」道，「還需大帝定奪。」

「繞啥圈子，」共工急不耐煩道，「快講奇計。」

「大帝，臣下思謀，」浮游隨之險詐之相盡露道，「可用離間之計，戰勝顓項。」

「離間之計？」共工陡然不解道，「離間誰個？」

「大帝怎麼忘了，」浮游立即詭詐道，「窮奇、檮杌二惡，正可為我離間呀！」

「那怎麼能？」共工仍是腦子一時轉不過彎來道，「他們都是顓頊的嫡親家人啊！」

「大帝怎麼忘了，他們雖為顓頊的嫡親家人，」浮游這時又是「嘿嘿」一笑道，「卻在太行山中放走了大帝。那次能成，這次不就更可成功嗎！」

「狡徒不要想得太簡單了，」共工這時仍是不解道，「那次是那次，這次恐怕不行！」

「既然那次能行，」浮游相信自己之想道，「這次怎麼就不行了？」

「狡徒不是知道，他二惡回去之後，」共工隨之道，「為放走我等險些被斬嗎！」

「當然不僅知道，而且記得很清楚。」浮游聞聽又是「嘿嘿」道，「他們後來雖未被斬，但被重責一百軍棍，由將軍降成了從軍，並責令他們戴罪立功。」

「這樣依照狡徒之想，」共工聽到這裏，對浮游之計更加不解，追問道，「怎可再去說動他二惡，為我所用呢？」

「若此，他二惡則正可為我說動，」浮游陰險狡詐地又是「嘿嘿」一笑道，「為我所用哩！」

共工這時仍是不解浮游之計，聽其說完急問道:「狡徒此言何意？」

「大帝試想，窮奇二惡上次受到嚴處心必氣惱。」浮游繼續詭詐道，「如果我們從中再挑撥之，言說其為顓頊建功良多不得重用，犯下小錯即罹重禍，其心必被說動。」

「嗯，對。」共工這才心明道，「狡徒說的也對。」

「這時我們再約於除去顓頊，」浮游繼續講說其想道，「以長江為界南北分治各做大帝，利誘他二惡為之心動。」

「嗯，」共工這時贊叫道，「真不愧為狡徒也！」

「然後我們再以罪恫嚇之，言說他二惡若不應我等之約，」浮游末了講說道，「我們就將他二惡放走我等的證據交給顓項，使顓項再次重責他二惡。」

「嗯，對。說得好。」共工聽到這裏，心中邊琢磨邊口中喃喃道，「挑撥之，利誘之，恫嚇之！」

「若能離間窮奇二惡成功，我們再約他二惡為我內應，他二惡在內殺死顓項，」浮游見共工陷入了沉思，接著向下講說道，「我們則對其軍圍而殲之。如此不僅大帝之仇可報，天下也將盡歸大帝一統矣！」

「此計甚好，」共工這時先是贊同，隨著則又犯起難來道，「但行之實在不易呀！」

「不難，大帝。」浮游這時則已成竹在胸，為此隨之又是「嘿嘿」笑言道，「臣下可保一趟功成。」

「啊！什麼？」浮游此言實在驚得共工非同小可，只見他口中驚叫一聲道，「狡徒要親自前去？那還得了！」

「大帝，常言不入虎穴，焉得虎子嘛！臣下料定，臣下此去雖險，但絕無殺身之禍。」浮游這時則堅定地「嘿嘿」一笑道，「事成則凱旋，不成窮奇二惡邪惡至極，也必會送我平安歸來的。因而請大帝放心，靜候佳音也就是了。」

「這太危險了，」然而共工卻是仍舊放心不下道，「別個前去能不成嗎？」

「不成！只有臣下前去，」浮游肯定道，「方可保證此計萬無一失。別個是保證不了的。」

「那麼我派大將相柳，」共工這時舍此也無他法，末了只有無奈道，

「為狡徒護駕！」

「大帝切切不可如此！人多目標大，若被顓頊發現，就壞掉大事了。」浮游即言否定道，「此事就說到這裏，你知我知天知地知，臣下這就去了！」

「狡徒怎麼進入顓頊軍營？」共工聞聽浮游去得這般快疾，更是放心不下道。

「這個臣下自有辦法，定叫他神鬼不知。」浮游聞聽一笑說著，即向共工辭行道，「大帝，臣下告辭了。」

浮游的告辭舉動雖然做得平常自然，但卻仍有生離死別之象。共工雖惡卻也深知浮游此去凶多吉少，因而便想到浮游此去說不定就是生離死別。為此他這個兇猛好戰之徒也不禁潸然情動，仿佛浮游此去就是前去送死。眼見浮游告辭不禁凝視再三，末了眼眶中竟然滾下了幾滴淚珠。方纔語重心長道：「狡徒多加保重！」

浮游實在狡惡異常，他告辭共工出營先繞到帝丘方向，然後便換上顓頊軍兵的衣裝，巧妙地混入了顓頊營中。入營尋到窮奇與檮杌二惡住處，窮奇與檮杌見到他頓時嚇得魂魄俱飛。因為他們知道顓頊大帝若知浮游來尋他們，必當再定他們死罪。

為此驚怕中他二惡不敢怠慢，急把浮游引到僻處一陣言說起來。浮游眼見時機來到，當然不會放過，便對他二惡先挑撥之，繼利誘之，末了恫嚇之，一舉說動他二惡成了內應。並約於兩日之內誅殺顓頊，讓共工軍兵在營外做好隨時攻殺顓頊軍兵的準備。屆時以營中火起為號，共奪顓頊軍兵。

浮游離間惡計得逞心中大喜，隨後他也不敢久怠，急離顓頊軍營返歸共工營中，將情況一五一十稟報給了共工。共工聞稟更喜，即於當日將軍兵作好部署，只待顓頊營中火起開始行動。

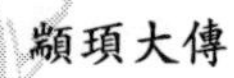

然而共工引領軍兵轉眼等待兩日過去，卻不見顓頊營中依約火起。共工這時心生懷疑對浮游道：「狡徒，看來你能活著回來，就是命大了。窮奇二惡實在狡惡呀！」

「不會有變的，大帝。」浮游聞聽共工如此懷疑之言，則依舊心不動搖道，「再等等。」

「狡徒，看來你狡詐不過窮奇二惡了。」共工這時「嘎嘎」笑了起來道。但就在共工心正懷疑話音未落之時，卻聞哨探來報道：「大帝，我們剛才在營外抓到一名姦細，他說有要事親稟大帝和軍師。」

「帶他進來。」浮游聽了不待共工開言，即開口搶先傳令道。哨探聞令，即出去把那「姦細」帶進帳來。那「姦細」進入共工大帳，倒頭便拜後即從貼身衣袋中取出一封信來，呈遞給了浮游。

浮游一見正是窮奇二惡寫給他的密信，告知他兩日裡未得下手的緣由，保證此後繼續伺尋良機裡應外合，仍以火光為號。除此之外，還在信中特別告知，當晚三更顓頊軍兵將來襲奪共工軍營，共工軍兵可以伏而擊之。浮游看到這裏欣喜得來不及講話，即把書信呈遞給了共工。

「你回去對窮奇與檮杌二惡言講，此信甚好，我們一切照辦。」共工看畢書信，即對那姦細道，「但也請他二惡加快裡應進度，並將顓頊軍兵行動計畫繼續隨時稟報於我。」

姦細領命，辭別而去。浮游見那姦細去了，即對共工道：「大帝，取勝顓頊來襲軍兵，就在今宵了。」

「狡徒，你怎麼變了個人兒。」不料共工這時卻獠牙一齜，否定道，「窮奇二惡兩日違約不動，今日送來此信，正是欲使我軍陷入死地呀！」

「大帝，你怎可這樣錯失良機！大帝生性直頑，」浮游聞聽共工此言，禁不住愣怔半天方言道，「今日怎麼變得這麼狡黠起來！大帝這樣多疑，壞了大事大帝將悔之莫及呀！」

「狡徒，不論你怎樣講說，今日都得按我說的去辦。」共工則不慍不怒，禁不住「嘎嘎」大笑起來道。隨著他即令軍兵，做好天黑後南撤三十里紮營的準備，並且不可改變此營面貌一點一滴。

浮游這時見之，急得頓然連再習慣的「嘿嘿」生笑也顧將不及，而不住聲地勸說起了共工不可這樣坐失良機。但兇猛的共工心思不改，硬是一反常態地再也不聽浮游之言。

浮游末了無奈，只有在天黑之後抱著惋惜至極的心情，隨同共工引領軍兵盡數向南撤去。共工軍兵南撤三十里後，便擇地重紮下了新的營寨。共工所以一反常態，是他身經十余載征戰，也不得不因之學得狡黠起來。

他這時認為，窮奇二惡兩日違約不動，今天送來此信定是內中有變。此信恰是其變化之後，與顓頊共同設下的剿滅其軍兵的奇計。為此他不敢相信此信為真，遠走三十里再紮營寨以防中了顓頊之計。

然而狡惡的共工這次恰好狡惡到了空地之中，窮奇二惡送來之信實為真實，他引領軍兵遠避中計，恰好錯過了一次伏殺顓頊襲營軍兵的絕佳時機。因而當三更之夜顓頊領兵襲到共工營中之時，看到竟是一座空營頓然大驚。隨後以為中計急往後撤，還害怕撤兵不得共工軍兵會從四面殺來。

但他領兵一直撤回到自己營中，卻也不見共工一兵一卒殺來。顓頊與柏夷父經此無功之戰心中十分奇詫，不解共工軍兵為何竟作如此舉動！為此天明他們對此仍是不解，決計當日列陣再戰共工軍兵。而在其列陣軍兵之後兩邊設下伏兵，以誘殺共工軍兵。

共工遠走之後待到天明，聞知自己真的錯過戰機，窮奇二惡送來之信確為真實，頓然後悔不已，斥責浮游狡徒沒有堅持其見。浮游被斥雖然心中充滿委屈，但也無奈。

就在這時昨日前來「姦細」又到，稟報了顓項欲要列陣與戰，後設伏兵之舉。共工這時聞稟當然不再猶豫，立刻送走「姦細」，遂命相柳、陸屠各領一軍襲往顓項伏兵左右，待其伏兵出時從後殺之。隨後自己則即率軍兵，向北迎殺顓項軍兵而來。

共工引領軍兵向北奔出三十餘里，剛剛出到自己老營以北不遠地方，已見顓項領兵殺了過來。顓項看見共工勃然大怒道：「嚇破了膽的蟊賊，夜晚不敢駐在軍營，又不敢出與我戰，還有何面目白日戰我。不羞死人嗎！」

「顓項酷帝，有本事咱明來鬥場互見高低，誰與你一樣像個耗子專門趁夜偷襲！」共工聞聽大怒道。他兩個口中罵著已經迎個對面，便不待對方之兵列成戰陣，齊開手大殺起來。

他兩個仇人相見格外眼紅，因而顓項雖知自己殺來是計，共工也知自己迎殺是計，但雙方卻誰也不想示弱相讓，各個盡施絕招欲置對方於死地。為此這又是一場惡戰，頃刻間已殺得天昏地暗，鬼神戰慄。他二人隨後惡鬥多時，雙方棋逢對手不分勝敗。

顓項這時想到自己是計，便故意露出破綻假裝戰敗麾兵向後退去。共工知道自己也是計謀，便隨後窮追不捨。顓項這時只想著自己是計，而不知道共工也在施計，為此眼見共工中計隨著追來心中大喜，一陣便將共工軍兵引入了伏擊圈中。

眼見共工軍兵中計進入自己伏擊圈中，顓項便即麾眾兵返身立定陣腳，驅動坐下金龍獸回身攔擋共工道：「蟊賊，你走不脫了！」

「顓項酷帝，走不脫的是你。」共工聞聽「嘎嘎」一陣大笑道。顓項仍舊不以為然，即揮長戈向共工迎殺上來。共工也不怠慢，即使三節鞭與顓頊鬥在了一處。

然而就在他二人剛剛交上手腳之時，卻聞共工軍兵左右殺聲驟起，顓頊伏兵隨之殺了過來。顓頊見之心中高興，即開口大叫起來道：「共工蟊賊，還不束手就死嗎！」

「顓頊酷帝，」共工則依舊不驚不慌，其身後軍兵也同樣平靜如初，並聽共工邊鬥邊「嘎嘎」笑言道，「你還不束手就死嗎！」

顓頊正奇共工與其軍兵眼見中計為何不慌，這時卻突聞其左右兩邊遠處殺聲又起，隨著便見自己伏兵大亂起來。共工見之開口大叫道：「殺，剿滅顓頊酷帝的時刻到了！」

共工軍兵聞聽此令，即一分兩隊向左右拼死殺了過去。共工則引領一支軍兵，向顓頊引領軍兵奮力殺了過去。頓然之間，真個是鬥場形勢陡變。只見共工軍兵反敗為勝，顓頊軍兵腹背受敵軍心大亂，抵擋不住起來。

顓頊見之雖然立即命兵奮力拼殺，自己也奮力惡戰以穩定軍兵之心，但無奈自己軍兵被共工軍兵分割包圍，都不知道究竟來了多少共工軍兵，心中大懼，不敢抵抗，轉眼已被共工軍兵趁機殺死無數。

顓頊軍兵被殺眾多，剩餘軍兵更驚，紛紛奪路向北奔逃而去。顓頊眼見再戰也是難以取勝，無奈只有領兵向北奔逃返去。

二五、丁竽獻情

顓項引領敗兵向北奔逃共工當然不放，他在領兵盡殺逃跑不掉的顓項軍兵之後，即麾軍兵疾追顓項敗兵而來。常言兵敗如山倒，顓項潰軍向北奔逃止令不住，一個個全怕落後被共工軍兵所殺，因而越逃越快，共工軍兵便在其後越追越疾。五十餘里路程半日未過，顓項敗兵便已逃回到了帝丘城中。

共工軍兵追到帝丘城下，顓項敗兵已經盡入城中，他們追入城中不得，只得在城外紮營駐了下來。顓項在城中看見共工軍兵駐紮下來，心中方纔開始平靜，隨著思謀起了此前兩戰共工軍兵無功皆敗之奇。

前戰自己領兵三更前去襲奪共工軍營，結果到時共工軍兵營空兵走，卻又不見一卒一兵設伏出擊自己之兵。這是為什麼呢？哪裏有過這樣奇異的場景？共工為何領兵而去留下空營？是他知道自己軍兵要去奪營，方纔離去的嗎？但若是，他又為何不設伏兵攻殺自己軍兵？為什麼？這是為什麼呢？

顓項對前戰之奇百思不得其解，隨著又思謀起了剛才自己這場敗戰之奇。他奇異前戰共工空營不戰，此戰共工不知為何卻又恰好將計就計，在其伏兵之外又設伏兵，巧奪大勝？難道是共工能掐會算，預知自己之軍一切，方纔恰好這樣將計就計不成？

如果共工不是預知自己軍兵一切，怎會這樣恰好計外設計？顓頊就這樣思啊想呀，思來想去都心想不開為何如此之奇？久思不得其解之中，顓頊無奈前去詢問柏夷父道：「大師，難道是我軍中有敵，盡將我軍舉動告知了共工？方使得有此二戰之奇不成！」

柏夷父這時也正在獨自靜思二戰之奇，並也百思不得其解。聽了顓頊此問不禁心中一明，因為顓頊此言是把兩戰聯繫起來思索得出了新的結論，這還是他柏夷父沒有想到的。但他轉而一想，卻又開口否定道：「不，大帝。如果事情誠如大帝所言，那麼共工前戰為何空營而去，不設伏兵？」

「大師所言也是，」顓頊聞聽頓又醒悟道，「但這究竟作何解釋呢？」

柏夷父思無高見，只有聞而不答。顓頊與柏夷父就這樣苦思不得其解轉眼多時，夜幕早已遮沒了帝丘城池，進入了暗夜之中。顓頊眼見再思結論仍然難得，又見城外共工軍兵安定不會攻城，便安排好守城軍兵，遂與柏夷父各自休歇而去。

然而顓頊剛剛回到自己的寢宮，將身帶騰空、畫影二劍取下掛上床頭準備休歇，卻聞二劍驟然鳴響起來。顓頊聞聲急忙舉目看視，已見二劍「颯颯」地飛出鞘去，迅疾消失在了暗夜之中。

眼見此景顓頊心中不禁大驚，這使他立刻聯想到前兩次二劍飛鳴而去，都給自己帶來了險些喪命之災。這次二劍又是飛鳴而去，難道是又要給自己帶來大災嗎？但這災又是何災？能否再像前兩次那樣化險為夷呢？

心驚至此，顓頊隨著便想了很多。他首先便又想起了心愛的丁竽，因為二劍是丁竽留給他的唯一遺物。想到丁竽留給他這兩把短劍，他便相信二劍絕對不會去害自己，而只會去助自己，因為丁竽對他是誠心摯愛的。

因為先前二劍兩次飛去，自己雖然兩次罹難，但卻兩次化險為夷皆脫險境。只是那兩次究竟是誰助他脫離厄境，他至今也仍是一無所知。他第一次遇厄是在鄒屠地方，其妻江沖一直對他說，是一位貌似丁竽的姑娘救了他，可那救他的姑娘卻不給他面見而去。

他心中從那時起便一直在思索，若依此說可能是丁竽沒有死。可他又一直思而不解丁竽既然那樣愛他，如果她沒有死，又為何一直不與自己謀面？他堅信丁竽如果活著，是忍不住不見自己的。堅信至此他又覺得丁竽不可能活著，救他而不見他即去的那位貌似丁竽的姑娘，定然不是丁竽。

然而否定至此，顓頊卻又對丁竽所遺雙劍，兩次飛去自己兩次遭厄之時，究竟是誰救他出離厄境更加無法解釋。因為在鄒屠地方救他者如果不是丁竽，又是誰呢？在長江北岸救他者如果仍舊不是丁竽，又該是誰呢？是誰會那樣與丁竽遺劍息息相通，救助自己萬無一失呢？

想到這裏，顓頊又認定丁竽定然沒有死，救助自己兩次脫離厄境者定是丁竽無疑。因為非她不會與二劍那樣息息相通，非她不會對自己遭厄必救。

但只是她若活著，又這樣兩救自己，為什麼又不見自己之面？若是為仇，她又不該這樣兩救自己呀？若不為仇，她怎能這樣戕害自己的誠心摯愛呢？想到這裏，顓頊便又覺得丁竽不可能活著。

丁竽的死活作為一個不解之謎，就這樣一直纏繞在顓頊心頭。這時顓頊又見雙劍飛去，驚怕自己再遭厄運之餘，便忽然想到這次自己再遭厄難之時，便正是自己借此時機，證實丁竽是死是活之期。

因為丁竽如果活著，前兩次自己遭厄來救者是那丁竽，那麼這次自己遭厄她必定還會前來救助。如果丁竽已死，前兩次自己遭厄時來救者不是丁竽，那麼這次自己借機找到來救自己脫離厄境者，便也就可證明丁竽的死活了。

顓頊想到這裏，便不僅不再驚怕自己災厄將至，而慶倖起了自己災厄將至，並期盼起了災厄早來，以使自己早些證實，心愛的丁竽是死是活。心想至此，顓頊實在不想再去睡覺。但他又怕自己不睡，驚去了自己期盼早些到來的災厄。為此，他躺在床上睡了起來。

顓頊躺在床上當然不能睡著，他亟盼著災厄早些到來。然而世上的事情總是心中期盼越切，發生發展得越慢。顓頊為此越等越急，越急那雙劍飛鳴預示的災厄越是不來，眼看著已是到了深夜四更天時。

顓頊等到四更天時心中焦急，恍若等待過去數載，因而身覺疲累頭腦發沉，不知不覺竟然頭腦一沉睡著了過去。顓頊實則剛睡片刻，但他卻覺得睡過了一夜般漫長的時光，猛然被寢宮之外陡起的刀劍碰撞之聲，驚醒了過來。

「快，殺死他！」顓頊被驚醒來尚未起身，便聽到在那疾急的刀劍碰撞聲中，一個壓得很低的亟急聲音傳來道。隨著，刀劍碰撞之聲便更加疾急起來。

顓頊聞聽此聲先是一驚，隨著驟然坐起，即要下床去看自己的災厄究由何起，是否是丁竽前來為他解厄。但是寢宮外事態發展疾急，只聽不待顓頊下床，寢宮外已被剛才那輕微的殺聲引得殺聲大起，大隊軍兵奔走之聲疾急雜遝起來。

「快隨我去，顓頊有備！」隨著兵戈撞擊之聲震耳欲聾響起，顓頊這時又聽到一個聲音微微蓋過殺聲大叫道。大亂中顓頊彷彿聽出那是窮奇的聲音，隨著又彷彿傳來了檮杌的同樣的聲音。

顓頊聞聽此聲更加坐身不住，心中不禁陡然警覺起來。怎麼？難道是窮奇與檮杌二惡作亂了不成？不，他們是自己的嫡親家人，雖然他們生性邪惡也定然不會作亂於自己！或許是有別個邪惡前來刺殺自己，被窮奇與檮杌二惡發現，正與刺客搏鬥。

這就正應了騰空、畫影二劍飛鳴之奇，證實不是丁竽，而是窮奇與檮杌二惡救助自己而來。自己企圖借此災厄盼見丁竽之想，已經盡成泡影。想到這裏顓頊心中大惱，即起身出宮去看正鬥的刺客究竟是誰，好作定奪。

但他走出宮門一看，卻見宮門前火光沖天，城中殺聲四起，城外共工軍兵也陡然喊起了攻城的殺聲。顓頊眼見至此一時不知根底，低頭卻見門前自己腳下躺滿了橫七豎八的屍體。顓頊看見屍體眾多方知剛才惡鬥激烈，仔細辨認察看刺客究為誰個，卻見死者盡為自己軍兵。

看視至此顓頊心中陡地大痛，他痛自己軍兵為護自己之命，竟然死傷如此慘重，卻讓那刺客逃了開去。顓頊心痛之餘勃然大怒，正欲開口麾兵隨己前去追殺刺客，卻見俊嚳前來稟報道：「帝叔，窮奇與檮杌二惡叛投共工了。」

「噢！」顓頊這時聞聽此稟驟然一驚道，「竟然如此？」

「是的。是他們做了共工蟊賊的內應，在領兵圍襲寢宮欲殺大帝之時，在帝宮之前舉火為號約於共工軍兵攻城。」俊嚳繼續稟報道，「但他們眼見殺你不成不敢怠慢，已領叛兵向南城門奔了過去。可能是要硬奪城門，接應共工軍兵入城。」

顓頊不聞此稟還罷，聞聽此稟真個是氣得七竅火突，心膽懼裂。忘記了既然不是窮奇二惡剛才救他脫離厄境，自己應該依據剛才之想，再去查找救他脫厄之人。或者正可找見救他脫厄之人，就是丁竽。

「惡孽，真是惡孽也！想不到我族人之中竟會出現這等惡逆，快，追殺他二惡去。決不能讓他二惡活著出城！」顓頊氣得一時忘記了這些，立刻開口怒叫道。隨著，即領俊磐帶來軍兵，一陣旋風般向南城門方向，追殺窮奇二惡而去。

窮奇與檮杌二惡自從在太行山中放走共工眾惡受到嚴處之後，邪惡的心中對顓頊的不滿便越生越多起來。開始他二惡心想自己屢建戰功，特別是想到那次顓頊領兵大戰共工鎧甲軍兵大敗而逃，正在厄難將要降臨之時是他二惡趕到，拼死攔住共工軍兵方纔救得顓頊性命。

可是那時顓頊不計其功獎勵他二惡，這次卻記他二惡之過重責他們。他二惡實在是越想越加氣惱，加之他二惡身上的杖傷越惱越疼，因而其心中便對顓頊越疼越惱，漸至邪惡的心中產生出了對顓頊的仇恨。

窮奇二惡心中生出對顓頊之仇，隨著其後他二惡遭貶的地位下降漸至加深，末了則達到了非報此仇不可的地步。但是開始他二惡並未想到前去殺害顓頊，也並未想到去與共工勾結。他二惡只是心想伺得時機，拿一手或者怎麼著治服顓頊，為他二惡恢復地位。

不料正在他二惡久思不得惡謀之時，恰好見到浮游悄然潛到。對他們先是挑撥之，說得他二惡耳順心熱。繼之利誘之，更說得他二惡蠢蠢心動。末了又恫嚇之，使他二惡斷了後路。如此之下他二惡邪念終堅，被浮游拴上了共工的邪惡戰車，做起了共工的內應。

做上共工的內應送走浮游之後，窮奇二惡當然立刻開始行動。他二惡既害怕日久事泄自己性命難保，又想如浮游所說及早殺掉顓頊與共工南北分治，稱做北方大帝。但他二惡雖然開始行動，卻在約定的兩日裡沒有伺得下手之機，心急之中也是無奈。

恰好就在他二惡無奈之時，傳來了顓頊領兵，當夜三更欲要襲奪共工軍營的命令。他二惡聞令大喜，以為時機來到。便即著心腹之徒，將此消息稟報給了共工，以讓共工設伏，殲滅前去襲營的顓頊軍兵。他二惡派出的心腹不久返回，稟報了共工聞稟欣喜，即作部署以滅顓頊軍兵的消息。

他二惡聽後方纔心中卸下了一塊千斤巨石，欣喜只待時間早些到來大功告成。然而豈料他二惡等到末了，隨同顓頊軍兵欣喜地襲到共工軍營，卻見到是一座空營更是欣喜若狂。

因為他們以為，共工果然依照他們之報行事，一會兒共工伏兵突然殺出，顓頊軍兵就要遭敗無疑了。但不料顓頊眼見中計領兵退出共工軍營之後，直到返回到了自己營中，卻也沒有見到共工一卒一兵殺來。

共工此舉，實在使他二惡不解到了極點，心中冰涼到了極點，也後怕到了極點。因為他們由此，心中深深感受到了共工對他二惡的極度不信任。他二惡給共工送去了這樣一條實在消息，從共工空營的情況看也著實做了準備，但他為何不令軍兵出擊？這是為什麼呢？

後來他二惡終於明白過來，想到這一定是共工懷疑他二惡，怕他二惡送去的情報為假，其軍中計所為。可他二惡誠意冒死來做內應，得到的卻是這般虛假報應啊！

為此，他們更加後怕到了極點。因為這恰如浮游恫嚇他二惡時所說，他們隨時都可以把他二惡故意放走共工的事情洩露出來，今日就又可以把他二惡做其內應的事情也洩露出來，置他二惡於死地。

想到這裏，他二惡更是覺得已是處身在了可怕的境地之中，即隨時都有可能斃命。為此他二惡感覺至此後怕之餘，心中也不禁生出了對共工這樣懷疑他二惡的氣惱。想到他二惡為了脫去這一可怕境地，還不如即下惡船來它個將計就計，盡把事情根底稟報於顓頊，與顓頊一起共設奇計剿滅共工眾惡。

但是末了，浮游言說於他二惡與共工分治大江南北的巨大誘惑，加之他二惡心想的他二惡當上北方大帝之後，可以再興軍兵剿伐共工蝨賊，平定天下稱做一統凡界大帝的更加美妙前景，更使他二惡惡心難改。遂決計此後不論遇到何種情況，都決不退縮。以誅除顓頊報雪前仇，奪得帝位。

但要除去顓頊也實在不易，他二惡盡應浮游之說以圖借助共工軍兵達到目的，可那共工卻不按照約定方略行事。好在這次共工棄營違約不戰，尚且沒有害及他二惡。如果前兩日他二惡依計而行，他二惡殺死顓頊以火為號，共工軍兵不來接應，豈還有他二惡的活命！

後怕至此，他二惡又想到共工這樣行事，是否是在施用惡計殺害他二惡。不然顓頊襲營，他軍兵為何不動？為此他二惡心想至此又生驚怕，一時禁不住主意難定起來。就在這時，顓頊又向眾兵傳下了出征設伏，誘殺共工軍兵的命令。

窮奇二惡聞聽此令，一時間真個是不知道是前去報送這情報的好，還是不去報送的好。但是末了，還是那稱做大帝的美妙前景誘得他二惡邪心難改，不顧共工再次接到情報如何處置，而即派心腹將情報送給了共工。

好在共工這次因有前次情報為實為證，沒有再對他二惡生疑，立即依據他二惡送去的情報將計就計，大勝顓頊軍兵，方使得他二惡心中轉為了歡喜。因為由此，他二惡看到了共工不再懷疑他們，他們真的與共工聯在了一起。這樣剿滅顓頊之日已經為之不遠，他二惡爭得顓頊帝位的時日也就要到來了。

當然他二惡還是做賊心虛，害怕顓頊一旦察知真情，他二惡就要即刻斃命。為此他二惡剛隨顓頊敗兵回到城中，便立即預謀起了及早動手誅除顓頊的方略。隨著一陣預謀，便決計趁此顓頊回到帝丘當夜之機，也趁共工軍兵恰在城外近處之時，他二惡四更時分領兵親入帝宮誅殺顓頊。同時舉火為號約於共工從外攻城，他二惡再領兵奪取南門作為內應。

惡計定下之後，窮奇二惡便立即付諸行動。他二惡又是先派心腹出城稟報共工，隨後便在四更時分，領兵悄然向顓頊宮中殺來。他二惡以為神不知鬼不覺，來到顓頊寢宮定可悄然殺死酣睡的顓頊。

但不料他二惡剛剛來到顓頊寢宮門前，卻突見不知何來一位雄糾糾武士引領顓頊軍兵，正守衛在門前仗劍等候著他們。窮奇二惡心中一驚，以為是他們之計已泄死期就在眼前，因而不敢怠慢急忙壓低聲音，向眾兵喊出了「殺死他」的喝令。

守候在顓頊寢宮門前迎候窮奇二惡者不是別人，正是顓頊仍舊日思夜念的丁竽。丁竽待在江南獨處心苦至極，特別是看到自己年已將近老邁，但其胞兄共工卻仍與自己心上情人爭戰不息。

先前自己已經兩番救了顓頊性命，但是顓頊卻又在爭戰中殺死了自己的生父祝融和叔父吳回。她對這情這仇心中實在無法稱量，因而心中苦痛到了極點。

就在這時，其遺給顓頊的騰空、畫影二劍卻又颯然飛來。心中正苦的丁竽見之當然又是驟然大驚，她知道顓頊又要有身死劫難了！為此她對那仇立即停止了稱量，忘仇為情，立刻乘駕飛來的騰空、畫影二劍，第三次營救顓頊而來。

丁竽臨行前做了準備，她穿上一身藤制鎧甲，以免惡徒傷害了自己。這樣便使得別個難辨她是男是女，黑夜中窮奇二惡也就更加辨認不出她是誰個。隨著騰空、畫影二劍一陣把丁竽載到顓頊寢宮門前，丁竽來到這裏不禁心中一驚。

她驚怕竟然有人來襲顓頊的寢宮，來人定然神功高強，不知究為誰個？同時驚怕自己如果在此顓頊寢宮門前久待，被別人認出當作刺客抓住身死事小，顓頊就真的要被刺客刺殺了！

心驚至此她對顓頊寢宮周圍情狀細作察看，然後擇一隱蔽之處躲下了身子，等待刺客來到出而殺之。丁竽隨後等啊待呀，一直等過一更天時到了四更，方見窮奇二惡悄然領兵刺殺顓頊而來。丁竽見之便不怠慢，一聲喊喝，即令守宮眾兵與她一起迎殺向了窮奇二惡與他們領來軍兵。

窮奇二惡本想悄然殺死顓頊，眼見此景一驚喊叫快殺，雙方一陣大殺，已是自己軍兵身死遍地。窮奇二惡眼見再鬥也難以殺入顓頊寢宮，同時害怕殺鬥時久顓頊察覺他二惡脫身不得，又見宮門前他們約於共工軍兵的大火已經燃起，為此他二惡便殺不死顓頊也不敢再鬥，急領敗兵一路徑向南門沖去。

丁竽眼見窮奇二惡去了，也不追趕，躲身暗處繼續護衛未起的顓項。丁竽這時躲在暗處心想，自己留給顓項的雙劍已經三次鳴飛，自己也已經三次營救顓項脫離厄境。顓項是十分聰明的，他一定知道是自己沒死。為此一會兒他出宮來了，一定會四處尋她喊她。

為此她雖然年已漸老，容顏盡失，不願再見心愛的顓項，害怕毀了自己在顓項心中的美好形象。但是置此境地躲身暗處，卻又求不得能夠看到自己心愛的顓項哪怕一眼，聽到顓項亟急地喊她一聲，以慰自己的殷殷愛心。

顓項在殺聲剛息丁竽剛剛躲起之時，走出寢宮而來。可他剛看腳下的死屍一眼，尚未來得及尋找於她，俊嚳便來到其面前一番稟報，激得顓項怒火陡騰萬丈。而使顓項沒有找她丁竽，便即領兵追殺窮奇二惡而去。使得亟盼顓項的丁竽，心中又涼萬分。

「共工軍兵殺到了南門，快隨我們前去迎殺！」窮奇二惡出得帝宮向城南門殺來，一路當然不敢露出反叛之象，而是沿途高叫道。這時顓頊眾兵沒有想到窮奇二惡會已反叛，所以不僅沒有阻攔，而且還有不少軍兵被其所惑，即隨他二惡向南門沖去。

窮奇二惡的隊伍就這樣越滾越大，沖到南門之時已達近千之數。窮奇二惡來到南門又聞城外共工軍兵殺聲動地，知是共工見他二惡所舉火光信號，麾動軍兵殺了過來。為此心中驚怕頓消，全都換上了笑顏，因為這樣一來他們雖然沒有殺死顓頊，卻可以保得自己的活命了！

如果共工見到信號仍不舉兵，他們又沒有殺死顓頊，他二惡又豈有活命之理？為此他二惡歡喜之餘，便急忙喊叫守門軍兵打開城門。言講他二惡是奉了顓頊之命出城迎敵，以騙開城門迎進城外共工軍兵。

守門軍兵當然都不知道窮奇二惡已經反叛，仍以為他二惡所言為真，便為他二惡打開了城門。就在守門軍兵剛剛打開城門，窮奇二惡剛到打開的城門之下，準備迎進共工軍兵尚未迎進之時，卻聞顓頊領兵趕來急叫道：「擒住窮奇、檮杌兩個叛賊，莫讓他二惡跑了！」

聞聽顓頊此喊，守城軍兵先是一愣隨之明白過來，立即動手關閉剛剛打開的城門。窮奇二惡這時正站在打開的城門之下，欣喜地看到他二惡再過片刻就可迎進共工軍兵，再殺顓頊他們稱做北方大帝，進而稱做一統凡界大帝了。這時突聞顓頊趕來之聲，頓時全都大驚失色。

驚急中他二惡看到顓頊就要趕殺過來，守門軍兵也已開始關閉城門，城外共工軍兵距之尚有一段距離，需要片刻時間方能趕到，真個是更加驚急得他二惡如同熱鍋上的螞蟻，卻又奈何不得。

奈何不得他二惡當然更加不敢怠慢，因為如果城門關閉他二惡出城不得，顓頊趕來又豈有他二惡活命的可能！為此他二惡急忙搶在城門關閉之前，一陣沖到了城門之外，拔腳便向共工軍兵迎面奔了過去。

顓項引領軍兵追到城門之下，眼見城門恰好關閉，聞知窮奇二惡出城而去心中更惱。又聞城外共工軍兵殺聲動地，知是其軍兵攻城而來。為此他不知城外敵情，便不敢再令軍兵打開城門追殺窮奇二惡，而即登城頭看視而來。

顓項登上城頭，見到共工軍兵攻城勢盛就要攻到城下，窮奇二惡正在疾急奔向共工軍兵，心中更惱至極便不怠慢，即令飛衛眾將放箭射向窮奇二惡。但窮奇二惡這時奔出距離已遠，飛衛眾將箭技雖精，卻也硬是未能射殺得到。

射殺不死窮奇二惡顓項心中更惱，但是共工軍兵鋪天蓋地攻來，將要攻到城下他也無奈，只有任憑窮奇二惡逃入共工軍兵之中。但他嚴令城上眾將領兵好生守城，屆時箭雨擂石齊下，狠打共工攻城軍兵。

「大帝，老兒料定此番共工軍兵齊出攻城，定無他計。」顓項剛剛佈置完畢，怒待眾軍兵狠打共工攻城軍兵以解心頭之恨，卻聽柏夷父前來道，「因而我軍不如在固守城池的同時，再施他計大破共工軍兵。」

「大師所言極是，」正惱的顓項聞聽柏夷父此言，頓然雙目一明道，「我們就來它個將計就計，盡剿共工軍兵。」

「老兒正是此想。大帝此刻可以即派二軍出東西二門，」柏夷父隨之道，「從共工攻城軍兵的兩側攻殺，則大敗共工軍兵無疑矣！」

「大師所言正合我意。」顓項立即接言道。隨著，他即命飛衛領兵三千守城，而命重、黎與禹祖各領兩千軍兵，分別出東西二門，以最快速度攻殺共工攻城軍兵兩翼，以奪全勝。眾將聞令，立刻依計而行。

顓項則隨後組織剩餘軍兵，準備待到重、黎與禹祖出城軍兵殺到之時，再出南門從正面攻殺共工軍兵。顓項這樣調兵之時，共工軍兵已經攻到了城下。他們剛才除了等待窮奇二惡打開城門迎進之外，當然也做好了一應攻城準備。

這是因為，共工通過對窮奇二惡所送情報的兩次檢驗，已經徹底去掉了對他二惡的懷疑之心，相信起了他二惡。為此在昨日他領軍兵依照窮奇二惡送去的情報，將計就計奪勝並將顓頊軍兵打入城中之後，浮游在城外便告訴他說：「大帝，臣下料定窮奇二惡今夜必定舉事，為此我們要做好一應攻城準備。」

「狡徒言之有理，他二惡可能會打開城門迎進我軍兵，但也有打不開城門的可能。為此我軍兵不能攻入城去，豈不就壞了我們的奇計。」共工聞聽當即補充道。隨著他即命軍兵一備雲梯，二備土袋，作為夜攻帝丘的準備。

天黑之後，果然在共工檢查軍兵所作攻城準備之時，收到了窮奇二惡送來的四更舉事之約。共工大喜，即對軍兵所做準備要求更嚴，只待時機一到攻奪帝丘。隨後窮奇二惡約定的四更天時快要到來，共工正欲發令將軍兵開到城下，等待見到城中信號立即攻城。

「慢，大帝。」狡惡的浮游這時眼見共工就要令兵出發，便即「嘿嘿」一笑攔阻道，「不可這樣行動。」

「噢，」共工一時不解道，「為何？」

「此處距城甚近，如若我軍行動驚動了城中顓頊軍兵，」浮游即言道，「必使窮奇二惡行動不得。」

「狡徒言之有理。為給窮奇二惡創造可乘之機，」共工這才明白過來道，「我們就先按兵不動，等到城門打開再行攻城。」

共工言畢，便與眾臣將耐心等待起來。這時的等待實在是度時如年，格外緩慢，他眾惡等待不過半個時辰，卻覺得暗夜仿佛過了好久好久。並為此懷疑起了窮奇二惡的信約又要落空之時，突然見到黑暗的城中，驀地亮起了約為信號的火光。

「好，窮奇二惡送來了信號，我們奪城的時機到來了！」焦待的共工見之，立刻興奮得騰地站起身來道。隨著即麾眾兵齊聲吶喊著，鋪天蓋地般向帝丘城下攻去。

共工眾惡領兵一陣攻到距離帝丘南門，還有數箭之地之時，一個個心中正想著窮奇二惡會在這時打開城門迎了出來。果然事情就真的如同他們所想一樣發生了，即城門轟然洞開。窮奇二惡出現在了洞開的城門口上，揮手要他們快殺過去。

但不料就在共工眾惡見之大喜過望，正要加緊步伐沖向城門之時，卻突然又見城門猛然關閉，窮奇二惡孤身兩個疾急地向他們逃奔過來。共工頓知城中情況有變，就在這時又見顓頊突現在了城頭，命令軍兵一陣亂箭射向了正在疾急奔來的窮奇二惡。

共工勃然大怒，在迎住未被射死奔來的窮奇二惡詢長問短的同時，即命軍兵拼死攻城，一陣便攻到了城下。但無奈城頭飛衛軍兵早已做好了準備，一陣箭石驟雨急下，已經居高臨下打得共工軍兵死傷無數。

共工見之更惱，命令軍兵攻城更加拼命。眾軍兵聞令，隨後進行了多次不同形式的攻城，但一次次全告失敗，只是留下了更多軍兵的屍體。共工眼見對帝丘數攻不僅無功而且傷亡慘重，早已急紅了眼睛，口中「嗷嗷」嚎叫著逼令軍兵拼死也要攻下帝丘。眾軍兵無奈，只有又一次次攻起城來。

但就在共工軍兵依舊攻城不下之時，其軍兵東西兩翼重、黎和禹祖軍兵突然殺到，使只顧攻城的共工軍兵絲毫無防頓然大驚。身在兩翼者更是一陣便被殺死無數，中間軍兵見之也是不敢再去攻城，拔腿便向南方奔逃。

顓頊這時眼見攻殺共工軍兵時機來到，又領軍兵從城中開門衝殺而出，與重、黎和禹祖三路軍兵一道，向心膽俱喪的逃跑共工軍兵開始了圍殲追殺。如此一陣，又將共工軍兵殺死無數。

共工軍兵此後一直不敢停留向南疾逃，轉眼便已逃出了數十里之遙。柏夷父眼見繼續追趕下去也是不能聚殲共工敗兵，便勸顓頊停追收兵以待再戰。顓頊也正心生此想，便即令軍兵停止追殺，就地紮下營來。

二六、計除二惡

顓頊領兵停止追殺之後，共工敗兵眼見身後沒有了追兵，向前奔逃一陣方纔停止了奔逃。共工與眾軍兵停止了奔逃，心中越想自己軍兵攻城不下損兵眾多心越氣惱，便令軍兵紮營駐下，以俟時機再與顓頊決一死戰。

「大帝，我二惡內應未成，心甚愧疚。」共工軍兵剛剛駐下，窮奇二惡便來到共工身邊講獻惡計。窮奇率先開口道，「為此我二惡料定，顓頊軍兵大多出城擊殺大帝軍兵而來，因而城中空虛。」

「噢！」共工聞聽接言道，「二位是說，我軍可以乘虛奪城。」

「正是。如果大帝抓住如此時機，出奇兵襲奪帝丘，則帝丘必得。」檮杌隨之講說道，「得帝丘後，奪城軍兵再回兵與大帝軍兵南北夾擊顓頊軍兵，則戰必勝，功必可成！」

「此計妙是甚妙，但奪城究竟有多大把握？」共工雖對窮奇二惡這次內殺顓頊，外迎自己軍兵不成心有懷疑，但此二惡前報軍情曾經使其軍兵奪勝，足以證實其心之誠。加之他想到，後日說不定他二惡還有可能會被派上新的用場，便也不好即就廢之，而把他二惡使用了起來。可是，共工對他二惡所獻惡計思量一番，還是心有疑慮道，「如果奪城不得呢？」

「大帝不必多慮，末將以為只要大帝即出奇兵，」窮奇聞聽共工欲要不行其計，便忙接下來急言道，「出乎城中顓頊守兵意料，則帝丘定然可奪。」

「狡徒，你以為即奪帝丘空城，」正在這時，狡惡的浮游走進帳來，共工見之即問道，「能否獲得成功？」

「大帝，此計高矣！這時顓頊軍兵奪勝無望正在城外，城內定然空虛。」狡詐的浮游不知此計為窮奇二惡所獻，立即「嘿嘿」一笑摯言道，「我軍即去繞道東門突而襲之，則城池可奪，城外顓頊軍兵必亂。」

「噢，」共工聽了一詫道，「你也這麼認為？」

「是的。屆時我奪得城池軍兵再出城擊之，大帝軍兵再從南往北擊之，」浮游這時繼續道，「形成對顓頊城外軍兵南北夾擊之勢，則勝券在握矣！」

「怎麼狡徒，」共工這時聽到浮游之言竟與窮奇二惡所言完全相同，以為浮游先已聞知窮奇二惡之計，即問道，「窮奇二惡已經向你說過其所獻之計？」

「大帝，臣下事前對此一無所知。」浮游聽到此問，方知共工剛才詢問自己，是在驗證窮奇二惡之計。可他對窮奇二惡之計確實事前一無所知，遂「嘿嘿」一笑戲言道，「若此，這就叫英雄所見略同了。」

「若依狡徒此說，」共工開始不敢立即答應施用此計，因為他心中對窮奇二惡存有懷疑，為此他立刻慎問於浮游。聞聽浮游之言與窮奇二惡不謀而合，方纔初步去掉了心中對窮奇二惡之疑，堅定起施用此計的信心，開口「嘎嘎」笑言道，「則窮奇與檮杌二將初來乍到，就要為我軍立下頭功了。」

「大帝，知道顓頊之兵者，在我軍中怎有過於窮奇與檮杌二將者也！」浮游對窮奇二惡深信不疑，聞聽共工此言進一步肯定道，「二將此計謀高一籌，定出於顓頊預料哩！」

「但是狡徒可曾想到，」但是共工心中，這時則仍是對窮奇二惡懷疑難消，遂又開口道，「此計實施需冒大風險嗎？」

「臣下心想到了，大帝！」浮游仍是「嘿嘿」一笑道，「顓頊大軍就駐紮在我軍近處對面，攔在我軍與帝丘之間。」

「是呀，而且其兵力還略勝我軍一些。」共工這時仍對窮奇二惡心有懷疑，但他聽出浮游這時仍未對自己之疑心有體察。加之窮奇二惡又在自己面前，使他不好直言心中之疑。無奈他只有插言打斷浮游之言道，「如果我軍兵再分兵前去奪城，便有被他們發現各個擊破之險！」

「大帝，」浮游這時仍然未解共工之意，又言道，「戰，就要冒些險呀！」

共工對浮游之言聞若未聞，繼續自己之想道：「不。到了那時，我軍兵不就將夾擊顓頊之軍不得，反置身在了險境嘛！狡徒可往這等壞處想過嗎？」

「臣下實在想像不到，大帝如今竟然變得心細勝過臣下一籌。」浮游不疑窮奇二惡，依舊不解共工話中所藏對窮奇二惡的懷疑之意，仍如先前「嘿嘿」一笑道，「但臣下心想，欲奪大功者必冒大險。欲勝顓頊之兵就必須冒此大險，方能出於顓頊預料之外。」

聞聽浮游言說至此，生性好戰的共工方纔好戰本性大勝，趕走了心中對窮奇二惡的懷疑。恰在這時，剛才來到帳中的相柳聽出了浮游話中的門道，挺身而出求戰道：「大帝，奪城之任，你就交給末將前去完成吧！」

「你帶多少軍兵前去好呢？帶得少了城難奪下，」剛剛心生大戰之想的共工突聞相柳此求，頓又犯起難來猶豫道，「帶得多了如果顓項領兵殺來，我軍怎麼前去抵擋！」

「這樣吧，末將只帶三千軍兵前去奪城，」兇狠的相柳急言道，「大帝就不用擔心顓項軍兵殺來，無以抵擋了。」

「三千？」共工聞聽，則不相信道，「你帶三千軍兵，就能奪下帝丘嗎？」

「大帝，三千軍兵臣下以為足矣！因為此戰是去奇襲，」浮游眼見共工心中生疑，忙在一旁幫言道，「而且又從顓項軍兵身邊走過。軍兵多了則聲勢浩大行動不便，容易暴露目標毀掉奇計。」

「大帝，軍師言說有理！」相游聞聽浮游此言，立即接言鏗鏘道，「你就靜待末將成功的佳音吧！」

「好！相柳就帶領三千軍兵立刻輕裝出發，」共工眼見浮游贊同相柳此舉，方纔最終同意下來道，「從東方隱蔽之地繞過北方顓項軍營，到帝丘東門奇襲奪城。」

相柳聞令，即答一聲「是」，遂領軍兵而去。共工送走相柳軍兵，心中卻又覺得忐忑不安，彷彿立刻就要發生什麼事情似的。共工本為性情兇猛好戰之徒，過去從來不知何為怕字。這時心中一直忐忑不安，使他覺得異常。便不敢獨處，而又即召浮游前來與之計議。

共工忐忑不安之中，還是擔心相柳軍兵此去，被顓項軍兵發現。若是那樣，顓項命軍擊之，相柳軍兵就沒有返回之日了。而且若是那樣，顓項還一定會領兵殺來，自己軍兵也就只有敗逃一途了。擔心至此，他禁不住又懷疑起了窮奇二惡。懷疑他二惡歸心自己是假，與顓項故施此計，剿殺自己軍兵為真。

「狡徒，」為此他一見浮游受召來到，便即開口詢問道，「窮奇二惡果真可信無疑嗎？」

「怎麼？」浮游走進大帳，即被共工此言問得摸不著了頭腦道，「大帝發現了二惡的疑點嗎？」

「不。我是想他二惡歸心是假，」共工道，「與顓頊一同對我軍兵施計為真。」

浮游聞聽心中也是驟然一驚，未敢再「嘿嘿」發笑，即問道：「大帝何以此言？」

「你想呀，他二惡剛才舉號約於我軍外合攻城，但在我軍就要攻到城門之時，城門卻又突然關閉，他二惡出城逃來，」共工道，「顓頊酷帝又立刻現身在了城頭之上。結果鬧得我軍大敗，怎能保證此舉不是顓頊之計呢？」

「若僅為此，臣下心想不可為據。」浮游聽了共工此言，方纔心中驚詫頓消，重又「嘿嘿」一笑為共工釋疑道，「因為據此去想，窮奇二惡兩送情報皆為真實，就無從解釋了。」

「不，此則正是顓頊酷帝的更高棋著。」共工這時則變得狡黠起來，竟又立即開言否定道，「即以小敗換取我對窮奇二惡的信任，今日獻計盡滅我軍兵哩！」

「會有這等事嗎？」浮游聽了又是一驚不小道，「大帝！」

「我想會有，」共工道，「故而召問於狡徒。」

「大帝，若如此想，」浮游也是不敢再笑道，「那我軍兵此刻就不得不防了。」

「是的，我們必須即做防備。狡徒想呀，顓頊本已狡詐至極，」共工狡黠道，「身邊又有老謀深算的柏夷父為之出謀劃策，怎不可用反間之計，破掉我之離間惡計。」

「大帝，若此你就是懷疑一切，把事情看得太嚴重了。臣下心想，」浮游聽到這裏，頓又輕鬆起來「嘿嘿」一笑道，「臣下前去遊說窮奇二惡行動突然，說時二惡沒有離去片刻。因而斷無與顓頊或柏夷父商議之機，為此覺得他二惡可信無疑。」

「狡徒怎麼知道在你離去之後，他二惡不會立刻報於顓頊。」兇猛好戰的共工這次心疑也實在嚴重，他聞聽浮游此言即又否定道，「故而他們設下了這一個個圈套，終至今日成功地獻計讓我分兵奪城，對我軍兵分而殲之。」

「大帝太過慮了吧，臣下心想事情絕對不會這樣。」浮游聞聽至此，更覺共工疑心太重道，「思慮太重，反會壞了大事！」

「不，狡徒。我今日心裡不對味兒，我相信自己這反常的預感。」但是，共工依舊疑心難消道，「常言人心叵測，為防患於萬一，狡徒還是快看我軍如何去做防備吧。」

「若說從壞處著想去做準備，只有這樣。即顓頊如若發現我軍去奪帝丘，」浮游至此眼見共工一時疑心難消，而且自己已經講說不少，再說也是無用，這才無奈起來思慮片刻道，「可能會施乘夜奪我軍營剿我後路，以亂我奪城軍心之計。」

「噢，」共工聽到這裏急問道，「那我們怎麼辦？」

「因而我軍可以暫且設伏營外，待到顓頊軍兵來襲之時，出而擊之以奪全勝。」浮游繼續講說道，「如果顓頊軍兵不來，又好待到相柳勝報之時，出而夾擊顓頊軍兵。」

「狡徒所言極是。我們必須做好準備，方可保得萬無一失。」共工聽到浮游言說正如自己所想，口中說著便即令軍兵準備而去。末了，又密令浮游派兵暗中監視窮奇二惡，以防不測。

「都道窮奇與檮杌邪惡，但我想他二惡固然邪惡，也不會邪惡到去助共工與我為敵的地步。可事實卻恰恰證明我錯了，」顓頊令兵紮下營寨之後，便即氣惱至極地罵起了窮奇二惡之變，對柏夷父道，「他二惡竟然邪惡到了去向共工蠡賊泄我軍情，與之裡應外合要奪我性命的境地。這實在太出我意料了！」

「大凡惡人，全都惡性難改。常做常人想像不到的惡事，這也不足為奇。」柏夷父道，「事已至此，他二惡已經叛逃而去，恰好自行除去了我軍中一大隱患。此乃喜事，正可慶賀而不必氣惱！」

「大師雖然言之有理，可他二惡不除，我這惡氣怎消！先前我怎麼也不理解我軍去襲共工軍營，共工蠡賊為何留下空營又不伏兵擊我？」顓頊當然仍是氣惱不消道，「現在全明白了，這是共工蠡賊得到窮奇二惡泄去的我軍襲營情報，卻不敢相信他二惡誠心待他，唯恐中了我軍奇計。方纔造出了鬥場之上那不可解頤的反常一幕。」

「大帝所想正是。共工蠡賊那次驗證窮奇二惡所泄情報為真之後，」柏夷父聞聽隨之道，「便在第二次接到情報後將計就計，大敗我軍把我軍殺回了城中。」

「窮奇二惡回到城中，便又即謀與共工裡應外合，殺我顓頊奪我城池。」顓頊這時越想心中越明道，「但他二惡的惡謀嚴密若此，連我們都絲毫沒有察覺，可又是誰人竟在夤夜之中，他二惡入宮殺我之時，與之惡戰趕走了他二惡？」

「是呀！他二惡怎樣與共工接上的頭？」柏夷父聞聽顓頊如此不解之言，也大為不解道，「又是誰個察知此情夤夜救了大帝，破了他二惡的惡計呢？」

「噢，是她救了我。」柏夷父話音未落，顓頊則突然心中一明道，「是的，昨夜怪道騰空、晝影二劍齊飛！」

「誰？」正在迷惑不解的柏夷父驟聞此言，頓然更加大為不解詢問道，「大帝？」

「是丁竽，我昔日的情人！她示我以身死，可看來她一定沒有死。」顓頊於是講說起來道，「我三遇厄難三次被救，都是她所為。但只是不知她既然活著，又屢屢救難於我，卻為何不願見我？」

「是呀，」柏夷父聽了也是不解道，「那是為何？」

「哎，我又錯過了找見她的良機。」顓頊剛剛說到這裏，又不禁心中一明大為後悔道，「都怪那窮奇二惡！」

「大帝怎麼又錯過了見她之機？」柏夷父早聽說過顓頊與丁竽的這段愛情佳話，因而方纔聞聽顓頊之言心中已明，但這時聽了顓頊如此後悔之言，卻又陷入不解詢問道，「這就前去尋她，不就成了嘛！」

「沒有那麼容易，她不見我的面呀！昨晚我看見騰空、畫影二劍鳴飛，預知身有災厄，本欲決定趁那時機找見救我者看看是否丁竽。」顓頊「唉」地歎一口氣道，「可是後來出宮一急，竟然只顧追殺窮奇二惡，卻忘掉了去尋丁竽，豈不錯過了一次良機。良機錯過，就更是無處去尋不願見我的丁竽了。」

「大帝夠幸福的了，大帝既被別個誠心所愛，」顓頊說到這裏，不由得心情懊喪到了極點。柏夷父這時聽了顓頊言說則已心中盡明，眼見顓頊心情懊喪便無奈勸言道，「自己又誠心愛著別個，誰個能夠匹敵呀！」

「有真情者不給面見，」但是對於丁竽救他而不見他，柏夷父就無法勸說了。末了無奈，只有慨歎道，「不記仇恨甘為有情者死，此乃愛之最高境界也！」

「那為惡者則就是不以情計，甘為邪惡者死了！」顓頊聽到這裏，頓然從情愛中解脫出來，換上了對窮奇二惡之恨勃然大怒道。隨著，他則鏗鏘起誓道：「不除窮奇二惡，我怎能對得起先祖！」

顓頊誓畢，便與柏夷父計議起了除去窮奇二惡之策。但他二人議來計去，卻都苦無良謀。窮奇二惡已入敵營，共工又信任他二惡，顓項怎得除去啊！若要除去他二惡，必須剿滅共工軍兵使之無處躲身。

於是他二人隨著，便又計議起了剿滅共工軍兵之策。但他二人又是計來議去，由於共工軍兵經此敗戰，剛濕羽毛未傷皮肉，不施奇計僅靠硬戰絕難取勝。仍是一日沒有思得良謀，天便黑了下來。

「啟稟大帝，營東發現三千共工軍兵，」天黑下來他二人繼續思謀，但是他二人繼續思謀剛剛過去半個時辰，卻聞營東哨探來報道，「趁黑悄然向帝丘開去。」

顓頊與柏夷父正在久議不得剿滅共工軍兵良謀，陡聞此稟心中大驚。於是他們立刻詢問負責營西防務副將道：「西方可曾發現有共工軍兵向帝丘開進？」

被問副將回稟道：「未見哨探稟報。」

「大師，我料共工三千軍兵北進，定是乘虛奪我帝丘。」顓頊與柏夷父聞答相視一愣，顓頊即令兩方哨探再作細探，隨著他二人便又急作起了計議。顓頊率先開口道，「但是共工為何不怕我剿殺其三千軍兵？難道這其中有詐不成？」

柏夷父這時則陷入了深深的沉思，由於思而無得，對顓頊之言聽而不聞久不作答。顓頊不見柏夷父回答，便也隨之陷入了沉思。

是呀，如果共工三千軍兵真是前去奪城，這實在是一次巨大的冒險呀！他們出到自己萬余大軍之後，若被自己之軍圍住焉有保全之理。但若不是前去奪城，他們又要去做什麼呢？共工眾惡這是使的何種奇計？自己該怎樣對付這突然北進的共工軍兵呢？

帝丘城中只有飛衛三千守城軍兵，除了東方已知的共工三千軍兵，如果西方再有共工三千軍兵前去，共同突然襲之，他們守得住帝丘嗎？但若自己分兵去救帝丘，是否又正中了共工之計，他則趕來圍殲自己軍兵呢？

顓頊與柏夷父思啊想呀，這些他們都心想到了，但卻一時誰也拿不出了主意。他們都深知共工雖然生性兇猛頑直，但浮游卻陰詐險詭，滿腹惡謀。誰知道他這是給共工出的什麼奇謀呢？

但是他們拿不出主意也必須立刻拿出主意，因為東方共工三千軍兵，已經繞過自己軍營向北疾進而去。誰知道西方是否還有自己哨探未曾察知北進的共工軍兵呢。

「大師，共工定然是計，用此三千軍兵造成襲我帝丘假像，誘我回救帝丘他則圍而擊殺我軍。」為此，焦急無謀的顓頊耐不住了心中的焦急道，「不然，他怎會將襲我帝丘之軍，示我以知呢？」

「不，大帝。我們切切不可被假像蒙住了眼睛。」柏夷父這時已經思有所得，成竹在胸開口否定道，「老兒以為，共工此舉並無他謀，完全是一種建立在僥倖心理之上的冒險舉動。」

「噢，」顓頊一時未解柏夷父深意，開口道，「大師以為如此！」

「是的。陛下想啊，共工本為兇猛至慣於鋌而走險之徒，今定料我新勝無備，城中空虛，故出奇兵襲奪我城。」柏夷父繼續講說自己之想道，「那惡定是料定奪得我城之後，我城外軍兵定然軍心大亂。故而奪城軍兵正可借機出城，前後夾擊以奪勝我軍。」

「若依大師此說，」顓頊則不贊同柏夷父之言道，「共工三千軍兵北進為何示人？」

「不，共工三千軍兵並不示人。示人何以入夜而行？」柏夷父又即否定道，「他們只不過是恰被我哨探發現罷了！大帝，時不我待，快發輕兵殲殺共工三千襲城軍兵。」

「派多少軍兵前去？」顓頊這時心中仍未全被柏夷父說服，即言反問道，「如果西方還有共工三千軍兵前去呢？」

「不，老兒料定西方定無共工軍兵前去。」柏夷父聞聽顓頊此言，即又開口道，「大帝試想，如果共工從西方再派三千軍兵北去，他豈不害怕我軍剿了他的老營？」

「那麼殲殺共工三千襲城軍兵，我就要派出四千軍兵。」顓頊道，「大師就不怕我軍下餘軍兵勢弱，共工軍兵從南殺來勝我軍兵？」

「這好對付，大帝。到了那時，我們就領兵棄營北進開往城西。我們到城西時，城東共工襲城軍兵已該被殲。」柏夷父聞聽顓頊此言，立刻「哈哈」一笑道，「屆時大帝令城中飛衛軍兵，出城攻擊共工軍兵正面，我軍與城東得勝之軍攻擊共工軍兵兩翼。我軍占居天時地利人眾絕對優勢，則共工軍兵可滅矣！」

「共工軍兵不來攻我，」顓頊聞聽至此，看到柏夷父之計可保其軍兵萬無一失，方纔放下心來道，「我軍當巋然不動。」

「對，大帝。共工不來我軍不動，共工來之我軍退之。」柏夷父道，「退一步說，即使我軍不能全殲共工軍兵，我軍無傷殲其三千奪城軍兵已是大勝哩！」

至此顓頊決心已下，開口即令重、黎二將各領兩千精兵，一繞到共工軍兵背後，一從南翼殲殺攻城共工三千軍兵。重、黎領兵去後，顓頊又加派哨探打探共工營中軍兵舉動，一俟有動便立刻採取對策。

但是，此後顓頊與柏夷父一直等到帝丘城東先是殺聲大起，後又待到殺聲盡息，末了又待到重、黎二將領兵凱旋歸來，卻也未見南方共工軍兵有動，並且也未聞聽西方有北進共工軍兵。

共工軍兵不動，顓頊軍兵平靜，顓頊看到重、黎二將凱旋歸來，便立刻迎進帳中詢問戰況。重、黎二將聞問言說殲敵輕易，他們一陣趕到共工襲城軍兵背後，便把三千只顧攻城軍兵殲殺淨盡，奪勝歸來了。

「我們激戰中聽到有的共工軍兵哀歎，他們陷身死地，全是中了窮奇二惡的姦計。」顓項聞聽大喜，連贊柏夷父料事如神。待到顓項贊畢，重、黎又齊開口道，「後來我們擒住一將審問，他也這樣講說。」

「知我顓項軍兵者，窮奇二惡也。」顓項不聞此言還罷，聞聽此言真個是頓然氣得七竅火突渾身冒煙道，「他二惡不除，我軍難脫險境矣。」

「啟稟大帝，末將部下剛剛抓獲一個共工軍兵的姦細。末將本欲殺之，」顓項話音剛落，突見一將入帳稟報道，「但不敢自專，特稟大帝定奪。」

「殺！」顓項正惱聞稟眼也不看，從緊繃的嘴唇中僅迸出了一個字道。

「慢。」然而，在旁的俊譽卻忙開口攔阻道。隨著，他即轉對顓項道，「帝叔，此乃正是誅除窮奇二惡的天賜良機哩！」

「快講，」氣惱的顓項不解俊譽之意，即不耐煩地反問道，「小子何以此言？」

「帝叔試想，若依重、黎二將剛才所言，這次共工奪城惡計為窮奇二惡所獻。」俊譽立即道，「那麼此計大敗，則共工必見疑於他二惡哩。」

「共工蟊賊見疑於他二惡，」顓項只顧氣惱，對俊譽此言仍是不解道，「與這姦細有什麼關係？」

「當然有關係。帝叔試想，我們豈不正可借此共工懷疑窮奇二惡之機，再借這姦細之口傳播假言，」俊譽接著繼續道，「實現借助共工之力，除去窮奇二惡的目的，了卻帝叔的一塊心病。」

「侄兒果真妙計，實在勝過帝叔心思一籌哩！」顓項這才突然心明過來道。隨著，他即與眾臣將預謀一番，定下了此計的細節，才命那來稟之將帶來了姦細。

顓頊見到姦細，先問其真是共工所派一番之後，隨著又問起了共工這次派兵奪城之舉。姦細聞問，果如攻城共工軍兵所言，講說此計為窮奇二惡所獻。顓頊聞聽至此，故意「哈哈」一陣大笑起來道：「共工蠢賊，果然中了我之妙計哩！窮奇二將一計滅其三千軍兵，可惜了哩！不然，共工軍兵豈能走掉一個。」

「押下去，待天明之後午時到來，斬至營門！」隨著，他又向那姦細亂問共工軍兵一些其他情況，然後便一聲喝令道。眾兵聞令，便一陣把那姦細拉了下去。

姦細被拉到遠處的一座軍帳裡，單獨被綁縛在其中。安靜下來之後，他心中立即想到了自己從顓頊口中所得情報的重要。即顓頊所言窮奇二惡歸心共工為假，所獻惡計則為與顓頊共謀共工之舉。

想到這裏，他看到這情報重要到了關係共工軍兵的生死存亡。作為一個姦細，他心中頓然為此大急起來。他不是心急怕死，而是心急快將情報送回去。於是他決計趁此天色未明之時，脫去綁縛逃出營去。

但是，怎樣才能脫逃開去呢？他的雙手被緊緊地反縛在軍帳的帳杆之上。為此他急忙用力試圖脫開綁縛，結果剛試不久，其綁縛便已漸漸鬆弛開來。姦細於是心中暗喜繩索就要脫開，自己脫逃的時刻就要到來了！

就在這時，他聽到了帳外哨兵換崗的聲音。一個說：「老弟，還真想不到窮奇二惡如此好樣，成功地打入了共工軍兵內部，一計騙殺了共工三千軍兵！」又一個說：「侄兒妙計，勝過帝叔一籌哩！」另一個說：「常言人不可貌相，啥人有啥樣的用場嘛！窮奇二惡邪惡至此，則正對了共工蠢賊的口味哩！」

說到這裏，一個哨兵離別而去。很快，便傳來了留下值夜哨兵的呼呼酣睡過去之聲。姦細聞聽哨兵鼾聲大起，心知自己逃跑的時機來到。急忙一陣脫開已經鬆弛的綁縛之繩，起身來到軍帳門口，見到哨兵睡得正酣，便偷出軍帳逃跑而去。

「抓住他，別讓他逃了！」但他剛逃不遠，便被一陣喊聲攔住了去路。這是姦細逃錯了顓頊給他留下的通行路徑，派兵把他攔上通行路徑所行之舉。姦細被攔心中大驚，急忙轉身向一旁逃去。如此他恰好逃上了顓頊為他留下的逃離通途，隨後一陣便順利逃回到了共工營中。

共工與浮游送走相柳奪城三千軍兵之後，便在準備伏殺顓頊襲來軍兵，同時等待相柳的好消息傳來。然而他們等啊待呀，等過了二更又過了三更，卻不僅不見相柳捷報傳來，也不見顓頊軍兵襲來。

共工處此深夜萬籟俱寂平靜之境心中急了，他覺得暗夜靜謐並非好事，還不如殺聲動地的好。他彷彿預感到了這寂靜的暗夜，隱藏著他的失敗。因而，他求不得顓頊軍兵快快襲來。

他認為顓頊軍兵襲來相柳軍兵奪城才能有望，顓頊軍兵不來相柳軍兵奪城定然難成。但在急等中顓頊軍兵就是不來，深夜靜得悄然無聲。共工這時終於耐不住了心中的焦急，對浮游道：「狡徒，此番定是壞了大事！」

時間不待浮游回答，前方一陣疾急的馬蹄聲，「嗒嗒嗒」疾急地傳響過來。隨著，但聽相柳在馬上大叫道：「大帝，您在哪裏？」

共工聞聽心中一詫，更加預感到了相柳單人獨馬大喊自己定有不虞，為此不敢怠慢急叫人傳來了相柳。相柳受召立刻來到共工面前，黑夜中共工實在不知這來到自己面前的相柳，究竟是人還是魔鬼。因為但見他渾身是血，披頭散髮，面目全非。

共工眼見至此情知大事不好，心中陡沉萬分，已見相柳「撲通」一聲跪倒在地痛哭道：「大帝，末將有罪。末將全軍覆沒，只逃出了末將自己，你殺了末將以謝死難軍兵吧！」

「大帝，末將死而無憾。」共工這時證實了自己的預感，一時陷入沉痛不能自拔，半天沒有說話。相柳聞聽共工不言，又接著痛哭道，「只是有一言摯心相告，即大帝切莫再中窮奇二惡的姦計！」

「愛將莫作兒女情態，勝敗乃兵家常事。」沉痛的共工聞聽相柳此言，方纔「呀」一聲驚醒過來，急忙扶起相柳道，「愛將回來了，就是天大的好事！」

「末將領兵去到城下攻城正激，卻從背後和南翼突然殺來了一倍於我的重、黎軍兵。這時城中飛衛軍兵又出城殺來，顓頊七八千軍兵把我三千軍兵圍在正中。」隨著，共工方纔向其詢問起了鬥場的一切。相柳受共工安撫半天方纔止住痛哭道，「我三千軍兵孤立無援，雖拼死與鬥但終至全軍覆沒。罪將見到自己孤掌難鳴，只有拼死殺開一條血路，趁夜逃回稟報大帝。若是不在黑夜，罪將就也見不到大帝了！」

共工聞聽心疑道：「那麼恰好？」

「如果不是顓頊事前部署，豈能這樣恰好啊！」相柳道，「大帝，你殺了窮奇二惡吧。不然，全軍覆沒之虞就在眼前了！」

「將軍一敗，」浮游在旁聽了，急忙開口止之道，「怎可出此妄言！」

「大帝，小卒在顓頊營中，」共工正要開口反駁浮游，逃回姦細恰好來到共工面前稟報道，「探得了真實機密！」

共工聞聽急問小卒，小卒遂將所聞盡數稟報給了共工。共工心中正對窮奇二惡有疑，這時見到相柳中計損失三千軍兵，小卒又報此訊，加之他想到顓頊沒來襲營，更證實自己中了窮奇二惡之計。便心中怒火陡騰萬丈，喝令即殺窮奇與檮杌二惡。

浮游大驚，忙言再三勸止共工。但共工不僅不再聽取其言，反言其壞了大事。被擒窮奇二惡聞聽將被斬殺，忙跪地乞饒再三，痛哭陳言自己之誠。然而共工不再相信這些，一聲喝令道：「推出即斬！」

窮奇二惡就這樣在天明之時，被共工一起斬殺在了荒野之中，得到了他二惡應得的可恥下場。

二七、俊譽獻策

共工殺罷窮奇二惡剛剛引領設伏軍兵回到軍營，哨探便來稟報顓頊軍兵出營殺來。共工惱怒未消聞聽此報心中更惱，便即欲出兵迎殺顓頊軍兵。浮游深知共工正怒前去硬鬥顓頊軍兵必敗，不敢怠慢，急忙勸阻共工道：「大帝，我軍兵不可出戰。」

「怎麼不可出戰？」共工萬丈怒火正在無處發洩，聞聽浮游攔阻即將惱火燒向其身道，「狡徒！」

「大帝，顓頊軍兵不僅新勝，而且又眾過我軍將近一倍。」狡詐的浮游當然看出了共工惱火對他，可他對共工卻誠心不改，不怕其責摯言道，「此番殺來，是否有計我等也全都不知。我軍兵無計前去硬戰，焉有取勝之理？」

「這也不可，那也不行！狡徒說的可行之事，卻在眨眼之間毀去了我三千軍兵，」共工不聞浮游此言還罷，聞聽此言更將惱火傾向浮游道，「已將我軍兵置身在了勢弱厄境。這時再不出戰，不就是等著顓頊軍兵來滅我軍嗎！」

「大帝，窮奇二惡之事尚且沒有最終明朗。大帝不要以此及彼，」浮游聞聽共工此言，心雖氣惱卻也不敢氣惱，依舊誠心不改不懼共工責備，繼續勸言道，「將罪過遷及臣下之身，不再聽信臣下一片忠言，

大帝屆時將會更加悔之莫及啊！」

「狡徒，是你壞了我的大事，竟然又來狡辯！不是看在你的功勞之上，」惱怒至極的共工聽到浮游說到這裏，更是忍抑不住了氣惱厲喝起來道，「剛才我就把你與窮奇二惡一起宰了。滾開，休得再亂我軍心誤我戰機！」

浮游聽到這裏終於無奈，只有任憑共工引領軍兵出營迎戰顓頊軍兵而去。共工引領軍兵出營不到三里，便與顓頊軍兵迎了個對面。氣惱的共工邊令軍兵列陣待敵，自己便向前迎向了顓頊。顓頊見之也不相讓，即像共工一樣一邊令兵列陣待敵，一邊向共工迎殺上來。

「顓頊酷帝，你以為自己聰明，派遣窮奇二惡打進我軍中，妄圖察我軍情滅我軍兵！」眼見他二人迎近，共工便不待顓頊開口，自以為斬殺窮奇二惡是奪勝顓頊一招，便一陣「嘎嘎」笑了起來道，「告訴你酷帝，你的主意打算錯了，窮奇二惡已被我比你早一日送進陰曹地府去了！」

顓頊這時真個是不聞共工此言還罷，耳聞共工此言頓然高興得心花怒放起來。他不聞共工此言，尚且無法證實窮奇二惡是否已被自己計殺，若未被殺自己軍兵就得防備再三。為此他正在時刻放心不下，雖然他採用俊礜的反間之計放走了那姦細，但怎知共工是否聽信姦細之言，即殺窮奇二惡？

如今共工自以為窮奇二惡為顓頊所遣，其殺掉窮奇二惡便是奪勝顓頊一招，在此鬥場之上炫耀地向顓頊進行張揚。一下子使顓頊證實了他真的殺死了誠心從他的窮奇二惡，顓頊懸著的那顆心方纔放了下來，怎能不心中高興萬分！

「蟊賊休得狂妄，你殺了窮奇二惡，則正中了我的反間妙計，」高興之餘，顓頊便隨著「哈哈」暢懷大笑起來，譏訕共工道，「借你之手，替我除掉了誠心從你為惡的窮奇二惡哩！既如此，我顓頊就太感謝你蝨賊了。」

兇猛的共工本想以炫耀自己殺了窮奇二惡，打消顓頊的氣焰，但想不到自己竟是錯殺了窮奇二惡，反中了顓頊之計。共工被顓頊如此揶揄一番，著實氣得口裂目眥。忍不住心中的氣惱，一邊驅動坐下鱷魚獸，出鞭向顓頊打來，一邊開口大罵起來道：「顓頊酷帝，我勸你休得欺人太甚！今日我就叫你酷帝死在我的鞭下！」

「蝨賊，讓你多活到今日，已是延長了你的壽限！」顓頊當然也不相讓，一邊揮動手中長戈驅動坐下金龍獸，與共工惡鬥在了一處，一邊口中厲罵道，「還敢在這裏逞惡，我叫你死在今時！」

就這樣他兩個交起手來，真個是仇者相見，格外眼紅。因此但見鬥得格外邪惡，實在是一場好殺！共工左一招「黃蜂刺心」，右一招「惡虎遊山」，前一招「偷樑換柱」，後一招「劈頭蓋臉」。只見他左打右擊，前突後襲，招招不離顓頊要害。顓頊也不示弱，左一招「仙人指路」，右一招「攔路斬蛟」，前一招「撥雲望月」，後一招「倒步青雲」，對共工右擊左打，後襲前突，式式打向共工絕處。

頃刻間，只見他二人殺得烏雲停飛，驚鴻墜地，雙方軍兵被驚得呆若木雞。鬥場上只見風輪盤旋，烏雲翻滾，不見共工與顓頊二人身形究為誰個。轉眼打鬥多時，雙方不分勝負。

共工不見勝兆殺性更濃，卻不防顓頊這時突然使出「雲龍戲水」之招，拍動坐下金龍獸陡地跳出了圈子。共工見之好惱，開口厲罵道：「酷帝，鬥不過就跑，還稱什麼酷帝！」

「蝨賊，你的死期至矣！」顓頊則不慍不怒，「哈哈」一笑道。共工聞聽正想再罵顓頊，卻聽顓頊又已開口對他道，「蝨賊，你聽！」

共工聞聽顓頊之言正不想聽，身後其列陣軍兵兩翼陡然傳來的沖天殺聲，便已敲響了他的耳鼓。共工這時不聽不行，聞此殺聲頓然一愣，隨著不待其從驚愣中反應過來，其身後列陣軍兵便一陣大亂起來。

「顓頊酷帝，只在背後抄人後路算什麼本事。是英雄還是孱頭，刀把子上方見高低！」共工這才明白自己軍兵又已中了顓頊之計，心中頓然更惱大罵起來道。隨著，又氣惱萬分地揮鞭向顓頊打來。

「蟊賊，你的死期已到，還不快快束手就死，免我再動手腳！」顓頊這時當然也不怠慢，一邊口中叫罵著，手中則揮動長戈又向共工迎來，一邊麾動身後眾軍兵，齊向共工軍兵圍殺上去。

共工剛才氣惱至極欲與顓頊拼命方纔打來，這時正鬥突見顓頊身後軍兵又向自己軍兵殺去，方纔想到顓頊軍兵勢眾自己軍兵將近一倍，自己弱勢軍兵受到其軍三方圍殺，斷無得勝之理。

「顓頊酷帝，今日我共工暫且饒你一命不死，後日殺你酷帝不遲！」共工為此心中雖惱卻也不敢再戰，急對顓頊惡罵一聲道。隨著，急棄戰向身後自己軍兵之中退去。顓頊見之豈能相讓，隨後便疾追而去。

共工這時深知自己軍兵敗勢已定，便不敢再戰，害怕其軍兵被顓頊軍兵所滅，為此拼命麾動其慌亂的軍兵，向南拼命奔逃。然而這時，顓頊兩翼軍兵在前者已經殺入共工軍兵腹心，因而共工軍兵群中敵中有我，我中有敵，已經成了惡鬥之場。為此其軍兵雖經共工拼死麾動，一時間也硬是逃跑不得。

身陷此境，共工當然更是不敢怠慢。但見他在前急忙拼死殺開一條血路，也不再顧及被圍走脫不掉的自己軍兵，而僅僅引領跟隨得上的軍兵，疾急地向南逃去。

如此共工引領殘兵向南逃去之後，顓頊軍兵一陣殺盡奔逃不掉的共工軍兵，遂又向南窮追共工殘兵而來。顓頊知道，共工軍兵奪城折去三千，此戰又折兵將近千之數，共工剩餘軍兵就只有不到三千之數了。因而自己萬餘軍兵隨後窮追不捨，定可一舉剿滅共工殘兵。

為此共工殘兵在前奔逃，顓頊麾兵在後窮追。顓頊決定共工逃到哪裏，他就領兵追到哪裏，直到剿滅共工軍兵為止。就這樣顓頊追兵在後緊咬著共工軍兵緊追不放，共工軍兵硬是在前逃脫不得。轉眼已是逃出兩日，累得精疲力竭，難以再逃起來。

但他軍兵不逃就等於是死，為此逃跑不動的共工，還是拼命麾兵向前奔逃。然而逃著逃著，從不驚懼的共工，卻突然心中大為驚懼起來。因為他突然想到，自己軍兵向南再逃不出一日，就會逃到黃河岸邊。

若是前有黃河擋道，後有顓頊軍兵追趕不放，渡河又來不及，戰又無法奪勝，其軍兵就真的要覆滅在黃河岸邊了。懼怕至此，共工方纔重又想起了心中對之氣惱，加之連日只顧麾兵奔逃，未能來得及與之言說的浮游。隨著，邊逃邊對浮游言說道：「狡徒，我算是服了你了，一切你都高我一籌。我聽你的狡徒，狡徒說我軍兵該怎麼辦吧？」

浮游先前受到共工斥罵，兩日來奔逃中共工不理他一言，他不知道共工心中對他是何態度。加之他對共工這般妄行，不聽自己真言也實在氣惱，因而也一直沒有言說於共工一語。

這時聞聽共工此言，見到共工置此無奈之時，不僅認識並且完全承認了自己之錯，而且這樣信賴依靠於他。他知道共工作為一位桀驁不馴的狂徒，能夠做到這般地步，已是無奈到了極點。

加之共工身為大帝，自己作為臣下，受斥又無以言屈。為此便立刻開口將自己所想摯言於共工道：「大帝，以臣下之見，一是鼓勵軍兵拼死疾逃。二是不可再向南逃，南有黃河擋道。」

「那麼不往南逃，」共工剛剛聞聽至此，便見浮游恰正道出了自

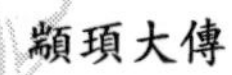

己之憂，忙問道，「狡徒說該怎麼辦？」

「向西逃。向西逃一可避開擋道的黃河，二是向前不遠，」浮游立即回答道，「即可逃入太行山中。只要到了山中，我軍兵就可以如鳥出籠，如魚入海，天高任鳥飛，海闊憑魚躍了。」

「鳥怎麼個飛法，」共工心想不到此般境地，道，「魚怎麼個躍法？」

「大帝，到了那時，我們來它個言北奔南，聲東擊西。」浮游「嘿嘿」一笑道，「山中溝壑縱橫，林木蔽日。就不愁甩不掉顓頊追兵，尋不到半日渡河時間了。」

「對，只要一到黃河南岸，我軍兵渡過長江就有希望，而渡過長江我們就回到了老家，」共工這才大喜道，「顓頊酷帝就奈何我們不得了。屆時我們就可以再聚軍兵，剿殺顓頊酷帝了！」

「臣下正是此想，」浮游又是「嘿嘿」一笑道，「一切還請大帝定奪。」

共工這時不僅不再氣惱浮游，而且把浮游當成了難中救星。為此聽了浮游此言，兇猛的他心思一轉，竟對浮游安慰起來道：「狡徒，記恨我了嗎？剛才我已說過，我一切都聽狡徒的了。」

「臣下怎敢記恨大帝，」浮游忙言道，「為大帝效力，還效將不及呢！」

「這就好。」共工忙又安慰道，「那麼狡徒就再為我好生效力吧！」

「大帝，快令軍兵向西疾逃。」浮游這時又是「嘿嘿」道。共工聞聽，即依浮游之言傳下了命令。正往南逃的軍兵聞令，急忙調轉方向死命向西逃去。

顓頊剛才眼見共工依舊引領軍兵一個勁向南疾逃，心中高興他們再逃不過一日，就將逃到黃河北岸，自己軍兵殲殺共工軍兵的時機，就要到來了。為此他心中正在歡喜，邊追邊與柏夷父商議起了借助黃河天險，殲滅共工軍兵之策。

「這個不難。只要我軍隨後緊追，不給共工軍兵留下渡河時機，」柏夷父聞聽顓頊之言，胸有成竹道，「共工軍兵渡河無筏，戰又不能取勝。我軍剿滅共工軍兵，就在黃河岸邊了。」

「大師所想極是，我也正懷此想哩！」顓頊聞聽高興道，「但只是共工那惡狡黠，看到前有黃河擋道，我怕他調轉逃向。」

「大帝，快瞧！」果然顓頊話剛落音，就聞身邊悍將大叫道，「共工軍兵轉逃向了西方。」

正在擔心共工軍兵改變逃向的顓頊突聞此言，舉目果見共工軍兵改向向西逃去，不禁「啊呀」叫出聲來道：「共工果然狡詐，這樣不僅我軍在黃河岸邊剿滅其軍的可能消失，而且其軍兵逃入西方太行山中，就有逃脫的可能了！」

於是他即問身旁的柏夷父道：「大師，共工軍兵西逃，一為躲過黃河死地，二要逃脫我軍追擊，我們怎麼辦？」

「暫且只有緊迫不舍，」柏夷父這時也是無奈道，「以後見機行事。」

「也只有這樣。共工軍兵如此在前死命奔逃，」顓頊聞聽也只有即令軍兵追殺更疾，其他也是無奈道，「我軍兵只能在後窮追，趕不到其前方豈有妙計可施。」

就這樣顓頊軍兵在後窮追疾趕，共工軍兵在前不敢停息，一個個唯恐稍有停息落伍，被顓頊軍兵殺死，因而拼命前奔。顓頊軍兵與共工軍兵如此一追一逃，轉眼又過數日，這日共工軍兵便逃入了太行山中。

一入太行，共工軍兵便果如浮游所言，海闊天空，逃跑起來自由多了。一是這裏溝壑縱橫，林木蔽天，到處都是藏身之所。二是共工軍兵皆為生在江南山地之人，慣走山路，逃奔起來輕捷快疾。三是共

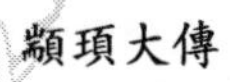

工軍兵這時只為奔逃保命之軍，一應輜重車輛全被拋棄，實為一支輕便之軍。為此進山不久，他們便已與顓頊追兵拉開了距離，隨著更是距離越拉越大起來。

顓頊軍兵在太行山中當然更是追趕不上共工軍兵，這一是因為其軍兵多為平原之人，不慣行走山路。二是其軍隊伍龐大，輜重車輛一應物資皆未拋棄，行動極不方便。三是共工軍兵為了逃命專擇山中險處僻處行走，使得顓頊軍兵追趕更加不易。

為此一入太行，其軍兵便漸漸與共工軍兵拉開了距離，隨之越拉越遠。顓頊見之大為焦急，為此嚴令軍兵加快追擊速度。但無奈上述情況一時擺脫不得，所以拉後局面也一時改變不了。

顓頊追兵如此在後越拉越遠，共工見之當然高興。先前在平原之上無論其軍兵怎樣疾逃，都擺脫不掉顓頊追兵。入山之後便將顓頊追兵越甩越遠，則說明自己軍兵逃脫有望。

「狡徒招數高啊！狡徒再想想，我軍兵是否可以在這太行山中施用計謀，」共工為此心中高興，邊逃邊對浮游讚譽道，「打它一個以少勝多，剿滅顓頊追兵的大勝仗。」

「大帝，計當然可以施，仗也當然可以打。但臣下以為，我們還是不施不打為好。敵我軍力懸殊過半，」浮游聞聽「嘿嘿」道，「我軍兵身陷隨時都有覆滅可能的厄境，還是走為上策啊！只要大帝將這三千軍兵帶到江南，何愁剿滅顓頊軍兵沒有時日！」

「狡徒所言雖是，但以狡徒之狡，又何愁無計既使我軍兵脫身厄境，」共工生性好戰，聞聽浮游此言心癢難收道，「又以少勝多打一個漂亮的大勝仗呢？若是那樣，不就將大振我軍兵士氣，大揚我軍兵的威風了嘛！」

「若此既然大帝有令，臣下自當遵行。但只是需待臣下思謀成熟，再作計議方可。」浮游聞聽至此道。共工聞聽贊同，浮游隨著便陷入了思謀惡計之中。浮游隨後邊逃邊想，轉眼一日過去，第二日共工軍兵向北，逃入了一條十餘里長的狹谷之中。

浮游一入此谷心中一明，頓覺可在此谷施用奇計。但狡惡的他卻閉口不言，直到隨同共工走出此谷北口，方纔思慮成熟即要共工止兵道：「大帝，此谷乃顓頊的天賜絕地矣！大帝不是要臣下思計鬥勝顓瑞軍兵嗎，計就在此哩！」

共工聞聽浮游此言，頓然高興得「嘎嘎嘎」一陣大笑起來。因為他也像浮游一樣，見到此谷立刻心生施計之想，只是還沒有思慮成熟，因而沒有說出口來。浮游恰在此時說出了其想說未說之言，出語道出了其胸中之謀，為此他心中大喜起來。

「狡徒，你實在不虛大帝賜你狡徒之名！好，我們就令軍兵登上兩邊山頭埋伏下來，」為此共工高興之餘，即命眾兵分別登上兩邊的山頭道，「待到顓頊追兵來到，滾石囤死其退路，拋石佈火把他們一舉全都砸死燒死在谷中。」

共工軍兵連日來只顧日夜奔逃保命，哪裏獲得過半日休歇時間，一個個早已精疲力盡。這時聞聽共工要他們登上山頭伏殺顓頊追兵，既得休歇又可獲得打殺顓頊追兵之機，便全都爭先奮勇，一陣便登上了兩邊的山頭，沿狹谷埋伏在了山頂。

共工軍兵埋伏下來，一邊休歇，一邊等待顓頊追兵追入谷中。轉眼一個多時辰過去，他們便看到顓頊追兵來到了狹谷跟前，先頭部隊已是進入了狹谷之中。共工與浮游見之大喜道：「顓頊酷帝，看你還能高興幾時！」

然而就在他二惡心喜之言剛落之時，卻見剛剛入谷不到一里的顓頊先頭軍兵，即火速退出谷去。共工二惡見之一詫，正不知道顓頊軍

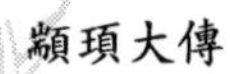

兵為何驟然退出，他們卻又更加驚詫地看到，顓頊軍兵已在谷口分作兩路，分別向兩邊山頭迅疾攻來。

原來剛才柏夷父與顓頊領兵來到谷口，看見狹谷險要，柏夷父便立刻預感到共工蟊賊不會放過此地，必設伏兵戰殺自己軍兵，為此他急忙與顓頊商議。顓頊聞聽柏夷父言之有理，便即對柏夷父道：「寧可信其有，不可信其無。共工蟊賊狡黠異常，全軍盡入谷中，如果事情有變退就遲了。」

隨著，他即令進入谷中的前軍疾退出谷，分兵兩路疾攻上了共工軍兵可能埋伏的兩山山頭。事情果被柏夷父與顓頊完全料著，就在顓頊前軍聞令剛剛要撤出山谷之時，山頭共工軍兵便一陣向谷中滾下了巨石，扔下了火把。

顓頊眼見共工果然用計，便命軍兵攻上兩邊山頂更疾。其前軍一陣攻上山頂，即與埋伏在近處的共工軍兵大殺起來。共工剛才正喜浮游奇計將要奪勝，不料其計又被顓頊所破。共工為此偷雞不成反蝕一把米，心中大惱，但事急燃眉他也不敢怠慢，急令山頭軍兵隨他往北下山疾逃而去。

然而共工軍兵經此一敗，其入山以來連日奔逃，甩開的顓頊軍兵又緊緊咬了上來。因而其軍兵為保活命，又只有拼命向前奔逃起來。另外共工只顧引領北邊山頭的軍兵奔逃，可歎南邊山頭的軍兵卻奔逃不及，又被顓頊追兵殺死過千。

「狡徒，看來顓頊酷帝比你頭腦尚且精明十分，」共工經此敗戰當然不敢再戰，隨後便邊逃邊問浮游道，「我們必須速過黃河，方可保得我軍不滅。」

「是的，大帝。」浮游雖然狡惡這時也已無奈道，「我軍兵現在已經不足兩千之數，遠不是顓頊之軍的對手了。」

「那麼狡徒快說，」共工聞聽此言，心中更加焦急道，「我軍兵怎樣才能安全渡過黃河？」

「若是只渡黃河，這個實在容易，」浮游聞聽共工此問，即言道，「大帝就不必為此焦愁了。」

「怎麼容易？」共工急不可耐道，「狡徒快說。」

「大帝，我軍兵現在又已逃過了兩座大山，我想顓頊追兵還需半個時辰方能趕到這裏。」浮游隨之詭秘道，「你看天上彤雲烏黑，要下大雨了。大雨一來，我軍兵的蹤跡就會被雨水沖掉。」

「噢，」共工這時心明道，「狡徒是說，我們要讓大雨幫忙。」

「對。這樣我們就在雨中來它個強行軍，折轉回去來它個向東南方向前行，」浮游這時明確道，「直插顓頊追兵之後奔向孟津渡口。顓頊定然預料不到，我軍兵即可安然渡過黃河了。」

「不可，不可！」浮游的設想實在是太大膽了，當然也又加上共工這時已是心膽俱驚，因而共工聞聽此言，頓然驚得更加瞪大了眼睛否定道，「這樣若被顓頊軍兵發現，我軍豈有逃脫之理？」

「大帝，用兵在奇！奇就奇在出乎敵手預料。」浮游見到共工否定自已之想，也是心中焦急起來，於是只見他一改平時的「嘿嘿」陰笑之態，神情嚴肅話語鏗鏘起來道，「而要出乎敵手預料，就必須想敵手不敢想、做敵手不敢做之事。否則前怕狼後怕虎，焉有奇兵之說。」

「嗯，」共工這時仍是猶疑道，「狡徒說的也有道理。」

「大帝，保全我軍，在此一舉了！」浮游見共工仍在猶疑，催促起來道，「你就快下決心吧！」

這時，陰沉的老天仿佛真的在為浮游之言作出注腳，一聲悶雷響過真的立刻下起了瓢潑大雨。共工見之，這才因為心中完全沒有了主意，方纔最後下定決心道：「好吧，狡徒，就照你說的辦吧！」

共工如此說著，即命軍兵雨中轉向，一路東南徑插顓頊追兵之後，向孟津渡口強行軍而去。顓頊領兵殺盡奔逃不掉共工軍兵之後，向北剛剛追出谷口，天便下起了如注的大雨，使得其軍兵向前難行起來。

向前難行顓頊也命軍兵不得停止追趕，但其軍兵畢竟沒有不行即死之憂，因而前行速度在雨中還是大大減慢下來。這樣其軍兵追到共工軍兵剛才在處，已經足足過去了一個多時辰，天已經完全黑了下來。

雨下天黑，加之共工逃兵的痕跡早已消失，顓頊軍兵以為其軍兵還是向北逃奔，便繼續在大雨黑天中向北追擊。結果二軍一逃一追方向相反，顓頊軍兵便只能是越追，距離南逃的共工軍兵越遠。

在此大雨黑夜之中，共工軍兵則一個個盡知自己不逃即死，因而個個嚴遵共工之令不怠，一夜強行軍一百余里，天明時分已是遠遠甩開顓頊追兵，來到了孟津渡口。他們看到黃河不敢停歇，立刻開始伐木紮筏搶渡黃河。

此後僅僅一個時辰過去，共工不到兩千軍兵便已全部渡過了黃河天險，脫出了河北死地，來到了河南得生之地。但他軍兵到了河南得生之地仍是不敢休歇，因為南方還有長江天險攔其生路。為此他們即又向南拼命奔逃而去，終至十余日後順利渡過長江，回到了江南老巢安全之地。

顓頊引領軍兵向北追擊共工逃兵，當夜追出五十餘里，天明後繼續追出數十里，卻仍是不見共工逃兵蹤影。不見共工逃兵蹤影顓頊命兵向北繼續疾追，但又是追出兩日還是不見共工逃兵蹤影。

這時顓頊與柏夷父方覺異常，正在猜想共工逃兵可能去了別的方向，已聞哨探來報，共工逃兵已於兩日之前借著雨夜的掩護，從孟津渡口偷渡黃河逃往南方。顓頊聞稟勃然大怒，立刻開口斥罵道：「共工狡惡蟊賊，任憑你上天入地，我也要把你追擒回來！」

於是顓頊即命軍兵返向南方，渡過黃河繼續追擊共工軍兵。然而顓頊軍兵渡過黃河追到桐柏山中，不僅未見共工逃兵蹤影，卻聞共工逃兵已經渡過長江而去。聞得此報，顓頊只得命兵停止追趕駐紮下來。

這是因為，長江之南為偏僻荒蕪之地，瘴疫充斥之鄉。自己軍兵追去，也難以奪勝共工蟊賊。再追奪勝共工不得，顓頊又為共工逃去心中大惱，因為共工不除天下就難以平靜呀！為此駐下之後，顓頊便又與眾臣將一陣計議起了剿除共工之策。

顓頊與眾臣將計啊議呀，轉眼議論半個時辰過去，卻誰也沒有拿出良策，顓頊心中為此更惱。正在這時俊譽突然想出一計道：「帝叔，侄兒思謀江南乃為共工蟊賊老巢，其招募軍兵皆為江南之人。侄兒則為少昊之孫，少昊則為金神，侄兒則已繼得其位。侄兒爺爺少昊在西極，則做每日檢驗落日光焰是否正常的工作。」

「侄兒說些什麼？」俊譽剛剛講說至此，正惱的顓頊已是耐住了性子道，「這些我都知道。」

「帝叔莫急，侄兒之計就定在這裏。為此侄兒想去西極，」俊譽隨之道，「趁著日落之時將太陽拴住，牽往北極拴定在北極上空，連同月亮和漫天的星辰。」

「噢，」顓頊聞聽至此，實在是一驚非同小可道，「侄兒這是要做什？」

「侄兒要把江南共工的老巢，變成一片黑暗，遍地寒冷，」俊譽堅定道，「凍死其樹木禾稼，斷去其惡人性命。這樣，就剿平共工有日了！」

「好，侄兒聰慧，實乃妙計。」顓頊正愁無計，聞聽至此禁不住頓然高興得連聲贊叫道，「這樣，剿平共工孽賊果就有日矣！」

「不，不可這樣。」然而，柏夷父這時卻立即開口否定道，「大帝！」

「怎麼不可這樣？」正在高興的顓頊聞聽一詫，詢問道，「大師。」

「一則如此去做，殃及江南凡人。江南凡人也都是大帝的子民，他們助惡開始則為共工所迫。」柏夷父隨之道，「而大帝若是這樣去做，則就把他們逼上了共工的惡道啊！」

「二呢？」顓頊關心有何不可，聽到這裏又亟問詢道，「大師。」

「二是會殃及天下凡人，說不定會釀起天下之亂。北極凡人過慣了嚴寒的日子，乍然受此炎熱，不僅人受不了，樹木禾稼一應牲畜也都會受不了。」柏夷父接著道，「同時中原之人也同樣會受不了這等天氣驟變。天下凡人受不住如此天氣驟變，一起起而反之不就要天下大亂，大帝贏得嚴酷之名，難以收拾了嗎？」

「大師固然言之有理，但此行僅為一時之舉。只要大帝向天下凡人講說清楚，大帝此舉是為了剿除共工孽賊安定天下，讓人們忍受一時。」俊嚳聞聽柏夷父此言，立刻解釋道，「待到共工孽賊平定之後，就立刻一切恢復如常。人們是會給予理解，不會釀成天下大亂的。」

「侄兒言之有理，就這麼辦！」俊嚳之計正合顓頊心意，先前聞聽柏夷父之言正無從解釋，這時聽了俊嚳此言立即贊同道。隨著他不讓柏夷父再說，即命俊嚳前去西極，將日、月、星辰全部牽拴到北極行計而去。

二八、顓頊歷險

俊磐遵從顓頊之命而行，不久便來到西極日月星辰棲息之地，把正在休息的日、月、星辰一個個身子拴牢，然後牽到北極，拴牢固定在了北極上空。俊磐的這一舉動，果真把江南立刻送入了一片黑暗遍地寒冷之中。但其卻也果如柏夷父所料，頓把天下陷入了大亂之中。

首先是在江南地界，過慣了炎熱氣候生活的人們，突陷如此黑暗寒冷之中，見到地上的樹木、莊稼被凍即死。人們不僅耐受不住這般嚴寒，過不慣盡是黑夜沒有白天的日子，而且又斷了充饑的食物。

開始，人們不知道此乃顓頊所為。還以為是共工行惡，遭到的上天玉皇大帝的懲罰殃及了他們眾人。他們本來就對共工恨之入骨，氣惱得恨不得立刻去食其肉寢其皮。

更有勇敢者氣惱中暗作準備，欲要伺機打殺共工，以為人們除去此惡消去此災。但更多的人無奈中則紛紛祈告上蒼，要上蒼玉皇大帝降罪只降給行惡的共工，不要降給他們飽受共工之害的眾凡人。

然而眾凡人對上蒼祈告再三，原來在江南天空的日月星辰還是像釘在了北天之上一樣，不往南來播送光熱。正在江南凡人盡在黑暗長夜和難耐的寒冷中祈禱無應，全都陷入無可奈何境地之時，突然傳來了共工的傳言說，這一切全都是顓頊酷帝懲罰他們江南凡人所為。要人們起來共同攻殺顓頊酷帝，以消除這一巨災。

開始眾凡人聞聽共工的傳言都不相信，他們都知道共工與顓頊兩家之仇，以及他二人爭奪一統天下大帝高位之事。所以都認為這又是共工借機蠱惑他們之心，把他們拴上他與顓頊爭奪大帝戰車的惡計。

但是末了，當人們弄清此災果真是顓頊為除共工所降時，便禁不住全都惱怒起來道：「顓頊酷帝為了保住自己的帝位，真的就不顧我們凡人死活了！你酷帝有本事來殺共工呀，坑害我們受共工之害的凡人為何啊！」

後來隨著災難的逐步加劇，氣惱的江南凡人更是忍抑不住，心中生出了對顓頊的仇恨。然後隨著這仇恨的逐漸加深，更使得先前憎恨共工，尊崇顓頊的眾凡人，漸漸從要幫助顓頊剿殺共工，轉變成了真心幫助共工剿除顓頊。

江南眾凡人的如此態度之變，正在共工預料之中，又使共工欣喜若狂。共工引領軍兵死裡逃生，倉惶失措逃回江南老巢之後，眼見其兵三損其二，心中當然氣惱顓頊萬分，再次發誓定要報雪此仇，除去顓頊。但他冷靜思考自己三戰顓頊三次遭敗，已將江南老巢凡人二萬餘眾斷送了性命啊！

本來江南凡人就不從他共工，他又損去這麼多凡人的性命，明日誰還會再跟隨他從軍呢？想到這裏他對顓頊雖惱，卻也覺得無可奈何起來。因為軍兵難集仇就無以得報，恨就無以得雪啊！

然而恰在這時，無奈的共工突然看到晴朗明亮的天空驀然佈滿了濃重的陰霾，變成了無盡的長夜，溫暖的春日突然變成了寒冷刺骨的冬日。處此奇異之境共工頓然大驚，忙問浮游眾人這是為何，浮游眾人更是奇詫莫知。

為此共工也禁不住心中一陣驚怕起來，他知道自己屢屢作亂凡界，這次剛剛敗回江南，凡界便現如此驟然巨變天象。他擔心這是上天玉皇大帝懲罰他所為，若是真的那樣，自己的末日無疑就要到來了。

然而共工在驚怕中轉眼過去十餘日，卻只見天象之變，而不見玉皇大帝懲罰他的具體舉動。為此他心中正在更為不解，哨探前來稟報了江南天象之變，皆為顓頊為戰於他，將日月星辰繫牢在了北極所致。

「顓頊酷帝此舉，真是助我成功也！這樣，則必將天下之兵齊舉矣！」共工真個是聞聽此稟擔心頓消，欣喜萬分地大叫起來道。隨著他與浮游一陣計議，便又施起了將計就計之法。即在江南廣播起了消息，以激起眾凡人對顓頊酷帝之仇，使之跟隨自己前去剿滅顓頊。

共工此舉果然見效，不久他便重又聚起了自覺前來的數千軍兵，開始操練準備起了再伐顓頊。顓頊此舉，不僅就這樣使江南如同柏夷父所料，發生了如此激變。當時天下九州地方，除江南荊州共工家鄉發生了上述激變之外，其他八州也都發生了如同江南荊州一樣的激變。

當時天下九州，按後來大禹治水時的劃分是這樣。今日河南地域為豫州，河北地域為冀州，京津唐地域為兗州，山東地域為青州，江蘇地域為徐州，浙江地域為揚州，湖北地域為荊州，四川地域為梁州，陝西地域為雍州。其他八州之變，我們先從冀、兗二州說起。

北方冀、兗二州地域，是顓頊稱做北方大帝時的轄地。顓頊在這裏十餘載，曾經把這裏治理得萬民安樂，天下平靜，為此這裏的人們都十分擁戴他。但自從他把日月星辰繫牢在了其地上空，便給這裏帶來了灼人的酷熱，盡是刺眼的光明的白天，而沒有了給人們帶來寧靜和休歇良機的黑夜。

顓頊本想這樣，會把江南的好處移給北國凡人，使寒冷的北國變成江南。但想不到北國過慣了寒冷生活的人們，卻耐受不住如此酷熱和無夜的漫長白晝。更經受不住酷熱帶來的瘴疫暑氣，不少人為此紛紛斃去了性命。

北國凡人越死越多，尊崇顓頊的眾凡人，便漸漸變成了不再尊崇，並由不再尊崇變成了氣惱，然後又由氣惱生出了仇恨，巴不得早些除掉這個借助日月星辰之力，酷殺北國凡人的酷帝。他們仇恨得開口怒罵道：「顓頊啊顓頊，你當大帝奈我們何，你殺共工怎該我們陪那共工去死啊！」

這種仇恨情緒的迅速增長，便使不少人集聚起來，議論起了討伐酷帝顓頊之事。他們開始議論，打算先向玄冥講說此事以解除之。但他們去找玄冥，玄冥卻在此前去了東海龍王居處一直未歸。為此他們又等待玄冥歸來再言，但玄冥一直久去不歸，眾凡人卻越死越多了。

「他既然繫了就不會放開，他已經變成了酷殺我們北國凡人的惡魔，我們哪能去向惡魔討活路。」眾凡人等不下去，有人便提議直接前去找尋顓頊講說，讓他放走繫在北國上空的日月星辰。但是有人不同意道，「我們不能去說，我們要討伐他，剿滅他。只有這樣，才能除去我們身遭的災厄！」

這時，在此冀、兗二州北國大地之上，真像佈滿乾柴一樣，一人呼百人應，一點星火便點燃起了遍地的乾柴，燃起了燭天的大火。他們迅疾集結起了一支三千人的討伐顓頊隊伍，這支隊伍的首領叫鍔鋒。鍔鋒本是顓頊的部將，生性猛悍，為人耿直，好行扶正祛邪打抱不平之舉。

先前，鍔鋒雖對顓頊尊崇無二，但這時眼見北國大地眾凡人一個個迅疾死去，心中由疼而恨，由恨而仇，終至達到了非領兵討伐顓頊不可的境地。於是鍔鋒便集起了這支三千人的隊伍，隨之加緊進行操練，只待訓練完成便南進帝丘，討伐顓頊酷帝。

這時東方青、徐二州的凡人，也已聚起了兩千人的討伐顓瑞酷帝隊伍。東方青、徐二州地域，在顓項把日月星辰繫在北國之後，雖不像荊、冀二地氣候變化之大，卻也把過去融融的南風變成了寒冷的南風，把過去寒冷的北風變成了融融的北風。

這一變化當然也引起了氣候的變化，使得地上的樹木禾稼，人們的衣食住行變得一派混亂起來。人們生活的混亂當然使人們罵起了顓項：「顓項，顓項，你是酷帝！你殺共工，我們受罪。你當大帝，殃及我們。不除掉你，哪有我們的好日子！」

就這樣，仇恨顓項的青、徐二州凡人也集聚起來，形成了一支三千人的討伐顓項酷帝之兵，在首領大款的帶領下開始了操練。這大款也是一位勇悍無比之人，他不僅生性嫉惡如仇，扶弱除強，而且廣行善舉，深得青、徐二州凡人愛戴。故而青、徐二州凡人擁戴他為首領，帶領他們討伐顓項酷帝。

在徐州南邊相鄰的揚州，也是一個深受顓項北繫日月星辰之害的地方。這裏的災難僅次於江南荊州，但倍重於徐州。因而這裏的人們不堪忍受嚴寒之苦，早在青、徐二州凡人聚兵之前，就聚集起了一支三千人的隊伍，在首領赤民的帶領下開始了操練，以俟練成便去討伐酷帝顓項。

在西方梁、雍二州的氣候變化，恰與在東方的揚、青、徐三州對應。因而那裏的人們也不堪忍受災變之苦，組建起了自己的數千人軍伍，開始了操練。梁、雍之軍的首領叫羌，此人勇猛善戰，有萬夫不當之勇，一隻老虎三隻豹子絕不是他的對手。由於他的勇名傳遍三州，故而被人們擁戴為討伐顓瑞酷帝的首領。

豫州為顓項腳下之地，這裏的人們深享顓項大治天下之福，先前都對顓項十分愛戴。雖然他制定過虐待婦女，不允許親族結婚當時人認為的殘酷禮法，但他還是做的好事多如天上的星星，這兩條禮法只

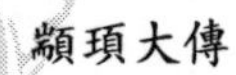

是一塊美玉上的兩點瑕疵。這次他為剿殺共工北移日月星辰，當然也給豫州凡人帶來了諸如青、徐二州一樣的災難。

「你與共工爭帝，有能耐去殺共工，何必殃及我們眾人！」開始人們忍受著，後來忍受不住便生出了仇恨，罵起了顓頊道。由此仇恨起了顓頊的嚴酷，勇敢者便推勇者契笛為首領，組建起了一支數千人的隊伍。在豫南開始操練起來，準備討伐酷帝顓頊。

天下其他八州之變，早傳到了時刻都在關注著天下之變，正在江南嚴訓討伐顓頊酷帝軍兵的共工耳中。共工眼見天下九州齊舉軍兵欲要討伐顓頊，真個是欣喜若狂，連睡夢中都在高興地狂叫道：「天助我也！真乃天助我共工也！」

「狡徒，我軍剿除顓頊，複歸帝位的時機已到。」為此共工便不怠慢，即與浮游議之道，「我意聯絡天下八州軍兵共伐顓頊酷帝，此舉若何？」

「大帝穩操勝券，」浮游早懷此想，只是眼見時機不到沒有言說。這時聞聽共工之言，忙「嘿嘿」一笑道，「實乃高見矣！」

「若此，我們就先起草討伐顓頊酷帝檄文，佈告天下。同時派人四出聯絡其他八州軍兵，」共工大喜道，「約定起兵時間，共同攻伐帝丘。此舉我為盟首，殺罷顓頊帝位當歸我共工矣！」

浮游聞聽忙言極是，共工遂命浮游起草檄文，然後派人聯絡其他八州軍兵起事而去。浮游陰險狡詐，起草討伐顓頊檄文當然是把好手。只見他剛剛思慮片刻，便就一揮而就，起草好了一篇言辭激烈的討伐顓頊酷帝檄文。

檄文顛倒黑白，誣衊顓頊邪惡，把顓頊罵了個狗血噴頭。讓人讀後非殺顓頊而不可，不除顓頊而不能。文道——

顓頊，非殺不可之酷帝也。是他，妄制虐待婦女、坑殺情人酷禮；是他，搶人小女為妃；是他，為爭帝位酷殺凡人；是他，為爭帝位繫拴日月星辰；是他，變亂天下氣候害死凡人無數。為此，顓頊實堪罪惡累累，罄竹難書；殺人如麻，流惡難盡。冠以酷帝之名，則當名副其實。對此酷帝，我們要天下共討之，凡人共誅之。不除此惡，天下難寧；不除此惡，凡人難活！嗚呼！

此佈告於天下矣。

浮游草好檄文當即送呈共工，共工見之大喜，即令佈告天下。隨後不到幾日，共工派出聯絡八州軍兵之人全部返回，帶回了聯絡成功，各州軍兵盡依共工之約同時舉事的消息。

原來其他八州軍兵由於剛剛集起，心中雖惱顓頊之惡，卻又都知道顓頊的厲害，全都不敢單獨起事。共工去約，並言天下九州兵馬言定同日舉事，各州軍兵便全都答應下來。按共工言定之日，共同起兵攻伐帝丘，剿殺顓頊。

共工聞稟心中高興，更喜顓頊末日就要來到，他不相信顓頊能抵得住天下九州軍兵齊舉會攻。高興之中，他即令自己軍兵細作準備，急待約定出兵之日到來。

顓頊命令俊嚳前去西極牽繫日月星辰之後，便領兵回到了帝丘。他不聽柏夷父之言，自以為此番施用俊嚳之計，把日月星辰牽繫北國之後，把江南溫暖之地變為嚴寒北國，江南凡人就會遷怒於共工。

這樣不僅會使得江南凡人不再跟隨共工來戰自己，而且還會激起江南凡人擊殺共工。到那時自己就可以不戰收功，平定天下。不僅這樣，他還以為使用俊嚳之計，可以把寒冷的北國變為溫暖的江南，給北國之人帶來意想不到的幸福，使北國之人更加擁戴自己。

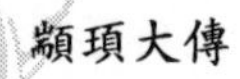

其後依次類推，行此俊嚳之計就只會給眾凡人帶來好處，給自己帶來功德和榮名。聰明的顓頊就這樣自以為想到了對處，卻想到了錯處。不聽柏夷父之言錯施此計，終至釀成了天下惡變。

柏夷父擔心天下此變，及時把天下惡變的情況告知了顓頊。但這時顓頊的剛愎性格重又膨脹起來，聞聽柏夷父之言仍舊不以為然自以為是道：「大師不必多慮，我相信天下凡人只會起而去殺共工，絕不會來殺我顓頊。」

柏夷父無奈，只有怏怏退去。但是隨後形勢急劇惡化，柏夷父前去言說顓頊尚且不聽，別個誰言他會相信？無奈中柏夷父只好又去言說，但顓頊仍是剛愎地不相信道：「大師儘管放心，等待共工蟊賊覆滅的好消息吧？」

此後柏夷父又這樣一次次實言相稟，均無奈剛愎的顓頊都一次次這樣勸退了柏夷父。終於，共工約定九州軍兵共同舉事的時日到來了。那受共工之約的其他八州軍兵果真盡履其約，全都按時舉兵向帝丘討伐而來。

共工舉九州之兵共伐顓頊的消息，飛快地傳報到了帝丘。柏夷父聞稟大驚，雖然這在他的預料之中，但他卻也料想不到發生得會如此快疾嚴重。這事嚴重到了如不及時採取措施，顓頊就有可能倒臺身死的地步。因而柏夷父不敢怠慢，急忙前去報知仍在剛愎自用等待好消息的顓頊。

「不可能吧。他們怎麼會來討伐我呢？」顓頊聞聽此報開始懍然一驚，但迅疾又平靜下來道，「是大師聽錯了消息吧。」

「大帝，你怎麼完全變了模樣？」柏夷父聞聽顓頊剛愎自用至此，實在忍不住了心中的萬分焦急道，「你再這樣，老兒就只有無奈立刻離你而去了。」

柏夷父口中說著，真的深施一禮，就要拂袖而去。剛愎自用的顓頊見之，這才驟然猛醒過來，忙上前去拉住欲去的柏夷父道：「大師不可如此。事情難道真的會這般嚴重嗎？」

「事急燃眉，」柏夷父忍抑不住道，「情急萬分啊！」

「啟稟大帝，北方冀、兗二州軍兵，」就在這時，南、北兩方哨探又來稟報道，「和南方荊州共工軍兵，已距帝丘僅有三日路程了。」

「啊，」顓頊聞聽此稟，方纔信以為真，驚得叫出聲來道，「他們果真是來討伐我的嗎？」

「真的！」二哨探急言道，「大帝。」

隨著，又有東、西方哨探報來了緊急軍情。這時，顓頊雖然在柏夷父的重錘敲擊下驚醒，看到了軍情緊急，但他仍不後悔當初不該不聽柏夷父之言施用此計，而仍覺得施用此計是正確的。眾凡人錯解了他的用意，為此他急忙召集眾臣將前來計議對策。

「若退天下九州軍兵，以老兒之見也很容易。大帝立即改變命令，讓俊譽火速放開拴繫在北國的日月星辰，使它們複歸原位，地上的氣候恢復如常。」議論中柏夷父心知情急，率先開口道，「這樣再詔令天下，講明緣由，以求天下凡人對大帝的諒解。若能這樣，天下凡人是會諒解大帝的。」

「大師之言，為退卻九州軍兵之一途，」顓頊當然聽不進柏夷父之言，但這時他雖然心有異意，卻又因情急萬分沒有對策，不好再直接否定柏夷父之言，而轉對眾臣將道，「你們誰個有高見講來。」

「帝叔，柏老之言僅為一途，」俊譽聞聽顓頊此問，立即開口道，「但切切不可使用。」

顓頊心中也正不贊同柏夷父之言，聞聽俊譽此言正說到了自己心裡，心中一喜，急問道：「此話怎講？」

「若依柏老之言，我以為能否退卻九州軍兵尚不一定。如果真能退卻九州軍兵，我們依柏老之言行事當然是好事。」俊嚳立刻接言回答道，「但是侄兒心想，九州軍兵皆為共工煽動而來，同時九州軍兵皆為天下死傷眾多凡人而起。為此他們是替死難者來討伐大帝的，絕無大帝改弦易轍，即可退卻叛亂之理。」

「侄兒言之有理，」顓頊聞聽俊嚳此言，心中更加欣喜道，「我們該怎麼辦？」

「為此以侄兒愚見，我們只可進而不可退。退不僅將損大帝之尊，而且證實大帝之錯，並將傷人罪過栽上大帝之身，九州軍兵仍可在共工慫恿下討伐之。」俊嚳繼續道，「而進則正合大帝施計原意，大帝是為剿殺共工平定天下，那樣雖然傷及了凡人，卻也是凡人應該為了平定共工做出的必要犧牲。大帝施用此計是正確的，凡人的犧牲是光榮的，殺來的軍兵助亂為惡是有罪過的。為此大帝只可進，而不可後退分毫！」

「小兒言之侃侃，但九州軍兵已近帝丘，大帝不作退讓誰個可退亂兵？」柏夷父在旁忍不住了道，「亂兵不退，怎麼抵擋得住？抵擋不住亂兵，帝丘、大帝怎保？你說呀！」

柏夷父這番落地生坑的鏗鏘話語，一時間真個是聲震殿宇，說得俊嚳無言以對起來。是啊！顓頊不作退讓軍兵不退，誰個抵擋得住？抵擋不住帝丘不保，焉有大帝生存之望？

「好了，不要再爭了。退，不是我顓頊的性格。」然而就在這時，卻見身溢剛愎性格的顓頊大帝，從帝位上威嚴地站起身來，劍眉飛揚，虎目灼灼，仍是剛愎道，「我顓頊要依侄兒俊嚳之言，用進來退卻亂兵！」

「大帝，萬萬不可如此！攻來九州軍兵眾達數萬，」柏夷父聞聽顓頊此言不解顓頊真意，以為是他要帶兵前去抗擊九州攻來軍兵，心中大驚急言勸阻道，「我軍兵只不過萬數，前去抗擊無異以卵擊石。金甌不保，大帝怎全呀！」

「大師不必多慮，」堅毅的顓項這時心懷自己之想，已經胸有成竹。聞聽柏夷父此言禁不住一陣「哈哈」輕鬆大笑起來道，「吾不用軍兵抗擊亂兵矣。」

聞聽顓項此言，涉世深廣的柏夷父竟然也一時猜不透了顓項之意，他不用軍兵怎去抗擊九州軍兵？為此他頓然奇異地睜大了老眼，驚問道：「大帝不用兵，怎麼退卻亂兵？」

「我自有辦法哩！我不相信除了蝨賊共工，他們九州軍兵敢殺我顓項。」顓項這時又是「哈哈」大笑道，「我去叫他們殺，我去叫他們退，我去叫他們隨我去剿殺共工。我不相信他們不聽我顓項的！」

正在奇異不解的柏夷父聞聽顓項講說至此，頓然心中一明，真個是驚得魂魄俱飛到了九霄雲外。熟知顓項的他終於聽出了顓項話中之意，原來是剛愎的他要隻身獨個，前去說退九州軍兵。為此他大驚之餘急叫道：「大帝是要隻身獨個，前去退卻九州亂兵？這切切不可啊！」

「怎麼不可呢？」顓項聞聽柏夷父此言，原先輕鬆至極的他依舊輕鬆自如地「哈哈」一笑，開口反問道，「大師！」

柏夷父聞聽顓項此言眼見顓項此狀，進一步感覺到了顓項剛愎性格的一面，至此發展到了極點。他氣惱俊礜小兒對其剛愎性格發展，起了推波助瀾的極壞作用。因而更加害怕如果顓項真要這樣行事，那麼不僅帝丘危在旦夕，顓項自身也危在旦夕了。

「大帝切切不可如此！亂兵四起，」為此柏夷父不敢怠慢，急又勸言道，「向我圍來。帝丘危在旦夕，只可退而怎可進呀！」

「大師不必再言，知我顓項者莫若我顓項也！」顓項這時則是主意已定，毫不動搖，說著就要起身前去道，「我不帶一兵一卒，將去盡退亂兵。不，將去統領亂兵剿殺共工！」

柏夷父見之心中更加驚怕，他閱歷雖然深廣，卻也從來沒有見到過這個場面。九州軍兵齊來攻伐顓頊，顓頊卻要隻身前去迎攔亂兵，這不是白白前去送死嗎！他不能不攔，但攔又攔阻不住。末了，他只有無奈道：「若此，大帝就帶領軍兵一起前去好了。那樣與亂兵講說好了更好，講說不好也有個保護。」

「不，大師。」顓頊聞聽則仍不退讓道，「帶兵前去反而失信，我一人前去足矣！」

「大帝此去，打算怎行？」柏夷父眼見自己的退讓之言仍未收到效果，再攔也是無用，無奈只有詢問顓頊前去之策道。他想看看顓頊之行有無成功的希望，並知其去向好作營救。

「冀、兗二州軍兵首領，我聞知其名叫鍔鋒，乃我舊日部將。」顓頊聞聽柏夷父此問，方纔認真道，「我要前去對他說清事情真相，讓他反助於我。進而聯絡其他州兵，前去共擊共工。」

「老兒聞聽鍔鋒生性兇悍，」柏夷父聞聽，頓又放心不下道，「大帝真有說服他的把握嗎？」

「我為天下躬行正事，鍔鋒生性雖悍，但為扶正祛邪之徒，焉有不聽我言之理。大師儘管放心靜待佳音，時急燃眉，我去了。」顓頊剛愎自用道。言畢，真的告辭眾臣將，出宮催動金龍獸，隻身離開帝丘，徑向北方迎說冀、兗二州軍兵而去。

柏夷父與眾臣將再攔也是攔阻不住，送別時都擔心顓頊此去凶多吉少，因而心中都生出了生離死別之感。眾臣將於是送了一程又一程，顓頊則生氣地告別一回又一回。眾臣將一直將其送出帝丘十里之外，方纔返回。

二九、玄冥解厄

顓頊告別眾臣將向北行進不過一日，便與正向帝丘殺來的冀、兗軍兵迎了個對面。領兵的鍔鋒過去在顓頊麾下，當然遠遠便看到並認出了迎來的顓頊，但他卻又覺得這又是不可能的事情。

因為顓頊身為大帝，怎會隻身獨個來到這裏？同時自己是受共工之約，與天下九州軍兵齊舉，前來討伐顓頊的呀！顓頊作為大帝怎會不早已得到此報，做好迎戰準備，而隻身前來自己軍兵之中送死呢？

為此，他又不相信迎面走來的顓頊就是真實的顓頊。但是，當他不相信迎面而來的會是顓頊而睜大眼睛看時，卻又清清楚楚地看到真是顓頊到了。他認出了顓頊所乘的金龍獸，以及金龍獸上所乘的顓頊。

可他雖然看清了顓頊，卻還是不敢真的相信這就是顓頊。顓頊隻身獨個來此做什麼呢？他心中一時實在解頤不開。然而，就在鍔鋒解頤不開之時，其所帶軍兵中也有認識顓頊者，已經看見並認出了迎來的顓頊，驚奇地叫了起來道：「顓頊酷帝，那就是顓頊酷帝！」

「什麼顓頊酷帝，顓頊他哪裏還稱得上什麼帝，他是蟊賊！」有的軍兵聞聽此叫，氣惱地糾正叫喊軍兵道。剛才叫喊軍兵聞聽，忙邊改正邊喊道：「對，他就是顓頊蟊賊！他就是我們要討伐，要誅殺的顓頊蟊賊！」

「顓頊在哪兒？」不認識顓頊的軍兵聞聽此兵喊叫，忙大叫起來道，「殺死這個蟊賊！」

「眾兵快撤，我們中了顓頊的姦計！」就在這時，心中解頤不開的鍔鋒，突然心中一明，驚怕起來道。他突然相信了面前迎來的顓頊就是顓頊，並解頤開了顓頊隻身獨個前來是假，其後或者四圍必定設有伏兵是真。

為此他不敢怠慢，大驚之餘急命軍兵後撤。眾軍兵正喊要殺顓頊，突聞鍔鋒此令全都一陣愣怔起來。正在這時，威嚴的顓頊已經來到了心中正驚，令軍兵後撤的鍔鋒面前，聲重如山道：「鍔鋒，你來誅殺我嗎？」

鍔鋒正在驚怕顓頊之後跟有大軍，或者其軍兵就設伏在自己軍兵周圍，自己軍兵已經全部落入了顓頊軍兵的伏擊圈中，顓頊方纔敢於大膽地隻身獨個前來。加之其看到顓頊之威又心怯三分，因而聞聽顓頊此言不敢言說起來。

「我想你也不會領兵前來殺我，」顓頊眼見鍔鋒不言，即又威重如山道，「因為我顓頊沒有做錯什麼啊！」

「顓頊蟊賊，你繫拴日月星辰害死了我們多少親人，還說你沒有做錯什麼，我們就是來殺你的！」顓頊兩番言說，加上剛才鍔鋒所率軍兵中有人認出了顓頊，為此其軍兵中對顓頊仇恨深重者，已知面前真是該殺的顓頊到了。便抑制不住心中的仇恨，忘了鍔鋒的撤軍命令，頓時吼叫著真的揮械就要上前去殺顓頊道，「你來得正好，我們這就殺了你為親人報仇，為民除去大害！」

這時，剛才不敢言說的鍔鋒，心中更加驚怕跟隨顓頊軍兵或其伏兵眼見此狀，立刻殺出自己被圍軍兵就沒了活命。為此其心中雖然也真想上前一刀結果了行惡的顓頊，卻也只得忍抑此想，更加不敢怠慢，急忙喝令眾兵道：「不許妄動，快往後撤！」

「不必後撤，」顓頊見之一笑道，「請你聽我把話說完。」

「蟊賊休得騙我，我鍔鋒不中你的惡計！」鍔鋒聽了心中更驚道。隨著，又令眾兵後撤。

「還來殺我呢，我來了就把你給嚇跑了，」顓頊眼見鍔鋒驚怕情狀，明白了鍔鋒撤軍的原因，忙輕鬆地「哈哈」一笑道，「豈有殺我之說！」

「今日不殺你這蟊賊，無非待到明日。你等著吧！」鍔鋒聞聽大怒道。言畢，又急令兵後撤。顓頊見之又言道，「真要殺我，何必待到明日，今日即可呀。我又沒帶一兵一卒，是最省事的了。」

「蟊賊休得騙我，」驚怕的鍔鋒聽到這裏，方纔心中一詫道，「我知道蟊賊的嚴酷！」

「騙你做什麼？我又沒有做錯什麼，我想你也不會前來殺我。我隻身獨個前來你還害怕，」顓項這時又是「哈哈」一笑道，「如果再帶重兵或設伏兵，你不就更加害怕了嗎！鍔鋒，相信我吧，我不是蟊賊，我沒有做錯什麼。」

「什麼？你真的是單身獨個前來迎我軍兵？」耳聽顓項此言，剛才還在驚怕的鍔鋒頓然更加驚詫起來道，「後無重兵，旁無伏兵嗎？」

「真的，因而你不必害怕。」顓項聞聽，再對鍔鋒肯定道，「聽我講說。」

「大帥，殺了這個蟊賊吧！」在前軍兵聽到這裏，早已抑制不住心中的仇恨，再次吼叫起來道。隨著，真的又要動手殺向顓項。

「慢，讓他說完。」鍔鋒見之攔阻道。隨著他即對顓項道，「酷帝，你怎麼知道我不敢殺你？不殺你我來做什麼？」

「我知道你鍔鋒是來殺我的，」顓項聞聽「哈哈」一笑道，「可你卻又不會殺我，我不相信你會殺我。」

「你錯了，」鍔鋒頓然聲色俱厲道，「我今天真的會殺你！」

「我相信你不會殺我，是因為我沒有錯，」剛愎的顓頊又是一笑道，「故而前來迎你。」

「顓頊大帝，我尊崇於你是未忘昔日的恩誼。若按你今日之行，」鍔鋒這時心中驚怕頓消，聞聽顓頊此言好惱道，「就該叫你顓頊酷帝。天下共討之，人人共誅之了！」

「鍔鋒，昔日我是酷帝嗎？你知道的呀。今日我有變化嗎？沒有。不要聽信別人的蠱惑，」剛愎的顓頊這時仍以為自己做得對，鍔鋒不會殺他，於是「哈哈」大笑道，「如果我自己真的做了錯事，是個酷帝，你鍔鋒領兵數千前來討我，我自己隻身獨個敢前來嗎！」

顓頊本想使用這番言辭說動鍔鋒之心，使其改弦易轍，不再帶兵討伐自己，而歸隨自己討伐共工，並讓其再去說動其他亂兵歸順自己。然而顓頊此言把鍔鋒說得一愣，隨著鍔鋒軍兵又紛紛氣惱地吼叫起來道：「大帥，殺死他！他來得正好，別叫他貓咬耗子在這裏假裝慈悲了。他害死了我們成千上萬的兄弟姐妹啊！」

「顓頊大帝，你聽清楚了吧！你害死了我們成千上萬的兄弟姐妹，罪不容赦了！」鍔鋒聞聽，這時也不再相讓道，「我鍔鋒殺了你，你不該說我無情，而是大帝罪有應得啊！」

「殺死他！平定天下！」鍔鋒眾軍兵仇恨填膺，這時再也容不得鍔鋒與顓頊囉嗦了。因而不待鍔鋒說完，已齊聲高叫起來道。隨著，便揮械齊向顓頊圍殺上來。

顓頊眼見此景，剛愎自用的他方纔心中大驚起來。他身邊未帶一卒一兵，只想著鍔鋒不會殺來，但現在言說無用，亂兵眾多已經殺來，即使自己能夠生出三頭六臂，再加上鍔鋒保護自己，又豈能打退三千軍兵保得自己不死啊！為此他看到怒如山崩的眾亂兵齊揮械殺向了自己，心驚中不敢怠慢，急忙高叫起來道：「鍔鋒，我是沒有做錯的啊！」

「殘害凡人無數還說沒有做錯？為爭帝位不顧凡人死活還說沒有做錯？你死有餘辜了！」但是不等顓頊話語落音，眾亂兵已將手中器械戳到了其胸前吼叫道。說著，就齊將刀槍戳向了顓頊。

剛愎自用的顓頊是來遊說反叛軍兵的，又是隻身獨個前來，因而壓根兒就沒有準備與亂兵動手，以免再激眾怒。但他沒有準備亂兵已經殺到，這時再想持械攔擋也已無法來及。眼見著這位輝煌半世的崇高大帝，立刻就要喪命在憤怒的眾亂兵的刀槍之下。

「住手！」好在就在這時，突聞一聲厲喝傳來驚止了眾亂兵，隨著便見玄冥大神已經躍身到了顓頊身邊，一陣攔擋開了眾亂兵，口中厲斥道：「你們為何要殺顓頊大帝？這是為何？」

「鍔鋒，別個要殺顓頊大帝，你怎麼不攔？你們這是究竟要做什麼！」正在這時，玄冥看到了站在近處的鍔鋒，便轉對鍔鋒斥叫道，「我剛剛出去數月，難道你們就反叛了顓頊大帝不成？」

鍔鋒剛才突見玄冥來到已是大驚，他知道玄冥是顓頊的叔叔，他是不會見其侄兒被殺而不救的。而且其神功又無比高強，不僅自己不是對手，他若施起神功即便自己三千軍兵也要立刻喪命。雖然他知道玄冥是一位扶正疾惡之神，但天知道在此親侄受戮之時，他會不去出手相救！

「啟稟大神，你來得正好。不是我鍔鋒聚眾反叛顓頊大帝，而是你走之後，顓頊大帝把日月星辰全都拴繫在了北國大地上空，」鍔鋒如此正驚之時，聞聽玄冥此言當然不敢怠慢，急言道，「驟變北國成了酷熱之鄉，白晝永駐的無夜之地，害死凡人無數。眾人忍無可忍，

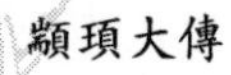

推我為首領帶領他們討伐酷帝顓頊。」

顓頊無奈剛才正在閉目等死，突見玄冥叔父來到，喝退眾亂兵救了自己，心中正喜不僅自己遇救，而且還可借助叔父之力說動鍔鋒軍兵。但他突然又怕嫉惡如仇的叔父玄冥，聽信鍔鋒之說，反助鍔鋒軍兵討伐自己，到那時自己就更是必死無疑了。正在顓頊既喜且驚之時，聞聽玄冥之問鍔鋒此答，在旁再也忍抑不住道：「叔父請聽侄兒言講。」

「讓鍔鋒講完，侄兒再說也是不遲。」然而玄冥卻不容許道。隨著他又問鍔鋒道，「怎麼，就這樣你們把顓頊大帝搶到了這裏，要在這裏殺死他嗎？」

「不，不是我們搶來了顓頊大帝，」鍔鋒不敢怠慢，忙又急言道，「而是大帝隻身一個來到了這裏。」

「噢，」玄冥聞聽一愣道，「這是為什麼？」

「這個末將也不知道。剛才末將還害怕大帝身後帶有重兵，或者四周設有伏兵呢！」鍔鋒道，「現在看來果真全都沒有，只有大帝一人來到這裏。」

「侄兒，」玄冥聞聽至此，魯莽至極的他也感到奇異了，頓時陷入深思不解轉對顓頊道，「你這是做何啊？」

「叔父，說來話長。」正急的顓頊聞聽玄冥叔父終於給了他講說之機，隨著急忙開口道，「得從頭說起啊！」

奇詫的玄冥道：「侄兒快講。」

「前番共工蟊賊三亂中原，又被侄兒打敗逃往江南。」顓頊隨之道，「侄兒心中氣惱誅除共工平定天下不得，遂施用侄兒俊譽之計，將日月星辰拴繫在了北國上空。」

「啊！」玄冥聞聽至此，驚得叫出聲來道，「這還得了！這不鬧得天下大亂，凡人遭殃了嘛！」

「正是。如今天下九州皆舉亂兵，」鍔鋒即言道，「一起回應共工之約，齊向帝丘殺了過來。」

「噢，這就鬧得太厲害了！」玄冥聞聽更驚道，「侄兒快往下講。」

「侄兒施用此計，只想使江南凡人起而怒殺共工，儘早平定凡界。」顓頊隨之又言道，「並給寒冷北國的凡人帶來溫暖，送來幸福。這樣一舉兩得，此計當然可謂甚妙。」

「嗯，」玄冥這時贊同道，「想的也對。」

「但想不到天下九州凡人，卻齊言侄兒此計之惡，斥侄兒為酷帝，」顓頊繼續道，「罵侄兒害死凡人無數。並為此舉兵叛亂於侄兒，受共工蝨賊之約齊向帝丘殺來。」

「侄兒心思雖好，但不著實際就鑄成了大錯。」玄冥聞聽至此，心中明白過來道，「侄兒應該即放日月星辰歸回原處，恢復天下氣候如常，以求天下凡人諒解。」

「叔父請容侄兒說完。侄兒心想侄兒雖如叔父剛才所言即便錯了，但侄兒是為天下凡人著想的。」顓頊聞聽急言道，「天下凡人為除去共工得到安寧，也應忍受一時，怎該去罵侄兒為酷帝反叛於侄兒呢？」

「為此，侄兒不畏受誅之險，」玄冥聽出了顓頊話中的委屈，接言道，「隻身一個到此迎說鍔鋒北國軍兵，以為己用是嗎？」

「知侄兒者，莫過於叔父也！為此侄兒乞叔父諒解侄兒之錯，」顓頊聞聽玄冥對自己心思理解透闢，不禁高興得動起情來道，「何況侄兒壓根兒就沒有錯呢！勸說鍔鋒軍兵歸心，與我共同對付共工蝨賊。」

「侄兒言說有理。」玄冥這時又言道。

「叔父，天下因共工戰亂已歷十餘載，死傷凡人數萬。如今剿平共工蝨賊在此一舉，你就替侄兒勸言鍔鋒軍兵，體諒侄兒苦心，再忍耐一時吧！」顓頊這時不待玄冥向下講說，打斷其言繼續道，「如今九州軍兵齊向帝丘攻來，已距帝丘僅有一日路程，事急燃眉。侄兒不惜隻身一個前來說動鍔鋒，全為天下凡人決無二心啊！叔父，侄兒怎該贏得如此酷帝之名啊！」

末了說到動情之處，剛毅的顓頊在玄冥面前禁不住也潸然掉下了熱淚。玄冥理解顓頊，知道顓頊一片為了凡人的誠心，為此他也立刻勸言道：「大帝不必這樣，叔父來遲一步，讓侄兒受委屈了。」

「鄉親們，你們都聽到了我叔侄的對話吧！顓頊大帝固然有錯，但他這錯也是出於為凡人的真心鑄成的！」隨著，玄冥即轉對鍔鋒眾軍兵道，「你們為了天下的平靜，凡人的永久幸福，就諒解了他，再忍耐一時吧。」

「原來如此！」鍔鋒這時明白過來道，「我想，顓頊大帝不會行此邪惡呀！」

「顓頊大帝隻身一個，不惜以死來勸說你們之舉，其為了凡人而不為爭奪帝位的誠心，已經袒露在你們面前了。」玄冥這時繼續道，「因為他以死前來，爭奪帝位對他來說又有什麼用處呢！為此你們既想早些消去天熱之災，就早些行動起來，跟隨顓頊大帝早日剿滅共工蝨賊吧！」

玄冥剛才與顓頊的對話，鍔鋒與眾軍兵全已聽到了耳中，弄清了事情的緣由。看到了罪過應該記在共工蝨賊身上，而不應該記在顓頊大帝身上，已對剛才欲殺隻身獨個誠心前來的顓頊大帝之舉悔之莫及。這時聽到玄冥此言，頓然群情振奮齊聲答應下來道：「跟隨顓頊大帝，剿平共工蝨賊！」

「謝謝大家理解我顓頊，」聞聽此喊，顓頊的心顫抖了，眼圈濕潤了，感動萬分道，「謝謝大家願隨我剿平共工蟊賊！」

「大帝，末將錯待了您，」鍔鋒眼見顓頊這樣動情，也動情地忙過來「撲通」跪倒在顓頊面前道，「您就處罰末將吧！」

「事急既已燃眉，」顓頊見之，忙伏身扶起了跪地的鍔鋒。玄冥這時催促道，「侄兒就快做定奪吧！」

「好。共工約定九州亂兵齊來攻伐帝丘，如今首要的一條是要說動其他七州軍兵，」顓頊聞聽玄冥此言，方纔從激動中清醒過來道，「改弦易轍聽我調遣。約定時日一起反攻共工軍兵，這樣則共工軍兵必可剿滅矣！」

「大帝，此事不難，」鍔鋒聞之即言道，「您就約定時日，交給末將去辦吧！」

「好，你去最為恰當。時間就定在明日，以免改動共工約定攻我帝丘之期，驚怕遁逃。地點定在帝丘西南。你約於其他七州軍兵，仍如先前不露聲色向帝丘開進。」顓頊大喜道，「但到明早，約定揚州赤民軍兵與梁、雍二州羌率軍兵，悄然向南繞到共工軍兵背後切斷其退路，然後乘其軍兵無備圍而殲之。」

「大帝妙計！」鍔鋒聞聽此令，口中連聲稱頌道。隨著即辭顓頊與玄冥，先向東，後向南，再向西，一路說約其他七州軍兵而去。鍔鋒一路疾馳，沿途一路順風。他先是說動了青、徐二州領兵大帥，繼之說動了揚州領兵赤民，隨後說動了豫州領兵契笛，末了說動了梁、雍二州領兵羌。

功成之後，鍔鋒立即返回到了帝丘城中。這時他看到顓頊與玄冥將其北國軍兵留在城外，以防共工有疑，他們已經回到了城內宮中。鍔鋒於是急忙入宮，將軍情稟報給了他們。

顓頊聽了鍔鋒之報心中大喜，即欲為鍔鋒設宴慶功。鍔鋒連謝顓頊大帝再三，言說剿平共工蟊賊之後再慶不遲，城外軍兵無人引領恐怕有變，便立即告辭顓頊返回城外軍中而去。

共工在興奮的亟待中，等到與其他八州軍兵約定出兵討伐顓頊之日，便按時出兵渡過浩浩長江，徑向東北帝丘方向奔來。沿途之上，他一面廣為張揚討伐顓頊酷帝的檄文，傳播顓頊酷帝之惡，收攏人心鼓動反叛顓頊，一面則向其他八州派出信使，既打探各州軍兵的行動情況，又聯絡協調各州軍兵的動作。

如此待到其軍兵行到黃河南岸之時，派出信使便全部返回，向共工稟報了其他八州軍兵全都依約而動，如其軍兵一樣開到了帝丘近處。共工聞聽此報實在狂喜難抑，便認定自己九州軍兵齊攻帝丘，任憑顓頊萬餘軍兵如何防守，也定然抵擋不住。

帝丘城破，顓頊就必將性命難保。那樣就不僅自己家仇得報，而且大帝之位也將永遠歸於自己之身！為此他欣喜若狂，恨不得立刻殺進帝丘，奪得帝位，嚴令自己軍兵向黃河北岸奮力搶渡。

共工引領軍兵搶渡黃河之時，還害怕顓頊軍兵在北岸進行狙擊。但他軍兵不僅渡河順利，而且渡過黃河之後一連北進兩日，在預定的時間到達了預定攻奪帝丘的位置，卻也未見有顓頊一兵一卒進行攔擊。

目睹此狀，共工心中歡喜自己引領九州軍兵一起攻來，顓頊果然顧不住了「馬腳」，不敢出城再攔自己軍兵了。為此他更加欣喜若狂，以為奪取帝丘就在明日一舉，剷除顓頊酷帝也就在明日了。

「大帝，事情不可高興得太早。」然而，距離約定的會攻帝丘時間雖然只剩一日了，共工欣喜若狂之中卻也不敢大意。特別是陰詐狡惡的浮游，在旁不斷提醒道，「各州軍兵各自為政，難以節制。如果有變，將如蟻穴潰堤難以阻擋。」

「狡徒，你又慮之過細了。」狂喜中的共工聞聽此言，開始不以為然道，「九州軍兵皆為自起，兵兵皆對顓頊心懷深仇，豈會有變！」

「大帝不可大意，」浮游心有猶慮，這時不敢再笑道，「有備方能無患。」

「狡徒言之有理，如今距離攻城時日已近，為防他軍有變陷我軍兵於厄境，多派哨探觀探其他八州軍兵舉動即是。」共工聽到這裏，方纔贊同浮游之言道。隨即，他派出數十名哨探，向帝丘四周刺探攻城諸州軍兵舉動而去。

但是，共工雖有狡惡的浮游在旁，豈耐顓頊這次穩操勝券佈置得不露聲色，加之諸州軍兵認清了共工之惡，心懷即除共工以保天下太平亟切之想，行動皆依顓頊之囑。因而共工派出哨探雖多，卻也未能察得他軍蛛絲之變。而且得到的盡是更令共工心中歡喜的依約而行，顓頊軍兵盡在城中不敢妄動的好消息。

共工為此更加心中狂喜，隨後便不再聽信浮游之言，只待會攻時間早些到來，一舉奪取帝丘殺掉顓頊，自己再登大帝之位。就這樣在共工的無防焦待中，時間終於到了會攻帝丘之期。共工便不怠慢，即令自己近萬軍兵齊向帝丘殺去。

共工軍兵駐處距離帝丘不過半日路程，因而在共工的麾令下眾兵一陣疾行，不過半日便已殺到了帝丘近處。共工眼見到了帝丘近處麾兵衝殺更疾，以使自己軍兵出其不意，一舉率先攻進帝丘。

然而其軍兵繼續向前剛剛沖進一陣，卻見顓頊引領數萬軍兵列陣待在城外。這時看到共工殺到，顓頊威嚴道：「共工蟊賊，這次你就別想活著回去了！」

「顓頊蟊賊，你還敢出城戰我！」共工這時仍然不知自己已經中了顓頊之計，勃然大怒，即對顓頊吼叫起來道，「你難道不知九州軍兵齊舉，你的死期就在今日嗎？」

「蟊賊，你高興得太早了！」顓頊聞聽共工此言，一陣「哈哈」大笑起來道，「我對你說，九州軍兵齊舉，並非前來殺我顓頊，而是來除你共工的！」

「蟊賊休再亂言妄圖惑我軍心，我還是這就為你送終！」共工當然不信顓頊此言，耐不住了好戰的性子吼叫道。隨著，拍動坐下鱷魚獸揮動手中三節鞭，便向顓頊兇猛地殺了過來。

顓頊見之大惱，正欲拍動坐下金龍獸上前迎戰，重、黎二將早已驅動各自坐下神獸，一起揮械上前攔殺住了共工。共工被攔不得與顓頊廝殺心中更惱，邊迎住重、黎二將殺得更激，邊開口大罵道:「重、黎倆小蟊賊，不思為天下除惡，反倒來助酷帝保命！既然如此，我就先為你二小蟊賊送終。」

「蟊賊，不除掉你，天下怎寧？今日既為蟊賊死期，我們就為蟊賊送終！」重、黎當然也不相讓，一邊開口斥罵道，一邊則一揮長柄斧一持手中槍，齊向共工絕處猛殺，與共工鬥得難分難解。

相柳在陣中眼見共工被重、黎攔住，不得前去鬥殺顓頊心中焦急。這時便驅動坐下黑牛精，揮動手中一雙褐鐵錘殺上陣來。欲要接住重、黎廝殺，讓共工去鬥顓頊。

然而顓頊陣中猛將如雲豈能相讓，禹祖看見即揮手中方天戟，拍動坐騎向前迎殺上來，與相柳惡鬥在了一處。只見他二人一舞褐鐵錘，一執方天戟交上手來，打得難分難解，天昏地暗。轉眼已是半個時辰過去，仍是難見高低。

共工陣中戰將陸屠見之氣惱，正欲上前助戰，浮游一聲止住道：「慢！」隨著即麾眾兵一起向顓頊戰陣殺去。他想一舉沖潰顓頊軍兵，搶攻帝丘城池。不料就在他令聲剛出，眾兵欲動未動之時，卻驟聞其兵背後左右各方殺聲陡起，像鋪天蓋地的潮水般湧了上來。

「將士們，攻奪帝丘剿殺顓頊蟊賊的時刻到了！後面其他各州軍兵助我來了，殺呀！」狡詐的浮游陡聞此聲也不禁心中一栗，但他隨著想到這可能是其他各州軍兵攻城而來，方纔放下心來大叫道。隨著，便率先揮戈向顓頊戰陣殺來。

然而狡詐的浮游高興得太早了，就在他衝鋒在前，尚未殺到共工與重、黎鬥處之時，其身後軍兵便已大叫著潰亂起來。其軍兵背後左右鋪天蓋地的殺聲，不是助他軍兵而來的其他各州軍兵的吶喊，而是奉了顓頊之命的揚、梁、雍及豫州自起軍兵，毀棄與共工之約依計剿殺共工軍兵後路而來。

他們一陣殺到共工軍兵背後，將共工軍兵團團圍在了正中，便出手大殺起來。共工軍兵心無防備，突陷重圍即被攻殺頓然大驚，遂一陣潰亂起來。浮游大驚，因為他最害怕的事情終於發生了。但沒等狡詐驚怕的他想出對策，顓頊眼見共工軍兵背後左右圍兵殺到，便麾動自己列陣軍兵向前殺向了共工潰亂軍兵。

「快隨我走，殺出一條血路，突出重圍！」浮游見之更驚，而且更加不知自己如何是好。正鬥的共工目睹此狀，知道各州軍兵有變自己軍兵中計，也大驚失色不敢再戰，急棄戰對自己軍兵大叫道。共工軍兵正愁自己沒有活路，聞聽共工此喊，便潮水般跟隨共工之後向南殺去。

共工所以向南突圍，是他想到在南方圍殺自己軍兵者為他州軍兵，一是兵力不強，或可為自己讓開一條生路。二是自己若能殺出，正好南逃。但他此想失敗，他殺到南方，圍其軍兵眾如螻蟻，任憑他軍兵如何打殺，硬是殺不開逃路。

共工為此心驚不敢怠慢，急又向東殺去。他心想東方可能是圍兵薄弱之地，因為顓項定然認為自己不會東逃。可他殺到東方依然圍兵如堵，誅殺不退。共工無奈，只有返身再向西方殺去。

這實在是一場惡戰，顓項引領自己萬餘軍兵加上其他八州數萬軍兵，團團把共工近萬軍兵圍在其中，硬是使得共工軍兵突圍不得。共工一陣左沖右突，雖然打殺圍其軍兵無數，但其軍兵在混戰中也早被殺死數千之眾。

「大帝，切切不可再改殺出方向！我軍兵所剩已經不足三分之一，」為此共工向西衝殺不敢怠慢，一陣便殺到了西方圍兵之中。然而西方圍兵仍如南方和東方一樣殺退不得，共工硬是殺不出重圍。浮游見之急叫道，「只有拼死由此殺出重圍，方能逃往西方山中保得不滅啊！」

共工無奈中正欲再殺向他方，耳聽浮游此言立刻清醒過來，堅定了殺向西方的決心。於是他一聲吼叫，又領剩餘軍兵拼死向西方突去。這實在是一場拼死惡殺，一時間只見雙方軍兵死傷無數，地上血流成河。圍殺之兵殺退不得，共工軍兵拼殺不止，硬是一步步艱難地向前突圍。

終於共工軍兵拼死殺透一絲重圍，共工不敢怠慢，急領軍兵突圍向西奔去。顓項圍兵當然不容共工軍兵潰逃，兩旁圍兵在共工突出其圍之後，又很快圍攏了共工剛才殺開的缺口，將沒有逃出的共工軍兵又全部圍在了其中。

這樣，共工近萬軍兵經此惡戰，僅有不足千數隨其逃去。

三十、共工喪命

共工引領近千軍兵突出重圍向西逃去的消息，立刻傳進了顓頊耳中。顓頊聞聽大惱，即在一陣盡殲被圍共工軍兵之後，率領所有參戰軍兵向西追殺共工逃兵而去。

顓頊引領數萬軍兵在後窮追，共工引領近千殘兵在前疾逃。共工逃兵一個個唯恐奔逃不掉，因而全都不用催促拼命向前逃奔。由此使得顓頊軍兵不僅追趕不上，而且被越拉越遠起來。

「狡徒，每次我不聽你言，就必然遭敗。」眼見顓頊軍兵與之拉開了距離，共工於是急忙詢問浮游道，「現在你說，我們該怎麼辦？」

「俟到勝利在望之時，大帝眼裡哪裏還瞧得見我浮游。」浮游聞聽共工此言，立即語藏埋怨道，「為今之計，臣下也無妙法。有的只有疾走為上，走得越遠越好。」

「狡徒，我們再來它個巧渡黃河，」共工聞聽浮游此言，心中忽然想起上次其兵巧渡黃河之舉道，「難道不行嗎？」

「不行了！」浮游立刻否定道。

共工聞聽不解道：「怎麼不行？」

「常言此一時，彼一時也。上次可行是顓頊兵少，如今顓頊兵多，」浮游隨之道，「他為滅我殘兵，怎能不會分兵扼守黃河南岸。

我殘兵如若渡之，豈有活命之理？」

「那我們往哪裏走？」共工聞聽至此，方纔心中明白無奈道，「要有個目標呀。」

「現在目標還難確定，總之往有山的地方走，」浮游也一時無奈道，「往難走的地方去。保得活命保得殘兵，就是保得了明天！」

「也只有這樣了。好在我殘兵人少兵輕，顓頊人多兵重，就叫他追不上我殘兵吧。」共工無奈中聞聽浮游言之有理，末了只有無奈道。隨著他即令眾殘兵疾急奔逃，徑往太行山中鑽去。

顓頊領兵在後疾追共工殘兵，眼見自己兵多追進遲緩，被共工逃兵越拉越遠，心急再讓共工逃掉，因而嚴令軍兵向前窮追。但是，共工殘兵皆為逃命之人不催自疾，顓頊軍兵則為得勝之師，追得再疾也難比擬。因而儘管顓頊嚴令再三，其軍兵還是被共工殘兵越拉越遠。

轉眼十數日過去，顓頊軍兵竟然不見了鑽入太行山中共工殘兵的蹤影。顓頊這次實在急了，他不能再讓共工蟊賊逃跑了。為了最終平定共工，這次他冒了天下之大不韙，引起了九州之亂，自己也險些喪去了性命啊！如果這次還是不能剿平共工，那麼今後怎樣才能剿平此亂呢？

焦急中顓頊即與柏夷父商議，為防止共工殘兵再次渡河南遁，決計派遣揚州赤民軍兵渡過黃河，溯河西上以防不測。派遣梁、雍二州羌率領軍兵從北岸沿黃河西進，發現共工渡河即於殲滅。

隨後他分諸州軍兵各為一支，南北拉開距離，梳子般向西開進追殺共工殘兵。決計至此顓頊即傳此令，然後又令追擊各軍競賽追殺行進速度。一軍追上殘兵，各軍聚而殲之。

待到一切安排停當，顓頊又從自己軍中派出二百快騎，命其呈扇面形向前搜察共工殘兵。以俟發現，即一邊盯住不放，一邊返回稟報引領大軍前去殲殺。與此同時，他還親領自己大軍居中，向西追殺共工殘兵而去。

他眾軍就這樣追啊追呀，轉眼又是近十日過去，還是不見共工殘兵蹤影。共工殘兵逃到哪裏去了呢？他們既沒有上天，也沒有入地，而是正在向西北方向，一路疾急奔逃之中。

那日共工與浮游議論去向之後，共工引領殘兵進入太行山中，盲無目標越逃越遠。這日正逃之中，突見前方山口處一員大將，威赫赫立在那裏攔住了去路。共工始見陡然一驚，以為是顓頊軍兵追上了自己，在山口處設下了伏兵，自己殘兵就要滅亡在須臾了。

「是妹妹！你怎麼待在這兒？」但隨著，驚怕中他定睛細看那員戰將，卻頓然欣喜萬分高叫起來道，「你這樣女扮男妝，哥哥都認不出來了！」

共工叫妹妹者不是別個，正是丁竽。難中遇親人，異地逢故舊，共工欣喜萬分。女扮男裝身著鎧甲的丁竽聞問，則不動聲色道：「妹妹來助哥哥一臂之力！」

丁竽不動聲色一語，實在使共工大出預料之外。因為先前共工這位神功高強的妹妹，鬱鬱寡歡中不是言勸共工不要去伐中原，就是攔阻共工暴征軍兵。共工也曾多次想讓這位神功高強的妹妹出山，來助自己殺伐顓頊。但是自己多次前去苦口勸說，從先祖之仇講到生父之恨，雖然也說得其為之潸然動情，卻不知為何她總是聲色不動拒不出山。

今天自己適逢厄難，這位往常勸說不動的妹妹，為何突然出現在了如此山口，她又是怎樣恰好來到這裏的？不解的共工奇詫至此，半天方纔不相信地笑言道：「來助哥哥一臂之力？這不是太陽從西天出來了吧！」

「不管太陽從哪裏出來，」丁竽仍是不動聲色道，「我助哥哥一臂之力，卻是定了的。」

「妹妹，你怎麼突然想到來助哥哥？」共工心中雖覺奇異，但在此危難之時也當然求之不得妹妹前來相助。為此，他立即又欣喜萬分詢問道，「並知道哥哥現在此處，而且來到了這裏？」

「妹妹想到來助哥哥，就知道哥哥現在此處，」丁竽依舊不動聲色道，「來助哥哥就來到了這裏。這有什麼好問的。」

共工聞聽丁竽此言，便也無法再問下去。丁竽當然不動聲色，她心中充滿了錐心的苦痛啊！因為她眼見著自己的哥哥共工，就要敗亡而死了呀！這樣，自己家族之人從先祖炎帝，到蚩尤、刑天，再到其父祝融與叔父吳回，今後就再到兄長共工，就將全部喪命在黃帝族人手中了啊！

而她自己呢，雖然生為炎帝後裔，卻在這場爭戰中由於心愛顓頊，不僅未助家人半臂之力，相反卻三次救下了殺父仇人顓頊的性命啊！心痛至此，她又看到了哥哥將要敗亡的現實，她實在不能再對哥哥無動於衷了！

哥哥是為先祖而戰，為父親而戰，為家族而戰啊！自己怎能為了一己之愛，而永置家仇於不顧，反去一味救助自己的情人，也是仇人呢？而且不是自己三次救助於顓頊，又豈有父親祝融叔父吳回之死，哥哥今日之敗，使得自己家族之仇不能報雪呢？！

是的，她太愛顓頊了。為了這愛，她已經虛度了自己的一生。為了這愛，她沒救自己的父親與叔父。為了這愛，她已經三次營救顓頊脫出了死地。這已經夠了！為了這愛，她還能怎麼著呢？不就差沒有自己一死了嗎？可是自己的父親祝融與叔父吳回，不是都替自己死過了嗎？

為此，她決計不能再為這愛去死了，她不能為了這愛獻出她炎帝家族的三條人命啊！她不能再助顓頊，她要助哥哥一臂之力了。她聞聽哥哥在帝丘中了顓頊之計，顓頊舉八州軍兵追殺西逃的哥哥不舍，哥哥面臨著兵滅身亡之險，她便坐身不住，立刻女扮男裝，乘騎一匹快馬，一路向太行山中尋找並助哥哥而來。

不想恰在此山巧遇哥哥殘兵，見之使她心中傷痛不已，但也更使她心中為親情愛情不能兩全如同錐刺，開口言說聲色難動毫釐。這時丁竽眼見哥哥聞聽其言無以言說，便即問道：「哥哥，時急燃眉，你這是引兵去往哪裏呀？」

「向南渡河怕被顓頊殲滅，」共工即言道，「盲無目標避敵向西。」

「哥哥所料甚是，目前顓頊最是防範哥哥殘兵渡河，重兵都在黃河以北向西追進。」丁竽聞聽道，「但是哥哥不可領兵一路向西，而應出其不意一路西北奔逃，不怕逃往西北極荒辟之地，方可得脫矣！」

「公主言說甚是。」浮游這時聽了不待共工言說，便即「嘿嘿」一笑道，「大帝，就照公主之言行事吧。」

共工正在無奈，聽到丁竽與浮游之見相同，便即命兵轉向西北疾奔而去。正是由於共工殘兵向西北方向疾逃而去，顓頊率兵只顧防範其渡過黃河，順著黃河向西追進，方使得共工殘兵向西北越逃越遠，顓頊追兵卻一直沒有追趕得上。

然而，就在共工見到丁竽後不到十日之時，共工殘兵向西北逃跑的蹤跡，還是被顓頊派出的騎探發現，並立刻返報給了顓頊。顓頊聞報勃然大怒，即調所有追兵徑向西北方向，追殺共工殘兵而來。

於是共工殘兵在前疾逃，顓頊騎探在後緊隨，並及時把情報傳報給了顓頊。顓頊追兵於是抄近道走小路掌握主動，不過十日便已追到了共工殘兵近處。顓頊見之心中歡喜，這日聞報共工殘兵又向前方黑駝山逃去，便不怠慢即命精兵連夜強行軍一百餘里，趕到黑駝山堵住了共工殘兵去路。並同時調兵遣將，以從左右兩翼包抄共工殘兵，把共工殘兵圍殲在黑駝山下。

共工只顧引領殘兵疾逃，耳目不靈，早被顓頊騎探發現至此尚且不知，還以為自己蹤跡消失，顓頊軍兵不會追來。因而這日顓頊已在黑駝山下佈下了天羅地網，共工不知仍領殘兵徑向黑駝山下逃來。

黑駝山像一隻巨大的黑色駱駝一樣，聳立在今日山西省西北邊境。它漫山生長黑色的巨石，兀兀突突形成山體。此山西北東南走向，駝頭在西北，駝身在東南。山北山體相依群山連綿，山南兩山相隔闊過三里，恰好形成一片開闊地，是這裏人通往西北的唯一通路。

顓頊早已派兵了知此情，在山下開闊地西北設下了伏兵，要把共工殘兵攔堵在山下圍而殲之。共工殘兵向山下奔啊逃呀，俗言看山跑死馬，何況黑駝山巍峨高聳，看著很近奔去遙遠。為此共工殘兵一早出發時，看著黑駝山近在眼前，心想一陣子就可繞過山去。

但這時他們已是整整奔走過去兩個時辰，卻剛剛來到山的近處，早已是全都累得精疲力竭起來。眾殘兵累得精疲力竭共工也不讓歇息，他還是害怕顓頊追兵趕上，催促殘兵能夠多奔一里絕不少行一里。

共工引領殘兵就這樣奔啊奔呀，轉眼又是奔走半個時辰過去，先是進入黑駝山南開闊地面，隨著便到了駝頭之南欲要繞過黑駝山往西北行去。不料就在這時，突見前方一軍列陣攔住了去路。

眾殘兵大驚，共工也心中陡驚不敢怠慢，急舉目看視攔路軍兵究為何來。共工這一看，真個是頓被驚得魄散九霄，魂飛天外。因為他看到，攔路軍兵正是重、黎二將引領的顓頊軍兵。為此，他頓然失聲絕叫道：「如此，我殘兵就斷了生路哩！」

「共工蟊賊，此處就是你的死地！」重、黎二將不等共工絕叫聲落，已是雙雙開口大叫道，「快快束手就死，以免我等再費手腳！」

丁竽聞聽勃然大怒，不待共工應允即拍坐下戰馬，揮動手中一雙青峰寶劍，向前衝殺過去。重、黎也不怠慢，雙雙「嘿嘿」笑叫道:「何來無名之將，竟敢前來送死！」

丁竽也不答言，已與重、黎殺在一起。丁竽神功高強，一雙青鋒寶劍舞得上下翻飛，劍劍不離重、黎要害。重、黎二將武功不弱，各施手中器械與之打得難分難解。

他三人轉眼交手二十餘合，雙方不分勝負打鬥正疾，丁竽卻突聞身後共工殘兵一陣大亂起來。為此她心中一驚，手中一慢，露出破綻，險些被黎所乘。於是不敢再鬥，急打馬回陣而去。

返回陣中見到哥哥，方知是自己軍兵四面已盡被顓頊軍兵包圍，而且包圍圈正在向其殘兵縮小。丁竽聞之既驚又怒，即對共工道：「哥哥，為今之計，只有以死殺開一條血路，突出重圍一途了。」

「大帝，常言留得青山在，不怕沒柴燒。」浮游這時也言道，「公主說得對，你就引領我們殺吧！」

「好，我們就拼死殺開一條血路，還往西北奔逃！」共工這時也已無奈，想想只有如此，隨著便即開口道。接著即率殘兵，先向重、黎軍兵殺去。

重、黎二將眼見共工死命殺來，這是他們預料中的事兒，為此他二將不敢稍怠，立刻集中全力拼力相迎。重、黎二將武功高強，因而硬是擋住先是共工，後又加上丁竽、相柳一起殺來。使得共工殘兵硬是殺不開血路，向前奔逃不得。

殺不開血路共工也不敢久戰，他要再選顓頊軍兵薄弱之地突圍。然而這時顓頊軍兵已將包圍圈縮小到了共工殘兵近處，共工看到其殘兵兩旁山上與身後來路之上，都被顓頊軍兵一層層圍了個水泄不通，

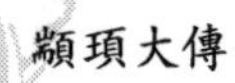

前排站列著顓頊之將。如此看視一圈，硬是沒有尋到可作突破口的薄弱之處。

「共工蟊賊，」正在共工不知突往何方之時，突聞在眾將護衛下，巍立在黑駝山上的顓頊開口大叫道，「還不束手就死嗎！」

「顓頊蟊賊，勝敗乃兵家之常。」共工聞聽勃然大怒道，「你以為我突不出你這包圍圈嗎？」

「殺！」顓頊聞聽也是好惱，立刻麾兵圍殺道。

「大帝，共工殘兵已成甕中之鼈釜中之魚，是走不掉的了。」然而就在顓頊令未傳出之時，柏夷父卻開口攔阻道，「大帝仁和，就不要再殺，饒恕其眾兵一死吧！」

「大師言之有理，」顓頊聞聽柏夷父言之有理，但又不解其如何饒恕共工眾兵一死之意，忙問道，「但不知怎樣饒恕共工軍兵？」

「圍而不殺，攻其心，」柏夷父心中歡喜顓頊同意自己之想，即言道，「使其返歸大帝。」

「大師此法實在是好，不然又壞我顓頊之名矣！」顓頊聞聽猛醒道。於是他即命軍兵圍而不殺，讓柏夷父教兵攻心之法。柏夷父遂教眾軍兵講說共工之惡，江南凡人所受其害，這次顓頊大帝牽繫日月星辰用心之苦，以及為救凡人不惜隻身歷險之舉，讓共工軍兵捫心悔悟，返歸顓頊。

柏夷父教罷眾兵攻奪共工殘兵之心方法，天已黑了下來。顓頊軍兵圍而不殺，共工尋窺許久也不見顓頊圍兵薄弱之處，眼見天又黑了下來，便也不再拼殺。而與丁竿眾臣將計議待到天黑之後，再趁顓頊圍兵不意，拼死殺出重圍。

然而共工這一等實在緊要，因為天剛黑下來之時，周圍顓頊軍兵便開始了攻其殘兵之心之舉。只見顓頊軍兵一陣講說，靜夜之中已講得共工殘兵個個心明，人人悔愧，紛紛離散，投向顓頊軍兵而去。轉眼間其近千殘兵，便已餘下不足百數。

共工眾臣將見之大驚，他們實在不敢再怠慢了，再怠慢就有僅僅剩下他們首惡幾個的可能了！為此共工怕到了極點，即命丁竽引領眾臣將在前，自己斷後拚死趁黑仍向西北方向突圍。

「哥哥，你應在前，」丁竽聞令硬是不遵共工之命道，「妹妹殿後。」

「妹妹，殿後危險。」共工聞聽焦急道，「你領眾臣將先走，不要掛心哥哥！」

「若此，哥哥更必須先走。因為有哥哥在，」丁竽這時更是不允道，「我家仇就仍可再報。若是沒了哥哥，此恨怎雪？」

共工無奈，只有應允妹妹，自己在前開路，丁竽末了殿後，立刻再次殺向重、黎圍軍而去。這是一場共工惡徒拼命突圍的惡殺，而且不與重、黎二將纏住交鬥。因而只見黑暗中共工在前邊殺邊走，隨後眾臣惡將攔住重、黎二將交鬥，硬是鬥得他二將一時抽不出手來再鬥共工。

就這樣共工在前越殺突往顓頊圍兵之中越深，顓頊圍兵雖多也是抵擋不住。因而共工拼命斬殺，硬是不一會兒便衝殺到了圍軍邊沿。顓頊黑暗中聞知共工惡徒又往重、黎圍兵處突圍而去，急調強將前去助戰。

但其譴派軍將殺到之時，共工已經殺出重圍，引領數十名惡徒逃竄而去。圍軍中還有殿后的丁竽與數名偏將脫身不得，與數十名軍兵一起在與顓頊軍兵拼死交鬥。

共工殺出重圍之後，曾經看到殿後的妹妹脫身不得，正欲返回重圍去救妹妹之時，卻看見顓頊所譴軍將已經殺到。共工知道自己如果返回重圍不僅救不出妹妹，自己也將脫身不得。無奈之中只有棄下妹

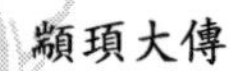

妹，引領身邊數十名惡徒，趁著夜幕掩護急向西北方向逃去。

顓頊所譴軍將殺到，立刻上前圍住丁竽與眾惡將交鬥。丁竽神功雖高，但終久兩臂難敵四手，顓頊眾將一陣圍殺，黑暗中她一著防備不及，已被顓頊諸將活活擒住。與此同時其他共工兵將也盡被殺死，顓頊眾將便把丁竽押到了已經趕來的顓頊面前。

顓頊聞之勃然大怒，看也不看問也不問，便口中迸出一個「斬」字！押解軍將聞令即行斬刑，但在摘取丁竽的頭盔以好下刀之時，卻發現丁竽是個女將。行刑軍將奇之，重又報於顓頊。

「待我看看！」不知是情之所繫情之所牽還是怎的，顓頊聞報心中竟然不禁一震道。隨著他來到丁竽跟前，黑暗中一看竟禁不住失聲叫了起來道，「啊，丁竽，果真是你丁竽！我可找見你了！」

「丁竽姑娘，我知道你沒有死，你又三次救了我，」然而丁竽則不動聲色，顓頊於是急不可耐，即為丁竽邊解去綁縛邊急言道，「可你又一直不見我，你讓我想得好苦啊！」

丁竽這時胸中真是百感交集，萬箭穿心，有著說不出來的千種滋味，萬般感受。她太愛面前的顓頊了，但她也太恨面前的顓頊了！她既有滿腹的話語要對面前的顓頊言說，可又有滿腔的仇恨要向面前的顓頊傾泄。

她恨不得立刻投入面前顓頊的懷抱，那是她終生期求的歸宿之地。但她又恨不得立刻殺死面前的顓頊，為族人為父親報雪深仇大恨！她想立刻言明真相與面前的顓頊白頭偕老，但她又怕事情言明壞了自己不講真情的名聲，同時也怕自己已經變成老醜，壞了顓頊心中的美好記憶……

為此丁竽什麼也沒有言說，只能無動於衷。就這樣顓頊邊說邊為她解開了綁縛，扶她站起道：「你怎麼不吭一聲，險些喪去了性命！」

「顓頊大帝，你認錯人了！」丁竽這時則看到了顓頊身佩的利劍就在自己手邊，方纔最後開言道。隨著手隨其言，已「颯」地把顓頊佩劍抽在了手中。在旁眾將大驚丁竽要刺殺顓頊都感到措手不及，已見丁竽不僅沒將利劍刺向顓頊，而是「颯」地拉向了自己的脖頸。

頓然間只見驚呆的顓頊搶劍之手還未伸到，丁竽已經身體倒地斃去了性命。你可以想像顓頊的悲痛，一時間他真個是只顧心痛死去的丁竽，抱在懷中痛哭不止，忘記了追擊逃跑的共工。

「大帝，人死哭亦無用，」柏夷父在旁焦急道，「追殺逃跑的共工要緊！」

「害死丁竽者，共工蟊賊也。走，追殺那惡去！」顓頊聞聽柏夷父此言，方纔從極度的沉痛中清醒過來，勃然大怒道。隨著他命俊礐留下厚葬丁竽，並留下所有軍兵由俊礐引領，自己為了加快追殺進程，僅帶領所有臣將，皆乘神獸快騎，一路西北飛追共工殘兵而去。

這又是一場疾逃疾追的速度競賽，共工數十惡徒為保活命拼命在前疾逃，顓頊眾臣將為除惡徒在後拼命窮追。顓頊眾臣將在後又是追趕十餘日過去，硬是雖然看見共工眾惡徒在前疾逃，卻一日日追趕不上。為此顓頊心中焦急，眾臣將追趕更疾。

如此又是數日過去，共工眾惡徒在前正逃，突被迎面一座大山擋住了去路。這山不是別山，正是當年女媧娘娘所斬鼇足生長而成的西北擎天巨柱，即被後人稱之為的不周之山。

不周山由於是擎天巨柱，所以山形最是奇崛突兀，一根巨大的柱子直插雲霄，不知千丈萬丈。山上既不生蒼松翠柏，也不長青竹綠草，盡是一層層堆壘上去的赭黃色崢嶸岩石。此山由於是一座神山，

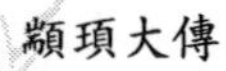

所以雖經伏羲時天地渾沌災變，容顏卻也紋絲未改。

共工惡徒逃路被此山所攔便無路再逃，但身後又見顓頊眾臣將追來心中大急。因為共工知道自己數十殘兵，是任憑怎樣也鬥不過顓頊所率千名強將。如果顓頊眾臣將殺到，別說別個殘兵，就是自己也只有死路一條。

然而共工急也無奈，前有大山攔路，後有強兵追來，鬥又打鬥不過，走又逃走不成，他有什麼辦法呢？正在共工如此焦急無法之時，顓頊眾臣將已經追到了他們面前。但聽顓頊開口怒喝著，就要麾動眾將一起殺來道：「共工蟊賊，今日還不束手就死嗎！」

共工這時真的驚急到了極點，也無奈到了極點。如此死到臨頭，驚急的他便再也顧及不得玉皇大帝為他定下的戒律，心思一轉立刻施動神功，張口「嘩」一聲向顓頊眾臣將噴出了水去。顓頊眾臣將心中無防當然抵擋不住，只見隨著那水驟然來到，他們便全被沖翻到遠處而去。

共工見之大喜，便急欲趁機繞山而逃。但他忘了顓頊強將之中，還有一位不怕其水的海神玄冥。玄冥這時眼見顓頊眾將被水沖去危急，又見共工眾惡趁此時機要逃，便也不再顧及玉皇大帝的戒律，立刻施動神功掀動巨浪。一陣便把顓頊眾臣將沖到了不周山前，並同時將颶風向共工殘兵颳去。

共工殘兵當然抵擋不住玄冥颳來的颶風，因而除去共工一個，立刻全被玄冥的颶風颳得「撲通通」撞死在了不周山石之上。共工看見玄冥破其神功心中大惱，立刻開口厲罵道：「孽神，我與你決一生死！」

玄冥也不答話，即出手中烏龍槍與共工惡鬥在了一起。這又是一場惡殺，共工以死相拼，玄冥則非殺共工不可。轉眼他二人交手二十餘合，正在不分勝負，共工卻看見剛才被自己用水沖昏的顓項眾臣將，又都蘇醒欲要圍殺上來。

共工為此不敢怠慢，急欲再施神功用水沖昏顓項眾臣將。但他只顧心急卻忘了自己犯了戒律，神功已被玉皇大帝所廢，因而施功無功方纔明白，心中好惱。

正門的玄冥見之，高興得一陣「嘎嘎」大笑道：「惡孽，還有何招，都使出來吧！」

但是不料，玄冥這一笑手中一慢，恰被正惱得無處發洩的共工所乘。只見他倏地一鞭，「噗」一聲恰正打在玄冥頭頂，兇猛的玄冥隨即笑聲戛然而止，腦漿迸裂，「撲通」死在了地上。

「共工蟊賊，」這時，已經持械圍殺到共工身邊的顓項眾臣將見之更惱，齊聲開口厲喝道，「快快受死！」

「顓項蟊賊，你勝了！」共工目睹此狀，自知自己實在抵擋不住顓項眾臣將，死期已到，便「嘎嘎嘎」一陣暢笑起來道。隨著，他語調即轉沉重道，「炎帝先祖，蚩尤、刑天先人，祝融父親，吳回叔父，孩兒共工無能，未能為你們報仇雪恨也！」

言畢，無奈的他即轉身飛步伏身，以頭猛地撞向了背後的不周山。隨著共工之頭撞上不周山體，只聽那擎天巨柱不周山發出「轟隆」一聲巨響，已是共工身死，石滾煙起，山體崩塌。

隨著，西北天空因為不周山天柱崩折，失去支撐傾斜下來。使得被拴繫在北方天空的日月星辰，全都挫斷了繫縛，朝著傾斜的西天跑去，複回到了先前的原位。朝從東昇，暮落西極。解除了顓項拴繫日月星辰，給凡人造成的寒冷巨變和夜晝無終之苦。

與此同時，東南大地受到不周山崩塌的震動，也立刻塌陷下去一個碩大無比的深坑，造成了大川小河之水全都向那坑中流去，形成了

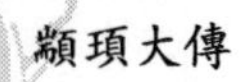

今日東南方皆為海洋的地理格局。

顓頊大帝就這樣誅除了共工，贏得了天下太平。由此往後，真正做起了一統凡界，以禮法治世的平安大帝，直到其生命的終了。

一稿於 1992 年 1 月 18 日～2 月 10 日

1993 年 5 月 18 日～6 月 17 日

二稿於 1993 年 6 月 20 日～7 月 17 日

修訂於 2015 年 9 月

參考資料集萃

一、少昊

東海之外大壑，少昊之國。少昊孺帝顓頊於此，棄其琴瑟。

——《山海經・大荒東經》

少昊金天氏邑於窮桑，日五色，互照窮桑。

——《太平御覽》

少昊之虛，曲阜也，在魯城內。《帝王世紀》云：「少昊邑於窮桑，以登帝位，徙於曲阜。」今曲阜故城有少昊陵。

——《左傳・定公四年》杜預注

秋，郯子來朝，公與之宴。詔子問焉，曰：「少昊氏鳥名官，何故也？」郯子曰：「吾祖也，我知之。昔者黃帝氏以雲紀，故為雲師而雲名；炎帝氏以火紀，故為火師而火名；共工氏以水紀，故為水師而水名；太昊氏以龍紀，故為龍師而龍名。我高祖少昊摯之立也，鳳鳥適至，故紀於鳥，為鳥師而鳥名。鳳鳥氏，歷正也；玄鳥氏，司分者也；伯趙氏，司至者也；青鳥氏，司啟者也；丹鳥氏，司閉者也。祝鳩氏，司徒也；鴡鳩氏，司馬也；鳲鳩氏，司空也；爽鳩氏，司寇也；鶻鳩氏，司事也。五鳩，鳩民者也。五雉為工正，利器用，正度量，夷民者也。九扈，為九農正，扈民無淫者也。」

——《左傳・昭公十七年》

少昊生於稚華之渚，渚一日化為山澤，鬱鬱蔥蔥焉。

少昊氏都於曲阜。

——《玉函山房輯佚書》

少昊以金德王，母曰皇娥，處璿宮而夜織，或乘桴木而晝遊，經歷窮桑滄茫之浦，時有神童，容貌絕俗，稱為白帝之子，即太白之精，降乎水際，與皇娥宴戲，奏娟之樂，遊漾忘歸。窮桑者，西海之濱，有孤桑之樹，直上千尋，葉紅椹紫，萬歲一實，食之後天而老。帝子與皇娥泛於海上，以桂枝為表，結薰茅為旌，刻玉為鳩，置於表端，言鳩知四時之候，故《春秋傳》曰「司至」，是也。今之相風，此之遺象也。帝子與皇娥並坐，撫桐峰梓瑟。皇娥依瑟而清歌曰：「天清地曠浩茫茫，萬象回薄化無方。浛天蕩蕩望滄滄，乘桴輕漾著日傍。當其何所至窮桑，心知和樂悅未央。」俗謂遊樂之處為桑中也。《詩》中《衛風》云：「期我乎桑中。」蓋類此也。白帝子答歌：「四維八埏渺難極，驅光逐影窮水域。璿宮夜靜當軒織，桐峰文梓千尋直，伐梓作器成琴瑟。清歌流暢樂難極，滄湄海浦來棲息。」及皇娥生少昊，號曰窮桑氏，亦曰桑丘氏。至六國時，桑丘子著陰陽書，即其餘裔也。少昊以主西方，一號金天氏，亦曰金窮氏。時有五鳳，隨方之色，集於帝庭，因曰鳳鳥氏。

——《拾遺記》卷一

又西二百里長留之山，其神白帝少昊居之。其獸皆文尾，其鳥皆文首，是多文玉石，實惟員神磈氏之宮。

——《山海經．西次三經》

帝少昊死，葬雲陽山。

——《太平御覽》

二、少昊諸子

1. 蓐收

西方之極，自昆侖絕流沙、沈羽，西至三危之國。石城金室，飲氣之民，不死之野。少昊、蓐收之所司者萬二千里。

——《淮南子．時訓篇》

西方蓐收，左耳有蛇，乘兩龍。（郭璞注：金神也，人面、虎爪、白毛、執鉞。）

——《山海經．海外西經》

蓐收，少昊氏之子曰該，為金官。

——《禮記．月令》鄭玄注

2. **窮奇**

少昊氏有不才子，毀信廢忠，崇飾惡言，靖譖庸回，服讒蒐慝，以誣盛德，天下之民，謂之窮奇。

——《左傳・文公十八年》

少昊氏有不才子，毀信惡忠，崇飾惡言，天下謂之窮奇。

——《史記・五帝本紀》

又西二百六十里曰邽山。其上有獸焉，其狀如牛，猬毛，名曰窮奇。音如獋如狗，是食人。

——《山海經・西次四經》

窮奇，狀如虎，有翼，食人從首始。所食被發，在蜪犬北。一曰從足。

——《山海經・海內北經》

西北有獸焉，狀如虎，有翼能飛，便剿食人。知人言語。聞人鬥，輒食直者；聞人忠信，輒食其鼻；聞人惡逆不善，輒殺獸往饋之，名曰窮奇，亦食諸禽獸也。

——《神異經・西北荒經》

三、顓頊

流沙之東，黑水之西，有朝雲之國、司彘之國，黃帝妻雷祖生昌意，昌意降處若水，生韓流。韓流擢首謹耳，珍面豕喙，麟身渠股，取淖子曰阿女，生帝顓頊。

——《山海經・海內經》

瑤光之星如蜺，貫月正白，感女樞幽房之宮，生黑帝顓頊。

——《太平御覽》

顓頊，黃帝之孫，昌意之子，姬姓也。母曰景僕，蜀山氏女，為昌意正妃，謂之女樞。金天氏之末，瑤光之星，貫月如虹，感女樞幽房之宮，生顓頊於若水，首戴干戈，有聖德。生十年而佐少昊，十二而冠，二十則登帝位。

——《初學記》

顓頊母濁山氏之子，名昌僕。（張澍按：濁山氏，即蜀山氏也。昌僕，《帝王世紀》作景僕，名女樞，是為阿女，所謂淖子也。感瑤光於幽防而生顓頊，見《含神霧》。）

——《世本・帝系篇》

帝顓頊生自若水，實處空桑，乃登為帝，惟天之合，正風乃行，其音若熙熙淒淒鏘鏘。帝顓頊好其音，乃令飛龍作（樂），效八風之音，命之曰承雲，以祭上帝。乃令鱓先為樂倡，鱓乃偃寢，以其尾鼓其腹，其音英英。

——《呂氏春秋・古樂》

何謂八風：東北曰炎風，東方曰滔風，東南曰薰風，南方曰巨風，西南曰淒風，西方曰飂風，西北曰厲風，北方曰寒風。

——《呂氏春秋・有始覽》

（顓頊）乘龍而至四海，北至於幽陵，南至於交趾，西濟於流沙，東至於蟠木。動靜之物，大小之神，日月所照，莫不砥礪。

——《大戴禮・五帝德》

帝顓頊之法，婦人不辟男子於路者，拂之於四達之衢。

——《淮子・齊俗篇》

有魚偏枯，名曰魚婦，顓頊死即復蘇。風道北來，天乃大水泉，蛇乃化為魚，是為魚婦。顓頊死即復蘇。

——《山海經・大荒西經》

漢水出鮒魚之山，帝顓頊葬於陽，九嬪葬於陰，四蛇衛之。

——《山海經・海內東經》

四、顓頊後裔與臣

1. 諸子

昔高陽氏有才子八人：蒼舒、隤敱、檮杌、大臨、龍降、庭堅、仲容、叔達，齊聖廣淵，明允篤誠。天下之民，謂之八愷。

——《左傳・文公十八年》

昔顓頊氏有子三人，生而皆亡。一居江水為虐鬼，一居若水為魍魎，一居歐隅之間，主疫病人。故歲終事畢，驅逐疫鬼，因以送陳迎新內吉也，世相仿效。

——《論衡・解除篇》

疫神。帝顓頊有三子，生而亡，去為鬼。其一者居江水，是為溫鬼；其一者居若水，是為魍魎；其一者居人宮室樞隅處，善驚小兒。於是命方相氏黃金四目，蒙以熊皮，玄衣朱裳，執戈揚楯，常以歲竟十二月，從百隸及童兒而時儺，以索宮中，驅疫鬼也。

——《獨斷》

2. **檮杌**

顓頊氏有不才子，不可教訓，不知話言，告之則頑，舍之則嚚，傲狠明德，以亂天常。天下之民，謂之檮杌。

——《左傳・文公十八年》

西方荒中有獸焉，其狀如虎而大，毛長二尺，人面虎足，豬口牙，尾長一丈八尺，攪亂荒中，名檮杌，一名傲狠，一名難訓。《春秋》云，顓頊有不才子名檮杌，是也。

——《神異經・西荒經》

檮杌狀似虎，毫長二尺，人面虎足豬牙，尾長丈八尺，能鬥不退。

——《左傳・文公十八年》

顓頊氏有不才子，不可教訓，不知話言，天下謂之檮杌。

——《史記・五帝本紀》

3. 重與黎

顓頊生老童，老童生重及黎。帝令重獻上天，令黎邛下地。

——《山海經・大荒西經》

顓頊於勝墳氏之子，謂女祿，是生老童。

——《世本・帝系篇》

老童娶於根水氏，謂之驕福，產重及黎。

——《世本・帝系篇》

及少昊之衰也，九黎亂德，民神雜糅，不可方物。夫人作享，家為巫史，無有要質，民匱於祀，而不知其福，蒸享無度，民神同位。民瀆齊盟，無有嚴威。神狎民則，不蠲其為。嘉生不降，無物以享。禍災薦臻，莫盡其氣。顓頊受之，乃命南正重，司天以屬神；命火正黎，司地以屬民，使復舊常，無相侵瀆，是謂絕地通天。

——《國語・楚語下》

4. 玄冥

北方之極，自九澤窮夏晦之極，北至令正之谷，有凍寒積冰，雪雹霜霰、漂潤群水之野，顓頊、玄冥之所司者萬二千里。

——《淮南子・時則篇》

北方禺強，人面鳥身，珥兩青蛇，踐兩青蛇。（郭璞注：字玄冥、水神也。莊周曰：「禺強立於北極。」一曰禺京。一本云：北方禺強，黑身手足，乘兩龍。）

——《山海經．海外北經》

北海之渚中，有神，人面鳥身，珥兩青蛇，踐兩赤蛇，名曰禺強。

——《山海經．大荒北經》

北海之神，名曰禺強，靈龜為之使。

——《莊子．大宗師》

五、祝融

炎帝之妻，赤水之子聽訞生炎居，炎居生節並，節並生戲器，戲器生祝融。祝融降處江水，生共工。

——《山海經．海內經》

南方祝融，獸身人面，乘兩龍。

——《山海經．海外南經》

祝融取榣山之梓作琴，彈之有異聲，能致五色鳥舞於庭中。琴之至寶者，一曰皇來，二曰鸞來，三曰鳳來；故生長子，即名曰琴。

——《說郛》

祝融之女曰丁筓。

——《藝林伐山》

六、共工

昔者共工與顓頊爭為帝，怒而觸不周之山，天柱折，地維絕，天傾西北，故日月星辰移焉；地不滿東南，故水潦塵埃歸焉。

——《淮南子・天文篇》

顓頊嘗與共工爭矣。……共工為水害，故顓頊誅之。

——《淮南子・兵略篇》

共工氏與顓頊爭為帝，怒而觸不周之山，折天柱，絕地維，故天傾西北，日月星辰移焉；地不滿東南，故百川水潦歸焉。

——《列子・湯問》

共工，人面，蛇身，朱髮。

——《路史・後紀二》

西北荒有人焉，人面、朱髮、蛇身、人手足，而食五穀禽獸，貪惡愚頑，名曰共工。

——《神異志・西北荒經》

昔共工棄此道也，虞於湛樂，淫失其身，欲壅防百川，墮高堙庳，以害天下。皇天弗福，庶民弗助，禍亂並興，共工用滅。

——《國語・周語下》

昔有共工自賢，自以無臣，久空大官。下官交亂，民無所附。唐氏伐之，共工以亡。

——《周書・史記解》

七、共工臣與子

昔平公夢見赤熊窺屏，惡之而有疾。使問子產。子產曰：「昔共工之卿曰浮游，自敗於顓頊，自沒沉淮之淵，其色赤，其言善笑，其行善顧，其狀如熊，常為天王祟；見之堂上則王天下者死，見之堂下則邦人駭，見之門近臣憂，見之庭則無傷。窺君之屏，病而無傷，祭顓頊共工則瘳。」公如其言而疾間。

——《太平御覽》

浮游作矢。

——《荀子・解蔽》

共工之臣曰相柳氏，九首，以食於九山……相柳者，九首人面，蛇身而青。

——《山海經・海外北經》

共工氏有不才子，以冬至日死，為厲，畏赤豆，故作赤豆粥以禳之。

——《路史・後紀二》

昌明文庫・悅讀歷史　A0604018

顓頊大傳

作　　者　李亞東
版權策劃　李換芹

發 行 人　林慶彰
總 經 理　梁錦興
總 編 輯　張晏瑞
編 輯 所　萬卷樓圖書（股）公司
排　　版　小漁
封面設計　小漁
印　　刷　百通科技（股）公司

出　　版　昌明文化有限公司
　　　　　桃園市龜山區中原街 32 號
電　　話　(02)23216565
發　　行　萬卷樓圖書（股）公司
　　　　　臺北市羅斯福路二段 41 號 6 樓之 3
電　　話　(02)23216565
傳　　真　(02)23218698
電　　郵　SERVICE@WANJUAN.COM.TW
大陸經銷
廈門外圖臺灣書店有限公司
電郵 JKB188@188.COM

ISBN 978-986-496-575-5（平裝）
2020 年 4 月初版一刷
定價：新臺幣 620 元

如何購買本書：
1. 劃撥購書，請透過以下帳號
帳號：15624015
戶名：萬卷樓圖書股份有限公司
2. 轉帳購書，請透過以下帳戶
合作金庫銀行古亭分行
戶名：萬卷樓圖書股份有限公司
帳號：0877717092596
3. 網路購書，請透過萬卷樓網站
網址 WWW.WANJUAN.COM.TW
大量購書，請直接聯繫，將有專人為您服務。(02)23216565 分機 610

如有缺頁、破損或裝訂錯誤，請寄回更換

國家圖書館出版品預行編目資料

顓頊大傳 / 李亞東著 . -- 初版 . -- 桃園市：昌明文化出版；臺北市：萬卷樓發行，2020. 04
面；　公分
ISBN 978-986-496-575-5（平裝）
1. 中國神話

282　　　109004529